重庆市公益出版专项资金资助项目

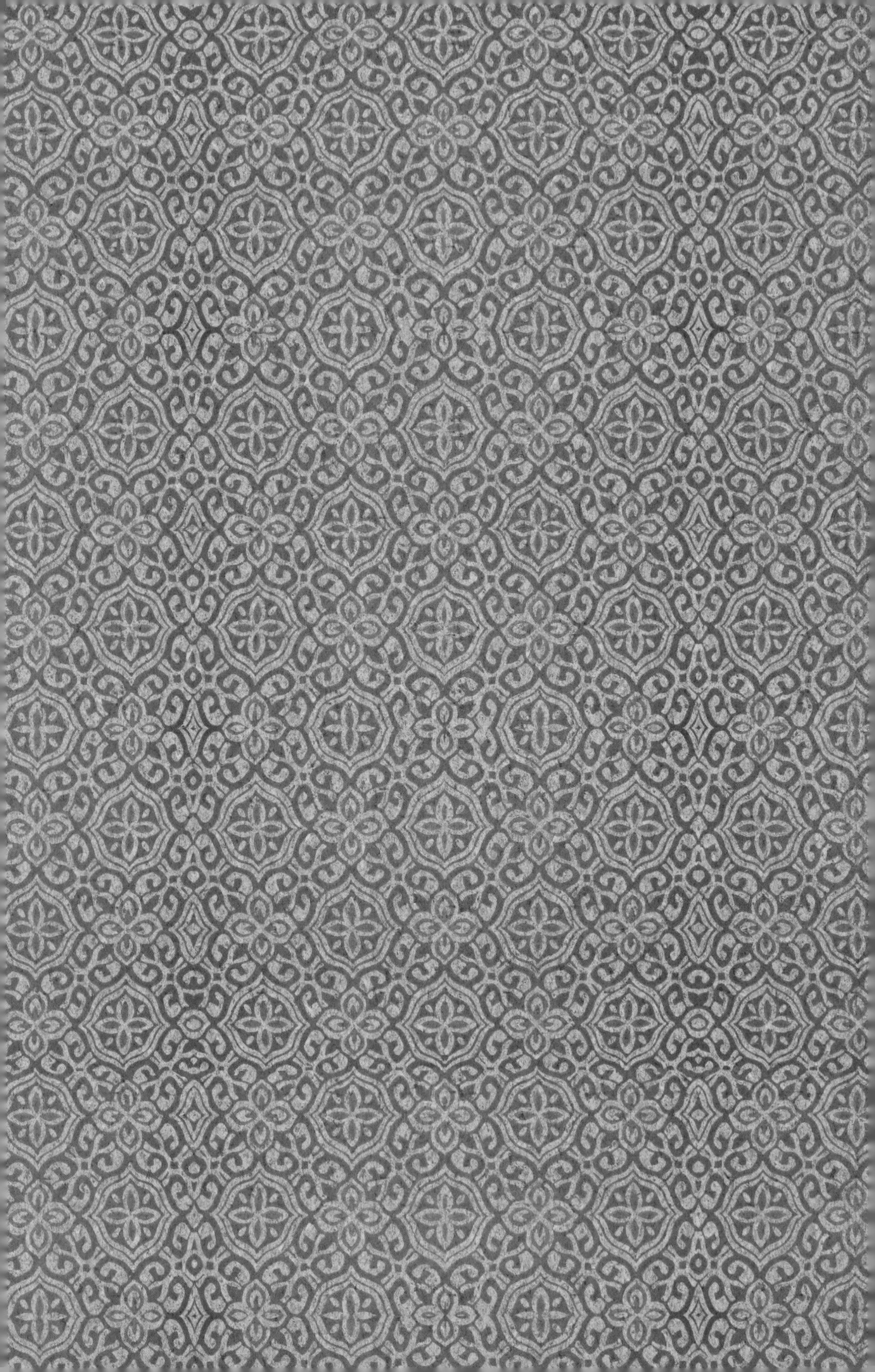

历史发展溯源

主　编　蓝　勇

副主编　杨光华　马　强

重庆市新闻出版局策划　组编

西南师范大学出版社

主　任　杨恩芳

副主任　王增恂　周安平

编　委　（按姓氏笔画排列）

马　强　毛玉树　王　煤　王增恂　卢　旭
卢渝宁　李远毅　张　进　杨光华　周安平
程　晋　谢再明　蓝　勇

主　编　蓝　勇

副主编　杨光华　马　强

撰　稿　（按撰写章节先后排列）

蓝　勇　彭学斌　陈　蕊　张　铭　郭会欣
冯桂明　杨光华　罗　权　马　剑　李　鹏
姜海涛　付玉强　袁从秀　陈俊梁　王高飞
陈一蓉　舒　莺　曾小勇

序

重庆市新闻出版局　杨恩芳

时代前行有节奏，历史发展有脉络。任何一种战略性决策，都要把握时代的节点，融入历史的脉动。

中央作出西部大开发战略部署，学界提出了“西三角”概念，政界开始了“西三角”发展的构架。于是，我们从学理的角度来梳理“西三角”时空进程的脉络，追根溯源解读“西三角”的历史走向，拟为西部大开发战略推进提供一点借鉴参考。

大量史料证明：西部曾经辉煌。辉煌的亮点先后聚焦在西安、成都、重庆。秦汉至今两千多年，无论三地谁领风骚，均呈相互支撑、相互辉映之态势。三地资源互补、政治相依、经济相通、文化相融。三地相联越紧、良性互动亦兴，反之即衰。三地兴则西部兴，三地衰则西部衰。

史学家们研究发现：中华民族农耕文明的历史走势是由北向南，从西向东，从黄河文明到长江流域，从长江上游向长江中下游的波动；而现代文明的波浪，则是由东向西，从沿海到长江中下游逐步向长江上游鼓荡。历史浪潮呈四大节点，即秦汉以关中为核心的前天府时代，涌起的第一浪峰是西安的辉煌；唐宋以蜀中为内核的后天府时代，涌起的第二波浪峰是成都的兴盛；明清以开埠为标志的近代，涌起的第三浪波是重庆的兴起；随着抗战陪都、三线建设、三峡工程的兴建及长江黄金水道形成，进入重庆直辖和长江上游经济

中心、西部重要增长极建设的当代，涌起的第四波浪潮，把重庆推向了西部大开发的战略高地。历史长河流到今天，重庆、成都、西安的一体化发展，成为一种不可逆转的历史必然。

重庆市市长黄奇帆上任之际提出了这一课题。市新闻出版局精心策划、迅速组织，并给予公益出版专项资金资助。西南大学历史地理研究所承担了这一课题。他们恪守“尽全时空、注重田野、研究西部、关怀现实”的研究特色，追寻横观社会、纵贯时空、“究天人之际”的学术境界，发扬古为今鉴、“经世致用”的学术品格，作了大量深入细致的发掘研究整理。所长、博士生导师蓝勇教授总揽全局，严谨治学，在史料的挖掘、史实的研判、史势的把握上贡献了智慧和才华。杨光华、马强教授均以较高的研究水准，对本书的编撰做出了贡献。

历经一年多的艰辛编撰，《“西三角”历史发展溯源》终于问世。相信它将为决策者们提供有益的参考，为西部大开发提供历史的借鉴。

2011年7月

目录

第二章

益州物繁

第三章 巴渝舟楫

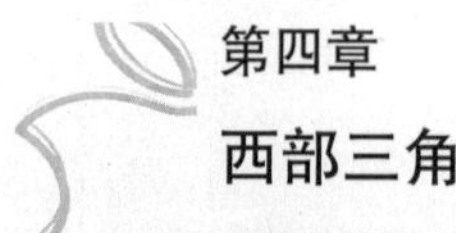

导言

曾经辉煌的西部

我们知道，中国最早和影响最深远的古代文明肇于黄河中下游地区，陇山与泰山之间便是当时中国最重要的经济区域。总的来看，在先秦时期，今天黄河中下游地区气候湿润，河湖众多，土壤肥沃，有着十分先进的农业文明，故夏商周三代都主要以这个地区的农业文明为基础。现在经济最发达的东南、中南地区当时仍为“百越”、“荆蛮”地区，主要还处于采集、游牧、狩猎为主的蛮荒时期，经济地位还很低。

到秦汉时，黄河流域的农业核心地位进一步确立。司马迁在《史记》中提出当时我国的经济区分成山西（华山以西，一说崤山以西，又称关西）、山东（华山以东，一说崤山以东，又称关东）、江南（长江以南）、龙门碣石四个大区。实际上秦汉时期我国最发达的经济区主要有三个：一是关中平原地区。《史记》称：“关中之地，于天下三分之一，而人众不过什三，然量其富，什居其六。”三国以前，人们所指的“天府”，一般是指关中平原。二是关东地区，即函谷关以东的汾水、涑水平原和华北平原，在今山西南部、河南、河北南部、山东部分地区，是农耕文化的发达区。三是成都平原地区。秦代由于都江堰的修建，成都平原成了旱涝保收的地区，农业经济十分发达。农业经济的发展，促进了城市的发展。“汉征八士，蜀出其四”，经济地位与文化地位相得益彰。三国时，成都平原开始有了“天府”的美名。显然，汉代三大经济区两个都是在今天的西部地区，西部曾经辉煌。

三国两晋南北朝时期，气候变冷，游牧民族南下压力增大，北方战乱不已，北方地区农业经济受到破坏。北方地区农业区相对缩小，牧区向南扩展，黄土高原与河套地区成为牧区，而同时江淮地区、太湖流域、成都平原的农业经济有了较大发展。

唐代是我国历史上一个气候温暖的朝代，北方农业经济有所恢复。黄河中下游平原地区在唐代前期经济十分发达，连当时相对干旱的陇右地区也是“闾阎相望，桑麻翳野”。中唐以后，南方经济有了较大的发展。从人口上来看，南方人口已经开始超过北方。在这样的背景下，中国出现南北社会经济同时发展的局面。当时北方有长安、洛阳等大城市，而南方长江上游的成都和下游的扬州经济也十分发达，有“扬一益二”之称。可见，唐代西部的关中平原和成都平原仍是中国经济文化最发达的地区，西部仍然辉煌着。

“安史之乱”以后，北方地区气候转寒，战乱不已，农业经济再度衰败凋敝，关中地区粮草不济，就食东都，主要靠东南八道供给。自五代两宋以来，随着北方中高纬度地区气候变冷趋势加剧，农业生态受到严重影响。北方游牧民族南下冲击农耕区，再加上其作为政治中心战争不断，农业经济更受到摧残。五代以来大量北方人口南迁，给南方地区带去了新的生产技术。同时，由于社会整体生产力的提高，对付南方涂泥办法增多，加上宋代早熟稻的推广，南方农业经济迅速发展。

在宋代，长江上游和长江下游的经济在全国有举足轻重的地位，关中平原的政治经济文化地位大大下降，长江下游已经有“苏湖熟，天下足”之称，成都平原成为后方粮草的重要生产基地。这样，中国经济重心已经南迁到长江流域。在城市经济方面，重要城市的分布重心东移南迁，汴京、临安、广州、泉州、福州、成都成为重要的经济都会，南方“海上丝绸之路”十分繁荣。显然，就是在宋代，西部的成都平原仍有一点汉唐遗留的雄风余韵。

明清以来，北方地区在“明清宇宙期”（气候寒冷期）的背景下，经济更加残破，经济地位大大下降。而此时，长江中游的江汉平原经济发展起来，有“湖广熟，天下足”的民谚。长江下游经济继续发展，商业城市大量兴起，出现了最早的资本主义萌芽。但长江上游的经济地位相对下降，长江上游的成都平原最后从西部退出经济发达地区之列，中国经济重心不仅完成了南迁过程，也完成了东移的过程。近代以来，一方面东南地区由于经济发展的积累，商品经济有了较大发展，另一方面西方资本主义列强经济入侵，从上海、天津、大连、广州首先扩展，客观上使得东南地区的城市经济发展起来，工业经济在经济中的地位开始上升。20世纪50年代初，虽然近代工业经济在国民经济中只占10%，但其中70%都集中在东南沿海地区。

八百多年来，西部衰落了。长安的铁马雄风、成都的风花雪月、重庆的楼船号子随着时光烟消云散，西部的辉煌成为了古老的记忆。靠着这种记忆，我们追寻着前人的步伐，去重温西部核心区那曾经辉煌的岁月，探索兴衰背后留给我们的历史启示。

第一章　关中雄国
——前天府时代（商周～南北朝）

中国出现最早、规模最大、影响最深远的古代文明肇于黄河中下游地区。夏商周三代文明都主要以这个地区的农业文明为基础。成都平原由于特殊的地理环境，较早出现了发达的青铜文化，三星堆、金沙等文化遗址便是例证。这个时期，巴渝地区的经济文化在“西三角”地区地位最为低下。

秦汉时，黄河流域的农业核心地位进一步确立，最发达的经济区主要有三个：一是关中平原地区，二是关东地区，三是成都平原地区。其中关中平原地区不仅经济文化发达，而且为中国政治中心，所以三国以前被称为“天府”，在政治经济文化方面不仅引领着中国西部地区，而且在整个中国都是最发达的。

在这样的政治经济文化背景下，当时关中地区的政治经济文化与巴蜀地区关系最为密切。政治上，秦陇巴蜀一体明显，刘邦依巴蜀得天下，并强化巴蜀地区的郡县制度，三国蜀汉、成汉政权更显现了巴蜀与秦陇文化的联系。经济上，关中地区通过栈道千里通于蜀汉，开始开发巴蜀地区的物质资源，林木、丝织品、井盐成为巴蜀地区与外界交流的重要物资。文化上，秦陇文化深深地影响着巴蜀地区，方言上巴蜀属于秦晋方言区，从巴蜀走出的文化巨匠司马相如、王褒、扬雄等都深受长安文化的影响。“蜀有相，巴有将”，“汉征八士，蜀出其四”，成都平原与关中平原同为全国文化最发达地区。可以说，在这个时期，关中地区成为“西三角”地区政治经济文化的核心区，深深地影响着巴蜀地区的社会整体发展。所以，我们称为“关中雄国——前天府时代”。

这个时期，从文化上讲，是近两千多年来“西三角”在政治经济文化上整体性最强的一个时期。在这个时期，“西三角”实际上包括了整个中国三大经济发达区的两个，成为当时中国政治经济文化最发达的地区。所以，我们称“西部曾经辉煌”，主要指的是这个时期。

关中雄国——前天府时代（商周~南北朝）

第一节　三地政治经济文化发展的基本脉络

(一)“天下雄国”天府关中平原的辉煌时代

关中平原位于陕西省中部，又称渭河平原或关中盆地。地理范围西起宝鸡，东至潼关，南依秦岭，北接渭河北山。地形西窄东宽，地势西高东低，基本地貌类型是河流阶地和黄土台塬。东西长约 300 千米，海拔 400 米左右，号称“八百里秦川”。这里也是中国最早被称为“金城千里，天府之国”的地方。“金城千里”指这里四周为山塬、河川所环抱，形成天然屏障，易守难攻；“天府”意为物产丰饶，犹如天之库府。战国时期，著名纵横家苏秦向秦惠王陈说“连横”之计，就称颂关中“田肥美，民殷富，战车万乘，奋击百万，沃野千里，蓄积饶多”，并说“此所谓天府，天下之雄国也”。① 这比成都平原获得“天府之国”的称谓早了 500 多年。汉代张良同样用“夫关中左崤函，右陇蜀，沃野千里……此所谓金城千里，天府之国”②来劝说刘邦定都关中。正因为有如此优越的地理条件和丰富的自然资源，西周、秦、西汉、隋、唐等王朝均建都于此，前后历时千余年，使其成为华夏的政治、经济和文化中心。

---

①(西汉)刘向编订:《战国策·秦策一》。

②(东汉)班固:《汉书》卷 40《张良传》。

西安半坡文化遗址沙盘

关中是我国悠久历史文化的重要发祥地，一百万年前的直立人（蓝田猿人）、早期智人（大荔人）、晚期智人（河套人、黄龙人）都先后在这里生活过，他们创造了丰富多彩的旧石器文化。距今六千年的西安半坡的新石器文化遗址、临潼姜寨文化遗址是黄河流域辉煌的新石器文明的见证。从周代开始，关中地区成为中国历史核心区，在政治经济文化等各方面都起着引领华夏社会的作用。《史记》记载周人的祖先后稷（弃）是尧、舜之时与夏禹同时期的人物，其母姜嫄“履巨人迹而生弃”。在公刘迁豳（今陕西彬县）之前（商代中晚期），周人尚“奔窜于戎狄之间”，处于游牧生活阶段，经济文化都比较落后。及至古公亶父迁至周原（今宝鸡岐山一带）后（约商代晚期），周人物质生产、文化方面都有飞速发展，并在此地奠定灭商基业。周初大规模分封诸侯，史称“封邦建国”。《左传·昭公二十六年》记载“昔武王克殷，成王靖四方，康王息民，并建母弟，以蕃屏周”，说的就是这一历史过程。通过分封形成了“普天之下，莫非王土；率土之滨，莫非王臣”[①]的天下一统格局。周天子把自己直接统治的关中及洛邑地区称为“中国”。《诗经·大雅·民劳》中有“惠此中国，以绥四方”的语句，虽然与现今称谓内涵、外延皆有不同，但可以确认“中国”之称谓最早实指关中地区。

东周时期，富饶的关中平原并没有因政治中心的东迁而成为中国历史的真空，一个曾经默默无闻的部族——秦，又迅速在这里发展、壮大，并成为中国历史舞台的新主人。公元前 221 年，秦王嬴政完成统一大业，建立了我国历史上第一个统一的多民族中央集权国家。统一后，秦的统治中心定在关中咸阳，重大事件如议帝号、焚书坑儒、建阿房宫、修始皇陵都发生在这里。楚汉战争时期，关中又成为刘邦的大本营，他在夺取政权后，定都长安城。

①《诗经·小雅·北山》。

关中属古雍州之地，这里地形平坦，土壤肥沃，非常适合农业生产，《尚书·禹贡》中就有“厥土惟黄壤，厥田上上”的记载。相传周人始祖后稷就是夏朝农官，《山海经·大荒西经》中有“稷降以百谷”之言，稷的后人叔均教民牛耕。西周时关中农作物基本上具备了后世的主要品种，例如稻、粱、麦、菽（豆）、稷、粟、瓜果及经济作物桑、麻等，都是人工辛勤培育的结果。畜牧业品种更为齐全，猪、牛、羊、马以及其他家畜以圈养为主。① 在《诗经·豳风·七月》中有“九月筑场圃，十月纳禾稼，黍稷重穋，禾麻菽麦”的记载。战国至西汉时期，关中地区水源丰富，气候温暖，竹林繁茂，稻田纵横，被称为“天府”和“陆海”（颜师古注：“海者，万物所出之意。”），生产、生活环境与今日截然不同。② 当时的秦国通过商鞅变法，采取了废井田、开阡陌、重农抑商等一系列措施，使秦一举成为当时天下最富强的诸侯。汉武帝时大兴关中水利，在原秦修建的全长150多千米的郑国渠的基础上，新修了六辅渠和白渠等河渠，使关中地区构成了一个完整的水利灌溉网，极大便利了农业生产。

西周时期青铜业的发展是中国青铜时代的顶峰。以历史上出土青铜器最多的周原为例，据统计，自公元前61年的西汉宣帝以来，这一带出土了上千件西周时期的青铜器，其中就有“大盂鼎”、“小盂鼎”、“毛公鼎”、“禹鼎”、“康季鼎”、“史墙盘”等国宝级的重器。在扶风

关中平原比成都平原获得“天府之国”的称谓早了500多年。

正因为有如此优越的地理条件和丰富的自然资源，西周、秦、西汉、隋、唐等王朝均建都于此，前后历时千余年，使其成为华夏的政治、经济和文化中心。

①容镕：《中国上古时期科学技术史话》，中国环境科学出版社，1990年，第146～147页。

②黄留珠、周天游：《陕西通史·秦汉卷》，陕西师范大学出版社，1997年，第9～10页。

出土于宝鸡市岐山县周原的毛公鼎

庄白一号窖藏坑出土的史墙盘铭文长达 284 字，记载了文、武、成、康、昭、穆六代周王的功绩，同时还记载了周王朝南伐荆楚，掠夺铜资源的史实，具有重大研究价值。此外，周原地区还出土了不少新的器物，如乐器中的钟、镈，食器中的簠、盨，兵器中的戟、剑，工具中的镰，都是前朝所没有的，表明了关中平原生活、生产各方面的极大进步。

古代关中地区的人们很早就掌握了先进的建筑技术，先周时期他们已经通晓修建宗庙宫室的系统步骤，如画线、版筑、运土、堆土、筑墙、削平等。① 1976 年，岐山凤雏考古发掘中发现的甲组建筑基址，建筑时代大约在季历至文王时期，建筑规模宏大，其房基南北长 45.2 米，东西宽 32.5 米，面积共 1469 平方米。主体建筑房顶覆瓦，这是目前我国最早的用瓦遗迹。在门道前 4 米处发现一处影壁残基，是中国建筑中使用影壁的最早记录。② 此后，周文王为了更好地控制关中平原，谋划翦商大业，把都城从西部的周原迁移至平原中部长安沣京。今天，在长安县沣河两岸文王营建的沣京和武王营建的镐京遗址还都发现有大量房屋、窖穴、手工业作坊等建筑遗迹，是关中地区曾经经济繁荣的见证。汉长安城位于今西安西北部，面积约 36 平方千米，环境十分优越，曾有“八水绕长安”之说。八水指的是渭、泾、沣、涝、潏、滈、浐、灞八条河流，它们在长安城四周穿流。西汉文学家司马相如在《上林赋》中写道：“荡荡乎八川分流，相背而异态”，描写了汉代长安城的巨丽之美。汉武帝继位后继续扩建长安城，使之成为当时的国际化大都市，并作为“丝绸之路”的起点。如今，汉长安城虽已历经千年战火深埋地下，但考古工作者经过半个多世纪有计划、大

①《诗经·大雅》中详细描述了当时大型土木工程的场景：“作之屏之，其菑其翳；修之平之，其灌其栵；启之辟之，其柽其椐；攘之剔之，其檿其柘。”

②陕西周原考古队：《陕西岐山凤雏村西周建筑基址发掘简告》，《文物》，1979 年第 10 期。

规模的考古勘探，初步揭示了都城的布局形制。[①] 我们已知道了一些重要遗迹的具体位置，如城门、宫殿、武库、官署、宗庙、社稷、辟雍、作坊遗址和上林苑、昆明池等，并能够大致复原两千年前雄伟长安城的基本格局。

古代关中地区的文化非常繁荣。在周代，整个社会都有一套成熟的礼乐制度，封建宗法制和华夏民族观都在这时形成并长久影响着中国的传统文化。孔子对周文化极为推崇，发出了“郁郁乎文哉，吾从周”的赞叹。有周之世，一直重视教育和文化，《诗》、《书》、《易》、《礼》、《春秋》都是流传千古的作品。战国时期还出现了“百花齐放，百家争鸣”的文化繁荣景象。至汉代，司马迁之《史记》、班固之《汉书》都是史书中的不朽杰作。

东汉至魏晋时，中央政权的政治经济文化中心东移洛阳，关中地区逐渐成为地方豪族势力的天下，政治经济文化地位一度大大下降，“天府之国”的称谓被成都平原所取代。

东汉至魏晋时，中央政权的政治经济文化中心东移洛阳，关中地区逐渐成为地方豪族势力的天下，政治经济文化地位一度大大下降，“天府之国”的称谓被成都平原所取代。

位于西安市临潼县的秦始皇陵

---

①刘庆柱：《中国考古发现与研究(1949—2009)》，人民出版社，2010 年，第 302 页。

(二)三星堆、金沙遗址透露出的成都平原文明之光

成都平原位于四川盆地西部,面积约 9500 平方千米,海拔 400 米~750 米。平原上河网众多,在平原内部形成许多平行于河流的大大小小台地(当地百姓称其为坝子,在这里产生的古代文化也被称为坝子文化),史书载"其山林泽鱼,园囿瓜果,四节代熟,靡不有焉",①是农耕时代人们栖息繁衍的最佳场所。蜀汉诸葛亮在著名的《隆中对》中就有"益州险塞,沃野千里,天府之土,高祖因之以成帝业"②之言。此后,成都平原逐渐取代关中平原而成为中国历史上最著名的"天府之国",其称谓一直沿用至今。

成都平原是古蜀人活动区域,他们很早就建立了自己的国家。文献记载"蜀之为国肇于人皇……历夏、商、周三代"。③ 在扬雄的《蜀王本纪》中先秦的古蜀国共经历了蚕丛、柏濩、鱼凫、蒲泽(杜宇)、开明几个朝代。长久以来,古蜀国湮没在时空的尘埃中难以考证,唐代诗人李白就发出了"蚕丛及鱼凫,开国何茫然"的感叹。近年来,在成都平原的考古工作取得了重要成果,广汉三星堆和成都市金沙村等众多先秦遗址的发掘,为我们逐页翻开了这部失落古文明的地书。

考古发现古蜀文明源头是宝墩文化。宝墩文化因 20 世纪 90 年代中期在成都平原相继发掘的新津宝墩村、都江堰芒城寺、崇州双河村和紫竹村、郫县古城村、温江鱼凫村六座史前古城遗址而得名,其时代大约在中原龙山文化——夏代。那时古蜀人的生产工具主要是石斧、石凿、石矛等小型石器,陶器制作业已相当发达。城市的出现是文明产生的重要标志,宝墩文化诸城址是现已发现的成都平原上时代最早的古城址,无疑也是当时四川地区跨入文明门槛的历史见证。到了商代早期,随着三星堆大城的出现,上述规模不大的古城随之消失。宝墩文化系列小城的消失和三星堆大城崛起之间必然有一定的关联。在这数百年的时间内,成都平原早期部落之间应该进行了多次资源的整合和权力的再分配,并走完了部落——酋邦——国家的历程。

1986 年,考古工作者在距现成都市 32 千米的广汉市发现了三星堆遗址和三星堆古城。古城至今在地表上仍然保留着断断续续的城墙残垣并环绕

①(东晋)常璩:《华阳国志》卷 3《蜀志》。

②(西晋)陈寿:《三国志》卷 35《诸葛亮传》。

③(东晋)常璩:《华阳国志》卷 3《蜀志》。

整个遗址周围。其东城墙长1100米，西城墙长600米，南城墙长1100米，北面以鸭子河为天然屏障，城墙外发现有宽20米～30米的壕沟，构成了南方地区典型的以河道、壕沟和城墙相互结合的防御体系。城址总面积约2.6平方千米。学者们普遍认为，“如此宏伟的古城堪与同时期商王朝中心的二里岗商城相媲美，反映出三星堆古城时期已有雄厚的经济、文化实力”。① 考古调查还发现，古城内沿中轴线分布着宫殿区和供奉神灵的庙坛、祭祀先主的祭祀坑，另外还有生产区和平民居住区，它们构成了三星堆古城平面规划的四个基本要素。

三星堆遗址中埋藏最丰富的遗迹就是后来轰动世界的三星堆一、二号祭祀坑。② 坑内堆放着大量巨型青铜人头像和全身像，成堆的铜器、金器和象牙、贝、玉石器，典型器物有青铜神树、金杖、玉璋、玉戈等，总数上千件。这些器物工艺精湛，造型优美，堪称青铜时代人类文明的瑰宝。青铜人头像、人面像和人面具代表被祭祀的祖先神灵；青铜的立人像和跪坐人像则代表祭祀祈祷者和主持祭祀的人；眼睛向前凸出的青铜兽面具和扁平的青铜兽面具

---

①江章华、李明斌：《古国寻踪——三星堆文化的兴起及其影响》，巴蜀书社，2002年，第7页。

②目前关于器物坑的性质在学术界尚有争议，除祭祀坑外，还有“不祥宝器掩埋坑”（孙华：《三星堆器物坑的年代及性质分析》，《文物》1993年，第11期）、“亡国宝器掩埋坑”（徐朝龙：《三星堆“祭祀坑说”唱异—兼谈鱼凫和杜宇之关系》，《四川文物》1992年，第5、6期）、“失灵神物掩埋坑”（林向：《蜀酒探源—巴蜀的“萨满式文化”研究之一》，《南方民族考古》[第一辑]，四川大学出版社，1987年）等多种说法。

成都平原是古蜀人活动区域，古蜀文明源头是宝墩文化。宝墩文化诸城址是现已发现的成都平原上时代最早的古城址，无疑也是当时四川地区跨人文明门槛的历史见证。到了商代早期，随着三星堆大城的出现，上述规模不大的古城随之消失。

三星堆青铜人头像

等可能是蜀人崇拜的自然神祇；以仿植物为造型特点的青铜神树，则反映了蜀人植物崇拜的宗教意识。从这些文物中，我们还可以看到古蜀人恢诡浪漫的艺术世界、奇异的服饰，他们与中原商王朝的密切交往，甚至在某些器物上还有古印度和西亚文明的影子。[①] 三星堆文化最繁荣的阶段对应的是文献中的柏濩、鱼凫两个王朝。三星堆古城可能就是古史上被称为“瞿上”的柏濩氏统治蜀国的都城，到了鱼凫氏取代柏濩氏后可能还使用过这个都城，但后来却因某种原因被废弃并转移到其他地方。宋人蔡梦弼《成都记》中“柏濩氏都于瞿上，至鱼凫而后徙”就是说的这段历史。[②]

金沙太阳神鸟、金面具

金沙文化遗址

商代晚期，三星堆文明衰落，在成都平原继起的强盛文明是金沙文明，古蜀王国的政治中心从广汉三星堆迁移至成都金沙。在考古学年代序列上，辉煌的金沙文明属于“十二桥文化”[③]范畴。金沙遗址面积超过5平方千米，到目前为止，仅完成了阶段性的考古发掘工作。现已发现大型宫殿遗址、宗教祭祀台、平民居住区、生活区、公众墓地等重要遗迹。金沙遗址出土的多件

①霍威：《广汉三星堆青铜文化与古代西亚文明》，《四川文物·广汉三星堆遗址研究专辑》，1999年。

②孙华：《四川盆地青铜时代》，科学出版社，2000年，第177～178页。

③以成都十二桥遗址命名的考古学文化，其文化年代在商晚期至春秋时期。

具有鲜明特色的金器，有金面具、金带、圆形金饰、蛙形金饰、喇叭形金饰等。除了金面具与三星堆青铜面具在造型风格上基本一致以外，其他各类金饰都是用金片、金箔锤打而成，种类非常丰富。如被列为中国文化遗产保护标志的太阳神鸟金饰呈圆形，器身极薄，图案采用镂空方式表现，四只神鸟围绕着旋转的太阳飞翔，中心的太阳向四周喷射出十二道光芒，体现了远古人类对太阳及太阳鸟的强烈崇拜，所以又被称为“四鸟绕日”。该器物是古蜀国黄金工艺辉煌成就的代表。与金器一起出土的大量玉器则兼具本地、中原和长江下游良渚文化特色。玉牙璋具有典型蜀地文化特征，玉戈、玉钺等礼器明显与中原同时代文物一致，玉琮、玉璋又与良渚文化器物型制相似。“所以说蜀文明虽有自己的个性，但它是中华文明的组成部分，是华夏文明的一个地方型文明。”①

目前金沙遗址考古工作仍在进行。根据出土文物和已揭露大型宫殿建筑等相关遗迹考察，可以确定金沙遗址是古蜀国在商代晚期至西周时期的都邑。十二桥文化时期的成都平原古文明达到顶峰，并产生了比三星堆文化更广泛的影响力。以成都平原为中心，这时的蜀文化已越过秦岭并与周文化发生直接接触，在《尚书·牧誓》中有周武王率领“庸、蜀、羌、髳、微、卢、彭、濮”等联军讨伐商纣的事情。蜀王派出了部队参与这一重大战役，而且战后还带回了战利品。1959年，在四川彭州竹瓦街铜器窖藏出土的两件铜觯内底分别有“覃父

从这些文物中，我们还可以看到古蜀人恢诡浪漫的艺术世界、奇异的服饰，他们与中原商王朝的密切交往，甚至在某些器物上还有古印度和西亚文明的影子。

商代晚期，三星堆文明衰落，在成都平原继起的强盛文明是金沙文明，古蜀王国的政治中心从广汉三星堆迁移至成都金沙。

蜀文明虽有自己的个性，但它是中华文明的组成部分，是华夏文明的一个地方型文明。

---

①宋治民：《蜀文化》，文物出版社，2008年，第260页。

癸”和“牧正父已”的商人氏族徽号，历史学家徐中舒先生认为“这正是蜀人参加伐纣之役的最直接有力的物证”。① 但随后不久，两国之间似乎又发生了牴牾，《逸周书·世俘解》中有周王“命伐蜀”的记载，可见当时两个强盛的国家处于时战时和的状态。从十二桥文化北域逐渐退缩到秦岭以南的情况看，那时蜀王国尚无法与强盛期的周王朝相抗衡。有学者推定，这时的蜀是杜宇王朝时期，②那么，金沙遗址应该就是杜宇朝的都城遗存。

大约在春秋中晚期，成都平原遭受严重洪水灾害，来自荆楚的鳖令治水有功，“民得安处”，受杜宇王朝蜀主禅让继承王位，古蜀历史进入开明王朝时期。近年来，在成都商业街等地陆续发现开明王朝时期的船棺葬。商业街的船棺葬是一座合葬墓，在一个面积约 620 平方米的墓坑内埋葬了 17 具战国早期的船棺和独木棺，出土文物较多，随葬品中有精美的漆器及铜戈、矛、印章等，被认为是蜀国开明氏王朝王族或蜀王家族墓地，③这也是开明王朝统治成都的实证。成都平原的富庶早已广为天下所知，秦国大将司马错建议秦王攻伐巴蜀，云“取其地足以广国”，“得其财足以富民”。公元前 316 年，秦灭巴蜀，开明王朝灭亡。

都江堰离堆

①徐中舒：《四川彭县濛阳镇出土的殷代二觯》，《文物》，1962 年第 6 期。

②段渝：《四川通史》(第一册)，四川大学出版社，1993 年，第 48～50 页。

③成都市文物考古研究所：《成都市商业街船棺、独木棺墓葬发掘报告》，《文物》，2002 年第 11 期。

成都平原地表土质疏松，结构良好，宜于耕作，是四川盆地最肥沃土壤。蜀守李冰父子组织修建了都江堰水利工程，成都平原从此“水旱从人，不知饥馑”，①成为中央王朝的主要粮食供给基地和赋税的主要来源。秦据巴蜀后，为巩固统治，修筑了“周回十二里，高七丈”的成都城，城内建筑格局“与咸阳同制”。② 随着关中的秦汉王朝为巩固后方或安置流民相继大规模移民巴蜀，秦汉的华夏语言、文字系统、行为方式、生活习惯等逐渐对巴蜀产生极大影响，四川地区迅速融入华夏一体化进程中。

秦汉时期，蜀地的漆器生产非常发达，产品行销很远，近年来在平壤附近的古墓中就出土有蜀郡制造的漆器。当时成都还是“南方丝绸之路”的起点，闻名天下的蜀锦经今四川南部和云南，行销缅甸、印度以及更远的地方，《史记》中就记载了张骞出使西域，在大夏（今伊朗、阿富汗一带）看到当地有四川出产的“蜀布、邛竹杖”。这里文化事业同样极其繁荣，时人有“蜀学比于齐鲁”，“汉征八士，蜀出其四”，“汉具四义，蜀选其二”③的描述，扬雄、司马相如、谯周等是文化人士中的杰出代表。

总之，商周—汉晋时期成都平原的政治经济文化不仅在西部而且在全国都有突出特点。与关中平原这段时期极盛而衰不同的是，这一区域的文明呈现出“精进”的特征。然而，相对偏远的位置和相对封闭的地理环境在一定程度上阻碍了这一地区文明的对外辐射和交流，使其始终总体上无法取代关中地区在全国的地位。

随着关中的秦汉王朝为巩固后方或安置流民相继大规模移民巴蜀，秦汉的华夏语言、文字系统、行为方式、生活习惯等逐渐对巴蜀产生极大影响，四川地区迅速融入华夏一体化进程中。

商周—汉晋时期成都平原的政治经济文化不仅在西部而且在全国都有突出特点。与关中平原这段时期极盛而衰不同的是，这一区域的文明呈现出“精进”的特征。然而，相对偏远的位置和相对封闭的地理环境在一定程度上阻碍了这一地区文明的对外辐射和交流，使其始终总体上无法取代关中地区在全国的地位。

---

①（东晋）常璩：《华阳国志》卷3《蜀志》。

②（东晋）常璩：《华阳国志》卷3《蜀志》。

③（东晋）常璩：《华阳国志》卷12《序志并士女目录》。

(三)“巴楚同风”背景下的巴渝文化

与关中和成都平原不同，重庆是一个地貌复杂多样、以低山丘陵为主、平坝较少的区域。宋代范仲淹的“云山苍苍，江水泱泱”是对这一区域环境的精确描述。这里气候冬季云雾弥漫，夏季高温炎热，故重庆又被称为“雾都”和“火炉”。横贯境内的长江干流及嘉陵江、乌江等支流在给人们提供舟楫、灌溉的便利和鱼类资源的同时，也使重庆成为四川盆地内部各地联系的枢纽，成为江汉平原和成都平原经济文化交流的通道。

这里诞生了亚洲最早的古人类。1984 年～1988 年，经过数次发掘，在巫山大庙龙骨坡发现距今 204 万年的古猿人化石及石器和上百种伴生哺乳动物化石，猿人化石被命名为“巫山猿人”。以后又陆续发现了距今约 12 万年～15 万年的“奉节人”，距今约 1.5 万年的巫山“河梁人”。它们与较早发现的“铜梁文化”一道，为我们提供了重庆地区旧石器文化发展的清晰线索，在人类进化史的研究上占有重要地位。新石器时期，巴渝地区先后出现了玉溪文化、大溪文化、哨棚嘴文化、老关庙下层文化等考古文化类型，成为中华民族“满天星斗”的新石器文化的一个地方类型。

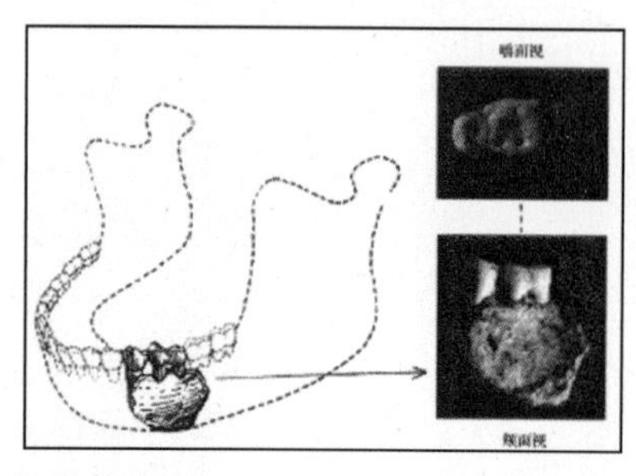
“巫山猿人”牙齿化石

重庆是古代巴人的主要活动区。历史文献中最早记载巴人活动的是商代甲骨，记录了商王武丁及其夫人妇好征伐巴方的事情，①但这时的巴人尚活动在汉水中上游一带，一度是一个强盛的方国。周初，作为“友邦冢君”随同周武王参加了牧野之战，充当先锋，“歌舞以凌殷人”，立下了战功，战后成为周之“南土”的一个封国。《逸周书·王会篇》记载了周成王在洛阳召开诸侯大会，巴人进贡比翼鸟的事情。

春秋之世，随着周王朝的衰弱，同为“周之南土”的巴和楚发生了密切交往，逐渐强盛的楚国“侵凌江汉间，小国皆畏之”，巴楚曾“数相攻伐”，结果是难敌楚锋的巴人被迫离开故土，从大巴山地、汉水上游迁移，转而进入四川盆地东部现重庆地区。源于《诗经·召南·鹊巢》中的成语“鹊巢鸠占”说的

①段渝：《四川通史》(第一册)，四川大学出版社，1993 年，第 199 页。

就是巴人地盘被楚人占领，巴人借此表达对占领者的怨恨。[①] 战国时代，“及七国称王，巴亦称王”，巴人重新建立了国家，但其地理空间发生了极大变化，从大巴山地、汉水中上游转移至四川盆地东部。这时巴国的疆域一度“东至鱼复（奉节），西至僰道（宜宾、泸州一带），北接汉中（汉中、安康地区），南及黔涪（渝东南及贵州北部）”，统治中心就在今重庆。周之季世，巴国有乱，将军巴蔓子曾请兵于楚，并许以三城为酬。平乱后，巴蔓子以自己的头颅赎城，曰“诚许楚王城，将吾头往谢之，城不可得也”。楚王受其感动，不再求城，并以上卿之礼

位于重庆市巫山县的大溪文化遗址

巴渝地区诞生了亚洲最早的古人类。

重庆是古代巴人的主要活动区。历史文献中最早记载巴人活动的是商代甲骨，记录了商王武丁及其夫人妇好征伐巴方的事情。

①汤惠生：《考古三峡》，广西师范大学出版社，2005年，第76页。

葬之。巴蔓子既挽救了国家的危难，又保全了城池，长久以来，备受巴人及后世人们的敬仰。当然，更多时候巴楚双方是直接兵戎相见的。公元前361年，楚国已经占领了峡江大部分地区。《史记》载："楚自汉中，南有巴黔中。"从近年考古资料看，在巴渝地区楚国兵锋曾达到忠县一带，这里发现了大量楚国战士墓葬，被认为是当时楚国的西疆。迫于形势压力，战国后期巴国都城多次迁移："巴子时，虽都江州（今重庆），或治垫江（今合川），或治平都（今丰都），后治阆中（今阆中），其先王陵墓多在枳（今涪陵）"，[1]在颠沛流离中走向最后的灭亡。公元前316年，秦使大夫张仪灭巴蜀，"执（巴）王以归"。公元前278年，秦将白起拔楚郢都，楚人东迁，巴楚之间政治上的数百年恩怨情仇就此了结。

巴民族与楚民族的交往以及巴文化与楚文化的交流，历史悠久，影响深远，无论民族还是文化，都是楚中有巴而巴中有楚。地缘的接近使巴人长期与楚通婚。春秋时期，楚王曾娶"巴姬"。战国时随着楚势力深入巴地，这种血缘交往更加普遍。《华阳国志》载"战国时，尝与楚婚"，可能指的是双方的通婚范围已由宫廷普及至民间。民族间通婚，不仅是血缘的融合，无疑会带来彼此间语言、风俗、习惯的混同，促进民族文化的混融。《华阳国志》中就有"江州以东，滨江山险，其人半楚"的记载。《汉书·地理志》云：江汉地区"信巫鬼，重淫祀"，与以关中地区为代表的汉文化大相径庭，而巴人"俗好鬼巫"，与楚人具有同样的原始信仰。巴人有丰富的神话传说，秦汉以后被整理润色到各种汉文书籍中，而且早在春秋战国时期就东传楚地，对楚文学的巫文化成分产生了重要影响，成为楚辞题材的重要来源，得以流传千古。例如，巴人传说中有发生在楚人生活区域的盐水（清江）神女；楚人传说有巫山神

忠县中坝文化遗址

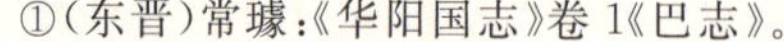

①（东晋）常璩：《华阳国志》卷1《巴志》。

女，并为屈原、宋玉等辞赋家咏赞。两个传说都是以女性为题材，充满了浪漫和凄美，呈现了与中原正统文学迥异的风貌。楚国郢都下里是巴人聚居区，有流行歌曲《下里巴人》，为楚人所喜爱并接受，吟唱时“和者数千人”。①在物质文化领域，巴楚文化交流有更多的文物考古实证。巴、楚文化关系最为鲜明的体现就是巴人的图腾——虎同时也是象征楚文化的典型楚器的重要组成部分，楚国丝绸上有“凤龙虎戏斗”的刺绣图案，漆器上有虎座立凤、虎座鸟架鼓等。图案和造型的相似一方面反映两国争斗的紧张状况，另一面也是巴楚文化密不可分的最好注释。

巴渝地区拥有良好的山地资源和渔业资源，重庆的立体山地生态使多种动植物都可在这里繁衍生息。《山海经》云，当时人们“不绩不经，服也；不稼不穑，食也……鸾鸟自歌，凤鸟自舞；爰有百兽，相群爰处”。《汉书·地理志》载：“巴蜀、广汉，有山林竹木之饶。”在以渔猎、采集经济为主的时代，山地相对于平原地区更容易满足人们生活所需，确为早期人类生活的理想生境。这里盐业资源丰富，忠县中坝、瓦渣地遗址出土的商末至战国时期的制盐用具——花边口罐和尖底杯数量之多令世人瞩目，有学者认为“最初楚人西侵主要是抢夺巴国境内的三大自流盐泉”。② 重庆地区还是长江上游重要渔场，古代巴人很早就掌握了高超的捕鱼技术，家养鸬鹚捕鱼的方法是先秦巴

①（东晋）常璩：《华阳国志》卷1《巴志》。

②李禹阶、管维良主编：《三峡文明史》，重庆出版社，2007年，第90页。

人的首创。动物考古发现，三峡历史时期古居民的肉食资源在较长时期内，一直以野生动物为主。其中在离长江稍远的边缘区域，野生肉食主要是哺乳动物。而在临江的许多遗址里，居民肉食是野生哺乳动物与鱼类并重。在有的遗址里（如大溪遗址），甚或鱼类成为当时人的主要肉食来源。以野生动物为主要肉食对象的情况，一直延续到汉代或更晚。大约到明代以后，家畜才逐渐成为该地区人们的主要肉食对象，但野生动物仍然是人们饮食生活的重要部分。① 有规模的农业生产大约始于商代以后，《华阳国志·蜀志》有“杜宇教民务农……巴亦化其教而力务农”的记载，蜀王杜宇成为巴蜀两地农神，至今仍受到祭祀。秦灭巴后对巴地部族采取了薄赋等优抚政策，使经济得以迅猛发展。从考古发现大量的陶田模型及画像砖看，汉代巴郡农村已开凿陂塘，灌溉农田，水田同时养鱼，进行综合利用。江州产的稻米成为“御米”，而用这种米磨制的化妆用的堕林粉驰名京师长安、洛阳。《华阳国志》载巴地：土植五谷，牲具六畜，桑、蚕、麻、纻、鱼、盐、铜、铁、丹、漆、茶、密、灵龟、巨犀、山鸡、白雉、黄润、鲜粉，皆纳贡之。其果实之珍者，树有荔枝，蔓有辛蒟，园有芳蒻、香茗、给客橙、葵，其药物之异者有巴戟、天椒；竹林之馈者有桃支、灵寿……

秦灭巴蜀后，大将张仪在长江与嘉陵江交汇的今重庆渝中半岛修筑了江州城，重庆作为中国著名山城雏形呈现。魏晋时期，江州城有了进一步发展，蜀汉都护李严将其扩建为“周回十六里”的大城。城内居民较多，民居密集，其“地势侧险，皆重屋累居，数有火害，又不相容。结舫水居五百余家，承二江之汇，夏水涨盛，坏散颠溺，死者无数”。② 巴地民风古朴，尚武悍直的精神深深地融入他们的血液。史书记载“其民质直好义，土风敦厚”，“土地山险水滩，人多戆勇”。民间自古就有“蜀有相，巴有将”之说，巴蔓子、严颜、甘宁等是其中杰出的代表。

总而言之，早期的重庆地区文明发展进程远远落后于关中和成都两大平原。然而，它作为连接四川盆地和江汉地区文明的通道，在经由长江沐浴江汉文明的同时，也通过秦巴山地和嘉陵江不断接受秦、蜀文化的浸润，最终形成了自己独具特色的文化面貌。

---

①武仙竹：《长江三峡动物考古的初步认识》，收入《三峡考古与多学科研究》（重庆出版社，2007 年，第 13 页）。

②（东晋）常璩：《华阳国志》卷 1《巴志》。

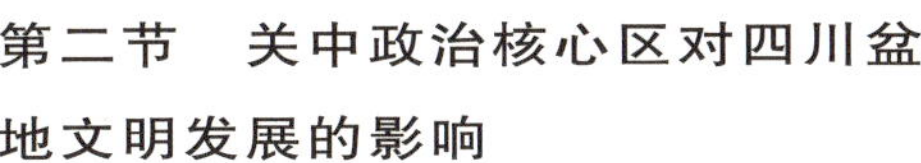

第二节　关中政治核心区对四川盆地文明发展的影响

(一)关中政治核心影响下的三地政治格局

我国西部地区作为古代文明的肇源地之一，早在夏商周及春秋战国时期，就得到开发。艰苦卓绝的先民曾在广袤的秦陇巴蜀大地上谱写过辉煌的篇章。历史时期，以今西安、成都为首的关中、巴蜀地区，因社会经济的发达，先后被称为“天府”，这与当时的政治环境是密不可分的。

1.雍梁一体与巴蜀秦化

“中国山川东北流，其维：首在陇、蜀，尾没于勃、碣。”①这里的“陇”和“蜀”泛指我国的西部地区，也就是《禹贡》中所划分的雍、梁二州，即我们通常所说的关陇与巴蜀地区。

关陇地区，历史上统称雍州，狭义上的雍州指关中。而关中作为一个历史代名词，是因古都西安位于群关之中而得名，也是周人、秦人发祥与创业之地，历来为经营天下者所重视。公元前11世纪前后，周兴关中，进行了长达四百多年的经营与建设，关中便随着西周的兴起而崛起。平王东迁之后，秦人随即从陇西徙居、依托关中，为统一全国打下了坚实的基础。可见早在公元前3世纪以前，关中就已经相当富庶了，“左殽函，右陇蜀，沃野千里，南有巴蜀之饶，北有胡苑之利”，称天府之国，从此，甲于全国达一千年之久。

---

①(西汉)司马迁:《史记》卷27《天官书》。

总而言之，早期的重庆地区文明发展进程远远落后于关中和成都两大平原。然而，它作为连接四川盆地和江汉地区文明的通道，在经由长江沐浴江汉文明的同时，也通过秦巴山地和嘉陵江不断接受秦、蜀文化的浸润，最终形成了自己独具特色的文化面貌。

历史时期，以今西安、成都为首的关中、巴蜀地区，因社会经济的发达，先后被称为“天府”，这与当时的政治环境是密不可分的。

"关中右陇蜀",所谓"陇蜀"指我国西部四川、陕西、甘肃一带,曾是巴人和蜀人活动频繁的地带。历史上,巴人以川东峡谷为中心,活动范围大抵西包嘉陵江、涪江之间以至泸州一带,东至奉节,北抵米仓山、大巴山南坡,南及贵州,①治所在今重庆地区徘徊迁徙。蜀人以川西平原为中心发展,其地"东接于巴,南接于越,北与秦分,西奄峨嶓",②经历夏商周三代,势力发展到汉中北面和今四川宜宾一带,③成为西南的强大势力。周初大力推行分封制,周王室"以其宗姬封于巴,爵之以子","华阳之壤,梁岷之域,是其一囿,囿中之国则巴蜀矣"。这种亲密的藩属关系无不反映了雍梁一体的局面。另外,从文献记载来看,《周礼》把全国分为冀、幽、并、兖、青、扬、荆、豫、雍九州,与《禹贡》九州相比,梁州合于雍州。战国后期,秦人屡修栈道,穿越秦巴山地,通过汉中,到达巴蜀,进一步加强了地域间的联系,秦也因此得以稳控巴蜀,最终统一全国,"故秦地于禹贡时跨雍、梁二州"。④

秦在全国范围的统治仅仅 15 年,但在巴蜀地区却维持了长达 110 年的统治(公元前 316 年~公元前 206 年)。公元前 316 年,秦兼并巴蜀,"开土列郡",实行因地制宜的管理方略。鉴于巴地民族众多,仅在北面设置巴郡,大多数地区仍由部落首领统领。在受中原礼乐文明影响比较深远的蜀地设蜀郡、汉中郡。为了将中央集权的君主制实施于地方,郡县与分封并举。公元前 314 年,秦惠王封蜀王子通为蜀侯,张若为蜀守,共同治理蜀地。同时,秦国移民万家于巴蜀,以授田制为基础实施编户齐民的统治制度。这都从政治层面上深深地影响巴蜀。尤其是大批政治性的移民,不仅充实了巴蜀,还为建设巴蜀、发展巴蜀经济做出了卓越的贡献,并且进一步完善了编户齐民制度。这主要表现在,从布局和规模上仿照中原传统修建成都、郫县、临邛、阆中、江州等城邑,而当时筑城的主要意义在于以城为单位集中居民,使得国家更直接地统治编户民。尤其是与咸阳城同制的成都城的修建,真正体现了秦把核心地区的统治方式推行到了蜀地。从另外一个方面来看,也正是因为有统一集权国家的强大力量做支撑,大型水利事业得以开展,使得成都平原告别水患。蜀地盐、铁等工矿产业得到开发,一些主要的城市开始设

①(东晋)常璩:《华阳国志》卷 1《巴志》。

②(东晋)常璩:《华阳国志》卷 3《蜀志》。

③刘琳:《华阳国志校注》,巴蜀书社,1984 年,第 185 页。

④(东汉)班固:《汉书》卷 28《地理志》。

有盐官、铁官、锦官，工商生产、管理体系逐步形成，成都作为一个城市的繁华端倪初现。这一系列的建设活动，为成都平原的天府时代积蓄着力量。正如史料记载："秦惠文、始皇克定六国，辄徙其豪侠于蜀，资我丰土。家有盐铜之利，户专山川之材，居给人足，以富相尚。"①

随着时间的推移和秦王朝各种同化政策的推行，秦对巴蜀的统治由分封制与郡国制并行，历经三封蜀侯后，到公元前 285 年正式设立蜀守，在蜀地实行真正的郡县控制，这意味着中央集权制彻底地实施到了地方。有了政治做保障，其他各种开发性的政策得以顺利实施，巴蜀逐步与关中融为一体。

秦二世而亡，项羽入关分三秦，统有巴、蜀、汉中三郡的汉王刘邦，赖以巴蜀足食足兵而得天下，建立了汉王朝。汉王朝从巴蜀分置广汉（今四川梓潼）郡，承接秦制，以关中为核心、巴蜀为基地开发西部。汉武帝时期"募民屯田"，以泾渭平原和成都平原为核心，向四周辐射。汉王朝从政治和军事上开拓和巩固边疆，整个西部的疆域也在不断扩大中。西北方面，收复河南地，设置河西四郡。经有关学者研究，汉武帝"广关"的策略将关中的地域范围向西南拓展到巴蜀地区，甚至云贵高原一带。② 汉武帝元光四年（公元前 131 年），在蜀郡设置东、南、西、北四部都尉，强化管理。元鼎二年（公元前 115 年），修成都外城，建十八个城门。其他郡县也多修城池，于是蜀郡一带

①（东晋）常璩：《华阳国志》卷 3《蜀志》。

②辛德勇：《汉武帝"广关"与西汉前期地域控制的变迁》，《中国历史地理论丛》，2008 年第 2 期。

关中平原上的汉武帝茂陵

城垣、城楼多了起来。建元六年(公元前135年),分巴蜀之地,设置犍为郡,治所在今四川宜宾。元封元年(公元前110年),分犍为郡设置牂柯郡,次年分牂柯郡设置益州郡,可见在西南地区已经向云贵一带拓展了。几乎同时,在广汉郡西部的白马氐之地、今甘肃南部设置武都郡,蜀郡南部邛都之地、今西昌附近设置越嶲郡,北部冉駹之地设置汶山郡,西部筰都之地设置沈黎郡。① 加上已有的巴郡、蜀郡、南郡,西汉王朝在西南就设有十个郡县,除南郡外,同属于益州刺史部。东汉时期,上述诸郡只是在名称或范围上稍有变动。这为开发西部,特别是大西南奠定了很好的政治基础。

在关中核心政治的影响下,巴蜀地区在政治经济文化各方面都与中央王朝的联系密切起来。礼聘人士所用之物在梁、益二州随处可见。蜀郡英才辈出,为世人所称道。大批巴蜀官员、文人墨客涌向长安城。东汉末年,这些人多弃官归蜀,这是因为在他们看来王莽非刘姓而篡汉这一行为违反传统社会的伦理道德观念,说明当时儒家思想在巴蜀已有很深的影响,西汉王朝在西部有着强大的向心力与凝聚力。即使两汉之交关中遭受较大的破坏,东汉王朝东迁洛阳后,中央王朝仍未放弃关中,而是实行三京之制。从统治者对关中的重视,不难看出关中在全国,尤其在西部的地位是举足轻重的。

伴随着政治中心的东迁,中央对巴蜀的控制有所松懈,公孙述于纷乱之中割据巴蜀,因据有“蜀地肥饶,兵力精强”的优势,“远方士庶多往归之”。②

①(西汉)司马迁:《史记》卷56《西南夷列传》;(东晋)常璩:《华阳国志》卷3《蜀志》。
②(刘宋)范晔:《后汉书》卷13《隗嚣公孙述列传》。

强盛时期其势力北及汉中、武都，控制了广汉、巴、蜀诸郡。汉光武帝刘秀采取以陇治蜀的策略从根本上遏制了公孙述的割据势力，并延续了秦与西汉在蜀地施行的一系列汉化政策。

自战国李冰治蜀到汉武帝的政治性开发，巴蜀逐步秦化、汉化了。东汉时期取消了以往对巴蜀地区的优待政策，巴蜀与关中更进一步融合了。巴蜀地区作为关中的辅翼，日见丰满。自司马迁《史记》之后，史家不再把巴蜀纳入“西南夷”系统，表明巴蜀已逐渐与关中一体化。再者，从“关陇”、“陇蜀”这些历史名词也可以看出雍、梁二州确实是“你中有我，我中有你”的关系。

2. 三国蜀汉与巴蜀秦陇一体

三国时期，曹操“拥百万之众，挟天子而令诸侯”；孙权“据有江东，已历三世，国险而民附，贤能为之用”；而益州险塞，沃野千里，高祖刘邦因之而成就帝业。诸葛亮坚信这里也能够成为蜀汉政权的立足地，因此建议刘备先占据益州。于是建安十六年(211 年)刘备入蜀，建立蜀汉政权。

成都武侯祠

在关中核心政治的影响下，巴蜀地区在政治经济文化各方面都与中央王朝的联系密切起来。

自战国李冰治蜀到汉武帝的政治性开发，巴蜀逐步秦化、汉化了。东汉时期取消了以往对巴蜀地区的优待政策，巴蜀与关中更进一步融合了。巴蜀地区作为关中的辅翼，日见丰满。自司马迁《史记》之后，史家不再把巴蜀纳入“西南夷”系统，表明巴蜀已逐渐与关中一体化。再者，从“关陇”、“陇蜀”这些历史名词也可以看出雍、梁二州确实是“你中有我，我中有你”的关系。

诸葛亮塑像

诸葛亮曾风云三国，有着远大的政治抱负，“诗仙”李白有诗曰：“武侯立岷蜀，壮志吞咸京。”诸葛亮在其赫赫有名的《隆中对》中审时度势地构想了实现远大政治目标的策略，即“跨荆、益，保其岩阻，西和诸戎，南抚夷越，外结好孙权，内修政理。天下有变，则命一上将将荆州之军以向宛、洛，将军身率益州之众出于秦川”。《隆中对》其实体现了诸葛亮秦陇巴蜀一体的观点。当时蜀之西部主要有汉嘉、汶山、阴平、武都四郡，其中武都和阴平与曹魏相连，魏将征伐也常由此出。刘备死后，诸葛亮总揽朝政，国力日增，自以为“兴复汉室，还于旧都”的时机已经成熟，北伐提上日程，蜀汉欲由陇而得秦。于是秦陇巴蜀交汇的汉水上游，就成为蜀魏争夺的焦点。

228 年，诸葛亮首次北伐，祁山以北的南安（辖今甘肃武山、陇西等县）、天水（今甘肃天水地区）、安定（今甘肃平凉、宁夏固原一带）三郡先后归顺。次年先后攻下武都（今甘肃成县）和阴平（今甘肃文县西北）两郡，虽然几经得而复失未能将其纳入版图，但此时蜀汉的疆域已经扩展到凉州境内，此后魏延、姜维等也多从此出秦川。

240 年，姜维被任命为镇西大将军、凉州刺史，镇守西北边陲，联合西北少数民族与曹魏抗衡。姜维本身来自天水郡，熟悉当地环境，又依靠西北少数民族的支持，据有陇西地区，进而向北向西扩张，把开疆拓土重心放在今甘肃及以西地区，同魏争夺临洮、陇西、渭源等地。这与诸葛亮当年沿秦岭、西县和子午谷一线出祁山相比，战线被推进到西县以北的金城和渭水南岸的芒水一带（今陕西周至县东），基地也由汉中西迁到甘肃南部的沓中（今甘肃舟曲西北），说明蜀汉疆土向北边又有所推进。蜀汉征伐与开拓四十余年，疆域北入今甘肃境内，东边维持在今奉节一带。在秦陇巴蜀大地上，有这样一个政权的存在，无疑进一步密切了相互之间的联系。

263 年，魏灭蜀汉，分蜀汉故地为益、梁二州，即从益州分出了陕南部分设置梁州，治沔阳（今勉县），川、黔部分地区也包括在内。这种分割的办法，使得曾经囊括西南的益州，分属两个行政区划管辖，两州各领九个郡，一定程度上杜绝了该地再造割据的可能性。这样，秦陇巴蜀各郡达到实力的均衡，有利于中央的统辖与管理。

纵观三国历史，蜀汉与曹魏角逐秦陇巴蜀贯穿始终，这也反映了秦陇巴蜀是一个不可分割的统一体，历史不允许任何一方孤立地存在，频繁的军事屯田与移民活动更是加强了这一联系。蜀汉拓土纳民，多次挥师北伐，以居高临下之势向雍凉地区推进。曹魏视汉中为深入益州腹地的咽喉，同时把陇右看作灭蜀的主要基地，也竭尽全力地攻守，曹操还在定三秦之后，攻下辨、故道。蜀汉则以盛产马、牛、羊、麻和小麦的祁陇山区为屏障，据险固守而得汉中。曹操随即迁武都、汉中民众于关中，架空蜀汉，致使蜀汉得其地而不得其民。秦陇与巴蜀，在军事家的眼里可谓是唇亡齿寒、辅车相依。这期间频繁的移民活动使得秦陇巴蜀融为一体。如在曹操降服割据汉中的张鲁之后，将前来归附的巴人迁于关陇地区，[①]氐人李氏率领五百余家归附，也被迁到略阳，即今甘肃清水一带。这无不加速了秦陇巴蜀的融合，推动了西部开发的进程，促进了秦陇巴蜀与关中的一体化。

3.成汉政权与陇汉政治

汉魏以来，西部少数民族陆续内迁雍、秦、凉各州。至西晋时期，关中地区羌、氐已经占了一半。由于西晋司马氏“政出多门”，政局动荡，民不聊生，各种矛盾激化。晋武帝元康元年(291年)，雍、梁二州司马诛杀氐羌首领数十人，可谓雪上加霜，秦雍氐羌怨气日增，少数民族起义不断。祸不单行，元康年间关中连绵不断地闹灾荒，天灾人祸将起义推向高潮，其

①(东晋)常璩:《华阳国志》卷2《汉中志》。

势力很快波及扶风、始平、天水、略阳、武都、阴平六郡。① 战乱致使百姓背井离乡，氐人李氏率领十万流民从汉中入益州，②沿老路“寄食巴蜀”，③流民充斥广汉、蜀、犍为三郡。永兴元年（304 年），李雄利用巴蜀富饶的物资，凭借险要的地势，在成都称王，建国号为“成”，后李寿称帝，国号“汉”，史家统称为“成汉”。成汉政权在司马氏政权的包围下生存了四十余年。④

政权建立伊始，李雄就视汉中为存亡之要，致力于北防要务，并以蜀中大地主范长生为丞相，六郡流民遂与蜀中大地主合流，建立了一整套完全汉化了的政权机构，巴蜀地区在全国陷于一片混乱之中时出现了“小康之治”的繁荣安定的景象。汉中吏民于建兴二年（314 年）归附成汉。两年以后，在陇西抗击前秦的陈安来降。仇池杨难敌兄弟也在 321 年奔葭萌而来。于是，汉中、汉嘉、涪陵皆纳入成汉版图。成汉极盛时期，其疆域东到巴东，北到汉中、仇池，西至汉嘉、沈黎（今雅安），南到宁州，包括今重庆、四川省除川西高原的大部分地区和汉中盆地的西部。⑤ 这样一个政权的建立，毋庸置疑地对四川社会乃至我国西部产生过深远的影响。

魏晋南北朝时期，陇蜀地区还曾建有仇池（今甘肃成县西北）、宕昌（今甘肃省宕昌县西）、邓至（其地在仇池以西、宕昌以南，相当于今四川省北部）等小政权。仇池国几乎与魏晋南北朝相始终。其地以仇池为中心，东接汉中，南接梓潼，北连天水，西接阴平，背秦面蜀，大致范围在今陕西南部的汉中地区、甘肃武都地区和四川西北部的平武、广元等地区，地处陕甘川交界区域，为南北政权的中间地带，历时三百余年。⑥ 然而，也正是因为其占有这种多势力交叉的战略位置，杨氏才得以利用周边各大势力间的矛盾与冲突，抓住南北政权对其实行羁縻拉拢的空隙，运用三角或多边关系寻找发展空间，见机臣属、称藩、奉贡贯穿立国前后，进而得到长时期的保全。⑦ 从国家统一的大局和长远利益来看，该政权充当了一个加强陇蜀间联系的媒介，促进了陕甘川的融合，有利于我国西部的共同发展。正如《武阶备志》所记：

---

①杨伟立：《成汉史略》，重庆出版社，1983 年，第 10 页。

②（唐）房玄龄等：《晋书》卷 120《李特载记》。

③谭红：《巴蜀移民史》，巴蜀书社，2006 年，第 75 页。

④杨伟立：《成汉史略》，重庆出版社，1983 年，第 21 页。

⑤李晓杰：《体国经野——历代行政区划》，长春出版社，2004 年，第 69 页。

⑥李祖桓：《仇池国志》，书目文献出版社，1986 年，第 1～2 页。

⑦陈金凤：《魏晋南北朝中间地带研究》，天津古籍出版社，2005 年，第 164 页。

“杨氏窃据，地界南北，难乎其存矣。固能于兵戎扰攘中，连跨数郡，历时百年，是未可以异类忽之也。”

政权的频繁更替和战争的破坏使得关中再一次步入萧条。中原兵燹不断，“至于永嘉，丧乱弥甚”，出现北人南迁的浪潮，史称“永嘉南迁”。晋安帝时期（397 年～418 年），秦雍、关陇大规模移民南迁入蜀。直到南朝，进入四川的北方流民也以关陇为最。政府为了确保国家的安定，在流民比较集中的地方设置郡县加以安置和招徕。由于这些郡县都是侨置于南方已有的政区之内，所以被称为侨州郡县，或以原籍为名，或加方位词以示区别。据相关学者研究，秦岭以南的区域内侨置郡县分布比较密集。[①] 自李氏率十万流民寓居蜀土，安置秦雍流民于怀宁郡、关陇流民于始康郡、秦州流民于晋熙郡、凉州流民于安固郡。桓温平蜀后，以巴、汉流民设立晋昌郡，招纳流离于梁、益的晋人，设南、北二阴平郡。太元十五年（391 年），周琼以北汉中流民南迁而设南汉中郡。据统计，晋代在蜀地侨置了八个郡。[②]

侨置郡县，这一暂时安置大规模移民的措施，不仅拉拢了南迁大族，利用他们来开发南方地区，也确保了南北局势的安定，打破了自古以来以“山川形便”为依据的行政区划原则。“犬牙交错”中，关中与巴蜀联系更为密切了。秦陇与巴蜀地区在关中核心地区的引领下，政治经济文化等方面都互相影响，共同进步。

侨置郡县，这一暂时安置大规模移民的措施，不仅拉拢了南迁大族，利用他们来开发南方地区，也确保了南北局势的安定，打破了自古以来以“山川形便”为依据的行政区划原则。“犬牙交错”中，关中与巴蜀联系更为密切了。秦陇与巴蜀地区在关中核心地区的引领下，政治经济文化等方面都互相影响，共同进步。

---

①谭红：《巴蜀移民史》，巴蜀书社，2006 年，第 77 页。

②龚熙春：《四川郡县志》，成都古籍书店，1983 年，第 43 页。

(二)关中政治核心影响下的三地经济格局

1."蜀山兀"与四川盆地的资源开发

先秦至魏晋南北朝时期,巴蜀地区的生物资源开发经历了由弱到强、由中心地区到边远地区的开发趋势。

唐代文人杜牧的《阿房宫赋》中所述"六王毕,四海一。蜀山兀,阿房出",主要是运用夸张的手法描写秦始皇在完成横扫六合后穷奢极欲的生活,最终导致秦王朝的灭亡,借古讽今,以寓时人。文中提到"蜀山兀,阿房出",可见秦修阿房宫时,很可能已在秦蜀交界的山上采伐了一些特别用途的良材巨栋,[①]关中建设已开始在巴蜀地区获取资源了。其实,在这之前,巴蜀地区与周边地区特别是关中地区早已有了广泛的交流,巴蜀地区的生物资源广泛流入周边地区。如巴人至迟在周代已把茶作为一种重要的珍贵的贡物向周王朝进贡。周王朝建立后,"以其宗姬封于巴"。此后,巴国向周王朝缴纳的贡物就有桑、蚕、麻、纻、鱼、盐、铜、铁、丹、漆、茶、蜜、灵龟、巨犀、山鸡、白雉、黄润、鲜粉等物,茶为其中之一。[②] 由此可见,巴人向关中进贡的贡品以生物资源为主。当时蜀地特产生物资源主要有锦绣、罽牦、犀象、毡旄、桑、漆、麻、纻等,"其山林泽渔,园囿果瓜,四节代熟,靡不有焉"。[③] 其中之上品亦是上贡关中的贡品。

总的来看,先秦时期巴蜀生物资源开发在各个方面都属于起步阶段。

在植物资源方面,粮食占据了重要地位。早在四五千年以前,农业革命的浪潮便已经席卷了古蜀大地,古蜀的农业获得了初步发展。[④] 到殷周之际,成都平原已发展成为中国栽培水稻的中心种植区之一,并盛产菽、黍、稷等农作物。[⑤] 以后张仪说"秦西有巴蜀,方船积粟,起于汶山,循江而下",[⑥]司马错伐楚时征调巴蜀"米六百万斛",[⑦]都从一个侧面证明这一时期巴蜀地区粮食作物的丰盛。但这一时期巴蜀两地的农业发展也是不平衡的,巴地

---

①周云庵:《"蜀山兀,阿房出"考辨——兼与伊东忠太先生商榷》,《西北林学院学报》,1996 年第 4 期。

②贾大泉、陈一石:《四川茶叶史》,巴蜀书社,1989 年,第 5 页。

③(东晋)常璩:《华阳国志》卷 3《蜀志》。

④段渝:《四川通史》(第一卷),四川人民出版社,2010 年,第 192 页。

⑤段渝:《四川通史》(第一卷),四川人民出版社,2010 年,第 196 页。

⑥(西汉)刘向编订:《战国策》卷 14《楚一》。

⑦(东晋)常璩:《华阳国志》卷 3《蜀志》。

经营稻作农业主要受到蜀地的影响，由于自身条件的限制，稻作农业一直发展迟缓。粮食作物的广泛种植和相对丰产，也为这一时期巴蜀酿酒业的繁荣提供了保障。战国时期，蜀人庙堂祭祀用的酒称为醴，便是一种仅发酵一宿便取用、酒汁清淡、连糟食用的浊酒。① 而巴地“清酒”质量却很高，使其一钟即可与秦昭王“黄龙一双”相当。② 酿酒业的繁荣也带动了这一时期各种酒器制作的繁荣。

植物资源中的经济作物也占据了重要地位。巴蜀地区“土地肥美，有江水沃野，山林、竹木、疏食、果实之饶”。③ 其桑、麻、苎等经济作物主要支撑了古蜀纺织业的发展，以蚕桑业最为兴盛。史料记载：“成都，古蚕丛之国。其民重蚕事，故一岁之中，二月望日，鬻花木蚕器于其所者，号蚕市。”④而竹、木等经济林木则是竹类、木类器具等时人生产生活器具的重要开发对象，如《山海经》云：“邛崃山出邛竹杖。”⑤而“《史记·大宛列传》、《史记·西南夷列传》、张守节《正义》、裴骃《集解》、唐朝李吉甫《元和郡县志》等文献记载表明邛杖就是临邛至邛都沿古牦牛道一线山上生长的‘节高实中’的竹做的杖”，⑥这种邛竹做的竹杖成为当时的畅销产品。而使竹器、木器经济价值大增

先秦至魏晋南北朝时期，巴蜀地区的生物资源开发经历了由弱到强、由中心地区到边远地区的开发趋势。

秦王朝时，关中建设已开始在巴蜀地区获取资源了。

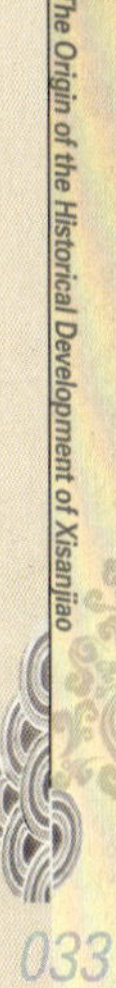

---

①邹一清：《先秦蜀地农业的有关材料与研究》，《四川师范大学学报》，2006 年第 6 期。

②（刘宋）范晔：《后汉书》卷 116《南蛮西南夷传第七十六》。

③（东汉）班固：《汉书》卷 28 下《地理志第八（下）》。

④（明）曹学佺：《蜀中广记》卷 55《风俗记第一》。

⑤（明）曹学佺：《蜀中广记》卷 63《方物记第五》。

⑥邹一清：《先秦巴蜀与南丝路研究述略》，《中华文化论坛》，2006 年第 4 期。

的是漆树的开发。因为在战国时期，巴蜀漆器就已出现百花齐放的局面，[①]髹漆工艺相当成熟，漆器相当精美，因而成为蜀地对外，主要是对关中、荆楚地区的贸易产品。现在考古发现这些地区的漆器有一部分即是来自巴蜀。当时还设有官营漆林，并派专门官员掌管经营。同时，用以采摘其果实以生产蒟酱的蒟树在这一时期已开始广泛种植。

动物资源方面，这一时期巴蜀地区生态环境优越，其中生活着丰富的野生动物，渔猎成为农业之外的重要补充经济。渔猎的对象非常广泛，如板楯蛮以射白虎为业，廪君蛮除农业外，还以捕鱼为业。渔猎经济在人们日常生活中占据着重要的地位，以至于有学者认为"三星堆文化和十二桥文化为代表的早期蜀文化，是渔猎文化"，[②]"巴文化是渔猎文化"。[③] 但是，渔猎毕竟只是一种补充手段，畜牧业、渔业才是这一时期获取动物资源的主要途径，畜牧业的产品如筰马、牦牛等是蜀商外销的重要商品。渔业在秦灭巴蜀后有了重要发展，秦惠王更元十四年，张仪、张若修建成都城墙，曾利用取土坑蓄水养鱼，这些水池养出的鱼成为重要商品，一些水池甚至沿用到现在。[④]

这一时期，巴蜀对关中地区的生物资源输出主要是以贡物为主，其所含经济价值也较大。仅巴地就有五谷、六畜、桑蚕、麻纻、鱼、漆、茶、蜜、灵龟、巨犀、山鸡、白雉、黄润、鲜粉、荔枝、辛蒟、芳蒻、香茗、给客橙、葵、巴戟、天椒、桃支、灵寿等生物资源贡入关中地区。[⑤] 而输往荆楚地区的生物资源则是以司马错、蜀守张若伐楚所携之粮食为主要代表，但亦不乏漆器等附加价值高的生物产品。巴蜀、楚是先秦时期两个重要的漆器生产基地，髹漆工艺都十分发达，虽然二者各具特色，又分属两个不同的工艺系统，但是"蜀与楚贸易，漆器为大宗"，[⑥]造成楚漆器深受巴蜀漆器影响的格局。[⑦] 输往云贵地区的生物资源主要是蜀商转销的蒟酱、丝绸等产品，以至于在西汉时唐蒙能在南越品尝到蜀地的蒟酱。在丝绸贸易方面，当时"蜀与相邻的秦、楚、滇、

---

①李昭和:《战国秦汉时期的巴蜀髹漆工艺》,《四川文物》,2004 年第 4 期。

②蔡靖泉:《考古发现反映出的成都平原先秦社会经济文化发展》,《江汉考古》,2006 年第 3 期。

③俞伟超:《古史的考古学探索》,文物出版社,2002 年,第 313 页。

④黄际潭:《四川渔业史事几则》,《四川水利》,1995 年第 1 期。

⑤(东晋)常璩:《华阳国志》卷 1《巴志》。

⑥袁杰铭:《四川丝绸贸易史话》,《四川丝绸》,1997 年第 2 期。

⑦邹芙都:《巴蜀文化中的楚文化因素》,《衡阳师范学院学报》,2005 年第 4 期。

夜郎以及中原有贸易往来”,[①]良好的纺织基础为后世的纺织业发展创造了条件。

秦汉三国时期的政治中心很长一段时间是在关中。由于地缘上与政治中心接近的关系,由于资源禀赋具有不同于其他地区的特性,巴蜀地区生物资源在满足政治核心地区需要的过程中得到了更大规模的开发。

植物资源方面,有学者认为这一时期四川盆地经济区很少输出粮食、木材等初级农副产品,一方面是因为四川盆地对外交通的险阻,运送粮食等初级农副产品的代价极大;另一方面则是蜀中工艺水平秦汉以来一直很高,造成四川盆地对外输出的产品具有了以高水平的手工业产品和高质量的农副产品为主的特点。[②] 但实际上,秦汉时期,关中地区却从巴蜀地区获得了丰厚的粮食资源。

秦灭蜀后,为控制巴蜀地区,曾大规模地向这一地区移民,他们的迁入对巴蜀地区的粮食生产产生了重要影响,以至于司马错浮江伐楚,取商于之地为黔中郡时能收“米六百万斛”作为军粮。其后秦在灭六国和平定内乱的过程中也不断把六国豪杰和罪人迁到蜀地。汉代临邛以冶铁致富的著名富豪卓氏和程郑,均是从山东地区迁入蜀地的,他们的迁入对于巴蜀地区的矿产资源开发起了促进作用。同时,铁器的广泛运用,又进一步促进了巴蜀地区粮食的生产。后在楚汉战争中,“萧何发蜀、汉米

①袁杰铭:《四川丝绸贸易史话》,《四川丝绸》,1997 年第 2 期。

②谢元鲁:《秦汉到隋唐四川盆地经济区的能量与信息交换》,《四川师范大学学报》,1990 年第 2 期。

秦汉三国时期的政治中心很长一段时间是在关中。由于地缘上与政治中心接近的关系,由于资源禀赋具有不同于其他地区的特性,巴蜀地区生物资源在满足政治核心地区需要的过程中得到了更大规模的开发。

万船，而给助军粮”才使刘邦取胜，可以说刘邦能胜项羽在很大程度上也得力于巴蜀地区的经济。[①] 汉初，关中饥馑，刘邦也准许饥民进入蜀汉地区就食，免去将巴蜀粮食运往关中的耗费。后“山东被河菑，及岁不登，数年人或相食”，政府亦令“下巴蜀粟以振之”。[②] 东汉末年由于黄巾起义，长期战乱致哀鸿遍野，南阳、三辅地区又有数万户民众流入益州。

可见，巴蜀地区的粮食不仅为秦灭六国特别是灭楚提供了决国之资，也为刘邦取得楚汉战争的胜利提供了支撑，更为秦汉王朝的巩固提供了重要保障。同时，人民的迁入、战争的需要既为巴蜀地区提供了劳动力和技术，也加快了这一地区粮食资源的开发进度。有研究认为，秦汉时期巴蜀地区蒟酱、魔芋、芋头等特色十分鲜明的食物资源也得到了进一步开发，而“姜”这一烹饪作料开始广泛运用。[③]

巴蜀地区在秦汉时代虽然很少输出木材等初级农副产品，但是，巴蜀地区的人们从日常的柴薪到煮盐、冶铁、冶铜，从新兴的造船业、造车业到规模空前的建筑、交通、兵器，从生前的日用家具到死后棺椁，都大规模、高速度地消费着各种木材。[④]

阿房宫复原想象图

秦汉王朝虽然很少从巴蜀地区直接获取林木资源，但是，煮盐、冶铁、冶铜有很大一部分为秦汉王朝所直接经营，私人经营所抽之税也为秦汉政府所有，这些利润或税收直接流入中央政府，而造船业、造车业、兵器制造等消耗的林木资源更是直接为秦汉王朝服务了。由于巴蜀林木资源开发的成熟和林木开发技术的提高，秦汉时期巴蜀地

①田培栋：《陕西通史·经济卷》，陕西师范大学出版社，1997年，第57页。

②（西汉）司马迁：《史记》卷30《平准书第八》。

③蓝勇：《西南历史文化地理》，西南师范大学出版社，2001年，第264页。

④罗开玉：《四川通史》（第二卷），四川人民出版社，2010年，第302页。

区拥有大量木工，主要分为官府和民间两大系统，秦修阿房宫、骊山墓，还从蜀地调去大量木工。[①] 同时这一时期，铁器迅速普及，加速了巴蜀地区竹类资源的开发，从家具、乐器、书写工具到交通工具如竹索桥、竹筏等，工业如用竹筒取天然气、接引盐水等，兴修水利如用竹笼装石为堤、为坝等都在利用竹类资源。

巴蜀林木资源中经济价值较高的是漆、茶、蚕桑等，其工艺有了进一步发展。“手工业利用林产成为秦朝的重要税源”，[②]汉朝亦是如此。

在手工业耗林方面，秦代漆器用量巨大，其胎质仍然保留着战国以来以木胎为主的传统，而竹胎也是秦汉时期漆器的主要胎质。秦汉之际，政府对颇负盛誉的巴蜀髹漆工艺更加重视，在四川设置了许多官营漆器作坊，从而使蜀郡和广汉郡工官的漆器多数用为御器或行销国际国内市场。国内主要行销荆楚和云贵地区，如马王堆出土漆器大部分来自于成都市作坊，湖北江陵凤凰山西汉前期墓葬所出漆器与马王堆漆器的工艺作风大致相同，许多漆器上也有“成市”、“成市饱”、“市府草”等烙印戳记铭文，也说明应属巴蜀漆器之列。而贵州清镇平坝所出漆器，其铭文更清楚地指出是元始三年“蜀郡”和“广汉郡”的产品。[③] 漆器中的上品作为御器，在这一时期主要流向关中和

巴蜀地区的粮食不仅为秦灭六国特别是灭楚提供了决国之资，也为刘邦取得楚汉战争的胜利提供了支撑，更为秦汉王朝的巩固提供了重要保障。同时，人民的迁入、战争的需要既为巴蜀地区提供了劳动力和技术，也加快了这一地区粮食资源的开发进度。

①罗开玉：《四川通史》(第二卷)，四川人民出版社，2010 年，第 303 页。

②余明：《秦朝林政初探》，《四川理工学院学报》，2005 年第 1 期。

③李昭和：《战国秦汉时期的巴蜀髹漆工艺》，《四川文物》，2004 年第 4 期。

中原地区了。而漆器手工业的发展必然带动漆林的种植,这进一步提高了巴蜀林木资源的利用价值。

秦汉时成都已是茶的贸易中心,故有"武阳(今四川彭山县)买茶"之记载。"秦对北方少数民族的马引进主要以茶马贸易为主。"[①]当时作为国防战略需要的马可以用茶叶换取,必然加速巴蜀地区茶叶资源的开发,从而使当时巴蜀的优秀的茶种和先进的种茶方法得以传播到长江中下游地区。[②]

蚕桑生产方面,此时巴蜀纺织业分为官营和私营两个门类,官营纺织机构的产品主要为官府、朝廷服务,产品直接供给中央朝廷;私营纺织机构的产品主要是以出卖获利为目的,其中必然要向政府缴纳相当的税款;个体纺织生产的产品除了供自己消费外,剩余产品还可通过交换应付一些苛捐杂税,而这些税钱最终都会为中央政府所支配。同时巴蜀的纺织品通过南北两条"丝绸之路"转销到西域各国,进一步扩大了巴蜀纺织产品的影响范围。

在瓜果方面,这一时期四川荔枝种植已十分普遍,四川长江一线在宴饮上还出现别具特色的荔枝宴。[③] 同时,秦巴郡峡江地区以盛产柑橘闻名,[④]鱼复县及江州、巴水北都有柑橘官。[⑤] 而蜀地"南安县"也有柑橘官社,[⑥]说明巴蜀地区在秦汉时水果林木资源得到了广泛开发。而最具代表性的蒟酱也多由蜀商"持窃出市夜郎"。[⑦]

动物资源方面,秦汉时期,巴蜀地区的畜牧饲养业都有了较大的发展,其西部地区主要以畜牧业为主,而其他地区的畜牧饲养业则是以个体家庭为基本单位。

当时的小农经济高度发展,俗以户养两头母猪、五只鸡或一头猪、四只鸡为小康生活的条件之一,这些牲畜足以应付政府所征之税。由于关中、中原长期战乱,马匹严重匮乏,川西高原牧区之马遂通过各种途径,被大量购买、交换、抽调外出,俗称"筰马"。[⑧] 当时的巴蜀居民由于窃出商货如筰马、

---

①文传良:《巴蜀茶马贸易史考》,《四川畜牧兽医》,1995年第3期。

②杜长煜:《巴蜀茶叶生产述略》,《文史杂志》,1986年第1期。

③蓝勇:《西南历史文化地理》,西南师范大学出版社,2001年,第264页。

④罗开玉:《秦至蜀汉巴蜀地区的农林牧渔副业》,《四川文物》,1994年第5期。

⑤(东晋)常璩:《华阳国志》卷1《巴志》。

⑥(东晋)常璩:《华阳国志》卷3《蜀志》。

⑦(西汉)司马迁:《史记》卷116《西南夷列传第五十六》。

⑧罗开玉:《秦至蜀汉巴蜀地区的农林牧渔副业》,《四川文物》,1994年第5期。

僰僮等使得巴蜀居民相对殷富。[①] 同时也使得作为"兵甲之本、国之大用"的马在巴蜀地区受到了政府和民间的重视，加大了对这一产业的投资。作为农耕之本的水牛、黄牛在当时主要是民间自养，农家多数已拥有一两头，而川西高原地区则主要盛产牦牛、犏牛，曾大量内销巴蜀，外销关中。在汉时，四川地区已大体形成了现代羊的基本品种。[②] 猪牛羊马的皮与筋在当时还被广泛用于日常生活，进一步促进了这些大型牲畜的饲养。

除了这些大型牲畜外，养狗也相当盛行。养狗少数用于肉食，"大多则作为放牧狩猎、护守家门和玩伴宠物，此外，还可能用以丧葬、祭祀的牺牲以及避灾、供祖等活动"。[③]

那时巴蜀地区的渔业资源开发也有了质的飞跃，从过去的单纯捕捞发展到人工饲养，并且在很大程度上发展为一种商品。[④] 成都平原稻田众多，水源充沛，为稻田养鱼的兴起提供了条件。[⑤] 魏武《四时食制》中即记载："郫县子鱼，黄鳞赤尾，出稻田，可以为酱。"[⑥] 利用稻田养鱼、拦截河溪沟渠或在其旁开挖支流用以养鱼，提高了水体利用效率，相应地提高了经济效益。

---

①（西汉）司马迁：《史记》卷 116《西南夷列传第五十六》。

②罗开玉：《秦至蜀汉巴蜀地区的农林牧渔副业》，《四川文物》，1994 年第 5 期。

③姜世碧：《四川汉代陶家畜家禽模型试析》，《农业考古》，2003 年第 3 期。

④罗开玉：《秦至蜀汉巴蜀地区的农林牧渔副业》，《四川文物》，1994 年第 5 期。

⑤黄际潭：《成都渔业史事几则》，《四川水利》，1995 年第 1 期。

⑥（北宋）李昉：《太平御览》卷 936《鳞介部八》。

巴蜀的优秀的茶种和先进的种茶方法得以传播到长江中下游地区。

巴蜀的纺织品通过南北两条"丝绸之路"转销到西域各国，进一步扩大了巴蜀纺织产品的影响范围。

这一时期狩猎还在人们日常生活中占据一定分量。如秦末汉初，“虎历四郡，害千二百人”，中央政府派板楯蛮射白虎，“高祖因复之，专以射白虎为事”。[1] 东汉时期巴蜀地区还以鹿尾入贡，蜀汉时还专从涪陵地区迁移5000家“猎射官”入蜀，[2]捕捉巴蜀地区野生动物。虽然如此众多的猎户入蜀，但是时人捕猎坚持“鸟兽鱼鳖不中杀不食”的原则，[3]这对巴蜀地区的野生动物资源的良性循环利用有着良好的作用。

两晋南北朝时期，巴蜀地区的生物资源在秦汉时期开发的基础上，承袭先秦、秦汉以来的格局而继续深入开发。

植物资源方面，粮食生产仍占主要地位。四川盆地及其周围地势较为缓平的地方仍然从事水稻的种植，而地势较为陡峭的丘陵、山区依然种植巴蜀最早的旱地作物黍、粟等，麦则是当时巴蜀最重要的旱地作物，“麦饭”成为蜀人的主食。[4] 这一时期从巴蜀地区传入中原的农作物品种也非常多，麦类有“朱提小麦”，水稻中有“青芋稻”、“累子稻”、“白汉稻”等。[5] 粮食外运依然不绝，最令人惊奇的例子便是将军吴喜及其部下，竟将四川的粮食长途贩运到江东地区。[6] 芋头作为粮食的重要补充，经过秦汉时期开发，这一时期得到了广泛种植，成为重要的粮食作物。以至于“(李)雄军饥甚，乃率众就谷于郪，掘野芋而食之”。[7] 魔芋在这一时期也得到广泛种植，已经开发成为一种特色食品了。[8]

果木经济作物方面，柑橘主要产于巴东郡和犍为郡的南安县。[9] 川南、滇东北和川东则主要盛产荔枝，但最重要的产地则是宜宾和重庆。[10] 同时，

---

①(东晋)常璩:《华阳国志》卷1《巴志》。

②罗开玉:《四川通史》(第二卷)，四川人民出版社，2010年，第302页。

③(西汉)桓宽:《盐铁论》卷7。

④李敬洵:《四川通史》(第三卷)，四川人民出版社，2010年，第287页。

⑤杨乙丹:《魏晋南北朝时期农业科技文化的交流及其思考》，《古今农业》，2006年第2期。

⑥朱和平:《魏晋南北朝时期种植业中的商品成分问题》，《郑州大学学报》，1996年第1期。

⑦(唐)房玄龄等:《晋书》卷121《载记第二十一》。

⑧蓝勇:《西南历史文化地理》，西南师范大学出版社，2001年，第263页。

⑨李敬洵:《四川通史》(第三卷)，四川人民出版社，2010年，第289页。

⑩蓝勇:《中国西南荔枝种植分布的历史考证》，《中国农史》，1988年第3期。

巴蜀地区丰富的林木，为巴蜀的造船业的发达奠定了原料基础。因而西晋时期巴蜀能制造体型很大的木质战船——“楼船”，遂有“王濬楼船下益州，金陵王气黯然收”的气势。东晋南朝时，政府曾多次颁布禁止私占山林、滥砍滥伐的法令，虽然没能改变当时森林资源总体破坏、减少的趋势，但在森林资源及野生动物保护方面还是起到了一定作用。①

两晋南北朝时期，巴蜀地区的生物资源在秦汉时期开发的基础上，承袭先秦、秦汉以来的格局而继续深入开发。

西晋时由于长期战乱，使得巴蜀大部分地区茶叶生产很不景气，茶叶产销萧条，“茶史”继续断缺。但这一时期也有地方的茶叶生产较好地发展了起来，如峡江一带名茶便已崭露头角。《述异记》便记载：“巴东有真香茗……煎服令人不眠，能诵无忘。”②东晋以后，除四川西部地区出产茶叶外，四川东部亦盛产茶叶，而且质量比中国东南地区为佳。由于茶叶的普及和饮茶的人增多，四川还出现了经营“茶粥”和“茶馆”的店铺，并且顾客盈门。③

此外，当时西南的楠木资源十分丰富，《蜀都赋》便称“楠幽蔼于谷底……交让所植”。④汉代就已闻名的邛竹杖一直被人沿用到晋代。邛竹杖之所以这么长时间能受到欢迎，可从晋代文学家苏彦对邛竹的描述见其概略：“安不忘危，任在所杖。秀矣云竹，劲直篠簜。节高

---

①李飞、袁婵：《魏晋南北朝林政初探》，《北京林业大学学报》，2009 年第 1 期。

②(梁)任昉：《述异记》卷上。

③贾大泉、陈一石：《四川茶叶史》，巴蜀书社出版，1989 年，第 8 页。

④蓝勇：《历史时期中国楠木地理分布变迁研究》，《中国历史地理论丛》，1995 年第 4 期。

质真，霜雪弥亮……君子是扶，逍遥神王。”[①]桑、麻、葛等纺织作物继续得到广泛种植，为纺织业的发展奠定了原料基础。丝织业的发展，使得巴蜀丝织品大量外销，如蜀锦便流传到了江南。丹阳郡（今南京）太守山谦之引进蜀锦“百工”，建立“斗场锦署”。他在《丹阳记》中说：“（江东）历代尚未有锦，而成都独称妙，故三国时魏则市于蜀，吴亦资西蜀，至是始乃有之。”[②]

动物资源方面，这一时期，川西高原和川西南山地仍然以畜牧业为主，其中尤以川西高原的牦牛最具特色。川西北高原主产绵羊，川西南地区主产山羊。川西北和川西南都产马匹，但是川西北地区的马匹要好得多。这一时期巴郡、涪陵郡、梓潼郡都产蜂蜜，巴西郡宕渠县则产石蜜。[③] 这些蜜既作为贡品流入国都，亦作为商品在荆楚、关中等地流通。

先秦至南北朝时期，巴蜀地区通过生物资源的流动，加强了与关中、荆楚、云贵等地的经济文化交流，同时各种物资在巴蜀地区内部的流动使得巴蜀地区内部的联系更加紧密。大量的劳动力、先进技术、文化观念等资源为巴蜀地区的生物资源开发带来深刻的影响，而周边地区从巴蜀获取各种生物资源以及由于各种生物资源的开发而带来的赋税等实际利益也促进了巴蜀周边地区的开发。这些地区和巴蜀经济文化等方面的因子相互存在、相互影响的形势，一直延续到后代，并形成了今天的格局。

2.栈道千里的交通格局

唐人李白“蜀道之难，难于上青天”的诗句将古代巴蜀地区交通的困难程度形容得无以复加，然而事实是否如此呢？巴蜀地区的三星堆、金沙文明中蕴含着许多中原文化的因子，给人们提供了另一种答案。在那遥远的年代里，中原文化因子能够穿越在一千多年后被李白视为“难于上青天”的古蜀道，可见当时的巴蜀对外交通应有一定发展并达到了相当高的程度。我国古代传说中的许多重要人物与巴蜀都有联系，特别是史籍上记载的昌意从西北“降居若水”，大禹治水，夏桀伐岷山，包括蜀在内的八个方国助武王伐纣等史实都说明很早以前四川与中原便有联系了。[④] 几千年来巴蜀古道使巴蜀文明与中原文明、山陕文明、齐鲁文明相互交流、相互影响，不断发

---

①（唐）欧阳询：《艺文类聚》卷69《服饰部》。

②（唐）徐坚：《初学记》卷27《宝器部》。

③陈虹、陈铁军：《四川蜂蜜、白蜡虫及木耳养殖史研究》，《古今农业》，1993年第3期。

④蓝勇：《四川古代交通路线史》，西南师范大学出版社，1989年，第1页。

展。这些不同的文化群体在长期交往中增进了了解，形成了兼容并尊、相互融合的新文化格局。[①] 先秦到魏晋南北朝，巴蜀地区的内部交通和对外交通、陆路交通和水路交通都有了较大的发展。

先秦时期，虽然巴蜀四塞，然而“栈道千里，无所不通”，境内外交通一直未尝断绝。[②] 巴蜀居民根据自然环境的变化，兴修了许多栈道、笮桥相互沟通。

北向陆路交通方面与西北和中原地区的交通，很早即已开始。《尚书·禹贡》记载的梁州运送“银镂、熊罴、狐狸、织皮”等贡物，其路线为“浮于潜，逾于沔，入于渭，乱于河”，[③]最终达到王都。北向联系关中地区的一条重要通道——故道，一般认为在商周之际就已经开通。[④] 战国时期，为克服高山险阻，修建了由渭水流域入蜀的栈道。当时开辟和修补的栈道主要有“北栈”和“南栈”两段。“北栈”主要是新开凿的，起于今陕西汉中市北 25 千米的褒谷，止于陕西眉县西南 15 千米的斜谷，故名“褒斜道”。“南栈”却是秦将司马错灭蜀国时在原来栈道上补修的，因为“南栈”早在周显王时便有修凿和取用了。[⑤] 该道从陕西汉中盆

先秦至南北朝时期，巴蜀地区通过生物资源的流动，加强了与关中、荆楚、云贵等地的经济文化交流，同时各种物资在巴蜀地区内部的流动使得巴蜀地区内部的联系更加紧密。

先秦时期，虽然巴蜀四塞，然而“栈道千里，无所不通”，境内外交通一直未尝断绝。

---

①陆文熙、周锦鹤：《四川古代道路及其历史作用》，《西昌学院学报》，2007 年第 3 期。

②段渝：《四川通史》（第一卷），四川人民出版社，2010 年，第 273 页。

③四川省地方志编纂委员会：《四川省志·交通志·上册》，四川科学技术出版社，1995 年，第 1 页。

④段渝：《四川通史》（第一卷），四川人民出版社，2010 年，第 275 页。

⑤黎小龙、蓝勇、赵毅：《交通贸易与西南开发》，西南师范大学出版社，1994 年，第 2 页。

地勉县西南起，越过今宁强县、七盘关，至四川北部广元的朝天驿，进入嘉陵江谷地，通向广元西南的剑门关，全长 247.5 千米，亦称“石牛道”或“金牛道”。①

南向交通方面，由于古代巴蜀曾经产生过辉煌灿烂的青铜文明和城市文明，至少从商代起巴蜀就发展了与南亚和近东文明的关系，成为中国西南的国际文化交流枢纽。由蜀入滇，经缅甸达于印度、巴基斯坦的“蜀身毒道”（或称“滇缅道”），便是沟通其间各种联系的主要通道。② 从凉山地区考古文化可知它既有明显的地域文化特征，也受北面巴蜀文化和南面滇文化的影响，可知约为春秋时代蜀取川滇通道上的灵关时就与滇及西南各少数民族交通往来了。③ 蜀至夜郎的道路主要从今四川合江县沿赤水河南下，经赤水、习水、温水，跨娄山关，直抵夜郎，④开明氏北上入蜀与蜀地蒟酱南销即循此路。

秦蜀道上的栈道明月峡段

在东向交通方面，长江扮演了重要的角色，巴蜀历代的东向交通，都以其为主干道。传说鳖灵曾组织人民对三峡水陆路加以疏凿和开通。巴

①《蜀道上的栈道》，《四川林勘设计》，1994 年第 1 期。

②段渝：《古代巴蜀与南亚和近东的经济文化交流》，《社会科学研究》，1999 年第 3 期。

③蓝勇：《南方丝绸之路》，重庆大学出版社，1992 年，第 13 页。

④段渝：《四川通史》（第一卷），四川人民出版社，2010 年，第 276 页。

与楚攻战不已时，为了控制峡路水道，楚国相继在峡路上置有江关、捍关、阳关和弱关。[①]张仪威胁楚国时曾说："秦西有巴蜀，方船积粟，起于汶山，循江而下至郢三千余里，舫船载卒，一舫载五十人与三月之粮，下水而浮，一日行三百余里，里数虽多，不费马汗之劳，不至十日而距扞关。"[②]可见当时巴蜀地区东向交通的方便快捷，之后秦灭楚就是循江而下的。

在西向交通方面，岷江河谷扮演了重要角色，岷江河谷的交通线早在新石器时代即已开辟，岷江上游新石器文化的彩陶，即是西北地区马家窑文化循由此道南下而来的。[③] 秦灭蜀之后，大规模移民能进入巴蜀地区，也证明了其交通不至于"难于上青天"。而巴蜀地区各种资源的开发，进一步加速了巴蜀地区与外界的经济文化交流，这些交流也加速了交通的发展。这一时期巴蜀地区的内部沟通主要借助于长江、沱江、岷江、嘉陵江等大江交往，尤以从今成都为始发站的峡路为主道，[④]从成都沿江而下，必带动今川南、川东各个地区的交流。[⑤]

秦汉三国时期，巴蜀交通在先秦的基础上有了较大发展，并形成了古代巴蜀水陆交通的基本格局。其基本特征是，交通路线由先秦时期的自然形成、民办民管转为干道官营为主。

---

①蓝勇：《四川古代交通路线史》，西南师范大学出版社，1989 年，第 165 页。

②(西汉)刘向编订：《战国策》卷 14《楚一》。

③段渝：《四川通史》(第一卷)，四川人民出版社，2010 年，第 274 页。

④黎小龙、蓝勇、赵毅：《交通贸易与西南开发》，西南师范大学出版社，1994 年，第 7 页。

⑤蓝勇：《四川古代交通路线史》，西南师范大学出版社，1989 年，第 263 页。

在陆路交通上，最大的变化是相当一部分道路由过去只能供人畜行走的窄道，转为可通马车的大道。① 不仅干道官营，私人也乐于捐款修路建桥，因此巴蜀境内的陆路交通情况有了很大的改善。总的来看，巴蜀地区地理环境复杂，官府和民间一直将修路建桥视为大事。

在北向交通方面，金牛道继续辉煌，时人所称的“栈道千里，无所不通”，“栈道千里，通于蜀汉”，一般都认为特指金牛道。蜀汉时，诸葛亮在剑门关一带置阁道三十里，并置阁尉守御，②故而后人多习惯称金牛道为剑阁道。此道在这一时期非常重要，民族迁徙、军旅行进、商旅转输多取此道。③ 沟通巴蜀与汉中的荔枝道也在汉代开通。④ 米仓道是沟通汉中和川东北的一条较近的山道，汉代民谣《三秦谣》：“武功太白去天三尺，孤云两角去天一握”，孤云山和两角山为米仓道所经高山，汉代古道上之山已入民谣，必常为时人所行经。因此米仓道的开通、取用也许早于汉代。⑤ 由于米仓道取用较少，且地形险恶，故发展一直不大。⑥ 褒斜道经过秦昭王时大规模修建栈道的改造后能通行车马，后刘邦为麻痹项羽烧毁了褒斜栈道，交通受阻，虽可行人、马，但是车不能再行，后此道的通阻经常受政治、军事因素的影响。在汉武帝组织人力、物力开通褒斜道后，由于该道近捷，又直接跟汉中盆地的重心南郑相联系，所以，平时交通一般都取道褒斜。此后两汉政府不时组织人力对该道进行维修，如东汉明帝永平年间、东汉顺帝时期、东汉桓帝建和二年都曾组织人力对该道进行维修，足以说明该道使用之频繁及其重要地位。⑦ 傥骆道是沟通关中、汉中进而入蜀的大道，由于从汉中取此道入关中较近，所以它能在蜀汉时期兴起，并且越来越重要，是三国时刘备建立汉中军事基地并征战进退的首选道路。⑧

南向交通方面，在先秦发展的基础上，汉武帝决心开发西南夷。公元前122年，出使西域的张骞给汉武帝带回了西南有道可通身毒的信息，从此汉

---

①罗开玉：《四川通史》（第二卷），四川人民出版社，2010年，第253页。

②蓝勇：《四川古代栈道研究》，《四川文物》，1988年第1期。

③蓝勇：《四川古代交通路线史》，西南师范大学出版社，1989年，第10、11页。

④黎小龙、蓝勇、赵毅：《交通贸易与西南开发》，西南师范大学出版社，1994年，第4页。

⑤蓝勇：《四川古代交通路线史》，西南师范大学出版社，1989年，第10、54页。

⑥罗开玉：《四川通史》（第二卷），四川人民出版社，2010年，第261页。

⑦党瑜：《褒斜道的开发、变化和历史作用》，《唐都学刊》，1997年第4期。

⑧陆文熙，周锦鹤：《四川古代道路及其历史作用》，《西昌学院学报》，2007年第13期。

王朝便以巴蜀地区为基地，开始了大规模经营西南夷和开辟西南丝路的活动。① 这一时期四川至云南主要有两条道路。西面有灵关道（或作零关道），也称西南夷道、牦牛道或青衣道；东面有五尺道，也称僰道、南夷道。通常所说的“西南丝绸之路”，主要是指西面这一条。② 零关道在秦代十分通达，司马相如称：“邛、筰、冉駹者近蜀，道亦易通，秦时尝通为郡县，至汉兴而罢。”可知秦代此道便是非常通达，只是汉初衰败后，较为闭塞。元光五年，司马相如“通零关道，桥孙水，以通邛都”，这便是所谓“开巴蜀故徼”，使秦末汉初闭塞的这条古道又通畅起来。③ 零关道在武帝开发西南夷的过程中有了重大发展，沿途设置了许多亭驿，起了重要作用。东面的五尺道是巴蜀联系滇黔的重要通道，“秦时常颏略通五尺道，诸此国颇置吏焉”。④ 秦“置吏”管理此道，可见其对这条道路的重视，它也由此升为官道。但是秦王朝修的五尺道大多不能通车，仅可行人、畜，秦灭后此道由官道沦为民道，武帝准备开发西南夷时，“南越食蒙蜀蒟酱，蒙问所从来，曰：‘道西北牂牁，牂牁江广数里，出番禺城下。’蒙归至长安，问蜀贾人，贾人曰：‘独蜀出蒟酱，多持窃出市夜郎。’”⑤“蜀贾人”走的就

---

①刘弘：《西南丝绸之路上的汉代移民》，《东南文化》，1991 年第 6 期。

②罗二虎：《汉晋时期的中国“西南丝绸之路”》，《四川大学学报》，2000 年第 1 期。

③蓝勇：《南方丝绸之路》，重庆大学出版社，1992 年，第 15、16 页。

④（西汉）司马迁：《史记》卷 116《西南夷列传第五十六》。

⑤（西汉）司马迁：《史记》卷 116《西南夷列传第五十六》。

是这条道路，因而武帝将从僰道至夜郎的民道改建为官道，并设亭置吏对道路加以管理。① 公孙述据巴蜀时僰道遭到阻绝，蜀汉时此道通畅，诸葛亮南征和班师回成都即取此道。

东向交通方面，这一时期的峡路中的水路十分通畅，有“泛舟顺流，舳舻千里”之称。② 萧何发“蜀汉之粟，方船而下”，足可见当时水路的通畅。③ 当时水上交通工具主要是轻舟、竹木筏、枋、单、桴、楼船、露桡船、五牙船、黄龙船、平乘、舴艋、青龙等，人们开发和利用三峡水道则大多与战争有关。④ 沿江陆路也继续为人所取用。史载：“(臧)宫与岑彭等破荆门，别至垂鹊山，通道出秭归，至江州。”可知荆门、秭归至江州间必有陆路可行。⑤

西向交通方面，阴平道也叫景谷道、白水道，它是古代沟通陇、蜀的要道，系古代由四川盆地北出唯一一条与秦岭无关的古道。刘秀灭公孙述集团，邓艾伐蜀皆取此道。同时，此道也是甸氐道、刚氐道等与广汉郡沟通的要道。武帝时设置此二道后，派入了大量官吏、军队和工商业者，至蜀汉时期其开发趋势不减。⑥ 它在军事上的地位也十分重要，汉晋蜀三关即阳平关、江关、白水关三关中的白水关便在此通道上。这一时期沟通巴蜀内部地区的水路仍是最重要的交通路线，长江水路自然地将今川东重庆和川西成都联系起来，汉水(嘉陵江)、涪水、牛鞞江(沱江)仍是重要的交通要道。⑦

魏晋南北朝时期，巴蜀地区的交通经过前朝的发展，有了很大的改善。

北向交通方面剑阁道仍是民族迁徙、军旅行进、商旅转输的要道。⑧ 西晋太康元年，王顺等人曾对褒斜道作过整修，以保持其通畅。⑨ 此时子午道有新旧道两条，旧道是汉王莽时修建，出长安，沿子午谷、翻秦岭经石泉、饶风关至汉中；新道是南北朝时梁朝改建，从长安起，沿子午谷，经喂子坪、子午关，翻秦岭经江口、腰岭关等至宁陕老城，南下过饶风关至子午镇，沿黄金

①罗开玉：《四川通史》(第二卷)，四川人民出版社，2010 年，第 263 页。

②蓝勇：《四川古代交通路线史》，西南师范大学出版社，1989 年，第 10、54 页。

③(西汉)司马迁：《史记》卷 97《郦生陆贾列传第三十七》。

④李良品、谭清宣：《论古代三峡水上交通的开发对经济的影响》，《重庆交通学院学报》，2002 年第 4 期。

⑤蓝勇：《四川古代交通路线史》，西南师范大学出版社，1989 年，第 169 页。

⑥罗开玉：《四川通史》(第二卷)，四川人民出版社，2010 年，第 261 页。

⑦蓝勇：《四川古代交通路线史》，西南师范大学出版社，1989 年，第 263 页。

⑧蓝勇：《四川古代交通路线史》，西南师范大学出版社，1989 年，第 11 页。

⑨艾冲：《西晋以前的褒斜道》，《人文杂志》，1983 年第 4 期。

峡、洋县、城固至汉中。[①] 新建的子午道的新道由于设施较为完善，因而较为通畅。

南向交通方面，“南方丝绸之路”在这段时期内大多时段依然畅通，成为沟通印度、缅甸、越南等地的重要通道。零关道在这一时期仍然是巴蜀入滇的要道，晋代左思《蜀都赋》谈四川四出交通便有“驰九折之坂”之称以形容此古道翻越邛崃山一带的至险。[②] 秦汉时期修建的五尺道遗迹在南北朝时仍存在，只是没有以前通畅了。[③] 两晋时，“西南夷道”仍是非常重要。这条古道黑水分线晋代已开拓，而羊关水道已是水陆并行了，其时许多征战便取此道，北周也曾取此道转输军粮。这条古道的开通、整修，大大加强了中原与边疆地区的经济文化交流，促进了对西南少数民族地区的开发进程。[④]

东向交通方面，长江上游支流纵横，大多数河流可常年通航，使得巴蜀境内水路交通方便省力。巴蜀对外水路交通中最主要的是岷江—长江航线，巴蜀的人员、物资可以通过它东出三峡直达江南地区。这时的峡路利用率依然很高，如晋永和二年，荆州刺史元温取荆州，经鱼腹入益州伐蜀，后取江道返。义熙四年，刘裕遣刘敬宣伐蜀取江道至江州，受阻还。

①陆文熙、周锦鹤：《四川古代道路及其历史作用》，《西昌学院学报》，2007 年第 13 期。

②蓝勇：《四川古代交通路线史》，西南师范大学出版社，1989 年，第 79 页。

③蓝勇：《四川古代栈道研究》，《四川文物》，1988 年第 1 期。

④蓝勇：《四川古代交通路线史》，西南师范大学出版社，1989 年，第 115、116 页。

义熙九年，朱龄石从江道伐蜀，经白帝入蜀。江上的交通工具仍主要是轻舟、竹木筏、枋、单、桴、楼船、露桡船、五牙船、黄龙船、平乘、舴艋、青龙等，依然有“泛舟顺流，舳舻千里”之称。①

西向交通方面，两晋南北朝时期，景谷道的取用非常频繁。② 自从公元263年魏将邓艾偷渡阴平灭蜀之后，阴平道便是秦陇入川的要道之一，史称“邓艾伐蜀道”。③

从先秦到南北朝，巴蜀地区的对外交通和内部交通从未中断过，在长期的对外交往中吸收了大量的外来先进文化，促进了当地的资源开发，也加速了巴蜀地区的内部交流。

3.嫘祖与蜀锦、蜀布

嫘祖作为黄帝元妃，被称为中华民族之母。“教民养蚕”是黄帝时代的一大发明。虽然养蚕缫丝技术系统未必全是由嫘祖个人完成，但作为黄帝正妃，她领导推动了家蚕饲养工艺，并将这一养蚕工艺向民间推广，形成全社会型的家蚕饲养规模，嫘祖也因这一功绩成为“箭垛”式的历史人物，④被称为“人文女祖”、“先蚕”。关于嫘祖故里的历史地望，卫斯认为至少有十三种说法，⑤其中就包括四川盐亭说、叠溪说，陕西白水说等。但不论是四川还是陕西，虽相隔甚远，都把嫘祖故里归于其地，说明这些地方都曾有过长期的纺织辉煌史。蜀锦、蜀布是古代巴蜀纺织业的主要代表，时至今日，蜀锦依然畅销海内外。传说黄帝及嫘祖曾在陕西、山西、河南一带活动，其陵基即在陕西黄陵县之桥山，嫘祖在关中发明了人工育蚕缫丝的方法，可见关中蚕丝生产的历史悠久，亦是蚕业发祥地之一。关中地区在商周时期确已有了相当发达的纺织业，特别是在整个周朝八百年间，西周二百五十多年主要就靠农桑立国富民。⑥ 从中也可以窥见关中蚕桑纺织业的悠久历史。

夏商时期，古蜀丝绸已达到相当水平。⑦ 到了西周时期，更有明文记载

---

①蓝勇：《四川古代交通路线史》，西南师范大学出版社，1989年，第168、169页。

②蓝勇：《四川古代交通路线史》，西南师范大学出版社，1989年，第209页。

③陆文熙、周锦鹤：《四川古代道路及其历史作用》，《西昌学院学报》，2007年第13期。

④祁和晖：《嫘祖文化本论——从传说中剥离历史内核》，《中华文化论坛》，1999年第1期。

⑤卫斯：《嫘祖故里“西陵”历史地望考——兼论“嫘祖文化圈”内的考古发现》，《农业考古》，2007年第1期。

⑥张成和、承经宇：《陕西蚕业生产历史现状及展望》，《蚕桑通报》，1986年第1期。

⑦段渝：《四川通史》（第一卷），四川人民出版社，2010年，第253页。

四川有蚕丝生产。到战国时期，巴蜀地区的纺织业有了进一步发展。司马错在劝说秦惠王伐蜀时就指出："其国富饶，得其布帛金银，足给军用。"[①]这一时期巴蜀纺织业主要分织锦和织布两大门类，战国后期秦已在蜀地置锦官，通过政府的力量促进了有限的纺织生产资料的优化配置，蚕桑业逐日开拓，蜀地丝织品有了较大发展，织锦进入染色阶段。[②]《史记》中曾多次提到蜀布作为贸易商品。任乃强先生认为蜀布是古代蜀地行销印缅等地数量最大的商品，是蜀地特产的苎麻布，[③]而童恩正则认为蜀布是橦华布。[④] 不管蜀布使用何种原料织成，它都是古代巴蜀纺织业的代表。《史记·大宛列传》中张骞说在身毒即印度已经见到了大批蜀布，足以证明蜀布作为重要商品在国际贸易中的重要地位在张骞之前的先秦时期就已经形成。

古代巴人的纺织业也很著名，《华阳国志·巴志》即载："武王既克殷，以其宗姬封于巴……其地……土植五谷、牲具六畜、桑、蚕、麻、纻……皆纳贡之。"桑蚕能作为贡品，可见其数量不少，并且质量上乘。[⑤] 巴地纺织业中最具代表性的是賨布。賨布是用大麻纺织的粗麻

从先秦到南北朝，巴蜀地区的对外交通和内部交通从未中断过，在长期的对外交往中吸收了大量的外来先进文化，促进了当地的资源开发，也加速了巴蜀地区的内部交流。

关于嫘祖故里的历史地望，卫斯认为至少有十三种说法，其中就包括四川盐亭说、叠溪说，陕西白水说等。但不论是四川还是陕西，虽相隔甚远，都把嫘祖故里归于其地，说明这些地方都曾有过长期的纺织辉煌史。蜀锦、蜀布是古代巴蜀纺织业的主要代表。

关中地区在商周时期确已有了相当发达的纺织业，特别是在整个周朝八百年间，西周二百五十多年主要就靠农桑立国富民。

①李继高：《巴蜀丝绸史话》，《四川蚕业》，1996年第3期。

②兰家灿、聂光文：《桑蚕古今略引》，《四川丝绸》，1995年第1期。

③邹一清：《先秦巴蜀与南丝路研究述略》，《中华文化论坛》，2006年第4期。

④段渝：《四川通史》（第一卷），四川人民出版社，2010年，第254页。

⑤孙先知：《四川蚕茧生产的历史》，《四川丝绸》，2003年第3期。

布。“秦昭王使白起伐楚，略取蛮夷，始置黔中郡。汉兴，改为武陵。岁令大人输布一匹，小口二丈，是为賨布。”[①]賨布能作为贡物，可见其质量之高。

西周、春秋时期，关中平原也已普遍种桑养蚕，桑林成片，养蚕织丝成了妇女主要的副业生产。[②] 叙述西周到春秋时期人民生产生活的《诗经》中的《豳风·七月》即载：“春日载阳，有鸣仓庚，女执懿筐，遵彼微行，爰求柔桑。”另《国风》中的《周南》、《召南》、《秦风》，《雅》里的大部分以及《周颂》等篇章，都可以见到当时蚕桑业生产的景象。种植方面，当时的山上山下、田间地头、房前屋后都有自然生长和人工种植的桑树。

西周时期关中蚕桑业兴旺发达，原因之一是周天子躬亲倡导，[③]而妇女采桑、饲蚕、织绸、染色，使其成为重要的副业。[④] 1974 年，在陕西宝鸡茹家庄西周墓室的淤泥中，出土了我国迄今发现的最早的刺绣品。这件刺绣品是用黄色丝线在染过色的丝绸上，用辫绣法绣出花纹线条轮廓，再在花纹部位涂红、黄、褐、棕四种颜色，出土时色相还非常鲜明，表明当时人们已能掌握朱砂、石黄等颜料的制作及使用方法，并将它们运用于纺织业中，以制造出精美的纺织品。[⑤]

战国时期，秦国在关中地区大量养蚕缫丝纺织高级奢侈品的同时，也大量纺织麻布以供民用。秦国继承了周代的纺织技术，并设置官营纺织作坊，集中了大批能工巧匠为其服务，其纺织技术大为提高。在咸阳等地的遗址中发现有丝、绸、绢、锦和麻布的残片，足以证明其织造技术是非常精湛的。[⑥]在三秦地区的蚕桑生产方兴未艾和精湛的纺织技术不断发展的同时，以河南陈留、襄邑，山东临淄为代表的中原纺织技术很快传入巴蜀地区，[⑦]闻名遐迩的“蜀锦”就是在这样的背景下出现的。[⑧]

秦汉三国时期，巴蜀地区的纺织业继续发展，其代表仍然是蜀锦、蜀布。秦王朝在成都设立“锦官”，蜀锦生产极盛，成都也由此得名“锦官城”。[⑨] 到了西汉时期，成都作为全国五大都市之一，蚕织业发达，继续设专管丝织的

①(刘宋)范晔:《后汉书》卷 116《南蛮西南夷传第七十六》。
②田培栋:《陕西通史·经济卷》,陕西师范大学出版社,1997 年,第 16 页。
③周云菴:《陕西古代蚕桑业发展概说》,《中国农史》,1989 年第 3 期。
④张成和、承经宇:《陕西蚕业生产历史现状及展望》,《蚕桑通报》,1986 年第 1 期。
⑤薛金玲:《西周时期的陕西手工业文明》,《西安石油学院学报》,2001 年第 4 期。
⑥田培栋:《陕西通史·经济卷》,陕西师范大学出版社,1997 年,第 43 页。
⑦孙先知:《蜀锦》,《四川蚕业》,1999 年第 4 期。
⑧周云菴:《陕西古代蚕桑业发展概说》,《中国农史》,1989 年第 3 期。
⑨兰家灿、聂光文:《桑蚕古今略引》,《四川丝绸》,1995 年第 1 期。

锦官，生产的丝织品有锦、绣、绫、绮、绢、绉、纨、罗、纱、漫、素、縠、缣、络、绨等 20 多种。蜀锦配色多至四五种，每匹价二三千钱，贵者上万钱，是进贡朝廷的主要贡品。其时赏赐百官贵戚，动辄千匹，每岁与西域各国贡品交换达万匹以上，来自蜀地者估计不少于 1/4。除此之外，蜀锦还行销国内，在长沙马王堆、湖北云梦等西汉墓葬中出土的古锦实物，考古界普遍认为产于西蜀。[1] 蜀锦在三国时也受到重视，如“三国时，魏则资于蜀，而吴亦资西道”。难怪诸葛亮会说：“今民贫国虚，决敌之资唯仰锦耳。”[2]

巴蜀布匹生产以麻织品最有代表性，麻织品原料主要是牡麻，任乃强认为张骞在大夏见到的蜀布就是由牡麻织成的黄润细布。巴蜀布匹也有毛织品、橦花织品等。毛织品主要产于川西，因为当时这一地区主要从事畜牧业，牛毛、羊毛等原材料相当丰富。而巴蜀南部的某些地区则开始用棉花织布，这就是古籍中提到的“橦花”。[3] 巴地纺织业的代表依然是賨布。三国时期诸葛亮南征，还把蚕织技术带到少数民族地区，使“无蚕桑，少文学”的西南少数民族逐渐从山上移居平地，和汉族移民共同“建城邑、务农桑”，发展蚕织生产。[4]

---

①袁杰铭：《四川丝绸贸易史话》，《四川蚕业》，1997 年第 2 期。

②（北宋）李昉等：《太平御览》卷 815《布帛部·二·锦》。

③罗开玉：《四川通史》（第二卷），四川人民出版社，2010 年，第 300 页。

④孙先知：《四川蚕茧生产的历史》，《四川丝绸》，2003 年第 3 期。

在三秦地区的蚕桑生产方兴未艾和精湛的纺织技术不断发展的同时，以河南陈留、襄邑，山东临淄为代表的中原纺织技术很快传入巴蜀地区，闻名遐迩的“蜀锦”就是在这样的背景下出现的。

秦王朝在成都设立“锦官”，蜀锦生产极盛，成都也由此得名“锦官城”。

秦末汉初由于战争原因，关中蚕桑破坏殆尽。文景之时，“文帝躬耕，景后亲蚕，励精图治，一意农桑”，于是“耕桑者益多”。汉成帝时在关中督劝农桑，并创造了桑苗无性繁殖“压条法”和“上蚕法”，整个秦川地区成为蚕桑盛地。到了三国时期，安康月河流域桑麻生产也闻名遐迩，孟达给诸葛亮的书信中盛赞月河川道“黄壤沃衍，而桑麻列植”。① 这一时期，关中的丝织业在政府的扶持下得到了较大的发展，所产的白素非常驰名，号称“白素出三辅，匹八百”。② 尽管如此，关中的纺织业却比不上巴蜀地区，因为当时蜀锦配色已多至四五色，价格一般为二三千钱一匹，最高级的每匹可超过万钱，而蜀地“女工之业”，更是“覆衣天下”。③

西晋至南北朝时期，中国社会处于极度混乱之中，比之中原地带，巴蜀受战争破坏相对较小，蚕丝生产仍然比较发达。

李雄统治巴蜀的30年间为成汉政权鼎盛时期，他实行了宽和政役、奖励农桑、发展生产、减轻赋调的政策措施，并以绢绵作为实物户调以鼓励发展蚕丝，当时巴郡的垫江县(今合川)有“桑蚕牛马”，巴西郡(今阆中、西充、南充、苍溪、旺苍一带)“土地山原多平，有牛马、桑蚕”，江阳郡的汉安县(今内江、资中、隆昌一带)“山水特美好，宜蚕桑”。④ 丝织产品可分为绢、绫、锦、罗、纱五大类，其中蜀锦和蜀罗是齐名的高级丝织品，而其余三种相对较为普遍。

到南朝刘宋时期，成都蜀锦技术流传到江南，丹阳(南京)郡守山谦之引进蜀锦“百工”，建立“斗场锦署”。《日本美术史》评道：“蜀锦兴盛压倒魏锦和建康锦，那里锦院制成的蜀锦，支配了全中国。”⑤但是由于长期战乱，许多生产力水平低下的少数民族迁入巴蜀地区，导致一些地区纺织业长期停滞不前，在一些地方甚至还有所倒退，如僚人迁入渠江流域，他们不会种桑养蚕，致使该地区的纺织业急剧衰落。⑥ 这一时期，巴蜀地区布的品名和产地分布基本沿袭了汉代的格局。但是随着各民族之间的交往增多和纺织技术的交流，巴蜀布的品名也有所增加，⑦主要原料仍是大麻、苎麻、葛藤、橦华

---

①(北魏)郦道元：《水经注》卷27《沔水》。

②田培栋：《陕西通史·经济卷》，陕西师范大学出版社，1997年，第69页。

③罗开玉：《四川通史》(第二卷)，四川人民出版社，2010年，第301页。

④孙先知：《四川蚕茧生产的历史》，《四川丝绸》，2003年第3期。

⑤袁杰铭：《四川丝绸贸易史话》，《四川蚕业》，1997年第2期。

⑥李敬洵：《四川通史》(第三卷)，四川人民出版社，2010年，第350页。

⑦李敬洵：《四川通史》(第三卷)，四川人民出版社，2010年，第337页。

等。毛织业产品主要出于川西高原少数民族地区，川西南地区虽然也有毛织品，但数量不多，主要是毛毡等。南朝刘宋时，丹阳设有斗场锦署，锦工即是消灭后秦时从关中迁来的。随着这些官府手工业和工匠的迁出，关中的官府手工业遂告全部垮台，[①]关中的纺织业也因此受到重大打击。到北魏时期，孝文帝于485年颁布均田令，规定丁男可分得桑田二十亩，要求专植桑、枣树木。均田制的实施，桑园得以恢复，茧丝的生产量有所突破，质量亦能保持。“西北有织妇，绮缟何缤纷”描写的正是这样的景象。[②] 关中耕织结合的丝织业得以继续发展，并成为北朝政府的重要税源。

先秦到魏晋南北朝时期，巴蜀、关中地区的纺织业都在向前发展，且各具特色。

4.巴寡妇清与巴蜀经济开发

据《史记·货殖列传》，巴寡妇清是因为“其先得丹穴，而擅其利数世，家亦不訾。清，寡妇也，能守其业，用财自卫，不见侵犯。秦皇帝以为贞妇而客之，为筑女怀清台。夫倮鄙人牧长，清穷乡寡妇，礼抗万乘，名显天下，岂非以富邪”的记载而留名千古的。[③] 从中可以看出司马迁认为巴寡妇清是因为“富”而“名显天下”的。不过也有人认为秦始皇之所以在意巴寡妇清，其实不是在意她多有财富，也不是丹砂问题，而是贞节。秦始皇认为她是未改嫁的

西晋至南北朝时期，中国社会处于极度混乱之中，比之中原地带，巴蜀受战争破坏相对较小，蚕丝生产仍然比较发达。

---

①田培栋：《陕西通史·经济卷》，陕西师范大学出版社，1997年，第87页。

②周云菴：《陕西古代蚕桑业发展概说》，《中国农史》，1989年第3期。

③(西汉)司马迁：《史记》卷129《货殖列传第六十九》。

清贞之妇而十分敬重她，为其筑女怀清台，把她作为封建道德榜样来尊奖。[①]

但是，当时正值秦灭六国之后，因为战争丧夫后又未再嫁的妇女何止千万，为何始皇帝专为“巴寡妇清”筑“女怀清台”？如若不是“先得丹穴，而擅其利数世，家亦不訾”的殷实家底，怎么会引起始皇帝的重视？可见她“礼抗万乘，名显天下”也是以其财富为支撑的。朱砂在当时作用非常广泛，既可用来制作朱色颜料，又可用作镇静剂，外科还可用来治疗疥癣等皮肤病。[②] 如此广阔的市场成就了以开发丹砂为业的巴寡妇清的地位。从先秦到南北朝时期，开发巴蜀地区资源的人物不计其数，巴寡妇清是古代巴蜀地区矿产资源开发者的一个代表，从她身上我们可以管窥那个时段巴蜀地区矿产资源开发的盛况。

先秦时期巴蜀地区的矿产资源开发是手工业发展的表现，又是手工业发展的需要。

手工业是巴蜀文明的重要支柱，而其中的冶铜、冶金、冶银、制玉、煮盐等手工业的发展，对于巴蜀矿产资源的开发有着重要影响。从三星堆遗址中的青铜器的技术水平可知当时青铜技术已经相当纯熟了，而这些青铜器在公元前两千年中后期已经被埋入地下，可见古代蜀国的冶金术在这之前已经很成熟，而其起源时间就更加久远了。据历史文献记载，蜀人用于炼铜的矿石，除了自然铜矿石外，还可能有“兰铜”矿。[③] “兰铜”即空青，“空绿，铜之精华，大者空绿，次即空青也。《图经》：‘空青生益州山谷及越嶲山有铜处。铜精熏则生空青’。”[④]从考古发现可知，在荆楚等地出土的许多青铜器物与三星堆类同，如带有虎纹与掌心纹的铜戈、柳叶形铜剑、巴蜀印章、錞于等，都说明了古代巴蜀文化与楚文化有着密切的关系，古代巴蜀文化在楚地有着广泛的传播和影响。在滇文化的出土文物中，无论是青铜兵器还是青铜容器、工具，与荆楚地区一样，有许多与巴蜀文化相同或相似的特征。[⑤] 巴蜀内部的交流亦是非常广泛，从这一时期的巴蜀墓葬出土看，无论川东、川南，还是川西及川北，出土器物的风格都大致相同，铜器上常见的虎、鸟、蝉纹，手心及花蒂等符号，巴蜀两地所出亦难分辨，可见这一时期巴蜀青铜器物生产与交流的繁盛，更可见当时巴蜀地区铜矿资源的开发之兴盛。

---

①崔向东：《秦始皇尊奖巴寡妇清辨析》，《文史杂志》，2009 年第 6 期。

②康清莲：《寡妇清评传》，《西南民族大学学报》，2003 年第 12 期。

③段渝：《四川通史》(第一卷)，四川人民出版社，2010 年，第 220 页。

④(明)徐应秋：《玉芝堂谈荟》卷 29《鱼目青》。

⑤黄剑华：《三星堆时期古蜀国与远方的文化交往》，《文史杂志》，2001 年第 4 期。

从三星堆出土的大量黄金器物可以推断古蜀王国的黄金冶炼、加工制造技术是相当发达的。蜀地自古产金丰富,《禹贡》中贡黄金的只有梁州,可见梁州的黄金是先秦质量最高的黄金。① 巴蜀地区的岷江、沱江、涪江、大渡河、金沙江、雅砻江流域均产黄金,这些黄金冶炼后铸成的各种器物中最具代表性的便是蜀地三星堆出土的金杖和金面罩。白银中质量最好的出于梁州朱提郡,"朱提山出银,每银八两为一流,直一千五百八十。他银一流,但值千。是梁州之银独美于他州,故以为贡也"。② 所以战国后期司马错伐蜀的重要原因便是蜀地"布帛金银,足给军用",③可见这一时期巴蜀金银开采业相当繁盛。

古蜀国玉石多为软玉,其器物主要是礼仪玉器和随葬玉器,制作技术比较成熟,如当时已知"镂者,可以刻镂刚铁也。金刚切玉如泥",④这对于玉器的加工有着重要的意义。前人多认为中国古玉来源主要在和田,殊不知蜀地亦盛产玉料,"岷山、岷江、玉垒山,出璧玉"。⑤ 玉垒山在今都江堰市和汶川县境内,汶川玉矿至今产玉不绝。其所产璧(碧)玉是古蜀王国制玉玉料的主要来源之一。⑥

从先秦到南北朝时期,开发巴蜀地区资源的人物不计其数,巴寡妇清是古代巴蜀地区矿产资源开发者的一个代表,从她身上我们可以管窥那个时段巴蜀地区矿产资源开发的盛况。

---

①段渝:《四川通史》(第一卷),四川人民出版社,2010年,第246页。

②(清)朱鹤龄:《禹贡长笺》卷8。

③(东晋)常璩:《华阳国志》卷3《蜀志》。

④(清)朱鹤龄:《禹贡长笺》卷8。

⑤(北宋)王存:《元丰九域志》卷7《成都府路》。

⑥段渝:《四川通史》(第一卷),四川人民出版社,2010年,第250页。

巴蜀的铁矿在秦入蜀之前开发较少，铁器质量一直很低劣。随着秦入蜀，中原、关中的先进技术传入巴蜀，质量和数量都有大量的提高，并源源不断地输入关中，为秦并天下提供了重要的战略物资。如《太平寰宇记》云：汉定筰县有“铁石山，山有砮石，火烧之成铁，为剑戟极刚利”。[①] 今涪陵、彭水、酉阳、秀山和西南方向与之相邻的贵州铜仁自古为重要的汞矿分布区，历史记载“巴东”“惟出茶、丹、漆”，“丹兴”，“山出名丹”，[②]都反映了这一地区“丹”的开发历史很早，并且“盐、铜、铁、丹”并列，可见“丹”作为巴地的主要贡物在巴地的贡物中占有重要地位。不仅在巴地，广汉三星堆遗址中出土的青铜头像和人面像中，就有古蜀人用丹砂在眼眶和眉间、嘴唇涂的蓝黑色或朱色，[③]可见蜀地朱砂的开发利用也是很早的。

巫溪宁厂盐泉

巴蜀地区盐矿资源的开采可追溯到巴族的“廪君”时代，当时巴人就开始取用自然盐泉和咸石，并将“鱼盐”作为自己活动区域的主要特产。[④] 四川井盐生产是秦国蜀守李冰组织在今成都、双流一带开凿第一口盐井——“广都盐井”后形成的。[⑤]除此之外，南安（乐山、犍为）、广汉两地，也有井盐开采的记载，在大宁（巫溪）还有自然盐泉的利用。[⑥]

秦汉三国时期，巴蜀地区冶铁、冶铜、井盐等手工业部门由于大量地吸收了以中原文化为

①（宋）乐史：《太平寰宇记》卷80《嶲州》。

②（东晋）常璩：《华阳国志》卷1《巴志》。

③王进玉、王进聪：《中国古代朱砂的应用之调》，《文物保护与考古科学》，1999年第1期。

④四川省地方志编纂委员会：《四川省志·盐业志》，四川科学技术出版社，1995年，第21页。

⑤钟长永：《四川井盐生产发展概述》，《四川文物》，1984年第2期。

⑥四川省地方志编纂委员会：《四川省志·盐业志》，四川科学技术出版社，1995年，第2页。

主体的外来手工业文化而得到了空前的发展。如临邛以冶铁致富的著名富豪卓氏和程郑本身掌握了先进的技术，因而他们的迁入加速了巴蜀地区铁矿资源的开发。这一时期，巴蜀的铁器主要输往西南少数民族地区，如卓氏“即铁山鼓铸，运筹策，倾滇蜀之民”。通过将这些铁器贩卖到周边少数民族地区，卓氏“富至僮千人，田池射猎之乐，拟于人君”。① 秦政府除在成都设铁官，置铁市官及长丞管理冶铁业外，自身也直接经营官营作坊，同时也鼓励私营作坊冶铁。

秦汉三国时期，巴蜀地区冶铁、冶铜、井盐等手工业部门由于大量地吸收了以中原文化为主体的外来手工业文化而得到了空前的发展。

汉承秦制，继续在成都设置铁官，使成都成为两汉时期西南地区的冶铁中心。西汉王朝还在蜀郡临邛（今邛崃）、南安（今乐山）、犍为武阳郡（今彭山）设铁官，这三地都在成都周围几百里之内，进一步巩固了成都作为冶铁中心的地位。这使得蜀地的铁器生产在两汉时期达到很大规模，产品除满足本地之需外，还向南销售到西南夷地区。铁器主要是武器、生产工具、生活器具等。②

东汉三国时期“巴郡设置盐铁五官，各有丞令”，“宕渠有铁官”，越嶲郡台登县“山有砮石，火烧成铁”，越嶲郡的“会无出铁”，可见当时川东宕渠，川西南台登、会无已有了冶铁业。这一时期，巴蜀运往云贵铁农具数量增加，种类增多。③ 但是，蜀地冶铁技术发展相当不平

①（西汉）司马迁：《史记》卷129《货殖列传第六十九》。

②周万利：《战国秦汉时期西南铁器的传播与分布》，《文史杂志》，2001年第2期。

③周万利：《战国秦汉时期西南铁农具的传播与分布》，《西南师范大学学报》，2000年第1期。

衡，一些地区已经采用了较先进的制钢技术，达到“炼钢赤刃，用之切玉，如切泥焉”的地步了，[①]而一些地区还在用原始的冶铁术。铁器的普及促进了巴蜀经济的发展，而巴蜀经济的发展也为巴蜀冶铁技术的发展提供了经济后盾。

铜矿资源开采方面，在前代的基础上进一步发展，“汉文帝时，以铁铜赐侍郎邓通，通假民卓王孙，岁取千匹，故王孙货累巨万亿，邓通钱亦尽天下”。[②]

秦汉时期巴蜀的铜矿资源开发大体可以分为两个阶段：“秦及西汉早期为第一阶段，以私营产品富有时代特色，极具代表性；这一时期，铜器以兵器较多，揭示出尚武的历史背景。”“西汉中期至蜀汉为铜器生产的第二阶段，主要是官营作坊产品。”“以日用器皿为多，揭示出人们追求小康、豪富生活的背景。”[③]出现这种现象的原因主要是武帝的抑商政策。从西汉中期起，以蜀郡严道为代表的巴蜀内地铜矿资源渐感匮乏，武帝开发西南夷后，对边地有了比较有效的控制，巴蜀边远地区的铜矿被逐渐开发出来，如“邛都南山出铜”，[④]“邛都南山”即在东坪以东的螺髻山一带。[⑤] 灵关道等地的铜矿亦在这一时期大量开采，并成为当时巴蜀的重要铜矿开采场地。今甘孜、阿坝的铜矿资源也得到开发，推动了当地冶铜业的发展。但总的来说，汉代四川开采的铜矿数量不多，西汉严道铜山（在今荥经县北 15 千米）便是当时四川最大的铜矿了。[⑥] 但巴蜀金银器的制造则在秦汉时期十分发达。西汉时，政府就在蜀郡和广汉郡设立工官，由这些工官属下的作坊制造大量的金银器，“岁各用五百万”，主要供皇室和贵族消费，大量输出到长安等地。[⑦] 成都在西汉时作为一个重要的国营金银器制作中心，其金银器制作技术是非常高超的。[⑧] 三国时，朱提银已“采之不足以自食”了，但在刘禅时仍“岁常纳贡”、“时往采取”。因而这一时期，“朱提银”开发很快。[⑨]

---

①鲁子健：《临邛火井考》，《盐业史研究》，1995 年第 3 期。

②（东晋）常璩：《华阳国志》卷 3《蜀志》。

③罗开玉：《四川通史》（第二卷），四川人民出版社，2010 年，第 293～295 页。

④（刘宋）范晔：《后汉书》卷 33《郡国志第二十三》。

⑤刘世旭：《汉“邛都南山出铜”地考》，《四川文物》，1989 年第 6 期。

⑥黎小龙、蓝勇、赵毅：《交通贸易与西南开发》，西南师范大学出版社，1994 年，第 87 页。

⑦谢元鲁：《秦汉到隋唐四川盆地经济区的能量与信息交换》，《四川师范大学学报》，1990 年第 2 期。

⑧唐晓雪：《成都古代的银器工艺》，《四川文物》，1984 年第 1 期。

⑨蓝勇：《南方丝绸之路》，重庆大学出版社，1992 年，第 46 页。

秦汉三国时期是巴蜀井盐业发展的重要阶段，其产品不仅满足内销，而且大量外销，从此成为巴蜀外贸的大宗。

盐业的最大变化是普及了盐井并设置了盐官。① 其中，西汉时期，井盐业得到初步的发展，产地从秦代的三个县发展到西汉中期的十多个县，同时每县的井数和产量都有所增长。东汉以后，四川井盐生产继续发展，一些产量较大的井相继出现。如富世盐井"月出盐三千六百六十石"，"以其出盐最多，商旅辐辏"，并且在它周围逐渐形成了新的经济区。② 在这样的背景下，成都人罗裒经营井盐，获利甚多，成为全国罕见的大商人。有学者认为至迟在西汉末年四川就已经钻凿了被称为"火井"的天然气井，著名的"临邛火井"很可能就在这时或之前钻成。与此同时，"井火"也被用于社会生产和生活方面。③ 巴蜀地区用天然气煮盐更是加速了巴蜀井盐业的发展，提高了巴蜀盐的产量。当时"取井火煮之，一斛水得五斗盐，家火煮之，得无几也"。④ 而为满足煮盐、冶铁等生产生活需要，巴蜀的天然气资源也得到了大量开发。

两晋南北朝时期，巴蜀地区的矿产资源开发在经历了秦汉三国时期的大规模开发之后，由于中原战争，大量人口的迁入，给巴蜀地区

秦汉三国时期是巴蜀井盐业发展的重要阶段，其产品不仅满足内销，而且大量外销，从此成为巴蜀外贸的大宗。

---

①罗开玉：《四川通史》(第二卷)，四川人民出版社，2010 年，第 290 页。

②钟长永：《四川井盐生产发展概述》，《四川文物》，1984 年第 2 期。

③刘德仁：《我国古代开发天然气年代考》，《社会科学研究》，1981 年第 3 期。

④(东晋)常璩：《华阳国志》卷 3《蜀志》。

带来了大量的劳动力和先进技术，巴蜀盐业继续发展，大多数地区主要是井盐，当时有"临江、朐忍、汉发、南充国、临邛、广都、什邡、郪县、牛鞞、江阳、新乐、定筰、汶山、连然、南广、蜻蛉、晋宁、安汉、涪陵、北井、巫县、狼山、台登、卑水、梓潼、仇池 26 处井盐产地"。[①] 到了南北朝时期，发明了木制井筒，南浦县两口盐井"以木为桶，径五尺，修煮不绝"，其后夔州盐泉井也采用了这一新技术。木制井筒的出现，为以后先进的筒井开采奠定了最早的基础。[②] 虽然当时井盐产地减少，但是这些先进的技术提高了开采的效率和相应的经济效益，出现了许多因井盐而立的城镇，如北周武帝时因富世盐井而立富世县，因大公井而设公井镇。[③] 个别少数民族地区则产岩盐。梓潼郡的梓潼县则产伞子盐，制盐工艺仍沿用汉代的技术。井火煮盐主要在成都附近一带推行，稍偏远的"蛮荒之地"的井盐生产技术仍很原始。[④] 由于盐铁等事关国家的财政收入，邓艾平蜀后曾建议司马昭留兵煮盐以给军民，建议由于司马昭对其不信任而搁浅，但同时晋也规定私人不得煮盐，违者判罪，直到南朝驰盐禁，才准许百姓私人采盐。

冶铁方面，除了官营外，私营冶铁业也得到了很大发展。刘宋初年刘道济任益州刺史，"府又立冶，一断民私鼓铸，而贵卖铁器，商旅吁嗟，百姓咸欲为乱"。刘道济打着官营旗号，禁断私冶，与民争利，几至民变，说明当时四川地区私营冶铁业已有了很大发展。这一时期，川西冶铜业生产时断时续。永明八年齐武帝从刘俊之议，一度派员开发川西铜矿，萧齐以后，南方冶铜业渐趋衰落。齐武帝时曾开采川西铜矿，未几即止。[⑤] 由于巴蜀内地铜矿资源渐感匮乏，当时铜矿的开采范围也拓展至巴蜀周边地区，如《华阳国志》记载"会无县天马河中有铜胎，以羊祀之，可取"。[⑥] 铜胎即河床上的裸铜矿石。而巴蜀地区在道教之风盛行的背景下，"涪陵郡""出名丹"，[⑦]"梓潼郡"出"丹"、"石丹"等。[⑧] 而巴蜀的其他矿产资源开发承接秦汉时的格局继续开发。

---

①吉成名：《魏晋南北朝时期的盐产地》，《中国经济史研究》，1996 年第 2 期。

②傅正初：《公元三至九世纪四川手工业的发展》，《四川师范大学学报》，1992 年第 2 期。

③钟长永：《四川井盐生产发展概述》，《四川文物》，1984 年第 2 期。

④郭正忠：《中国盐业史・古代编》，人民出版社出版发行，1999 年，第 61 页。

⑤邱敏：《六朝矿冶业的发展》，《历史教学问题》，1992 年第 4 期。

⑥(明)曹学佺：《蜀中广记》卷 67《方物记第九》。

⑦(东晋)常璩：《华阳国志》卷 1《巴志》。

⑧(东晋)常璩：《华阳国志》卷 2《汉中志》。

先秦至南北朝时期，巴蜀矿产资源的开发区域由内地扩展到周边，开发进程经历了由易到难的变化，巴蜀地区的矿产资源总体上得到了大规模的开发，这对巴蜀经济的发展起了直接的推动作用。同时，这些矿产资源的开发，如铁矿开采制作的农具在加强巴蜀与周围地区的经济文化交流中扮演了重要角色。随着与周边地区交流的深入，巴蜀的矿产资源有了更为广阔的市场，进而又加速了巴蜀地区矿产资源的开发。

先秦至南北朝时期，巴蜀矿产资源的开发区域由内地扩展到周边，开发进程经历了由易到难的变化，巴蜀地区的矿产资源总体上得到了大规模的开发，这对巴蜀经济的发展起了直接的推动作用。

（三）关中政治核心影响下的三地文化格局

1.秦晋方言与巴蜀一体

陕西、四川、重庆三地都位于我国西部地区的东部，历史悠久，经济文化发达。西安是汉唐都城所在地，成都在唐代有“扬一益二”的美称，重庆更是近代西部对外开放的领军城市。三地在地域上相邻，自古以来就有了密切的联系。

《汉书·地理志》载“故秦地于禹贡时跨雍、梁二州，诗风兼秦、豳两国”。凤翔古称雍州，位于关中西部，北枕千山，南带渭水，东望西安，西扼秦陇。这里曾是周王室发祥之地，嬴秦创霸之域。《华阳国志·巴志》中记载了夏代分九州的时候，梁州包含了华阳、黑水和江汉部分地区，也就是今天的川、渝、陕南、鄂西和陇东南一带。先秦时期川陕渝在地域上就被视为一个整体。这一带地形复杂，秦巴山地将其分为南北两侧，北部是以渭河为纽带的关中平原，先秦时期沃野千里，号称“八百里秦川”，周秦因之以成霸业，周秦之人也在此创造出发达的农耕文化。南部是以成都平原为中心的四川盆地,《山海经》中称道的“都广之野”,土地肥沃,气候温暖,雨量丰富,适宜农耕。据巴蜀古史论证,这里曾有巴和蜀两个民族长期活动并创造出了灿烂的巴蜀文明。蜀族以今成都一带为中心,建立了一个国家,而巴族则以今重庆一带为中心建立了另外一个国家。① 《史记》、《汉书》把巴、蜀列为同质同俗的文化区域。

研究表明,早在夏商时期巴蜀地区与中原的重要交通通道已经形成,两地出现了文化交流。② 《史记·货殖列传》载“及秦文、德、穆居雍,隙陇、蜀之货而多贾”,可见两地的经济往来实际是存在的。进入秦汉大一统的帝国时代后,大量中原移民以及中原文化的传入,特别是巴蜀地区与关中之间的交通道路改善之后,巴蜀与中原的交流日益增多,原来的巴蜀文化逐渐融入到中原文化当中。

据有的学者研究,古巴蜀语言与华夏语言有别。③ 扬雄《蜀王本纪》上说:“蜀之先代,人椎髻,左语,不晓文字。”又《华阳国志·蜀志》中记载古蜀王国在“有周之世,限以秦巴,虽奉王职,不得与春秋盟会,君长莫同书轨”。秦平定巴蜀之前,巴蜀文化与中原文化不属于一个系统,无论是语言文字,还是生活习惯都存在着较大的差异。④ 从现有的考古发掘及研究来看,巴蜀有自己的古文字。1954年在四川广元昭化宝轮院和重庆巴县冬笋坝考古发掘出土的船棺葬器物上,发现不少“似汉字而又非汉字”的文字和符号,其后在四川和重庆的一些考古遗址中陆续有这样的发现,学术界笼统地称为“巴蜀文字”或“巴蜀图语”。研

神秘的巴蜀符号

①童恩正:《古代的巴蜀》,重庆出版社,1998 年,第 3 页。

②蓝勇:《西南历史文化地理》,西南师范大学出版社,1998 年,第 20 页。

③崔荣昌:《四川方言与巴蜀文化》,四川大学出版社,1996 年,第 385 页。

④谭红主编:《巴蜀移民史》,巴蜀书社,2006 年,第 36 页。

究表明，殷周至战国时代，蜀在使用自己文字的同时，也使用中原文字，这在荥经、新都、青川以及其他地点出土的巴蜀器物上有明确证据。[①] 秦灭巴蜀以后，中原地区不断向巴蜀地区移民，秦在巴蜀地区统一文字，加强了巴蜀地区与中原地区的交流和往来，巴蜀语言开始分化与融合。

从秦到晋入蜀的移民潮主要有四次：一次是秦统一巴蜀，向巴蜀的大规模移民，史书载"移民万家实之"，而且终秦之世都不断有中原人迁入蜀地；一次是楚汉相争，流民避乱于蜀；一次是东汉末刘焉、刘备两大政治集团入蜀，留居蜀地；一次是西晋"八王之乱"，流民入蜀，李雄、李特等领导流民建立成汉政权。"如果外地来的移民在人数上大大超过土著，并且占有较优越的政治经济文化地位，同时迁徙集中，那么所带来的方言就有可能取代土著的方言。"[②]以上这四次移民潮，移民不仅数量多，而且在经济政治上有一定的地位。《史记·项羽本纪》载"巴蜀道险，秦之迁人皆居蜀"，所迁的不轨之民、豪侠之徒正是卓氏、程郑等一流的工商业者。汉代著名学者扬雄的先人就是由晋入楚、再由楚入蜀的。这些人与巴蜀人交错杂居，民族、部族的交流、融合，必然引起语言的交流、融合，并且进一步影响当地的文化。秦移民巴蜀的重要目的就是使"民能秦言"，即

研究表明，早在夏商时期巴蜀地区与中原的重要交通通道已经形成，两地出现了文化交流。

进入秦汉大一统的帝国时代后，大量中原移民以及中原文化的传入，特别是巴蜀地区与关中之间的交通道路改善之后，巴蜀与中原的交流日益增多，原来的巴蜀文化逐渐融入到中原文化当中。

秦灭巴蜀以后，中原地区不断向巴蜀地区移民，秦在巴蜀地区统一文字，加强了巴蜀地区与中原地区的交流和往来，巴蜀语言开始分化与融合。

①段渝：《四川通史》(第一卷)，四川人民出版社，2010年，第283～289页。

②周振鹤、游汝杰：《方言与中国文化》，上海人民出版社，2006年，第14页。

通过移民入蜀，传播中原文化，以秦文化取代巴蜀文化，从而实现一体化。研究表明，秦灭巴蜀以后，在巴蜀地区设置郡县，巴族、蜀族的主体部分在秦统治的一百多年间基本上汉化了。[①] 从《蜀王本纪》和《华阳国志》所记叙来看，蜀先称王的“王”字，杜宇称帝的“帝”字，先祀杜主的“主”字，“五丁”称法显然都是华文华语。[②]

汉代以长安为政治文化中心，秦晋方言作为官方语言流通很普遍。有学者统计，在扬雄的《方言》中，“秦”出现了 109 次，“晋”出现了 107 次，“梁益”仅出现 20 次，而且“秦晋梁益”常常并举。[③]《方言》卷 1“修、骏、融、绎、寻，延长也。陈楚之间曰修……宋卫荆吴之间曰融，自关而西秦晋梁益之间凡物长谓之寻”。又卷 2“私策纤茷（音锐），稺（古稚字），杪（莫召反），小也。自关而西秦晋之郊、梁益之间凡物小谓之私小……江淮陈楚之内谓之蔑（蔑小貌也）”。[④] 因此说巴蜀方言是秦晋方言的一个次分区，也是有迹可循的。这可能在一定程度上反映了秦晋移民对巴蜀地区文化上的影响。汉代巴蜀出现了以文辞显于世的汉赋三大家，除此之外还有很多著述，例如扬雄的《方言》、《太玄》，严遵的《老子指归》等，说明当时的巴蜀语言已经与中原通行的秦晋方言无异了。汉代巴蜀学者著书立说，均为私家著述，这是巴蜀已然汉化的最重要标志。[⑤]

巴蜀的风俗文化在关中风俗文化的影响下也有很大的变化。《隋书·地理志》称汉中之人“衣服居处言语，殆与华不别”。而《蜀中广记》卷 96 引唐卢求《成都记·序》云：“迁秦人万家实之，民始能秦言。”秦代继“移民万家”之后还有一次大规模移民，即秦始皇迁徙上郡之民入临邛。上郡与关中同俗，他们的到来，再次把关中的文化风俗带到了蜀地。《太平寰宇记》卷 74《嘉州罗目县》记载：“秦水，在县西一百二十里，昔秦惠王伐蜀，移秦人万家以实蜀中，秦人思秦之泾水，乃呼此水为泾水。”秦地移民如何将关中文化风俗与蜀地的风俗融合在一起，由此可见一斑。《华阳国志·蜀志》称：“然秦惠文、始皇克定六国，辄徙豪侠于蜀。”秦政府迁徙的山东民众中的不少人，

①尤中：《中国西南民族地区沿革史》，民族出版社，2005 年，第 74、82 页。
②参见蒙文通：《巴蜀古史论述》，四川人民出版社，1981 年，第 90 页。
③崔荣昌：《四川方言与巴蜀文化》，四川大学出版社，1996 年，第 386 页。
④（汉）扬雄：《方言》，四部丛刊集部，清王谟校刊。
⑤段渝：《四川通史》（第一卷），四川人民出版社，2010 年，第 459 页。

原来在家乡都是有一定政治影响和经济实力的豪杰，像卓氏、程郑那样的人物。迁入蜀地之后，他们利用当地丰富的资源，发挥自己的知识才能，很快就成为富甲一方的“陶朱公”。经济发展以后，社会上的奢靡之风随之而兴，与中原风俗相似。[①] 故《华阳国志·蜀志》称：“家有盐铜之利，户专山川之材，居给人足，以富相尚。故工商致结驷连骑，豪族服王侯美衣，娶嫁设太牢之厨膳，归女有百两之（徒）〔从〕车，送葬必高坟瓦椁，祭奠而羊豕夕牲，赠襚兼加，赗赙过礼，此其所失。原其由来，染秦化故也。”秦官、秦军以及由于其他种种原因迁入蜀地的秦人与蜀人的交错杂居，再加上当时秦实行“以法为教，以吏为师”，“书同文”的同化政策，使原来蜀地风俗向秦地风俗转化就成为必然了。自从文翁兴学立教，特别是汉武帝“罢黜百家，独尊儒术”之后，在思想观念上蜀地世风受到儒家学说的浸润，渐渐与中原地区的社会风尚完全融为一体。[②] 研究表明，在两汉时期，四川以成都平原为中心的腹心地区的官吏以河南和陕西籍为主，这种籍贯构成基本上是与历史上记载的移民构成的基本来源相符合的。[③] 由于这种移民构成状况，秦汉时期巴蜀地区的文化氛围应当以秦陇中州文化为特色。

汉代以长安为政治文化中心，秦晋方言作为官方语言流通很普遍。

由于这种移民构成状况，秦汉时期巴蜀地区的文化氛围应当以秦陇中州文化为特色。

---

①史建群：《从〈华阳国志〉看巴蜀世风的演变》，《郑州大学学报》，1995 年第 3 期。

②李凯：《试论古代巴蜀文学特征》，《中华文化论坛》，1998 年第 4 期。

③蓝勇：《西南历史文化地理》，西南师范大学出版社，1998 年，第 24 页。

2. 蜀中文学与长安情结

中国各地文学的产生是不同步的，其发展也是不均衡的，巴蜀则是一个文学较晚成熟的地区。[①] 当中原文化“百花齐放、百家争鸣”的时候，巴蜀则在暗暗积蓄着它的力量。

秦统一巴蜀后，古汉字逐渐代替了巴蜀原来的文字。大量移民入蜀，也带来了大量的秦文化。这些移民中，如政府官员、贵族、“士至食客”、富商大贾等，他们具有很高的文化和教养，是当时社会的“精英”。他们所到之处，必然对当地的政治经济文化产生重大影响。即使是普通劳动者，他们也和其他社会“精英”一样，以其自身集附着浓郁的本土文化，影响着徙居地文化的变迁。[②] 所有这些都为巴蜀文学的腾飞奠定了深厚的文化基础。

巴蜀第一个文学家是司马相如，也是中国文学史上以纯文学作家身份出现的第一人。[③] 西汉时，蜀中所出的著作中以文赋的比例最大。[④] 司马相如以其辞赋天才而令帝王青睐，名闻天下，成为汉赋的奠基人。晋人左思在其《蜀都赋》中夸赞蜀地文学之盛，汉赋四大家中就有三人出于蜀地。因此，蜀地也就赢得“文章冠天下”的称号。《华阳国志·梁益宁三州先汉以来士女目录》中记载了贤士共 401 个，品题为“文学”的士人有 20 多个，司马相如、王褒、扬雄自在其中。

西汉建都关中，长安成为全国的政治经济文化中心。西汉不仅继承了秦朝的政治制度，更重要的是继承了秦地的文化。秦为了巩固统一将山东豪杰迁往关中，带来了各种各样的地域文化，这大大改变了秦地原来的文化，使其融入更多的元素。再加上秦人奉行的不论国家和地域，只要是真正的人才都要为我所用的用人标准，使秦地形成了一种独立开放、兼收并蓄的文化心态。西汉的长安恰恰继承了这一点，更因它的经济文化中心地位，使得在治世的长安集中了大批文学人才，从而成为文学最发达的地区。[⑤] 创作汉赋的文学家们大多在这里定居或者曾经在这里生活过，所以汉赋中的许多作品都与长安有着密切的关系，或者写作于长安，或者直接描述和反映了当时长安地区的自然风光和社会面貌。[⑥] 例如，蜀人司马相如的《上林赋》，

①杨世明：《巴蜀文学史》，巴蜀书社，2003 年，第 18 页。

②赖华明：《秦汉移民与巴蜀文化的变迁》，《西南民族学院学报》，2002 年第 11 期。

③《中国西南文献丛书》第一编第 151 辑《西南文学文献·综述》。

④蓝勇：《西南历史文化地理》，西南师范大学出版社，1998 年，第 137 页。

⑤黄留珠、周天游：《陕西通史·秦汉卷》，陕西师范大学出版社，1997 年，第 345 页。

⑥张铭洽主编：《长安史话》（周秦两汉卷），陕西旅游出版社，2001 年，363 页。

描绘的就是长安附近的天子苑囿——上林苑的景色。还有扬雄的《蜀都赋》、张衡的《两京赋》集中描写了汉代长安地势的险要、物产的丰富、市场的繁荣和宫殿的繁华。

司马相如(公元前179年～公元前117年),西汉蜀郡成都人,少时喜读书。还在很小的时候,他就听人说过中原物华天宝、人文荟萃,而蜀地偏远荒蛮、人物粗鄙。古书上的中原衣冠人物、富庶繁华,勾起他心中对长安的无限向往。秦汉以来北方文化渗入,使巴蜀这块未化之地逐渐开始接受中原的教化。相如为北方的文化所感染并踏上了赴京的人生旅程。司马相如到了长安,“以訾为郎”,做了汉景帝的武骑常侍。但景帝不好辞赋,恰逢梁孝王来朝,相如结识了其门客枚乘等辞赋大家,遂“客游梁”。他第一次长安之行就这样草草结束了,在长安没能实现他的抱负。在梁时,司马相如写出了著名的《子虚赋》。公元前144年,梁孝王死,相如归家。公元前140年,景帝死,武帝即位,司马相如第二次“游宦京师”,他的才气得到了帝王的赏识,不久之后,

邛崃文君井

创作汉赋的文学家们大多在这里定居或者曾经在这里生活过,所以汉赋中的许多作品都与长安有着密切的关系,或者写作于长安,或者直接描述和反映了当时长安地区的自然风光和社会面貌。

被视作《子虚赋》姊妹篇的《上林赋》诞生了。司马相如被任命为郎官，成为汉武帝的御前文人。之后，他也曾两次出使西南夷，留下了流传千古的《谕巴蜀檄》和《难蜀父老书》。归来后，被免官居长安。公元前 117 年，在长安病逝。①

司马相如少时听闻长安，中年两次入长安，后来在长安居住直到终老，虽然其中有许多波折，但终究在长安圆了他少年时的梦想，在长安这个人才荟萃的地方，他有幸一展才华，声名远播，给后世留下了许多辞赋文章，也留下了许多遐想。

王褒(513 年～576 年)，字子渊，蜀郡资中人，汉宣帝时曾任谏议大夫。王褒的生平没有司马相如那么多波折，但有一点是相同的，他也是因为才气高被君王征召入长安的。在长安，许多宫殿都有他的文章歌颂。《汉书·王褒传》中说“所幸宫馆，辄为歌颂，第其高下，以差赐帛”，其中最出色的是《甘泉宫颂》。王褒后来一直居住在长安，最后病死在出使的途中。

扬雄(公元前 53 年～公元 18 年)，字子云，蜀郡成都人。班固在《汉书》中说他“少而好学……博览无所不见”。“尝好辞赋”，慕司马相如，“蜀有司马相如，作赋甚丽温雅，雄心壮之。每作赋，常拟之以为式”。42 岁时，离开蜀郡到长安，在那里声名远播，之后一直居住在长安，最后卒于长安。

三位文学家都是生长于蜀地，然后出川，最后成名于京师，后半生皆在京城度过。除王褒病死于出使的途中外，其他两位皆卒于长安。长安是他们儿时充满幻想、青年实现抱负的地方，可以说长安系着他们一生的行程。蜀中后人慕其名，继其踵于后，自然生出这种“长安情结”。故苏轼在《谢范舍人书》中这样写道：“文章之风，惟汉为盛，而贵显暴著者，蜀人为多。盖相如唱其前，而王褒继其后，

位于资阳市的王褒墓

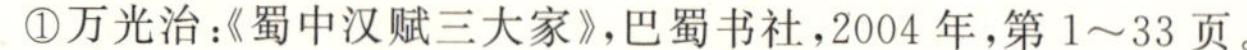

①万光治：《蜀中汉赋三大家》，巴蜀书社，2004 年，第 1～33 页。

峨冠曳佩，大车驷马，徜徉乎乡间之中，而蜀人是有好文之意，弦歌之声，与邹、鲁比。”①

此外，这种文化情结还表现在与司马相如同时代的蜀人身上。汉景帝时，蜀地有文翁治蜀，每年选派郡县聪明有才智的“学官”弟子、小吏到长安向“博士官”学习。长安是当时的文化中心，人才荟萃之地。长安文化的发展代表了一种文明的发展方向，它之于巴蜀地方文化拥有绝对优势。选派蜀中子弟去长安学习，既开阔了他们的眼界，又增加了其人文内涵，使其获益良多。用先进的文化成果来教化民众，数年之间，以儒学为主体的汉文化在巴蜀占据主导地位，“蜀地学于京师者比于齐鲁”。故《汉书·地理志》中说：“及司马相如游宦京师诸侯，以文辞显世，乡党慕循其迹，后有王褒、严遵、扬雄之徒，文章冠天下。”这表明了巴蜀地区接受中原文化的积极心态，同时也是不同地区文化交流融合的一种表现。魏晋时期，战乱割据不断，巴蜀民生维艰，巴蜀文坛鲜有成就。隋唐之后，巴蜀“士多自闭”，逐渐形成“喜治学而不求仕进”的风尚。《隋书·地理志》称四川人“少从宦之士，或至耆年白首，不离乡邑”。直至宋代“三苏”出川，蜀中文学与外界接触才再一次活跃起来，人们又看到了类似西汉时的“长安情结”。

产生这种情结的原因，除了长安的政治经济文化中心地位，蜀中崇文好学的风气，他们自身的某些因素之外，最重要的还是古代巴蜀僻处西南，一直未成为全国的政治、文化中心。

三位文学家都是生长于蜀地，然后出川，最后成名于京师，后半生皆在京城度过。除王褒病死于出使的途中外，其他两位皆卒于长安。

魏晋时期，战乱割据不断，巴蜀民生维艰，巴蜀文坛鲜有成就。

直至宋代“三苏”出川，蜀中文学与外界接触才再一次活跃起来，人们又看到了类似西汉时的“长安情结”。

---

①祝尚书：《宋代巴蜀文学通论·引论》，巴蜀书社，2005 年，第 1～6 页。

因此，在信息传递缓慢的古代，巴蜀作家只在蜀中，是不大可能取得全国性影响的。[①] 秦汉时期京城长安是全国的政治、文化中心，那里达官贵胄、名流骚客云集，又与巴蜀在地域上相邻，遂成为巴蜀学人张扬才华的理想地方。

纵观整个巴蜀文学史，巴蜀学人往往都是在跨出蜀中后才成为全国知名的人物，司马相如、王褒、扬雄皆是如此，后来的三苏也不例外，正如袁行霈先生所说："这些文学家都是生长于蜀中，而驰骋其才能于蜀地之外。他们不出夔门则已，一出夔门则雄踞文坛霸主的地位。"[②]所谓"长安情结"乃是关中政治核心吸引和蜀中人士主动融入而生成的一种文化心理现象，它从一个方面显示了秦蜀一体化的轨迹。

3. 秦巴山地与道教文化

道教作为我国土生土长的宗教，产生于东汉，有南北二源。一是张角于汉灵帝熹平年间（172 年～178 年）所创立的太平道，主要在青、徐、幽、冀、荆、扬、兖、豫等北方地区传播；一是张陵于汉顺帝年间（125 年～144 年）在四川鹤鸣山创立的五斗米道，主要在巴蜀地区传播。从时间上看，五斗米道创立的时间比太平道早，而且太平道在黄巾起义后便情况不明，五斗米道却一直传承不绝，所以国内外学者在研究道教的起源时，均以张陵创立五斗米道的时间作为道教的开端。[③]

道教产生在四川并不是偶然的，与它自身的历史文化有着很深的渊源。巴蜀文化中的许多因素，例如昆仑仙境的传说、上古蜀王都是"仙人"、巴蜀巫术、长生不老的信仰等等，这些都为道教的产生提供了丰厚的文化土壤。关于昆仑仙境之说，来源于古代神话，最早而又完整的记录出自《山海经》。《山海经·海内西经》记载："海内昆仑之墟，在西北，帝之下都。昆仑之墟，方八百里，高万仞。……面有九门，门有开明兽守之，百神之所在。"又说："开明东有巫彭、巫抵、巫阳、巫履、巫凡、巫相，夹窫窳之尸，皆操不死之药以距之。"[④]这些"百神""不死之药"是道教文化的重要内容之一。据蒙文通先生考证，《山海经》所说的这个昆仑仙境，就在今四川西部地区，而且这个昆仑仙境历来为道教崇奉。上古蜀王都是"仙人"的传说，巴蜀少数民族"俗好

①李凯：《试论古代巴蜀文学特征》，《中华文化论坛》，1998 年第 4 期。

②袁行霈：《中国文学概论》，高等教育出版社，1990 年，第 46 页。

③卿希泰：《道教在巴蜀初探（上）》，《社会科学研究》，2004 年第 5 期。

④袁珂：《山海经校注》，巴蜀书社，1996 年，第 352 页。

巫鬼禁忌”，巴郡南蛮“俱事鬼神”，这些民间神祇信仰，为后来道教的产生奠定了基础。

如果说巴蜀巫术及上古蜀仙传说为道教的孕育产生提供了丰厚的土壤，那么中原文化（主要是道家思想和神仙方术）的传入就为蜀中的原始仙道披上了技术和理论的武装。汉代巴蜀地区，黄老道术盛行。《后汉书·方士传》所列方术士总共 32 人，属于巴蜀地区的就有 8 人，占总数的 1/4。而《华阳国志》记载的巴蜀地区的方术士比上面的数字还多，而且此地的儒生通谶纬学说的人也不少，当以杨厚、任安等最为著名。

道教产生在巴蜀还有它的自然地理条件。一方面，高大的秦岭将巴蜀和北部的关中平原分割开来，因为“山高皇帝远”的心理作用，使其与中央集权统治保持着一定的距离。又由于自给自足、无需外求的经济物产实力而滋生着“夜郎自大”的骄狂意识。另一方面，巴蜀地区在自然地理单元上属于四川盆地的范畴，四面群山环绕，气候偏于温和湿润，在滋润千里沃野的同时，又容易诱发疾病。雨水多，肠胃病便易于蔓延；经常性的天色阴沉，往往会造成精神上的抑郁；还有多涝的地方易生关节病。巴蜀存在这些不利因素，客观上要求用方术（当时人们能保持生命健康的一种方法）来解除。如“建初（76 年～83 年）中，杨统（上文所说杨厚之孙）为彭城令，一州大旱，统推阴阳消伏，县界蒙泽。太守宗湛使统为郡求雨，亦即降澍。自是朝廷灾异，多以访之”。[①] 从这

①卿希泰：《道教在巴蜀初探（上）》，《社会科学研究》，2004 年第 5 期。

所谓“长安情结”乃是关中政治核心吸引和蜀中人士主动融入而生成的一种文化心理现象，它从一个方面显示了秦蜀一体化的轨迹。

道教产生在四川并不是偶然的，与它自身的历史文化有着很深的渊源。巴蜀文化中的许多因素，例如昆仑仙境的传说、上古蜀王都是“仙人”、巴蜀巫术、长生不老的信仰等等，这些都为道教的产生提供了丰厚的文化土壤。

如果说巴蜀巫术及上古蜀仙传说为道教的孕育产生提供了丰厚的土壤，那么中原文化(主要是道家思想和神仙方术)的传入就为蜀中的原始仙道披上了技术和理论的武装。

个例子我们也可以看出，方术在巴蜀人心中的地位和作用。在这种情况下，以“鬼道”的形式传播道教，群众自然容易接受。再加上东汉时期社会日益混乱，人民渴望精神寄托，道教就在这种复杂的情况下应运而生了。

东汉时期，在原始巫术、巴蜀文化、道家思想的长期共同影响下，巴蜀地区产生了中国唯一一个土生土长的宗教——道教。东汉顺帝汉安初年，沛国丰（今江苏省丰县）人张陵，因厌恶政治腐败，豪族横行，率家人及子弟等到西蜀鹤鸣山（又名鹄鸣山，今大邑县境）修道，创立了五斗米道，发展了大批教徒。张陵把弟子按所在地区分为24治，并以行政区域结合任命首领，其中23治在蜀地，以阳平（今彭县境）、鹿堂（今绵竹县境）、鹤鸣（今大邑县境）3治最大。五斗米道据此形成了以成都平原为中心，包括西蜀、东巴、汉中的传播区。

五斗米道在张鲁时期有了更大的发展。张鲁以教徒武装为后盾，建立了以汉中为中心的，集宗教、政治、军事于一体的政权。汉中盆地位于秦岭和大巴山之间，地理位置比较隐蔽，北面高大的秦岭及其险关隘道使来自中原的势力不容易突破。这一地区土壤肥沃，自古以来经济就比较富庶。《华阳国志·汉中志》称：“厥壤沃美，赋贡所出，略侔三蜀。”再加上陕南是连接四川盆地和中原的纽带，陇东通向鄂西的走廊，战略地位十分重要，史书称“北瞰关中，南蔽巴蜀，东达襄邓（湖北襄阳和河南邓县），西控秦陇（陇东）”。[①] 汉高祖刘邦就是从汉中出发，逐步完成统一大业的。《华阳国志》载：“高帝东伐，萧何常居守汉中，足兵足食。”《蜀鉴》亦载：“今举众取汉中……上可以倾覆冠敌，中可以广拓境土，下可以固守要害，此不可失也。”[②] 这些有利的山川形势为五斗米道的发展提供了良好的条件，既能够防御北面的敌人来犯，又有充分的物质基础来发展自己，故汉中成为张鲁发展五斗米道最适宜的地方。《华阳国志》载：“初平中，以鲁为督义司马，驻汉中，断谷道。”此“谷道”指的就是著名的陈仓道口，三国时诸葛亮就是从此道口出，北伐中原的。除此之外，张鲁在汉中采取的一系列宽松政策，使得人心聚拢，最终建立了中国历史上第一个政教合一的地方政权。南北朝时期，道教在巴蜀仍然有很大影响。故《隋书·地理志》载汉中之人亦“崇重道教，又有张鲁之风焉”。

---

①（清）顾祖禹撰，贺次君、施和金点校：《读史方舆纪要》卷56《陕西五》，中华书局，2005年，第2660页。

②（宋）郭允韬：《蜀鉴》，巴蜀书社，1985年，第31页。

汉魏时期是道教初创时期，它以秦巴山地为屏障，在巴蜀和汉中地区保持了相对独立的状态。进入隋唐以后，道教曾一度成为唐朝的国教。道教从秦巴山地走出，走向了全国，张亚子从一位地方神演变成为全国的保护神就是一个典型的例子。

七曲山大庙在今四川北部梓潼县七曲山，始建于秦汉，初有“亚子祠”，供奉的是“雷神”。东晋末年，居住在七曲山的“张育”举义抗击前秦对东晋益州的侵犯，战死绵竹（今德阳黄许镇）。梓潼人嘉其义举，在七曲山“亚子祠”北侧，建了“张育祠”以示纪念。之后道教把史实与传说融合在一起，把张亚子和张育混为一谈，将梓潼神造成了一个忠孝仁义的完美形象，并且把张亚子说成“文昌”星神的化身，“掌文昌府事及人间禄籍”，据说当时“凡蜀举子入贡，必祷之问得失”。① 再加上从唐玄宗开始

梓潼县七曲山大庙

①《文昌祭祀与梓潼民俗》，姚光普绵阳市文艺创作办公室、梓潼文昌民俗文化旅游区编印，2000 年，第 1～9 页。

东汉时期，在原始巫术、巴蜀文化、道家思想的长期共同影响下，巴蜀地区产生了中国唯一一个土生土长的宗教——道教。

汉魏时期是道教初创时期，它以秦巴山地为屏障，在巴蜀和汉中地区保持了相对独立的状态。进入隋唐以后，道教曾一度成为唐朝的国教。

历代皇帝的敕封，民间广为祭祀。《风俗通义》载："司命，文昌也。……今民间独祀司命耳，刻木长尺二寸为人像，行者檐箧中，居者别作小屋。齐地大尊重之，汝南诸郡亦多有，皆祀以猪，率以春秋之月。"[①]又《名臣经济录》中说"天下学校亦多立祠以祀之"，这样梓潼神彻底地从一个地方神成为了一个全国的保护神。

4.《华阳国志》的秦巴一体观

中国的史籍浩如烟海，历代保存下来的著作中《华阳国志》是一颗璀璨的明珠，是我国现存最早的一部地方志。作者常璩，字道将，蜀郡江原（今四川崇庆）人，一生著述颇丰，但均已失传，流传下来的只有《华阳国志》。[②]

方志是专门记载某一地区事实的一种著作，目的在于"矜其乡贤，美其邦族"，所以其内容不会超越本地之事。[③] 方志大都记载某一个行政单元，而《华阳国志》则囊括梁益宁诸州，兼有《巴志》、《汉中志》、《蜀志》、《南中志》等志，范围相当于今天的云、贵、川以及陕西、湖北的部分地区。正如其序言所说："唯有天汉，鉴亦有光。实司群望，表我华阳。"不难看出在作者眼里，他家乡邦族所在的"华阳"地区包括了现在的陕南汉中、巴蜀地区，说明当时三地是处于同一地域的，体现了一种秦巴一体的认识观。

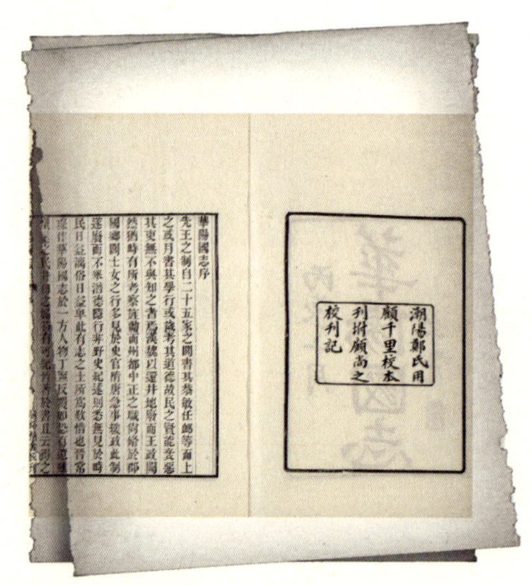

《华阳国志》书影

《汉书·地理志》载："故秦地于禹贡时跨雍、梁二州，诗风兼秦、豳两国。"凤翔古称雍州，位于关中西部，北枕千山，南带渭水，东望西安，西扼秦陇。这里曾是周室发祥之地，嬴秦创霸之域。"秦"字代表的就是陕南和关中地区。《华阳国志·巴志》中记载，梁州包含华阳、黑水和江汉部分地区，也就是今天的川、渝、陕南、鄂西和陇东南一带。又《巴志》载魏晋时"梁州初

①（东汉）应劭撰、吴树平校释：《风俗通义校释》，天津人民出版社，1980 年，第 322 页。
②刘重来：《常璩与华阳国志》，四川人民出版社，1985 年，第 59 页。
③仓修良：《方志学通论》，方志出版社，2003 年，第 69 页。

建，治汉中之沔阳，太康中移治南郑”。从以上我们可以看出，川陕渝在很早就被视为大体一致的。从巴蜀两国疆域范围来看，蜀国东北部和巴国北部与今天陕西的地域有重合的部分。《华阳国志·蜀志》记载蜀国的疆域为：“后有王曰杜宇……自以功德高诸王，乃以褒斜为前门，熊耳、灵关为后户，玉垒、峨眉为城郭，江潜绵洛为池泽，以汶山为畜牧，南中为园苑。”蜀王杜宇时代蜀国的疆域是以成都为中心的川西、川北和云贵地区。褒斜是以汉中为中心的秦巴山地地区。这表明古蜀族活动范围的北界不仅仅限于今天的四川地区之内，而且与陕南地区有着密切的联系。汉中盆地近年所出商代晚期的青铜器群中，蜀式三角形援无胡直内戈占全部兵器的84%以上，另有青铜人面具、兽面具、陶尖底罐等也是蜀文化的产物，都是蜀文化向北连续分布的结果，说明汉中曾是蜀境。① 据史料记载，蜀王曾东猎于褒谷，褒谷即褒水下游，在今汉中。② 蜀国的东部就是巴国，据《华阳国志》的记载，其极盛时的地域范围当是以今天重庆为中心的川东地区，其活动范围也曾一度进入今天陕西境内，居住的北界到达秦巴山地。研究表明，炎黄时，巴人主要居住在汉水流域巴山南北，直到战国前期方东迁南移至巴东三峡地区。③ 由此可见，今天的陕南汉中地区很早就是划在巴蜀地域范围内

①段渝：《四川通史》(第一卷)，四川人民出版社，2010年，第133页。

②史念海、萧正洪、王双怀：《陕西通史·历史地理卷》，陕西师范大学出版社，1997年，第55页。

③马强：《汉水上游与蜀道历史地理研究》，四川人民出版社，2004年，第22页。

不难看出在作者眼里，他家乡邦族所在的“华阳”地区包括了现在的陕南汉中、巴蜀地区，说明当时三地是处于同一地域的，体现了一种秦巴一体的认识观。

的，而且汉中地区是最早接触秦文化，受秦文化影响最大的地区。自商周以来，巴和蜀在某种意义上开始合二为一，举巴可以概蜀，举蜀可以概巴，巴蜀常常并称。[①] 因此，称秦巴一体，就将巴蜀和秦三地都包括了。

巴蜀与商、西周在地域上相邻，是友邦或属国的关系，并与中原地区来往密切。综合各方面的材料来看，巴国在相当长的时期内从属于商王朝，后来为了摆脱商的统治参加了武王伐纣的战争，周王朝建立后，一度成为周的属国，与周王朝保持贡纳关系。《华阳国志·巴志》载："武王既克殷，以其宗姬封于巴，爵之以子。"《左传·昭公九年》也有"巴、汉、楚、邓吾南土"之说。常璩在《巴志》的结尾处写道："巴国远世则黄、炎之支封，在周则宗姬之戚亲，故于《春秋》班侔秦、楚，示甸卫也。"《蜀志》也有蜀为黄帝后裔的传说。这个评论虽然没有仔细考证这些远古的传说，但巴族参加武王伐纣战争的记载见于《尚书》，甲骨卜辞中也有类似的记载，有一定的可信度，这也在一定程度上说明了巴蜀与中原的商周王朝很早就有交流往来。

《华阳国志·巴志》载秦昭襄王时，白虎为患。秦王募賨人（巴人的一支）射杀白虎，并与其刻石为盟，还以优惠政策对待賨人。《后汉书·南蛮传》也有类似的记载，"秦惠文王并巴中，以巴氏为蛮夷君长，世尚秦女"。《蜀志》亦载蜀使朝秦，秦王送美女给蜀王的故事，并留下了美丽而动人的"五丁开山"的传说，而今梓潼县北五妇山遗迹犹在。汉高祖时，賨人充当了平定三秦的先锋，更有"三秦亡、范三侯"的嘉言。由此可见，巴蜀与秦汉关系非常密切，还用姻亲关系来维持旧有的政治关系。

先秦时期巴蜀与中原很早就有经济往来，春秋时秦据有雍、岐之地，与山南蜀地货物贸易已十分频繁，《史记·货殖列传》载"及秦文、德、穆居雍，隙陇、蜀之货而多贾"。秦时李冰为蜀守，凿离堆，避沫水之害，灌溉三郡，使蜀地"水旱从人，不知饥馑"。[②]《华阳国志·汉中志》称"厥壤沃美，赋贡所出，略侔三蜀"。蜀地的富足为解决关中因地狭带来的粮食问题提供了支持，关中饥馑时，统治者往往"令民就食蜀汉"。蜀与汉中关系最密切，史书有"蜀汉"之称。汉晋以来巴蜀经济文化的繁荣则是"缘其由来，染秦化故也"。这主要是秦汉关中及中原几次向巴蜀大规模移民的结果。

---

①霍巍、王挺之主编：《长江上游早期文明的探索》，巴蜀书社，2002年，第73页。

②（东晋）常璩撰，刘琳校注：《华阳国志》卷3《蜀志》，巴蜀书社，1984年，第202页。

此外，经过秦汉向巴蜀的几次大规模移民，巴蜀的风俗逐渐秦化——华夏化，“蜀地存秦俗”就是这种移民后巴蜀与秦地融合的表现。《华阳国志·蜀志》称：“故工商致结驷连骑，豪族服王侯美衣，娶嫁设太牢之厨膳，归女有百两之(徒)〔从〕车，送葬必高坟瓦椁，祭奠而羊豕夕牲，赠禭兼加，赗赙过礼，此其所失。原其由来，染秦化故也。”①然而这样的移民并不是单向的，巴蜀地区的人民也有迁徙到秦地或通过秦地迁徙到中原其他地区的。根据上古史料记载，炎黄部落最早活动区域在关中平原、甘肃东部和秦岭以南陕南、四川等地。《华阳国志·巴志》载：“人皇始出，继地皇之后，兄弟九人分治九国，为九囿……华阳之壤，梁岷之域，是其一囿，囿中之国则巴蜀矣。”另据《史记·五帝本纪》：“嫘祖为黄帝正妃，生二子……其二曰昌意，降居若水。昌意娶蜀山之女，曰昌朴，生高阳。”按“若水”为大渡河，在今

成都琴台故径

①(东晋)常璩撰，刘琳校注：《华阳国志校注》卷3《蜀志》，巴蜀书社，1984年，第225页。

经过秦汉向巴蜀的几次大规模移民，巴蜀的风俗逐渐秦化——华夏化，“蜀地存秦俗”就是这种移民后巴蜀与秦地融合的表现。

四川西部岷山之域。关于炎黄部落早期活动区域，尽管文献记载扑朔迷离，但一般认为都与包括汉水上游在内的蜀地有密切关系，即认为炎帝部落是从陕南进入关中渭水流域的。而黄帝部落在炎帝部落北迁关中后则长期活动于四川盆地，最后也逐渐迁于轩辕（陇）及陈（今宝鸡）一带，继而再东迁北移中原及华北平原。其迁徙路线都是沿嘉陵江翻越秦岭到达渭水流域。① 这些地区的民众经过频繁的迁徙，最终融为一体。

先秦、秦汉时期，陕南汉中和巴蜀由于在地域上毗邻，政治经济上的联系相对频繁，使这些地区形成了共同的语言习惯、民间习俗等，从而成为了一个相互影响的整体。正因如此，两地才被收录到一个地方总志里面，体现了秦巴一体的观念。

5."蜀有相，巴有将"的文化格局

巴蜀文化是古巴蜀两族人民以四川盆地及其周围的山地为基础创造出的盆地型文化，是巴文化和蜀文化的合称。虽然巴蜀常常并称，但是二者毕竟是来源不同、生活在不同地域的两个族团，他们创造的文化也就有其各自的特点。《华阳国志·巴志》说："郡与楚接，人多劲勇，少文学，有将帅才。"而《华阳国志·蜀志》说："其卦值坤，故多斑采文章。"所以很早就有"巴有将，蜀有相"的说法。

产生这种文化格局的原因有很多，主要是自然地理环境及在其基础上形成的人民性格的差异和经济基础的差异。四川盆地独特的地理环境对巴蜀文明的产生、发展和演变带来强烈的影响，"四塞之国"又使其文化具有明显的地域特点，但是盆地内部不同的地域形态又孕育出不同的文化形态。盆地西部以成都为中心的蜀地是冲积平原，土地肥沃，适宜农耕，所以蜀地很早就产生了发达的农业文明。西蜀，在《山海经》中称之为"都广之野"。据研究，早在四五千年前，成都平原及周边的丘陵山地地区就已经得到初步开发，西周时期已是当时全国农业先进的富庶之区。② 李冰治蜀后，成都平原沃野千里，号为"陆海"。光武东迁后，"天府"之称为蜀地专称。西蜀发达的农业经济使得人们有多余的时间和精力去追求形而上的人生目标，"多礼尚文"，从而养成闲适尚文的风尚。

---

①马强：《汉水上游与蜀道历史地理研究》，四川人民出版社，2004 年，第 22～23 页。

②段渝：《四川通史》（第一卷），四川人民出版社，2010 年，第 389 页。

盆地东部以重庆为中心的川东地区由三十余条北东走向的平行山脉构成，山脉与河流相间分布，具有“一山二岭一槽”或“二山三岭二槽”的特点，把盆地东部分割成无数方山丘陵、单斜丘陵和面积不大的小坝子，在此基础上形成以渔猎为主的经济。《华阳国志·巴志》中就记载有“专以射白虎为业”。在这种高山大河的环境中生存，练就了巴人悍勇强劲的民风。他们聚族而居，以大无畏的勇气和意志与天地抗争，船棺葬正是巴人在惊涛骇浪中与天地抗争的真实写照。恶劣的自然条件塑造出川东人坚毅果敢、吃苦耐劳的精神。川东地区以其大山的胆略和气魄、大江的开阔和胸怀，孕育了川东人豪迈的性格；川西地区广袤的平原、舒缓蜿蜒的河流，再加上春日的和风细雨培育出川西人典雅含蓄的性格。①

从相关的记载来看，巴人是一个具有尚武传统、强悍勇武的民族。1954 年，前西南博物院曾经在巴县冬笋坝和昭化宝轮院发掘出一批战国后期巴族的墓葬，凡是男子，每墓都出有铜剑、铜钺、铜矛、铜戈、铜箭镞等武器。②这些足以证明巴人是强悍勇武的民族。蜀地则多礼尚文，在司马相如的作品中，多处引经据典，可见其曾熟读《山海经》、《庄子》、《楚辞》等多种古籍。③ 常璩引“彭祖生蜀，为殷太史”也说明巴蜀地区很早就有文化传承。文翁治

---

①安勇：《“巴出将，蜀出相”成因浅析》，《西华大学学报》，2004 年第 4 期。

②童恩正：《古代的巴蜀》，重庆出版社，1998 年，第 24 页。

③李凯：《试论古代巴蜀文学特征》，《中华文化论坛》，1998 年第 4 期。

先秦、秦汉时期，陕南汉中和巴蜀由于在地域上毗邻，政治经济上的联系相对频繁，使这些地区形成了共同的语言习惯、民间习俗等，从而成为了一个相互影响的整体。正因如此，两地才被收录到一个地方总志里面，体现了秦巴一体的观念。

虽然巴蜀常常并称，但是二者毕竟是来源不同、生活在不同地域的两个族团，他们创造的文化也就有其各自的特点。《华阳国志·巴志》说：“郡与楚接，人多劲勇，少文学，有将帅才。”而《华阳国志·蜀志》说：“其卦值坤，故多斑采文章。”所以很早就有“巴有将，蜀有相”的说法。

蜀，发展文教，大大促进了蜀地文化的发展，故《汉书·地理志》中称“鳞萃蜀学，比于齐鲁”。

从历史回顾来看，古代巴蜀长期分治，各自为政，互不隶属，秦灭巴蜀以后分别设置了巴郡和蜀郡。曹魏灭蜀时，将益州分出七郡新置梁州。梁州辖汉中及包括江州在内的绝大部分巴地，治所设在汉中的南郑。益州辖今天的四川西部地区，治所在成都。西晋时的梁州、益州略相当于秦时初置的巴郡和蜀郡。唐置剑南东道、剑南西道和山南道，这种建置仍是巴蜀分治的延续，直到南宋设置“川峡四路制置司”，才开始打乱传统的巴蜀分治的局面。统治者这种并行不悖、互不统属的做法，实际上就是对两地文化在行政上的一种认可，一方面用行政的手段维护和继承了原有的文化结构和体系，促使内部的居民增强交流，增加文化认同感；另一方面中央王朝对巴蜀的不同管理政策，也使巴蜀文化发展呈现不同的趋势。秦灭巴蜀后，对蜀采取军事上的镇压（三诛蜀侯），制度上的更建（井田制、郡县制），文化、意识形态上的荡涤（移秦人入蜀、统一文字）等政策，使得蜀文化迅速地融入到中原文化中去了。对于巴地，秦则采取羁縻政策，所以巴地广大山区较多地保留了巴人的旧俗。

常璩在《华阳国志》中提出“巴有将，蜀有相”这种说法，实际上意味着巴蜀文化格局的成熟。

“蜀有相”是对蜀中人才辈出的一种高度评价和概括。《序志》中说：“井络启耀，文昌契符。”“文昌”是道教神仙体系中掌管文运的神，作者用在这里意在表明蜀地文化昌盛。蜀地人才初试锋芒是在文翁治蜀之后。《华阳国志·蜀志》载“遣隽士张叔等十八人东诣博士受七经，还以教授。……征叔为博士”，“官至侍中、扬州刺史”。与此同时，司马相如、王褒、扬雄等人的经历开启了蜀中士子的长安情结，于是就出现了“玺书交驰于斜谷之南，玉帛戋戋乎梁、益之乡”[①]的情景。常璩在书中赞叹道：“西秀彦盛，或龙飞紫闼，允陟璿玑……故司马相如耀文上京，扬子云齐圣广渊，严俊平经德秉哲，王子渊才高名隽，李仲元湛然岳立，林公孺训诂玄远，何君公谟明弼谐，王延世著勋河平。……斯盖华、岷之灵标，江、汉之精华也。”[②]这段话精练地概括出了蜀地士人被征召后的表现，有的长于文学而著书立说，有的因吏治名昭四海。此外，《华阳国志》还多次记述蜀人位至三公，其事迹均见于《华阳国志》。

---

①（东晋）常璩撰，刘琳校注：《华阳国志》卷3《蜀志》，巴蜀书社，1984年，第222页。

②（东晋）常璩撰，刘琳校注：《华阳国志》卷3《蜀志》，巴蜀书社，1984年，第222页。

同样,“巴有将”也是对巴文化一种形象生动的概括,我们试举几例来加以说明。巴蔓子将军是巴人的杰出代表。《巴志》载:“周之季世,巴国有乱,将军有蔓子,请师于楚,许以三城。楚王救巴。巴国既宁,楚使请城。蔓子曰:‘藉楚之灵,克弭祸难。诚许楚王城,将吾头往谢之,城不可得也!’乃自刎,以头授楚使。”巴蔓子将军在国家存亡的危急时刻,挺身而出,为保全国家疆土的完整不惜牺牲自己的性命,这种“宁断头、不辱国”的行为正体现了巴人质直刚毅的性格特征。迄今为止,在重庆渝中区还有一座将军坟,据说墓中葬有东周时巴蔓子将军的身躯。①

据《华阳国志》记载,殷周之际,巴人曾为武王伐纣的先锋。秦汉之时,汉高祖在汉中起兵,正是因为得到了巴人劲卒——賨人的帮助才一举平定三秦的。西汉以来巴地多出为国建功的将军,例如西汉安汉(今南充)人纪信,东汉宕渠人冯绲。《舆地纪胜》卷 156 顺庆府条载“汉纪将军封诰词云:以忠殉国,代君任患,实开汉业”,其中的“汉纪将军”说的就是纪信(一说纪成)。他与樊哙、侯婴等四人在帮助汉高祖平定天下的过程中立下了汗马功劳,以忠殉国,今西充县有纪信庙,南充市有开汉楼,都是为纪念他而专门修建的。冯绲,宕渠(今渠县)人,“延熹五年,武陵蛮反,荆州骇扰,拜绲车骑将军,将十余万人往。斩首四千,获生口十万”。② 从以上来看,“巴有将”之说确实有迹可循。

古代巴蜀长期分治,各自为政,互不隶属。

这种并行不悖、互不统属的做法,实际上就是对两地文化在行政上的一种认可,一方面用行政的手段维护和继承了原有的文化结构和体系,促使内部的居民增强交流,增加文化认同感;另一方面中央王朝对巴蜀的不同管理政策,也使巴蜀文化发展呈现不同的趋势。

---

①四川省重庆市地名领导小组编印:《四川省重庆市地名录》,1984 年,第 546 页。

②(东晋)常璩撰,刘琳校注:《华阳国志》卷 12《序志》,巴蜀书社,1984 年,第 927 页。

“蜀有相，巴有将”是后人在总结地域文化时，对古代巴蜀地区做出的整体性的评价。这和汉代“关东出相，关西出将”的说法一样，都是地域环境的差异在文化上的反映，具有内在的一致性。虽然历史上巴蜀分分合合，各自为政，互不隶属，但是从南宋设置“川峡四路制置司”开始，就打破了这种局面。特别是宋蒙战争时将四川制置司转移到重庆，以重庆为中心的川东地区的文化发展开始加速，逐渐缩小了与川西之间的差距。由于四川地区经过元末和明末的战乱，土著人口损失严重，所以明清两朝都对巴蜀地区进行了大规模的移民。之后，原来以巴蜀土著为基础而产生的巴蜀文化差异大大削弱。

总的来看，巴蜀两地的历史表明，两地是紧密相连的、不可分割的统一整体，两地相互依存、相互促进，才能够不断地向前发展。正所谓“治国之道，一张一弛”，“文武之道，不可偏废”，巴蜀文化的有机结合，才能使巴蜀地区更快更好地向前发展。

第二章　益州物繁
——后天府时代(唐宋～清时期)

唐代我国北方农业经济有所恢复。在中唐以后,南方经济有了较大的发展。西部的关中平原和成都平原仍是中国经济文化最发达的地区之一。成都平原在文化上与长安的联系仍然密切,蜀中与秦陇之间来往的文化名人繁多。西部仍然辉煌着。但“安史之乱”以后,北方地区农业经济受到摧残,关中平原出现“逐粮东都”的现象,西安的政治经济文化地位下降。而南方农业经济迅速发展,成都平原仍有“扬一益二”之称。唐朝中叶和唐末,成都成为关中政治中心逃难的后方基地。同时,唐代成都也是中央王朝控御西南夷地区的政治军事大前方。

宋代关中平原的政治经济文化地位大大下降,长江下游已经有“苏湖熟,天下足”之称,成都平原成为后方粮草的重要生产基地。从唐中叶到重庆开埠以前,“西三角”这个区域内,由于历史基础和环境因素,成都平原的社会经济文化在“西三角”中最为重要,地位最高。宋代成都平原在经济上出现我国最早的纸币——交子,在文化上“蜀学”成为宋代最有影响的理学流派之一。宋代川陕之域成为宋代抗金、蒙古的前方阵地,更强化了成都的整体地位。成都时有“天府”的美名,此所谓“益州物繁——后天府时代”。

明清以来,北方地区经济地位大大下降,关中平原已经完全淡出中国政治经济文化主流圈,成为中国的边缘区域,西安成为中国西北的一个区域性城市。长江中游的江汉平原经济发展起来,长江下游经济继续发展,长江上游成都平原退出中国经济发达地区之列。从总体来看,明清时期,整个“西三角”地区都退出中国最发达的地区,成为边缘化的地区。但是在中国政治经济重心东移南迁的背景下,在“西三角”的内部,“西三角”的东南部地区巴渝地区的地位开始上升。从南宋开始,巴渝地区的社会经济文化地位上升明显,舟楫旁午,重庆的城市经济发展较快。明代开始,整个巴渝地区的社会经济文化地位上升,长江三峡水路成为沟通中国东西部最重要的通道。这一切为重庆开埠奠定了物质和文化基础。

从整体上来看,这一时期,关中平原西安日趋边缘化,逐渐成为一个区域性城市。成都在前期仍属于中国经济发达地区之一,引领着“西三角”地区。巴渝地区虽然在后期地位上升,但在“西三角”内地位还是相对低下。这个时期三地的这种差异性一定程度上削弱了“西三角”的共性。

益州物繁

——后天府时代

（唐宋～清时期）

第一节　三地政治经济文化发展的基本脉络

（一）“逐粮东都”背景下西安的衰落

隋文帝杨坚于 581 年建立隋朝，582 年就在龙首原畔创建了规模宏大的大兴城，并以此为都城统一了全国。继之而起的唐朝亦建都于此，并改名为长安，之后以此为指挥中心，逐次平定各路势力，完成统一。关中是隋唐国家政治军事中心，特别是唐朝前期继续实行关中本位政策，以关中为基地控制全国，因而长安和关中的地位显得尤为重要。在唐朝府兵制时代，全国多数军府分布在都城附近，京兆府有 131 个军府，占总数的 20%，是全国军府最集中的地方。长安及其所在的关中地区无论是在统一的过程中还是在唐的发展过程中，都起着举足轻重的作用。

唐代大明宫复原想象图

大雁塔

唐代前期社会经济有了大幅度的发展。农业发展主要从粮食产量的提高和人口数量的增加中得以体现。据《通典·食货》记载：天宝八年（749 年），天下诸色米共仓储960 622万石，其中关内道承担509 347万石，是全国各道中承担最多的一个道。有文献记载："开元初，上励精理道，铲革讹弊，不六七年，天下大治，河清海晏，物殷俗阜。"[①]长安"左右藏库，财物山积，不可胜较"。这些都说明长安及其关中地区的繁荣与稳定。此外，关中地区人口也快速增长。京兆府在贞观十三年（639 年）有207 650户，923 320口；到天宝元年（742 年）就增加到362 921户，1 960 188口。在一百多年的时间里，增加了近15.5万户，近103.7 万口。[②] 随着关中人口的增加，一方面使得粮食消耗量大增；另一方面，土地被大量开垦，造成关中地区生态环境恶化，自然灾害频繁。到唐中期，关中粮食供应不得不依赖于江淮，以致出现多位"逐粮天子"，武则天更是长期居住在洛阳不回。

农业的发展带动了手工业的发展。《资治通鉴》在中宗景龙二年（708年）中记载："安乐（公主）有织成裙，值钱一亿，花卉鸟兽，皆如粟粒，正视旁观，日中影中，各位 ·色。"可见当时纺织技术的高超。唐代以前丝绸上的花纹主要有织花和绣花，到唐代增加了印染工艺，就是彩缬。当时较为常用的方法有绞缬、夹缬和腊缬 3 种。陶瓷业在唐代有新的发展，出现了一种新型彩釉陶器，被称为唐三彩，长安是唐三彩的主要产地之一，在近年来的考古发掘中多有发现。

长安对商品的需求量巨大，吸引着全国的商人到此进行贸易，商品交换十分活跃。长安有着四通八达的交通路线。水路是通过漕渠和黄河相连，

---

①（唐）郑綮：《开天传信记》。

②史念海主编：《陕西通史·隋唐卷》，陕西师范大学出版社，1997 年，第 145 页。

进而连通了大运河和江南之地。陆路方面主要有四条:“东路自长安至汴、宋;西路自长安经岐州至成都;南路自长安至荆、襄,再经长沙、广西到交州;北路自长安渡河至太原,出娘子关至范阳,或沿黄河向东转北,沿今京广线到范阳。”①这样,长安就可以和全国各地紧密地联系在一起。在长安城内设有东、西两市,市中设有邸店和柜坊。唐朝后期还出现了“飞钱”(亦称“便换”),类似于现在的汇票,可以很好地避免长途携带钱币的麻烦和途中的危险。

唐朝时,长安不但是全国的政治、经济中心,也是全国的文化中心,在几个文化领域颇具代表性。

长安不但是全国的政治、经济中心,也是全国的文化中心,在几个文化领域颇具代表性。科技上,雕版印刷术的发明为后来活字印刷术的出现提供了条件;天文学家僧一行完成了世界上第一次实测地球子午线的长度;著名的医学家孙思邈写成《千金方》一书,成为医学史上的不朽名作。史学上开创了官修史书的先河,二十四史中的《晋书》、《梁书》、《陈书》、《北齐书》、《周书》、《隋书》、《南史》、《北史》等都是在唐朝初期的长安编写完成的。另外还有两部重要的史学著作也是在长安完成,一部是刘知几的《史通》,这是我国第一部史学批评和史学理论著作;另一部就是杜佑所撰的《通典》,这是我国第一部专门记述典章制度的史书。在文学上,唐朝的诗歌取得空前的成就,天下名人云集长安。清代所编的《全唐诗》中,收录的诗人达2 300多位,共48 900多首诗。其中最为杰出的当推李白、杜甫、白居易。李白

①武伯纶:《西安历史述略》,陕西人民出版社,1979年,第183页。

初到长安以一首《蜀道难》被誉为“谪仙人”，后来被权贵排挤出京，但还是有很多诗篇描写他对长安的无限眷恋，如“总为浮云能蔽日，长安不见使人愁”。杜甫生活在唐朝的转折时期，在长安困居十年，亲眼目睹了政治的腐败和“安史之乱”给国家和人民带来的灾难，因而他的诗歌比较深入地反映了当时的社会现实和政治形势，写出了如“三吏”、“三别”、《春望》等脍炙人口的名篇，发出了“朱门酒肉臭，路有冻死骨”的感叹，因此他的诗被称为“诗史”。在被贬途中，杜甫也多次通过诗歌表达对长安的怀念，直到770年临终前，还写出了“云白山青万余里，愁看直北是长安”的诗句。白居易是继杜甫之后又一位伟大的现实主义诗人，生活在“安史之乱”后的唐朝衰败时期，目睹了地方官吏的横征暴敛，进一步了解了人民的疾苦，写出了《新乐府》、《秦中吟》等，其中《杜陵叟》描写的是长安周围遭受旱灾，地方官还强逼租税的情况。其他如王维、王昌龄、杜牧、刘禹锡、李商隐等都留下了不少与长安或关中有关的诗歌。

1.唐末五代时期的严重萧条

“安史之乱”后，唐朝先后经历吐蕃进犯、藩镇割据、宦官专权、黄巢起义等重大变故，逐渐走向衰落。随着中央集权的衰弱，地方势力逐渐增强，关中的地位发生着变化。以后随着经济政治重心的东迁南移，偏处西部、经济力量有限的关中失掉了作为全国政治中心的地位，从五代到北宋，都没有在长安建都。此后，除了李自成一度将都城设在西安外，再也没有哪个王朝在此建都。随着政治经济文化中心地位的丧失，关中的地位一落千丈。

据《陕西通史·隋唐卷》统计，在晚唐时期，长安遭受的重大破坏有七次之多，其中以天祐元年(904年)为最甚，朱温挟天子东迁，令长安的居民拆毁房屋，自渭河浮河而下，“长安自此遂丘墟”。[①] 到了五代时期，战争更加频繁，据《陕西通史·隋唐卷》统计，从后梁开平二年(908年)至后周显德五年(958年)，关中或大或小的战争几乎年年都有，光是规模较大的就有23次之多。战争不但破坏了经济，也严重摧毁了昔日的帝京。长安由唐末到五代，历经战乱，几经摧残，失去了全国政治经济文化中心的地位，下降为一般性的地方都会。由此，长安的社会经济长期处于低迷的境地，又加上接连不断的自然灾害，从而使长安陷入严重萧条状态。

①(北宋)司马光:《资治通鉴》卷264《唐记八十》。

2. 宋元时期的艰难恢复

北宋王朝的统一只是在五代十国的基础上统一，并没有像汉唐那样形成全国的统一。宋元时期，西安只是一个区域性政治军事中心，北宋时为永兴军路治所。元朝完成了全国的统一，西安为陕西行省的政治中心。

从北宋建国一直到南宋灭亡，两宋都与周边的少数民族政权进行着或大或小的战争，北宋与辽、金、西夏，南宋与金、元，涉及长安及关中地区主要是宋夏、宋元之间的战争。失去国都地位的陕西在宋元时期的最大特点就是战火频繁。在宋元 400 多年的时间里，陕西有 100 多年的时间在战火当中，长安已远不是昔日的繁华都市，而是一座军事堡垒。在这期间的经济和文化都不同程度地带有战争的色彩。

战乱频仍导致关中社会经济发展乏力，举步维艰。以当时的户口数为例，和唐天宝年间相比有大幅减少，“京兆郡（雍州）减少 79%，华阴郡（华州）减少 48%，冯翊郡（同州）减少 55%，扶风郡（凤翔府）减少 31%”。通过这些数字我们可以想象关中地区衰落到何种地步。虽然北宋有过恢复和医治战争创伤的时候，但战争总是频繁而至。如宋夏战争爆发，使得当时的农民“骨肉离散，田园荡尽，陕西之民，比屋凋零”。[1]

金元统治时期都采取过落后的统治政策，使得陕西经济遭到灾难性的破坏。金兵征战陕西的时候，所到之处焚毁殆尽。之后又遇到

“安史之乱”后，唐朝先后经历吐蕃进犯、藩镇割据、宦官专权、黄巢起义等重大变故，逐渐走向衰落。随着中央集权的衰弱，地方势力逐渐增强，关中的地位发生着变化。以后随着经济政治重心的东迁南移，偏处西部、经济力量有限的关中失掉了作为全国政治中心的地位，从五代到北宋，都没有在长安建都。此后，除了李自成一度将都城设在西安外，再也没有哪个王朝在此建都。随着政治经济文化中心地位的丧失，关中的地位一落千丈。

① （明）陈邦瞻：《宋史纪事本末》卷 25《蒙古连兵》。

唐三彩

多次干旱，水利失修，田园荒芜。据记载，北宋时永兴军路人口为1 001 498口，到金时人口为798 285口，减少203 213口。而蒙（元）征服和统治陕西的时候对陕西和西安的破坏更为严重。1252年，奉元路人口仅有33 935户，271 399口。有的文献甚至说当时关中"兵火之余，八州十二县，户不满万，皆惊忧无聊"，[①]可见关中地区人口减损之甚。

这一时期手工业发展可分为两个阶段，第一阶段是从唐末到北宋中期，属于恢复阶段，此时恢复和发展较快的为陶瓷，在唐朝长安最著名的瓷器就是耀州窑出产的唐三彩。在宋金时期的耀州窑创烧刻花青瓷，为世人喜爱。只是恢复的进程时断时续。第二阶段是金占领后直到元末，由于实行野蛮的统治政策，手工业遭到严重破坏，恢复的进程完全终止，长期处于徘徊不前状态。

商业的发展亦不太景气。据《宋会要辑稿》载，当时京兆府设置了12个征收商税的机构，"熙宁十年（1077年）前，每年商税收入56 904贯；至熙宁十年（1077年）则增至82 475贯，其中长安城区所征商税达38 445贯842文，占整个京兆府的47%"。[②] 金人的入侵打破了这种恢复的进程，如同农业所遭受的破坏一样，商业所受的摧残也是十分严重的。就整个宋金元时期来看，恢复在战争的夹缝中进行，往往刚有起色，就有战争爆发，进程被迫终止，如此几经反复。元末的长安与唐朝相比，早已不可同日而语了。

一定时期的政治和经济状况决定一定时期的文化内容。宋元时期关中战争较多，使其文化结构出现"武盛文衰"的特征。[③] 这一时期出现了许多名将，如游师雄、韩世忠、张钰、马肩龙和众所周知的杨家将等。与此相

①（明）宋濂：《元史》卷159《商挺传》。

②薛平栓：《五代宋元时期古都长安商业的兴衰演变》，《中国历史地理论丛》，2004年第3期。

③秦晖：《陕西通史·宋元卷》，陕西师范大学出版社，1997年，第16页。

比，政治和文化领域人才显得星光寥落。在政坛上，四百年间登上宰相位置的“只有宋代的寇准、吕大芳和元代的贺惟一三人”。[1]由于远离国都，失去了政治和经济中心优势，宋元时期，在文学方面，长安亦缺少有影响的作家。

3. 明清时期的缓慢发展

明洪武二年（1369 年），明将徐达攻占元奉元路。之后，明朝政府将其改为西安府，隶属于陕西行省。清军入关后第二年（1645 年）正月，攻占西安。清袭明制仍设西安府，属于陕西布政使司管辖。作为陕西行省和西安府的治所，在明清两朝，西安不仅是西北的军事重镇，也是西北的政治文化中心。明清两朝较宋元比较起来总体上要和平安定得多。当然，两朝统治也时有动荡，这都深深影响了长安和关中地区。另外，这个时期的关中地区天灾比较严重，如明嘉靖三十四年（1556 年）的关中大地震，崇祯年间的关中大旱等，也对经济的发展产生很大的影响。

人口是农业发展的一个标志。据推算，长安所在的关中地区，明朝洪武时人口为210 075口，嘉靖时为1 787 281口，万历时为2 201 816口。[2] 从万历到康熙年间，由于明末清初的战争和天灾的原因人口减至1 929 721口，减少了272 095口。耕地面积也如人口一

就整个宋金元时期来看，恢复在战争的夹缝中进行，往往刚有起色，就有战争爆发，进程被迫终止，如此几经反复。元末的长安与唐朝相比，早已不可同日而语了。

---

①秦晖：《陕西通史·宋元卷》，陕西师范大学出版社，1997 年，第 17 页。

②以上数字来源于田培栋：《陕西通史·经济卷》，陕西师范大学出版社，1997 年，第 222 页。

样，据明嘉靖《陕西通志》记载，关中耕地面积为171 682顷，到万历时增加到322 827顷。但之后出现了缩小的趋势。康熙年间，整个关中地区为249 062顷，①比万历时减少了近7.4万顷。其次，从手工业来看，“关中地区的手工业仅能生产一般的产品，销售于本地，只有个别的产品，驰名全国”。② 手工业和商业虽有发展，但比较缓慢。

文化方面，此时的西安不作为都城已经有一千多年了，作为文化中心的特征已不明显，而地域性特征渐趋增强。因此，西安文化的特征很多方面是陕西或关中文化的特征，而陕西或关中文化的特征又有西安文化的因素。文学方面，“前七子”中有三人是陕西人；在史学上有明代的“关中八志”；科技上王征被称为“北方的徐光启”，著有《新制诸器图说》一书。

纵观明清两朝的关中和西安的经济文化发展状况，比宋金元战争时期有所恢复，但是下滑的总趋势十分明显，农业上人口和耕地大幅减少，手工业、商业和文化的地域性特征明显，在全国的影响力大不如前。

（二）“扬一益二”背景下成都的繁荣

1.唐宋时期的“天下繁侈”

（1）唐朝时期的初步繁荣

成都历史悠久，三国以来即有“天府之国”、“蜀中江南”的美称。唐代的成都，既是西南地区的重镇，又是战时的陪都，在唐朝历史上有着特殊的地位。武德元年（618年）李渊在成都设立益州总管府。武德三年（620年）更置为益州道行台尚书省。武德九年（626年），废行道行台尚书省，置大都督府。唐代全国只有五个大都督府，益州是西南地区唯一的一个。③ 贞观元年（627年）全国分为十道，玄宗开元七年（720年）设置剑南道节度使，成都为节度使的治所。至德二年（757年）升成都为府，称南京。同时，又分剑南为东、西川节度，成都是西川节度使所在地。唐代的成都，作为州、府的治所，管辖着华阳、郫县、广都、犀浦、新都、新繁、温江、双流、灵池等10县，作为剑南道的首府，所辖地区更多达33州。分为西川节度以后，仍然领有1府25

---

①康熙《陕西通志》卷9《贡赋》。

②秦晖：《陕西通史·宋元卷》，陕西师范大学出版社，1997年，第249页。

③（唐）杜佑：《通典》卷32《职官十四·都督》：“太极初，以并、益，荆、扬为四大都督府。开元十七年加潞州为五焉。”

州之地，不仅包括现在川西、川南一带，而且远达云南的一些地区，是西南地区最重要的政治经济文化的中心。① 纵观唐朝 280 多年的历史，以“安史之乱”为界分为前后两个时期。前期的唐朝蒸蒸日上，一派繁荣景象，而成都自然条件优越，再加上这种安定的局面，有了较快的发展。“安史之乱”打破了唐朝的安宁，国都长安及黄河流域陷入战乱，而此时的成都凭借着得天独厚的地理位置，没有遭受战火的侵扰，成为皇帝躲避战乱的理想之地，成都也因此获得了较快发展的契机。

农业的发展，首先表现为户数的增多。据《元和郡县志》记载，成都府的户数有 137 046 户，仅次于京兆府的 362 990 户，位居全国第二。其次表现为水利的兴修。据《新唐书·地理志》载，规模较大的水利工程，在太宗到德宗时期就有八处之多。通过这些水利设施的兴修，不难想象成都的农业发展状况。第三，水稻和经济作物种植的发展。水稻是成都平原最重要的粮食作物，在唐代其种植区域向北扩展到绵州，向南到眉州；经济作物如柑橘等在成都一带也广泛种植。第四，耕作技术的提高。唐代成都平原出现了水旱轮作制度和育种移栽技术。从以上可以看出，在人口数量、水利兴修、耕作技术等方面，成都都有很大的发展，所以当时人们都称赞成都平原一带是“土地膏腴，物产繁富”②的天府之地。

---

①何汝泉：《唐代成都经济地位试探》，《社会科学研究》，1982 年第 6 期。

②杜甫：《为阆中王使君进论巴蜀安危表》，《全唐文》卷 359。

纵观明清两朝的关中和西安的经济文化发展状况，比宋金元战争时期有所恢复，但是下滑的总趋势十分明显，农业上人口和耕地大幅减少，手工业、商业和文化的地域性特征明显，在全国的影响力大不如前。

唐代的成都，既是西南地区的重镇，又是战时的陪都，在唐朝历史上有着特殊的地位。

“安史之乱”后，成都凭借着得天独厚的地理位置，没有遭受战火的侵扰，成为皇帝躲避战乱的理想之地，成都也因此获得了较快发展的契机。

手工业中最著名的为纺织业和造纸业。唐代前期实行严格的章服制度，使得益州的丝织业中官营丝织业发展很快。章服制度的崩溃，以及中唐以后奢侈之风的盛行，有力地促进了私营织造业的发展。到中晚唐时期，私营织造业已具有较大的规模。对于丝织品的产量，有学者研究认为，“唐中后期，成都地区每年向朝廷上交的春彩和各种贡品丝织品就将近 11 万匹”，“综合绢和高级丝织品，唐代成都丝织品的年产量应在 200 万匹上下”。[1] 蜀纸在唐朝已经形成很多种类，《唐国史补》载有“蜀之麻面、屑末、滑石、金花、长麻、鱼子、十色笺”等多个品种。十色笺是当时非常有名的纸，它的制造和染色技术都很高。同时，居住在成都百花潭的薛涛创制了一种深红色新样小笺，“短而狭，才容八行”，[2]深受文人喜爱，这种小笺后来被称为“薛涛笺”，代表了当时造纸业的较高水平。除此之外，制瓷、印刷、盐业、茶叶、造船、制糖等行业都有了不同程度的发展。

商业方面，在唐以前，成都的“市”只有一处，入唐后便形成了著名的“三市”。[3] 僖宗时，又创置了第四处市场，且在中唐以后出现了夜市。此外，还有许多定期举行的集市，最为著名的便是蚕市、药市和七宝市，持续时间长，物资交易量大。所以，到唐代后期，成都与扬州并列为全国最繁华的两大商业都会。《元和郡县图志》说，扬州与成都“号为天下繁侈，故为扬、益”。

成都文化素来比较发达。特别是在“安史之乱”后，皇帝几次避难入蜀，达官贵人、文人学士也纷纷入蜀，把成都的文化推向了一个高峰。唐代是诗歌的高度繁荣期，出现了许多著名诗人，留下了许多不朽的名作。许多诗人都在成都或蜀地留下了历史的记忆。从初唐到晚唐，各个时期的文学家大都在成都留下过足迹。“初唐四杰”中，陈子

位于成都的王建墓

①卢华语：《唐代成都丝织业管窥》，《中国社会经济史研究》，2009 年第 4 期。
②(北宋)乐史：《太平寰宇记》卷 72《成都府 · 土贡》。
③(北宋)司马光：《资治通鉴》卷 253，僖宗乾符六年四月。

昂本身就是蜀人，王勃、卢照邻、骆宾王三人都曾游历蜀地。盛唐时期，长安文坛群星灿烂，“诗仙”李白，“诗圣”杜甫，田园诗人孟浩然、王维，以边塞诗著称的高适、岑参等，都曾经宦游或旅居成都。中唐时期，长于乐府的王建和张籍，以“元白”并称的元稹、白居易，“诗豪”刘禹锡、“诗鬼”李贺等著名诗人，都将长安文化带入蜀中。晚唐时期，成都文化更加繁荣，雍陶、杜牧、李商隐、薛能、薛涛等人，为长安文化向成都转移做出了贡献。①

正因为唐代成都农业、手工业、商业、文化的发展较快，在全国举足轻重，故有“扬一益二”之称。

(2)宋朝时期的高度繁荣

北宋结束了五代十国的分裂局面，宋太祖在乾德三年(966年)平定蜀地并设置西川路，在开宝四年(972年)，分置峡西路，后来又合并成川峡路。宋真宗咸平四年(1002年)，把川峡路改为益州路(后改为成都府路)、梓州路、利州路、夔州路，简称“川峡四路”。在大部分时间里，成都府路的政治经济地位都高于其他三路。据《宋史・地理志》所载，宋时成都府路作为州、府治所领有金堂、灵泉、广都等9县，作为成都府路治所领有16州60县。成都平原的范围大致包括北宋的成都府、蜀州(南宋时升为崇庆府)、嘉州(南宋时升为嘉定府)、汉州、彭州、邛州、眉州和永康军。②

成都文化素来比较发达。特别是在“安史之乱”后，皇帝几次避难入蜀，达官贵人、文人学士也纷纷入蜀，把成都的文化推向了一个高峰。

许多诗人都在成都或蜀地留下了历史的记忆。从初唐到晚唐，各个时期的文学家大都在成都留下过足迹。

①梁中效：《唐代四川的区位优势》，《成都大学学报》，2000年第1期。

②谢元鲁：《宋代成都经济特点试探》，《中国社会经济史研究》，1983年第3期。

无论北宋还是南宋都和北方的少数民族政权进行接连不断的战争，但是成都和其所在的成都平原并没有遭受战火的破坏。宋初虽有过王小波、李顺起义的动荡，但宋中期以后稳定下来，成都进入了社会经济发展的黄金时代。

农业的发展，首先表现为人口的迅速增长。宋初，成都平原上的户数为38 300多户，①元丰时增至625 000多户，②已超过了唐代鼎盛的天宝时成都平原户数，崇宁时又增至652 000多户。③ 南宋绍兴末，包括成都平原在内的成都府路户数，已达1 097 000多户。④ 到南宋嘉定十六年(1223 年)时，整个成都府路的户数已达到1 130 000多户，3 170 000多口。⑤ 其次，水利兴修也很兴盛。南宋时，范成大在《吴船录》中记述了他在成都附近的所见，自成都“一路江水分流入诸渠，皆雷轰雪卷，美田弥望，所谓岷山之下沃野者，正在此”。

成都是成都平原和整个四川地区最大的城市，而成都平原和四川地区的经济发展状况，也必然要从成都的繁荣中反映出来。成都的丝织业无论在数量还是花色种类上都达到了一个新的高度。谢元鲁先生根据《宋会要辑稿·食货》统计：从乾德五年(967 年)到乾道八年(1172 年)，国家岁总收入供上的锦缎、鹿胎、透背高级丝织品总数为9 615匹，成都府为1 094匹，占总数的 11%。成都府供上的绫为 14 793 匹，占全国总数的 13%，供上的杂色匹帛占全国总数的 60%。⑥ 此外，蜀锦图案精美，色泽鲜艳，自古以来在全国就享有盛誉，宋代又增添了许多新花样，仅费著在《蜀锦谱》中统计的就有40 种之多。

成都是当时“西南大都会，素号繁丽”。⑦ 由于商业的发展，街上的许多店肆向外突出，侵占街道，使得街道狭窄，为此，宋政府在成都开始征收“侵街钱”。前面所提到的药市、蚕市和七宝市，到了宋代，无论在规模还是在内容和经营时间上都远远超过了唐代。

商业和交通相互促进。成都地处盆地，四周高山阻隔，对外交通的陆路

---

①(北宋)乐史：《太平寰宇记》中益、眉、彭、蜀、汉、嘉六府州和永康军的户数合计。

②(北宋)王存：《元丰九域志》中成都府和眉、彭、蜀、汉、嘉、邛七府州户数的合计。

③《宋史·地理志》中成都、崇庆、嘉定三府和彭、汉、眉、邓四州户数的合计。

④(清)徐松辑：《宋会要辑稿》卷 69《食货》。

⑤李世平：《四川人口史》，四川大学出版社，1987 年，第 118 页。

⑥部分数据来源于徐蓉生《宋代成都丝织业》，《西南民族大学学报》，2006 年第 11 期。

⑦(南宋)李良臣：《东园记》，同治《成都县志》卷 13。

和水路在宋代虽没有开通更多的路线，但是在原有基础上更加繁忙。陆路主要是从成都向北经陈仓道到达汉中，这条道路在秦汉时就成为连接成都和中原地区的重要通道。在宋代，往来于这条道路上的货物众多，仅丝织品一项就达到"日输月积，以衣被于天下"。[①] 在水路方面，主要是从成都向南，经岷江到达长江，再经三峡到达长江中下游地区，这是当时最为重要的一条水上交通线。

宋代成都思想文化方面也很繁荣。首先，在学术思想领域成就最大、影响最深的当属三苏的"苏氏蜀学"。苏洵以儒学为本，兼收并蓄，吸收先秦的兵家、墨家、法家、纵横家等百家学说，强调经世致用，主张创新。苏轼和苏辙在其父的基础上又吸收佛老思想，完善和发展了"蜀学"体系，从而把"蜀学"推向顶峰。对于"蜀学"，胡昭曦先生在《宋代蜀学研究》中总结出这样的特点："一是'蜀学'尚权谋，重人情，有经世之学的特点；二是'苏学'公然声言三教合一，且留有佛、老思想的明显痕迹。"成都的史学在宋代最为辉煌，出现了大批杰出的史学家。在官修史书方面，苏洵参与修撰建隆以来礼书《太常因革礼》等书。在私人著述上，苏轼撰《注石鼓文》，苏辙撰《古史》等。另一位史学大家当属华阳人范祖禹，他协助司马光编撰《资治通鉴》，负责唐史部分的撰写，对这部书的成功起了很大的作用。李焘先后著史20余种，其中最具代表性的当属《续资治通鉴长编》及《续宋史编年》，时人称其为"蜀中史学之

无论北宋还是南宋都和北方的少数民族政权进行接连不断的战争，但是成都和其所在的成都平原并没有遭受战火的破坏。

①（南宋）李良臣：《东园记》，同治《成都县志》卷13。

首号”。① 另一位史学家李心传，其著作中对后世影响较大的为《建炎以来系年要录》和《建炎以来朝野杂记》两部，成为研究南宋的重要史书。其他史学家如王称、范镇、范冲，李焘的三个儿子李壁、李埴、李塈等都有大量史书存世。蒙文通在《华西大学图书馆四川方志目录序》中说：“两宋之世，史学特盛，超越汉唐。”宋词代表着宋代的文学成就，四川词人中苏轼对于宋词的发展起着决定性的作用，他把现实主义和浪漫主义很好地结合起来，其词作具有豪迈飘逸的风格，是宋词豪放派的创始者。在他的影响之下，陆游、辛弃疾等将豪放派词的创作进一步发扬光大，并取得了很大的成就。

2.元明清时期的曲折进程

元朝初年，设四川行中书省，治所先在重庆，不久移到成都，从此成都一直是四川省的最高军政长官治所。当时四川共辖 9 路，其中成都路居第一位。忽必烈至元十六年(1279 年)，又分四川为四道，成都属川西道，是川西道治所。

明代设四川布政司，下辖 8 个府，成都是首府，管辖 2 州 13 县。崇祯十七年(1644 年)，张献忠进入成都，改国号为“大西”，成都也改称“西京”。明清两朝，成都分别是四川布政司和四川省的首府，也是成都府和成都、华阳两县的治所。

自元至清，蜀中多遭战乱，结束了成都持续高速发展千余年的美好时光。宋末元初、明末清初旷日持久的战争，将昔日物华天宝的成都变成了十室九空、野兽出没的废墟。战乱结束后，清王朝开始了向四川长达百余年的大移民，史称“湖广填四川”。②

宋末元初的战争，对于四川各地的经济产生极大的破坏，人口减少，土地荒芜。据《元史·世祖本纪》记载，至元和十九年(1282 年)，“以四川民仅十二万户，设官府二百五十余，令四川行省议减之”。对此数字，李世平在《四川人口史》中进行了分析，认为“应是基本可信的”。根据当时全国的户和口的 1∶4.5 的比例，推算人口大约为 54 万人。这与《宋史·地理志》记载南宋四川人口 413 万户、1194 万口比较起来，损失是惊人的。成都作为川西乃至四川最大的城市，当时人口下降的具体数字虽无准确记载，但通过全川人

---

①贾大泉主编：《四川通史》(第四卷)，四川人民出版社，2010 年，第 456 页。

②段渝、邹一清：《成都城市史述论》，《成都文物》，2004 年第 3 期。

口的变化趋势来看，下降的幅度无疑也是巨大的。对于此时的人口和耕地面积，郭声波在《四川历史农业地理》中总结为：在延祐七年(1320年)时，人口1 490 701人，耕地折合为213 560亩。由此说明元代农业和宋代比较起来相差很大。[①] 明代初年在经历过元明之际的战争后，荒地更多，所以垦荒成为当务之急。明末清初四川再经浩劫，清政府为了迅速恢复和发展生产，一方面大力鼓励湖广等省人民入川开垦，一方面又在四川推行军屯、民屯以扩大耕地面积。在清前期，四川耕地面积快速增长，从顺治十七年(1660年)的11 883余顷增加到嘉庆末年的470 642顷。[②]

纺织业是四川的主要手工业部门。元时，丝纺织仍占主要地位，但产量和品种大不如前。明代的纺织业中棉纺织飞速发展，织锦业虽没有衰落，仍为皇宫所专用，但就全国而论，失去了唐宋时期丝织业中心的地位。清代对棉纺织业很重视，使得四川的棉纺织业发展迅速。商业方面，"元代四川商业总体说来水平很低"。[③] 据《元典章》所记，作为省会的成都，每年的税收在3000锭以上，全国达到这个标准的有22处，但四川只此一处。明代，四川的商业在中后期有了显著的发展，成都成为全川乃至西部的商业中心。清代的成都，到乾嘉时已形成专业化市场，商号、行帮、商帮林立，全

---

①贾大泉主编：《四川通史》(第四卷)，四川人民出版社，2010年，第305页。

②陈世松主编：《四川通史》(第五册)，四川大学出版社，1993年，第208～209页。

③陈世松主编：《四川通史》(第五册)，四川大学出版社，1993年，第248页。

国各地的商人纷纷到此经商。当时有歌唱道:“嗟汝万里人,远作成都贾。成都贾,积金钱,青衣江水下如箭,一壶千金绝可怜。”①

在几十年的战乱中,许多蜀中人为躲避战火,迁至他地,造成人才大量的流失。元代四川共出进士 64 名,其中成都路有 10 名,占总数的 15.63%,在整个四川省来看,已不占首位了,被重庆路(14 名,占 21.88%)所超过。在史学方面卓有成就的当数费著,其代表作为《成都府志》,之后有《岁华纪丽谱》、《笺纸谱》、《钱币谱》、《蜀锦谱》等九种关于唐宋时期四川的政治经济文化等方面的重要文献。明代的四川文化有很大发展,成都府出了 300 名进士。② 由于清代政治经济格局东移南迁已经完成,前期四川的文化发展比较缓慢,成都辖区在清前期共出进士 115 人。③ 史学方面,被称为“史”无巨著,而“方志”却百花绽放,④清代四川方志约有 460 多种,涉及成都的有康熙时的《四川成都府志》、傅崇矩的《成都通览》等。

(三)“舟楫旁午”背景下重庆的发展

1.唐宋时期的初步发展

唐宋时期,重庆地区的经济和文化有所发展。唐朝前期,巴渝地区的政局基本稳定,但“安史之乱”的爆发打破了这种稳定的局面。其后的黄巢起义横扫全国,巴渝地区亦动乱不已。965 年,北宋灭后蜀,巴蜀复归于中原王朝的统治。北宋初期,巴蜀局势不稳,后北宋调整治蜀政策,到北宋中期才稳定下来。政局的稳定,为经济和文化的发展提供了良好条件。此后巴蜀经济和文化才有了明显的进

重庆南宋余玠帅府遗址

①嘉庆《四川通志》卷 75《食货・物产》。

②蓝勇:《西南历史文化地理》,西南师范大学出版社,1997 年,第 106 页。

③蓝勇:《西南历史文化地理》,西南师范大学出版社,1997 年,第 119 页。

④吴康零主编:《四川通史》(第六卷),四川人民出版社,2010 年,第 627 页。

步。在唐宋大部分时间里，重庆所在的渝州政治军事的地位并不突出，在唐代属于下州，而且还是贵族和官员的谪贬之地。南宋时期，先有宋金在川陕战场的长期对峙，后有宋蒙在四川的反复较量。四川作为南宋西部的战略重地，政治经济军事地位显得日益突出。嘉陵江水道和峡路成为南宋的生命线，而处于两条水道交汇处的渝州无论从经济还是军事上都显得尤为重要。特别是在1243年以后，重庆成为四川地区抗蒙(元)的主战场，四川制置司建于重庆，重庆遂成为四川的军政中心，在抵挡蒙(元)军队进攻，延续南宋王朝统治的战争中发挥了至关重要的作用。

特别是在1243年以后，重庆成为四川地区抗蒙(元)的主战场，四川制置司建于重庆，重庆遂成为四川的军政中心，在抵挡蒙(元)军队进攻，延续南宋王朝统治的战争中发挥了至关重要的作用。

重庆地区的农业生产在经历两晋以来的停滞后，隋唐时期“还是处于恢复阶段，发展也是恢复中的发展”。[①] 以人口为例，东汉时，今重庆地区有人口68万余口，按平均计算，每平方千米人口密度为8.2人左右。唐天宝年间约为11.7万户，38.29万人，按此计算人口密度为每平方千米4.6人左右，若以每户5口记，约有58.5万余口，人口密度为每平方千米7.1人左右。这与东汉时期比较起来，还有1.1个百分点的差距。[②] 宋代人口、经济发展比较快，到了元丰年间，重庆地区户数为28.34万户，人口增至137.20万口，比唐朝增加了98.91万人，涨幅为258%。耕地面积，唐天宝年间约

①蓝勇、杨光华、曾小勇、李世平编著:《巴渝历史沿革》，重庆出版社，2004年，第69页。

②以上数字来源于蓝勇、杨光华、曾小勇、李世平编著《巴渝历史沿革》，重庆出版社，2004年，第69～70页。

为4.02万顷，北宋元丰年间增至约10.99万顷，增加了6.97万顷，增幅为173%。① 需要说明的是，以上的比较只是增长速度的比较，就其总量而言，与全国其他地区相比重庆还是很落后的。如唐代万州有“天下最穷处”之称；忠州“最号穷陋”；即便明显发展的宋代，夔州仍是“土狭人稀”、“土狭民贫”的地方。重庆地区耕地面积的增加主要表现在梯田的开垦。除了开垦大量的梯田外，还开垦畲田种植旱地作物。在经济作物中，以茶叶、荔枝、柑橘为主。茶叶在唐代主要产于渝州、南平、夔州等地，在宋代主要产于渝州、涪州、合州以及夔州一带。荔枝在唐代主要产于涪州、万州等地，其中以涪州妃子园的荔枝最好，杨贵妃所食荔枝就来源于此。② 此外，合州等一些地方也有出产。柑橘在唐宋时期的巴渝地区广泛种植，其中以夔州等地产量最大。

手工业中，重庆地区的纺织业主要生产各种布和少量绢帛。井盐业也比较发达，产地增多，产量增大。唐朝时夔州为造船中心，所造单体船为川江航运中普遍采用。宋代造船地又增加了合州和万州。

巴渝地区的商业远比农业和手工业发达，在长江两岸地区形成了“农不如工，工不如商”的社会风气。③ 沿江城镇发展比较快，唐时的夔州城、大宁监、云安商务最为繁忙。④ 宋时渝州最为发达，渝州在11世纪中期的时候商税税额只有4 000余贯铜钱，但是到了熙宁十年(1078年)税额已达31 000余贯铜钱，在较短的时间里增加了近八倍，形成了“两江商贩，舟楫旁午”的繁忙景象。⑤ 农村商业的发展主要表现为出现了不少草市，并出现水上草市。交通方面，水路占主要地位，发展最快的是向东的长江航线。唐前期，“山束峡如口，水漱石如齿。孤舟行其中，薄冰犹坦履”，⑥可见峡路的艰险。到唐代后期大有改观，航行技术提高，在险要之地都有专门的领航人员，故“五月下峡，官船千艘，不损一只”。宋代重视峡路交通，一方面疏通航道，如皇祐三年(1051年)归州知州

---

①以上数据来源于卢华语《唐宋时期重庆农业经济的几点变化》，《重庆大学学报》，2002年第2期。

②蓝勇：《贵妃食荔来自何处》，《史学月刊》，1998年第3期。

③(北宋)欧阳忞：《舆地广记》卷74《归州》。

④蓝勇：《深谷回音——三峡经济开发的历史反思》，西南师范大学出版社，1994年，第65页。

⑤(南宋)王象之：《舆地纪胜》卷181。

⑥(唐)王周：《志峡船县志·百丈》，《全唐诗》卷165。

赵诚开凿青滩；另一方面改革峡路递传制度，从而保证了交通和通信的畅通。① 商业在经济中的比重明显超过农业和手工业是唐宋时巴渝地区尤其是沿江地区的一大特色，但其商业总量从全川的角度来看还是很低的。据蓝勇在《深谷回音——三峡经济开发的历史反思》中考证，以北宋熙宁十年（1078 年）商税税额比较，整个夔州路的商税税额相当于成都府路的 30%，可见差别之大。

唐代巴渝地区的文化教育还比较落后，“若以今宜宾、内江、南充、巴中划一西南东北方向的斜线，其线西北面的成都平原、岷江中游、嘉陵江中游和涪江下游几乎占唐代四川进士的 75%，而其线东南面无一进士出现”。② 唐末五代北方动乱，人民大量南迁，其中有不少文人名士移居巴渝地区。入宋以来，经济重心也继续东移南迁。因此，宋代巴渝地区的文化教育有了起色。据学者统计：“北宋时四川进士数在全国排第 8 位，南宋为第 4 位。”具体到巴渝地区上升也很快，首先表现为书院的广泛建立和教育科举的发展。书院中以北岩书院和濂溪书院最为著名。教育比唐朝有了很大的进步，形成了嘉陵江中游、涪江中下游、沱江中游三大教育中心。渠县、合州从唐代的无一名进士地区一跃进入四川拥有进士数的前 20 名之列，而巴县也有 3 名进士。③ 两宋时巴

商业在经济中的比重明显超过农业和手工业是唐宋时巴渝地区尤其是沿江地区的一大特色，但其商业总量从全川的角度来看还是很低的。

---

①蓝勇：《深谷回音——三峡经济开发的历史反思》，西南师范大学出版社，1994 年，第 117 页。

②阚军、蓝勇：《西南地区历代人才分布地域演变研究》，《西南师范大学学报》，1991 年 1 期。

③蓝勇：《唐宋时期西南地区城镇分布演变研究》，《中国历史地理论丛》，1993 年第 4 期。

渝地区也有不少文化名人活动，如道教思想家陈抟在宋仁宗嘉祐元年至五年(1056年～1060年)入蜀，周敦颐签判合州，除此之外还有邵雍、谯定、冯时行等在巴蜀地区活动。

2.元明时期的进一步发展

1276年，元军攻占临安，灭亡南宋。但到至元十六年(1279年)，元朝才平定合州并占领重庆。元朝时的巴渝地区属四川南道宣慰司管辖，下辖重庆路、夔州路、绍庆府。元末发生农民战争，至正十七年(1359年)明玉珍部攻克重庆，1363年明玉珍在重庆称皇帝，建立"大夏"政权。在其统治期间推行了一系列政策，重庆地区的经济有了一定发展。明玉珍去世后，其子明昇继位。1371年，明昇向明廷投降，大夏政权仅存在9年时间。明王朝在洪武九年(1377年)设四川承宣布政使司，后在重庆地区设置重庆府、夔州府。其中重庆府辖3州15县，夔州府辖9县，后又置重庆卫、瞿塘卫辖石砫、酉阳二宣抚司。

明朝洪武、永乐、宣德年间，政治最为清明，社会经济也逐渐好转。首先表现为农业的发展，最明显的是人口的增加。宋元之际的长期战争，使得巴渝地区经济残破，人口骤减。在经过元的短暂统一后，又爆发了元末明初的农民战争，这对于还没有恢复过来的四川又是一次严重的人口损耗。据《明太祖实录》卷72记载，洪武五年，四川仅8 400多户，比元初的12万户还少。据李世平先生在《四川人口史》中的推算，大约应在15万户左右，即便如此，户数依然是很低的。在这样的情况下，出现了明朝初年大规模移民入川的活动。对此正史记载不多，但是各县县志却记载得较为明确。如清道光《邻水县志》："今合邑祖籍，多系明初入蜀，谓之老民。"在大量移民入川的背景下，明初的人口增长较快。据曹树基推算，明洪武二十四年，四川地区共1 464 515口，其中重庆府36.4万户，夔州府6.5万户，巴渝地区占四川人口的1/3；万历年间，四川人口达到310万，①巴渝地区仍然占1/3。在古代农业生产技术水平不高的情况下，人口的多与少直接影响到农业发展的速度。随着大量的移民进入巴渝地区，耕地、粮食作物、经济作物的数量也快速增加。明万历六年(1578年)，四川有耕地13.4万顷，重庆府的耕地占1/3，而正德年间，重庆府耕地32 276顷，②为全省之首。明朝中后期，随着耐旱高产农作物玉米、甘薯的传入，使得重庆的粮食产量大增。万历年间，四川田赋

---

①周勇：《重庆通史》(第一册)，重庆出版社，2002年，第194页。

②蓝勇、杨光华、曾小勇、李世平编著：《巴渝历史沿革》，重庆出版社，2004年，第103页。

粮额1 028 545石，重庆府共有344 497石，占总粮额的1/3，且这种状况一直持续到明末。经济作物中茶叶、柑橘等仍是主要产品。茶叶在重庆地区广有种植，《巴东口号》中有“巴山石缝地无多，种得茶林当种禾”。柑橘在巴渝早有种植，夔州的奉节和开县是重要的柑橘出产地，直到今天依然以出产柑橘著称。此时的商业也有较快发展，重庆地区的沿江转口贸易发展最快，沿江城市逐渐兴起，许多成为转口贸易的主要港口，如重庆、夔州、云阳等地。木材贸易也逐渐兴起，如建昌的杉板闻名于世。

随着明朝大批移民的涌入和经济的恢复发展，重庆地区文化教育发展很快。据嘉庆《四川通志》统计，在明朝四川所出的1 375名进士中，今重庆地区就有300多人，其中巴县（含重庆卫）在宋代只出过5个进士，处于当时四川拥有进士州县数的落后位置上，而在明代出了106人，[①]一跃成为四川拥有进士数第一位的县，其发展速度之快令人吃惊。明代重庆出现诸如翰林院编修江渊、廉吏御史牟俸、翰林学士江朝宗、文学家贾元、贤良忠臣夏邦漠、著名哲学家邹智、易学大师来知德等名人。[②]

3.清代前期的“商贾辐辏之区”

清朝初期对巴渝地区影响较大的一是张献忠在四川的统治，二是“三藩之乱”。直到康熙十九年（1680年），清廷才稳定了在四川的统治，大规模的征战在巴蜀才真正结束。清王

①蓝勇：《西南历史文化地理》，西南师范大学出版社，1997年，第107～108页。

②李良品、彭规荣：《科举制度下的明代重庆教育》，《教育评论》，2005年第1期。

明代，重庆商业也有较快发展，重庆地区的沿江转口贸易发展最快，沿江城市逐渐兴起，许多成为转口贸易的主要港口。

朝在巴渝地区设立重庆府、夔州府、忠州直隶州、酉阳直隶州和石砫直隶厅对其进行管辖。

明末清初的巴渝(巴蜀)地区先后经历了近50年的战争,社会残破,人口再次锐减,重庆城"为督臣住节之地,哀鸿稍集,然不过数百家",①其他州县,如江津"人烟断绝凡数十年",②合州"时州领三县,兵火遗黎才百余人",③以致出现"一目荒凉,萧条百里,惟见万里云连,不闻鸡鸣犬吠",④一片荒芜景象。为恢复这里的生气,清初鼓励移民,出现了一次规模巨大的移民浪潮。在康雍乾三朝,总共进入四川的移民达到100多万口。⑤ 移民和人口繁殖,使巴渝地区人口增长比较快。据学者考证,在康熙六十一年(1722年)重庆府人口达到11万户、50多万人,嘉庆十七年(1812年)达到263万人,嘉庆二十五年(1820年)达到301万人左右。人口的快速增长,加速了土地的开垦,重庆府的耕地面积在康熙十年(1671年)还只有12.4万亩,到康熙六十一年(1722年)就达到了584.39万亩,到雍正六年(1728年)清丈土地后又猛增到125 976万亩。⑥ 土地的增加,使得粮食产量也迅速增长。传统的粮食作物水稻等仍被广泛种植,明末传入中国的玉米、甘薯、马铃薯等耐旱的作物在土地贫瘠的地区也很快得到推广;经济作物中茶叶、柑橘、桐油、苎麻、蚕桑等的种植都有不同程度的发展。手工业在清初的发展也较快,以纺织、制瓷、采矿最快。清代重庆商业的发展体现在城市商业和交通的发展。重庆地处长江上游航运的门户,凡是出入四川的货物,无不在此聚集、转口。雍正时,川粮是外运的第一大项。据学者统计,每年出川的粮米大约有150万石左右,重庆周围的津渡多系"米口",各地的粮食经过这些"米口"再转运中下游,而重庆成为"换船总运之所"。到乾嘉时,重庆已是"三江总汇,水陆冲衢,商贾云集,百货萃聚"之地。⑦ 货运的繁荣带动了重庆城市商业的发展,乾隆年间重庆城市商业已相当繁荣。《巴县志》记载,当时该县领帖牙行计

①康熙《四川总志》卷10《贡赋》。

②民国《江津县志》卷3《前事志》。

③嘉庆《四川通志》卷116《职官》。

④康熙《四川总志》卷6《贡赋》。

⑤蓝勇、杨光华、曾小勇、李世平编著:《巴渝历史沿革》,重庆出版社,2004年,第113页。

⑥周勇主编:《重庆通史》(第一册),重庆出版社,2002年,第198页。

⑦乾隆《巴县志》卷3。

有150余家，“十倍他邑”。重庆为山水之城，陆路自古就有“蜀道难，难于上青天”的说法，因而水路交通在山城重庆占有十分重要的位置。清代四川的水路主要为峡路，称作东水路，自古就是出入四川的主要交通路线，清代的这条水路比以前更加繁忙。由于出入三峡艰险异常，故清代设立了救生红船制度，当时的救生红船约为40多只。[①] 陆路受地形所限发展缓慢，但是成都和重庆之间的陆路发展较快，有多条陆路连接。作为多条交通路线的终点或转运地，重庆舟船聚集，因水而起，商旅众多，因商而富，故有“万商之城”的称号。

重庆的文化进步主要表现在教育和科举方面。清代除了官办的府、州、县学外，也鼓励民间办学。当时重庆府的书院较多，著名的有东川书院、江津书院、铜梁巴川书院、长寿凤山书院、合州合宗书院等，仅巴县就有书院12所。这些书院、私学都是以培养科举人才为主，因而清代的巴渝地区所出进士较多，在四川740名进士中，重庆地区占有179人，占总数的24%，[②]其中重庆府最多为138人，在整个四川省是排在首位的。因此，重庆被列为四川教育发达地区，也是西南教育发达地区。

①蓝勇：《清代长江上游救生红船制度初探》，《中国社会经济史研究》，1995年第4期。

②蓝勇：《西南历史文化地理》，西南师范大学出版社，1997年，第121页。

综上而言，长安在唐代虽盛极一时，但其繁荣背后却显露出衰落的端倪。追其原因，首先，随着农业的发展，可种植的土地面积日益狭小。古代农业的发展不注重生态平衡，哪里最先发展哪里也最先遭到破坏。随着关中经济的加快发展，大量森林植被遭到破坏，一方面造成生态失衡，自然灾害接连不断；另一方面也造成土壤的涵养性不足，水源枯竭。如欧阳修在《新唐书·食货志》中所说："唐都长安，而关中号称沃野，然其上地狭。"其次，气候环境逐渐恶化。唐前中期关中气候比较温暖湿润，据蓝勇在《唐代气候变化与唐代历史兴衰》一文中考证，"唐代在中国两千年的历史上属于温暖湿润的时期是可信的"，此后气候总趋势以寒冷型为主，①明清时期更为干燥、寒冷，被称为"现代小冰期"，②这都深深地影响了长安经济政治的发展。再次，长安位于陕西省中部，与江淮交通受自然条件影响较大。唐时关中粮食紧缺，全部通过漕运到达长安，前期来自关东还可勉强供给，但后期来自江淮显得较为困难，若遇战事，几近断绝，以致唐朝出现多位"逐粮天子"，此种状况对于长安的发展依然是一个很大的制约因素。最后，长安自"安史之乱"后历经战事，在至清的这一千多年中，常常沦为战场。因此，长安在"天灾"和"人祸"的共同作用下衰落了。

成都的发展并没有像西安那样经历巨大的变化。唐宋的成都经历了经济文化的高度繁荣，唐代把蜀地作为"朝廷大后方"。③ 前期凭借其优越的自然条件和良好的经济基础，成为长安的经济支柱，即便在著名的"贞观之治"时也曾"开斜谷水路，运米以至京师"。④ "安史之乱"后，蜀中被称为朝廷"外府"⑤，除了继续承担长安的经济来源任务外，还成为战时的"陪都"。玄宗奔蜀，大批士人也避乱成都，有所谓"二十一家同入蜀"之记载。⑥ 僖宗入蜀后至于五代，长安的文化精英再次大规模迁入成都，包括诗人、画家和大批的僧

---

①［美］布雷特·辛斯基著，蓝勇、刘建等译：《气候变迁与中国历史》，《中国历史地理论丛》，2003年6月。

②朱士光、王元林、呼林贵：《历史时期关中地区气候变化的初步探究》，《第四纪研究》，1998年第1期。

③蓝勇：《唐代长江上游地域空间的三大地位》，收入李孝聪《唐代地域结构与运作空间》(上海辞书出版社，2003年)。

④(北宋)王钦若等：《册府元龟》卷498《漕运》。

⑤(北宋)宋祁、欧阳修等：《新唐书》卷144《崔宁传》。

⑥(清)仇兆鳌辑：《杜诗详注》卷14《三绝句之二》。

人。他们带来高度发达的长安文化，促进了成都文化的繁荣，也为蜀地积累了丰厚的文化底蕴，使得成都在宋代成为全国文化最发达的地区之一。“两宋时文人之盛，莫盛于蜀”。[①]《宋史》卷89《地理志》中说：“四川‘声教攸暨，文学之士，彬彬辈出焉’。”元明清时期战争频发，使成都连遭重创，同时，由于国家政治经济中心东迁南移，成都远离政治经济中心，失去了区位优势，经济、政治和文化方面都大不如前，但仍不失为西南地区的重镇。

重庆由唐至清的发展总趋势为上升态势。唐代的渝州已有初步发展，但是和其他地区比还是很落后，而且还是犯人的谪贬之地，属于下州，与成都相比反差甚大。[②] 南宋定都临安，政治中心向东南迁移，再加之北方战乱，巴蜀地区既作为抗蒙（元）的主战场又作为朝廷的经济来源，地位显得尤为重要，与东南只能通过峡路和嘉陵江水道相连，因此，位于两条水道交汇处的重庆才发展起来，形成城内“六街三市”，城外“舟楫旁午”的繁荣景象，而此时的巴县也升为上县。[③] 但是与处于高度繁荣的成都相比，重庆还是有一定差距的，“比东西川十不及一二，士之仕者率不愿往”。[④] 重庆地区真正的发展是在元明清时期，尤以清朝发

①（清）彭端叔：《白鹤堂文集·唐子西先行文集序》。

②蓝勇：《深谷回音——三峡经济开发的历史反思》，西南师范大学出版社，1994年，第105页。

③蓝勇：《唐宋西南地区城镇分布演变研究》，《中国历史地理论丛》，1993年第4期。

④（南宋）度正：《性善堂稿》卷6。

长安在唐代虽盛极一时，但其繁荣背后却显露出衰落的端倪。

成都的发展并没有像西安那样经历巨大的变化。唐宋的成都经历了经济文化的高度繁荣，唐代把蜀地作为“朝廷大后方”。

元明清时期战争频发，使成都连遭重创，同时，由于国家政治经济中心东迁南移，成都远离政治经济中心，失去了区位优势，经济、政治和文化方面都大不如前，但仍不失为西南地区的重镇。

重庆由唐至清的发展总趋势为上升态势。

展最快，雍正年间就是“兵民聚处，户口实繁”之地；[①]乾隆时形成“商贾云集，百物萃聚”的转口型贸易城市。[②] 近代重庆的发展速度更快，尤其在开埠以后成为西南地区最大的对外通商口岸，“商业之盛，甲于全川”。[③]

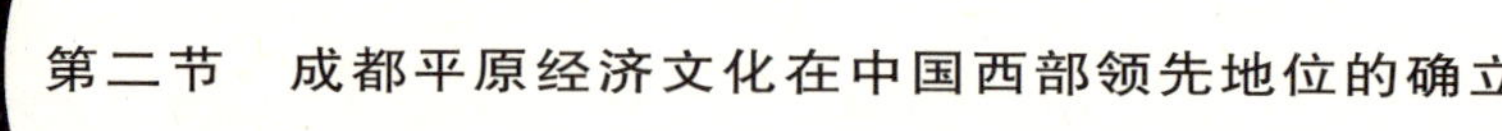

第二节 成都平原经济文化在中国西部领先地位的确立

(一)成都平原领先地位下的三地政治格局

1.控御“西南夷”的前方阵地

翻开历史的长卷，可以看到中国古代政治地理的一个基本格局，那就是在相当长的时期内，汉族或以汉族为主体建立的内地政权(或中央政权)与少数民族建立的边区政权(或地方政权)对峙并立。唐朝前期，吐蕃、南诏先后兴起并不断扩张，吐蕃谋取青海、川西、滇西高原的诸羌、诸蛮之地，南诏有志于向云贵高原东部和川南拓展，都与唐朝发生利益冲突。以成都为中心的剑南西川，成为唐王朝“西抗吐蕃、南抚蛮僚”[④]的前沿阵地，并与关陇地区的攻防形势紧密相关。

唐朝建立伊始，便重视经营西南边疆地区，而且进展比较顺利。其一，加强军政机构的建设。武德年间在成都设益州总管府，后改为大都督府，集中掌握军政大权。开元年间又在成都设置剑南节度使，肩负控御西南边陲的重任。其二，军队布防突出重点。剑南13个军府的府兵大多部署于西部一线，边防军——军镇集中于缘边地区，镇防团结兵——民兵亦多设于缘边的黎、雅、邛、翼、茂诸州。其三，实行特殊的民族政策。在少数民族地区先后设置了不少正州和羁縻州，又建立松、茂、雅、黎、嶲、戎、泸、姚等都督府，作为前哨，并管辖羁縻州。羁縻府州用各民族的首领管理地方事务，有利于保持地方的稳定。其四，积极与吐蕃、诸羌展开军事斗争。武德年间窦轨镇蜀期间，曾经西御党项、吐蕃。武德六年(623年)，白兰、白狗羌人归附，“以白狗羌等地置维、恭二州”。贞观十二年(638年)，松赞干布发兵攻打吐谷

---

①《雍正朱批御旨》第八函第一册，五年十二月十三日。

②(清)乾隆《巴县志》卷3。

③周询:《蜀海丛谈》卷1。

④(唐)杜佑:《通典》卷172《州郡工》，中华书局，1988年，第4482页。

浑，又攻破党项、白兰诸羌，率二十余万人，进据松州（治今松潘）西境。松州唐军战败后，西山（成都西边岷山、邛崃山及其迤西）诸羌纷纷背唐而归附吐蕃，成都西边的屏障有被冲破的危险。唐太宗明辨形势，立即发兵救援，在松州城下打败吐蕃军，迫使吐蕃撤离，终于缓解了剑南道西北的紧张局势。不久，松赞干布与文成公主和亲，唐蕃军事上的紧张关系一度缓和下来。

松赞干布去世以后，西南地区的局势发生了很大的变化。高宗龙朔三年（663 年），吐蕃灭吐谷浑，夺取了青海地区的控制权，这成为唐蕃双方势力消长的关键，①因为吐蕃既得青海，北可窥河陇、西域，南可略川西、滇西。乾封二年（667 年），吐蕃夺取剑南松、茂二都督府所领的 12 个“生羌”羁縻州，咸亨元年（670 年），又出兵进攻西域地区。为反制吐蕃，唐高宗命薛仁贵领军远征吐蕃都城，结果薛仁贵军大败于大非川（今青海共和县西南），吐谷浑地尽没于吐蕃。此后，吐蕃在北线与唐朝争夺西域四镇，在东线接连进攻剑南所属诸羌地区，并向滇西北诸“蛮”地区扩张，于 678 年攻占滇西洱海一带。吐蕃的目标是要控制或统一诸羌、诸蛮地区。唐廷于剑南筑安戎城（今马尔康东南），欲断吐蕃通诸“蛮”之路。吐蕃以“生羌”为向导，攻拔安戎城，并迫使滇西北的乌蛮、白蛮等部族降附。702 年，唐茂州（治今茂县）都督打败进犯悉州（今松潘西南）的吐蕃军，方大体上稳定了西山战局。但次年吐蕃又

①张云：《吐蕃王朝扩张策略之分析》，《中国藏学》，2007 年第 2 期。

引兵南下，征服嶲州（治今西昌）境内的“西蛮”诸部，将势力扩展至剑南道西南部。总的来看，自唐高宗至睿宗，吐蕃在剑南地区的攻势比较凌厉，唐朝势力在西山地区大体上龟缩在岷江上游的松、茂、维（治今理县薛城镇）诸州；在今川西南地区，基本上退至安宁河一带。

唐玄宗即位之后，加强了剑南道的军事力量，开元七年（719 年）置剑南节度使，“西抗吐蕃，南抚蛮僚”，[①]逐渐由单纯防御转为主动进攻。[②] 在西山方面，开元四年击退吐蕃对松州的进攻，并于开元二十八年收复安戎城，控制了西通大金川上游的交通要路，天宝八载（749 年）夺回大金川上游的西山八国。在西南的嶲州方向，开元十七年攻拔吐蕃占据的昆明城及盐城。这段时间，唐与吐蕃在争夺西域四镇的较量中也取得优势，而这种优势的取得与剑南方面分散吐蕃力量有一定关系。天宝十四载（755 年）“安史之乱”爆发前，吐蕃八万兵马分兵六道向西山地区进攻，也被唐军击败。

就在“西抗吐蕃”形势有利的时候，南诏与唐朝发生了激烈冲突。唐初，朝廷以剑南道的嶲州、戎州、郎州为基地，积极经营云南地区。首先修复隋朝时遭破坏的与西爨的关系，以西爨首领为昆州刺史，将滇池附近部分地区置于控制之下。武德元年置南宁州（后改为郎州，治今曲靖北）、戎州，武德四年置姚州（今姚安）。这样，唐朝势力扩展至滇东北、滇中、滇西等地。贞观二十二年（648 年），为打通“通西洱、天竺之道”，唐朝发巴蜀十三州兵击败“暂降复叛”的松外蛮，然后出奇兵从嶲州走间道至西洱河，洱海附近诸蛮表示愿意归附。永徽二年（651 年）、三年（652 年），唐军大败郎州白水蛮及西南蛮。显庆元年（656 年），洱海附近诸蛮正式归附。麟德元年（664 年），设立姚州都督府。这样，唐朝取得了对云南大部分地区的控制权。

大非川之战后，吐蕃加紧向川西、滇西北拓展，迫使西洱诸蛮降附，唐朝在川西、云南的统治遭到吐蕃的挑战。为了抵制吐蕃，唐朝扶植滇西地方势力，支持南诏攻击归降吐蕃的诸部而统一六诏。开元二十六年（738 年），唐朝封皮逻阁为云南王，恢复了对洱海周围地区的控制权，将吐蕃势力逐退至浪穹（今云南洱源）一带。但是，南诏统一后，“日以骄大”，借奉命平定东爨白蛮反叛之机兼并了滇东一带，与中央政权产生了利益冲突，“唐朝对南诏的

① （唐）杜佑：《通典》卷 172《州郡二》，中华书局，1988 年，第 4482 页。

② 李敬洵：《四川通史》（第三册），四川大学出版社，1993 年，第 159 页。

政策从扶植和依靠，转变为抑制甚至寻隙打击”。[1] 天宝年间，杨国忠为了取宠固位，使人骚扰南诏，致其反叛，然后派兵镇压获取“边功”，致使冲突扩大，南诏与唐朝之间关系破裂，发生“天宝战争”。天宝九年（750年），阁罗凤以受到欺凌为名，遣军攻占姚州，夺取姚州都督府所辖32个羁縻州。天宝十年（751年），唐玄宗命剑南节度使鲜于仲通领兵8万讨伐南诏，直逼西洱河（洱海），但被南诏与吐蕃联军打败。大宝十三年（754年），杨国忠奏请玄宗再派剑南节度留后李宓领兵7万攻南诏，但全军覆没。

天宝战争期间，南诏与吐蕃结盟，从西北、西南两方面对唐朝构成严重威胁。“四川就成为屏障西南，牵制西北的战略要地”，[2]成都成为前方阵地。正在关键时刻，唐朝内部爆发了“安史之乱”。唐朝从河西陇右抽调大批精锐部队到内地平叛，致使边防空虚，于是吐蕃乘机扩张，一方面攻占河西、陇右诸州，骚扰关中，一方面与南诏联兵，掠取剑南诸地。唐朝为确保西南安全，在嶲州和西山两个战场上，与吐蕃、南诏展开了长期的争夺战。根据研究，唐朝在四川地区前前后后设立的大小军镇有187处，其中175处在剑南西川，设立时间集中在唐中后期，由西山到嶲州围绕成都形成了半月形结构，分布于西山道、清溪路等交通线附近及险要地方。[3]

唐朝在四川地区前前后后设立的大小军镇有187处，其中175处在剑南西川，设立时间集中在唐中后期，由西山到嶲州围绕成都形成了半月形结构，分布于西山道、清溪路等交通线附近及险要地方。

---

①方铁：《论南诏不是国家级政权》，《云南师范大学学报》，2004年第5期。

②梁中效：《唐代四川的区位优势》，《成都大学学报》，2000年第1期。

③王现平：《唐代四川军镇地理考》（西南大学硕士学位论文，2009年）。

肃宗至德元年(756年)、二年(757年),南诏与吐蕃联兵攻占嶲州、会同(今会理),并占据清溪关,将唐朝势力逼退到大渡河一带的黎州(今汉源)。此后一段时间,南诏暂缓与唐朝的军事冲突,集中精力开拓西部和西南部地区,而吐蕃则继续进攻剑南西山地区。

代宗广德元年(763年),“安史之乱”刚结束,唐朝又遭遇了一次严重的危机。吐蕃以吐谷浑、党项羌之众20余万入大震关(今陕西陇县西),夺取河西、陇右诸州,进逼京畿。同时,在南线对西川也发起辅助攻势。剑南西川节度使高适“练兵于蜀,临吐蕃南境以牵制之”,①有配合关中、保卫长安的计划。但是,由于剑南道在几年前已被分为东、西两川,致使力量分散,再加上东川方面不支持配合,致使高适“师出无功”,松、维、保等州相继被攻陷,剑南西山诸州之地入于吐蕃。② 剑南不能牵制吐蕃,也使关陇形势更加险恶,最后长安失陷,唐代宗逃奔陕州。

面对吐蕃的威胁,为保长安、成都,唐朝确立了以西北防御为主、以剑南防御为辅的互相配合的战略。广德二年(763年),朝廷重新启用郭子仪挑起保卫西北的重担。将剑南东、西两川合为一道,再拜严武为成都尹,充剑南节度使,以集中力量加强指挥。严武入蜀后立即组织反击,破吐蕃7万人,攻拔当狗、盐川二城(在维州境内)。同时派汉州刺史崔宁出西山,攻拔望汉城,“拓地数百里”,阻滞了吐蕃的继续深入。

继严武之后,西川节度使崔宁任职蜀中十四年,虽然近乎半割据状态,但始终都与吐蕃争夺西山。大历十一年(776年),唐朝破吐蕃故洪等四节度及突厥、吐浑、氏、蛮、羌、党项等20余万人。次年,又破吐蕃于望汉城,败其西山三路及邛南兵10万。山南西道节度使也在岷州打败吐蕃军。

大历十四年(779年),吐蕃与南诏联合,对西川展开了新一轮的大规模进攻,20万人马兵分三路:一路攻利州,企图阻止关中唐军的增援;一路由茂州攻汶川,直取成都;一路由嶲州叩邛崃关北攻。吐蕃首领扬言,“吾要蜀川为东府”。③ 若蜀川真成为吐蕃的“东府”,关中必将面临军事上和经济上的窘困,于是朝廷急调东川、山南军参战,又从关陇等地发禁军和镇兵入蜀救

---

①(后晋)刘昫:《旧唐书》卷111《高适传》。

②佘正松:《驱传及远蕃,忧思郁难排——对高适为官西川及其诗作的评价》,《天府新论》,1987年第3期。

③(后晋)刘昫:《旧唐书》卷117《崔宁传》。

援。在西山一路，唐军击溃吐蕃，连克维、茂二州的一些地方；嶲州一路，李晟追击至大渡河外，吐蕃、南诏军人因饥寒或陨于崖谷而死者八九万人。这次战役，虽未从根本上扭转剑南战局，吐蕃仍占据着剑南西山和嶲州，“但此后吐蕃与南诏因此役失败，发生了严重的矛盾”。①

德宗贞元元年(785年)，朝廷以韦皋任剑南西川节度使。其时，南诏苦于吐蕃的需索，谋求唐朝的赏赐，有意弃蕃归唐。唐朝制定了“北和回纥，南通云南，西结大食、天竺”以应对吐蕃的战略，亦欲“招云南”、“断吐蕃之右臂”。② 韦皋入蜀后，总结了过去对少数民族一味进行镇压的教训，根据当时的具体情况，不失时机地利用南诏、吐蕃以及其他少数民族之间貌合神离的内在矛盾，采取了招抚为主，用武为辅，争取各民族以孤立顽抗的吐蕃贵族的策略。③ 从贞元三年(787年)开始，接连致书南诏，进行招抚。贞元十年(794年)，南诏与韦皋使者正式达成归唐协议，结束了与吐蕃的联盟关系。韦皋修清溪道、石门道，招收南诏子弟在成都读书④，加强与云南的交通、经济文化联系。吐蕃失去南诏的配合，势力大为削弱。韦皋乘机接连出兵反击吐蕃，贞元五

①蒙默、刘琳等著:《四川古代史稿》，四川人民出版社，1989年，第207页。

②(北宋)司马光:《资治通鉴》卷233，贞元三年九月。

③罗进:《论韦皋镇蜀》，《遵义师范学院学报》，2004年第3期。

④(北宋)司马光:《资治通鉴》卷249，大中十三年。

年(789年)收复巂州,贞元八年(792年)又围攻维州。贞元九年,东女国和西山八国归附。贞元十年,南诏北击吐蕃神川,将吐蕃驱逐到金沙江以北。贞元十七年(801年),吐蕃攻打灵、朔一带,为纾解北边之患,韦皋兵分九路攻击西山吐蕃。这次大规模进攻是一次战略转折,自此以后,在剑南西川西边吐蕃与唐军的武装冲突逐渐平息。韦皋镇蜀前后21年,取得了对吐蕃战争的胜利,断了吐蕃的"右支",①造成了公元9世纪中叶吐蕃的衰落,导致了瓜、沙诸州的回归。②

宪宗以来,为了扭转剑南军人专权的局面,任用文臣出任剑南三川节度使,又削减军费,以弱蜀军。杜元颖担任西川节度使期间,放松边备,又搜刮军饷,致使蜀军脆弱不堪。正当蜀中军政不修之时,南诏不满足于朝廷的赏赐,为谋求更大的利益,伺机背唐而开衅,成为剑南西川的主要威胁。文宗大和三年(829年),南诏大举进攻西川。当时"西川的兵数多维持在3万上下",③又多老弱,分驻各地,抵挡不住南诏的进攻。于是,南诏军攻陷成都外郭,并寇东川。为保卫朝廷的"外府",朝廷急忙调发关中凤翔、河东太原兵赴西川救援,迫使南诏撤退。南诏大掠子女、百工及珍宝而去,"自成都以南,越巂以北八百里之间,民畜为空"。④

大和之役是继天宝之战后南诏与唐朝之间的第二次大战,给西川造成了惨重损失。大和四年,李德裕任剑南西川节度使,到任后立即整顿西川防务:修建筹边楼,绘制地图,作为筹划南诏、吐蕃两路防务的处所;在缘边险要之处修筑城塞,互为声援,使巂州、清溪关、黎州、雅州、邛崃关联为一线,形成防御吐蕃和南诏的坚固屏障;精简老弱,从北方招募军人充实蜀军,日益精练,提高军队的战斗力;从外地请良匠打造兵器;组织民兵谓之"雄边子弟"。经过精心治理,蜀中边防巩固,人心日渐稳定。南诏见无隙可乘,不敢轻举妄动,并于大和五年归还了约四千名被掳的蜀人。同时,吐蕃驻维州将领悉怛谋率部众归顺唐朝。维州是一个战略要地,维州的降服为瓦解吐蕃在西山地区的势力提供了机会,可惜朝中主政者拒绝接受维州归附,致使李

①(北宋)宋祁、欧阳修等:《新唐书》卷158《韦皋传》。

②王永兴:《论韦皋在唐和吐蕃、南诏关系中的作用》,《北京大学学报》,1988年第2期。

③贾志刚:《唐代剑南道军费刍议——以剑南西川为中心》,收入《魏晋南北朝隋唐史资料》(2002年,第180页)。

④(北宋)姚铉:《唐文粹》卷100《书田将军边事》,浙江人民出版社,1986年影印本。

德裕想从根本上解除吐蕃对唐边境威胁的宏图化为泡影。①

继李德裕之后，由于几任西川节度使仍然留心防务，迫使南诏不得不收敛侵扰西川的行为。到唐代晚期，西川兵备复弱，于是南诏在大举进攻安南的同时，又四犯西川：第一次在唐懿宗咸通二年（861 年），寇嶲州，攻邛崃关。第二次在咸通六年，攻入了嶲州。第三次在咸通十年（869 年），寇嶲州，陷嘉、黎、雅、邛等州，进围成都。正当西川形势危急的时候，朝廷征调了关中、东川的军队前来增援，成都百姓又奋勇抗击，“数千人争操芟刀、白棓以助官军，呼声震野”，②南诏被迫撤退。第四次是乾符元年（784 年），过大渡河，陷黎州，入邛崃关，攻雅州。朝廷急调河东、山南西道、东川兵救援西川，任命高骈为西川节度使，南诏遂引兵而去，高骈发兵追击至大渡河。高骈镇蜀期间，复修邛崃关、大渡河诸城栅，并筑城于马湖镇、沐源川，各置兵数千人驻守，又筑成都罗城，周围二十五里，加强了成都的防务，“自是蛮不复入寇”。③

回顾唐朝与吐蕃、南诏的斗争历史，可以看到，剑南与关陇的依存关系至为明显，剑南的军事活动牵制吐蕃在北方的活动，而关陇等地的军队也多次赴援西川，成都不论是从军事控制还是文化羁縻上来看，都是控御“西南夷”的核心区。

回顾唐朝与吐蕃、南诏的斗争历史，可以看到，剑南与关陇的依存关系至为明显，剑南的军事活动牵制吐蕃在北方的活动，而关陇等地的军队也多次赴援西川，成都不论是从军事控制还是文化羁縻上来看，都是控御“西南夷”的核心区。

---

①房锐：《李德裕在西川》，《乐山师范学院学报》，2001 年第 2 期；郑慧珍：《试论李德裕在四川的边防战略与治绩》，《南充师院学报》，1987 年第 2 期。

②（北宋）司马光：《资治通鉴》卷 252，咸通十一年二月。

③（北宋）司马光：《资治通鉴》卷 252，乾符二年正月。

2.幸蜀天府与战略后方

隋唐两朝均在关中立国，以成都平原为中心的蜀中是当时中国“西北核心块”的重要部分，具有不可替代的地位。建都于关中的政权非常重视蜀中，因为“蜀土沃饶，人物殷阜，西通邛僰，南属荆巫”。[①] 蜀中与关中之间，虽然有秦岭、大巴山阻隔，但自古以来即有道路勾连。从地缘关系看来，“唐都关中，蜀近在户限之外”。[②] 成都不仅是西南地区的大镇，也是天下名镇，曾经担任过宰相的武元衡说：“时号扬、益，俱曰重藩，左右皇都。”[③]诚如学者所言，蜀中能作为朝廷的战略后方，主要有三个因素：一个是成都平原开发较早，气候适宜，经济较发达；一个是从区位上讲，与核心区关中平原最为近便；一个是从地貌上讲，四川盆地十分封闭，在传统的冷兵器时代易守难攻的地理区域往往成为最好的避乱地方。[④]

隋朝建立后，对曾经发生过动乱的蜀中非常在意，隋文帝命其四子蜀王杨秀镇守成都前后二十余年；又在成都设置西南道行台尚书省，主持西南地区的军事。

隋末天下动乱，群雄四起。617年，李渊从山西晋阳(今太原)起兵，南下关中，攻占长安。当时，北边山西的局势并未完全稳定，而陇西、荆湖的割据势力又有吞并巴蜀之心。为了防止这些势力向蜀中发展，给关中造成威胁，同时也为了夺取蜀中财富，支持关中，李渊集团迅速做出决策，先后派李孝恭、詹俊等南下经略巴蜀地区。蜀中各地郡县长官、豪族大姓、氐羌酋帅，纷纷接受招抚，归附新王朝，巴蜀便成为唐朝开国之初面积最大而又最稳定的一个区域。唐朝在成都设立益州总管府，在奉节设立信州(后改为夔州)总管府(后总管府改为都督府)，又在成都设益州道行台尚书省，作为控制巴蜀乃至西南地区的枢纽。唐太宗即位，统一战争基本结束后，嘉陵江以东的都督府相继撤销，嘉陵江以西的剑南道因为地当边陲，仍置益州大都督府。高宗、武后时期，朝廷吏治出现偏差，蜀中官员往往贪暴，百姓不堪忍受，多逃离本土，社会秩序不太安稳。到唐睿宗时，朝廷多留意剑南地区官员的选用，派毕构为益州大都督府长史，兼剑南道按察使，吏治始有好转。玄宗开元

---

①(唐)魏征等:《隋书》卷39《于宣敏传》。

②赵炳清:《〈蜀鉴〉标注》卷7,国家图书馆出版社,2010年,第166页。

③(唐)武元衡:《奉酬淮南中书相公见寄并序》,《全唐诗》卷317。

④蓝勇:《唐代长江上游地域空间的三大地位》,收入李孝聪主编《唐代地域结构与运作空间》(上海辞书出版社,2003年,第140、144页)。

年间，以廉洁能干的大臣入蜀主政，地方政治又变得清明起来。①

“安史之乱”以后，全国不少地方出现藩镇割据的局面。蜀中虽未陷入藩镇长期割据状态，但是也一度出现过军人专权的现象。在其他地方处于半独立状态，不太服从中央命令的情况下，朝廷自然不敢放松对“近在户限之外”的蜀中的控制，宪宗元和二年(807 年)以宰相武元衡出任西川节度使，此后西川节度使基本上由重臣、贵戚担任。卢求说，“故非上将贤相，殊勋重德，望实为人所归伏者，则不得居此”，②唐宪宗也说，西川为“全蜀重地，数十年间，硕德名臣，方可寄任”。③ 因此，唐后期的宰相也主要是从三川节度使和淮南节度使中遴选。据统计，自宪宗元和元年(806 年)至僖宗乾符六年(879 年)，在担任三川节度使的 93 人中，先后有 40 人成为宰相。故时人评论说“西川乃宰相回翔之地”。④

中央政府重视蜀中，是因为在历史和现实中，蜀中确实发挥过或正在发挥其独特的战略作用。除了前述在抗御吐蕃、南诏侵扰方面，与关陇互相支持配合的事实外，隋唐开国之际，蜀中即以其丰富的人力、物力资源和高居长江上游的地理优势，支持了统一战争。589 年，隋朝

中央政府重视蜀中，是因为在历史和现实中，蜀中确实发挥过或正在发挥其独特的战略作用。除了前述在抗御吐蕃、南诏侵扰方面，与关陇互相支持配合的事实外，隋唐开国之际，蜀中即以其丰富的人力、物力资源和高居长江上游的地理优势，支持了统一战争。

---

①李敬洵:《四川通史》(第三册)，四川大学出版社，1993 年，第 45 页。

②(唐)卢求:《成都记·序》,《全唐文》卷 744，中华书局，1982 年，第 7703 页。

③(北宋)王谠:《唐语林》卷 1《政事上》，文渊阁《四库全书》本。

④(北宋)司马光:《资治通鉴》卷 237，元和二年十月。

向南方的陈朝发动总攻。此前,杨素任信州总管,已在永安(今奉节)打造战舰,训练水军。灭陈战役开始后,杨素率舟师,下三峡,攻击陈朝上游地区,威胁其中下游地区,一路破关斩将,“于是巴陵以西无复城守者”。唐初,巴蜀军队直接参加了平定薛举、王世充、窦建德、萧铣等势力的战争。武德元年(618年),蜀军西讨薛举,武都、临洮等五郡相继降唐,迫使薛举放弃天水,悬师东进关中,以求一逞。是年八月,薛举卒,薛仁杲被擒。武德四年(621年)四月,当李世民率领的军队与王世充、窦建德的军队酣战之际,“益州行台左仆射窦轨帅巴蜀兵来会秦王,击王世充”,①对战役胜利起了一定的作用。是年九月,巴蜀兵又参加了对江陵萧铣的作战。史载:“诏发巴蜀兵,以赵郡王孝恭为荆湘道行军总管,李靖摄行军长史,统十二总管,自夔州顺流东下;以卢江王瑗为荆湘道行军元帅;黔州刺史田世康出辰州道;黄州总管周法明出夏口道,以击萧铣。是月孝恭发夔州,时峡江方涨,诸将请俟水落进军。李靖曰:兵贵神速,今吾兵始集,铣尚未知,若乘江涨,倏忽抵其城下,掩其不备,此必成擒,不可失也。孝恭从之。”②结果,唐军一举平定荆湘。

蜀中的贡献不仅限于出兵出力参与统一战争,它长期向关中和其他地区输送财富,其意义已经超出经济的范围。可以说,蜀中经济为国家的稳定做出了突出的贡献,是关中政权的支柱。③ 唐初,“时天下饥乱,唯蜀中丰静”,④朝廷无力赈济京城周围的饥民,令饥民由“下官部领,就食剑南诸郡”。⑤ 武德二年(619年)闰二月,“太府少卿李袭誉运剑南之米以实京师”。以后,政府常常组织运输剑南粮食救济关中。太宗贞观“二十二年(648年)七月,开斜谷道水路,运米以至京师”。⑥ 高宗初期,关中水旱灾害频发,经济状况堪忧,百姓饥乏,京城供给面临很大困难。朝廷一面令百姓“任往诸州逐食”,一面从江南、剑南转运粮食,“咸亨元年(670年)十一月乙卯,运剑南义仓米百万石救饥人”。⑦ 除了以粮食接济关中外,唐前期蜀中还担负着向

---

①(北宋)司马光:《资治通鉴》卷189,武德四年四月。

②(北宋)司马光:《资治通鉴》卷189,武德四年九月。

③赵文润:《唐代前期关中与蜀中经济的比较研究》,收入《古代长江上游的经济开发》(西南师范大学出版社,1989年,第48页)。

④(唐)慧立、彦悰:《大慈恩寺三藏法师传》卷1,中华书局,1983年,第7页。

⑤(北宋)王钦若等:《册府元龟》卷486《迁徙》,中华书局,1960年,第5820页。

⑥(北宋)王钦若等:《册府元龟》卷498《漕运》,中华书局,1960年,第5966页。

⑦(南宋)王应麟:《玉海》卷184《唐社仓义仓》,文化书局,1977年,第3478页。

其他地区提供财富的重任。武则天时期的大诗人陈子昂说:“国家富有巴蜀,是天府之藏,自陇右及河西诸州,军国所资,邮驿所给,商旅莫不皆取于蜀。又京都府库岁月珍贡,尚在其外,此诚蜀国之珍府。”“蜀为西南一都会,国家之宝库,天下珍货聚出其中,又人富粟多,顺江而下,可以兼济中国。”①陈子昂是蜀人,所述情况应该是符合实际的。这表明,在唐朝前期,蜀中人民用他们的经济成果,支援了关中、陇右、河西等地,为这些地方的稳定、发展发挥了作用。

“安史之乱”后,受藩镇割据影响,中央政权面临着更加严峻的经济形势。蜀中成为支撑朝廷、维护关中的重要财富来源地之一。广德元年(762 年),阅历丰富的大诗人杜甫就说:“河南、河北贡赋未入,江淮转输异于曩时,唯独剑南,自用兵以来,税敛则殷,部领不绝,琼林诸库,仰给最多。是蜀之土地膏腴,物产繁富,足以供王命也。”②西川在唐后期的大部分时间里,都履行向朝廷上缴赋税的义务,只有崔宁担任西川节度使的十四年间(代宗大历二年至十四年,即 767 年～779 年)“贡赋不入”。这是一个例外,却以非常方式再次显示了蜀中的政治经济地位。正如宰相杨炎所说:“蜀川天下奥壤,自宁擅置其中,朝廷失其外府十四年矣。”③

蜀中的贡献不仅限于出兵出力参与统一战争,它长期向关中和其他地区输送财富,其意义已经超出经济的范围。

“安史之乱”后,受藩镇割据影响,中央政权面临着更加严峻的经济形势。蜀中成为支撑朝廷、维护关中的重要财富来源地之一。

①(唐)陈子昂:《陈拾遗集》卷 8《上蜀中军事》、卷 9《谏雅州讨生羌书》,文渊阁《四库全书》本。

②(清)仇兆鳌辑:《杜诗详注》卷 25《为阆州王使君进论巴蜀安危表》,中华书局,1979 年,第 2193 页。

③(后晋)刘昫:《旧唐书》卷 117《崔宁传》。

唐代蜀中作为朝廷的大后方，其作用更在于当关中政治核心区受到动乱影响、中央政府受到威胁时，蜀中成为避乱的重要基地，支持着摇摇欲坠的朝廷。

天宝十四载(755 年)，“安史之乱”爆发。次年六月，潼关失守，长安危在旦夕。玄宗急忙召集大臣商议对策，杨国忠“首唱幸蜀之策”，得到玄宗认同。“幸蜀”不便于组织军民平叛，但可保朝廷眼前的安全，不失为一种较好的选择。临行前，玄宗下诏向官员、百姓宣布要“亲征”，夜里却带着贵妃、皇子、侍从离开长安。到达马嵬驿(今兴平县西)时，随从护驾的禁军将士心有怨气，乱刀砍死祸国殃民的杨国忠，逼唐玄宗忍痛割爱，让杨贵妃自缢。随从人员再议去向，或请去河、陇，或请去太原、灵武，或言回京师。高力士对玄宗说：“剑南虽窄，土富人繁，表里江山，内外险固……蜀道可行。”①最后，玄宗决定仍然按计划入蜀。但是，太子李亨决定留在北方组织官民反击叛军收复失地，遂与玄宗分道扬镳，北上灵武。玄宗行至扶风，一些军人满腹牢骚想离开，正在一筹莫展之际，恰好成都上贡的十万匹春彩(绢帛类)运到，玄宗将春彩陈于庭中，集合将士，流泪自责，并让不愿随行的人员分取春彩作为回家的盘缠，众将士顿生同情怜悯之心，表示愿意跟从，不敢有二心，方才使人心稳定下来。行至河池，剑南节度副大使崔圆上奏称“蜀土腴谷羡，储供易办”，②让玄宗感动得流泪。七月，玄宗到普安郡(剑州)，下罪己诏，并宣布：太子亨为天下兵马大元帅，领朔方、河东、河北、平卢节度都使，负责收复长安、洛阳；以永王李璘为山南东道、岭南、黔中、江南西道节度都使；以盛王李琦为广陵大都督，领江南东路及淮南、河南等道节度都使；以丰王李珙为武盛大都督，并领河西、陇右、安西、北庭节

(唐)李昭道《明皇幸蜀图》

①(北宋)司马光：《资治通鉴》第 218 卷，至德元载六月，考异引《幸蜀记》。
②(北宋)宋祁、欧阳修等：《新唐书》卷 140《崔圆传》。

度都使。这样的部署，显然是要分割太子的兵权，不想让太子成为首领。但是，在此之前数日，太子已在灵武接受群臣劝进即皇帝位，尊玄宗为“上皇天帝”。玄宗一行千余人到成都不久，肃宗的使者也来到成都报告情况，无奈之余，玄宗只好下诏传位。玄宗在成都住了十四个月，到至德二年（757 年）两京光复后，回到长安。

德宗建中四年（783 年）八月，泾原兵被征调前往河南平定李希烈的叛乱，路过长安时，因嫌赏赐犒劳不周，发动兵变，冲进京城，直逼宫门。德宗令禁军出来平乱，但没想到禁军多是吃空饷的，到用兵之时，根本无人前来。情急之下，德宗只好从宫城后门逃走，直奔奉天（今陕西乾县）。兴元元年（784 年）二月，鉴于局势不稳，德宗又率领大臣转移到梁州（今汉中），为的是可以“倚剑蜀为根本”。[①] 后来，叛首朱泚兵败，被部下刺死。七月，在外流亡数月的德宗才回到长安。

唐朝末期，社会矛盾激化，乾符元年（784 年）终于爆发了黄巢起义。义军由中原转战到两浙、闽广，广明元年（880 年）又挥师北上。九月，义军渡过淮河，分路出击。义军攻克东都洛阳后，准备西攻长安，引起朝廷一片惊慌。唐僖宗召见宰相和大宦官田令孜商议对策，有人提出调关内镇兵和禁军扼守潼关，僖宗忧虑地说：侍卫将士，不习征战，恐怕不能倚靠。田令孜提醒大家：“昔安禄山构逆，玄宗幸蜀以避

①（北宋）宋祁、欧阳修等：《新唐书》卷 127《张嘉贞传》。

之。"[①]在此之前，田令孜已安排自己的心腹为剑南帅臣，有所准备，幸蜀之议得到大家赞同。十二月初，黄巢攻占潼关，率领大军奔向长安。僖宗接受百官早朝后，乘天色微明，带上几个亲王、嫔妃，由田令孜率五百名神策军扈从，仓皇出走。为了脱离险境，僖宗一路上昼夜不息，翻山越岭，经凤翔、兴元，奔往成都。广明二年正月将尽，僖宗终于到达成都，开始了长达四年之久的蜀中生活。蜀中再次成为朝廷和士庶的避难地，"诸道及四夷贡献不绝。蜀中府库充实，与京师无异，赏赐不乏，士卒欣悦"。[②] 僖宗人在成都，心里想着长安，封官许愿，调兵遣将，指挥镇压义军。郑畋以凤翔为大本营，阻遏义军西进，保卫了剑南的安全，"当时非畋扼贼之冲，褒蜀危矣"。[③] 剑南西川节度使陈敬瑄也曾派出一万七千多军人增援关中兴平(今陕西兴平)，多次击败义军，"蜀军也成为义军的一支劲敌"。[④] 中和四年(884 年)，黄巢起义失败。第二年三月，僖宗回到长安，改元光启，希望能够大启国运，可是唐朝的国运已快到尽头了。

有唐一代，蜀中与关中、成都与长安政治上的关联性确实非常强，尤其是蜀中的战略后方地位得到了充分显示。对此，不仅当时的人有评论，后人也有精辟的总结，"唐都长安，每有寇盗，辄为出奔之举，恃有蜀也。所以再奔再北而未至亡国，亦幸有蜀也。长安之地，天府四塞，譬如堂之有室，蜀以膏沃之土处其阃阈，譬如室之有奥，风雨晦明，有所依而蔽焉。盖秦汉以来，巴蜀为外府，而唐卒赖以不亡，斯其效矣"。[⑤]

3.宋金蒙战争中的川陕地位

南宋时期，川陕地区在全国政治军事格局中占据了重要地位。此地"东御陕、华，西极洮、岷，北临三秦，南压九江，表里山河，可战可守，乃天下之脊也"。[⑥] 无论是宋金战争，还是宋蒙战争，在相当长的时段里，双方都把对川陕的控制作为左右时局的关键，围绕该地区的争夺战几乎持续了整个南宋一朝，直至南宋灭亡数年以后，才最终尘埃落定。

①(北宋)司马光:《资治通鉴》卷 254，广明元年十一月。

②(北宋)司马光:《资治通鉴》卷 254，中和元年三月。

③(后晋)刘昫:《旧唐书》卷 178《郑畋传》。

④陈明光:《唐懿宗唐僖宗》，吉林文史出版社，1995 年，第 140 页。

⑤(明)丁慎行:《谷山笔麈》卷 12《形势》。

⑥(南宋)徐梦莘:《三朝北盟会编》卷 210，绍兴十二年八月十日。

南宋时期，在宋金、宋蒙的一系列战争中，川陕战区是全国主要的战区之一。北宋末期，关外金国兴起。金灭辽后迅速南下攻陷汴京，灭了国防虚弱的北宋。宋徽宗第九子赵构称帝，重建政权，史称南宋。南宋建立之初，金军继续展开军事行动，派娄室率部向西，势如破竹，先后攻陷了长安、凤翔、陕、华、陇、秦等府州，川陕大震。但此时金军主要进攻方向在江淮一面，对陕西地区属于剽掠性攻击，旋占旋弃。当时，南宋有识之士看到了川陕在宋金斗争中的重要战略地位，宰相张浚认为此地“前控六路之师，后据两川之粟，左通荆襄之财，右出秦陇之马”，[①]自请出使川陕，“谓中兴当自关陕始，虑金人或先入陕取蜀，则东南不可保，遂慷慨请行”。[②] 群臣也以为“将图恢复，必在川陕”。[③] 高宗对群臣关于川陕战略地位的看法深表赞同，任命张浚为川陕宣抚处置使，总揽当地军、政、财等大权，并许可先行后奏。如此大权在当时是独一无二的，可见从一开始南宋朝廷对川陕防务是非常重视的。[④]

金朝在东南的攻势受挫后，也迅速调整战略，把对南宋战争的重点由江淮转到川陕，企图从陕西入四川，再顺流而下灭南宋，遂决定派完颜宗辅（讹里朵）和完颜宗弼（兀术）率所部军马入陕。但是，金朝仍在东南不断发动猛

---

①（南宋）李心传：《建炎以来系年要录》卷 28，建炎三年十月戊戌。

②（元）脱脱：《宋史》卷 361《张浚传》。

③（元）脱脱：《宋史》卷 404《汪若海传》。

④何玉红：《“便宜行事”与中央集权——以南宋川陕宣抚处置司的运行为中心》，《四川大学学报》，2007 年第 4 期。

有唐一代，蜀中与关中、成都与长安政治上的关联性确实非常强，尤其是蜀中的战略后方地位得到了充分显示。

无论是宋金战争，还是宋蒙战争，在相当长的时段里，双方都把对川陕的控制作为左右时局的关键，围绕该地区的争夺战几乎持续了整个南宋一朝。

烈的攻势，迷惑南宋一方。张浚没有得到完颜宗辅和兀术率军入陕的情报，[①]对川陕形势估计不足，为缓解东南方面的军事压力，遂在陕西各路军队尚未准备就绪的情况下，决定与金军决战。建炎四年（1130 年）九月，张浚调集永兴军吴玠、环庆路赵哲、熙河路刘锡、秦凤路孙渥、泾原军刘琦五路（号称四十万）大军，与金军在富平（今陕西省富平县）展开大决战，赵哲在金将娄室所部骑兵的猛攻下弃军而逃，环庆路因无人指挥而溃散，牵动宋军各路兵马，金军乘势追杀月余，张浚仅带千余人逃往阆中，陕西五路失守，秦岭以北全部为金军占领。

宋军在富平之战的全线溃败，使南宋西部形势变得更为严峻，金军进窥蜀口，大有进占四川顺江灭宋之势。川陕宋军统帅张浚经此一役，迅速调整策略，一方面弃进攻而用防守，沿秦岭一线严防，"浚……退保兴州。命吴玠聚兵扼险于凤翔之和尚原、大散关，以断敌来路；关师古等聚熙河兵于岷州大潭，孙渥、贾世方等聚泾原、凤翔兵于阶、成、凤三州，以固蜀口"。[②] 一方面整饬军旅，"斩哲以徇"，又派其心腹幕僚刘子羽收拾散卒。"时敌骑四出，道阻不通，将士无所归，忽闻子羽在近，宣抚司留蜀口，乃各引所部来会，凡十数万人，军势复振。"[③]经过努力，稳住了川陕局势。

宋将吴玠奉命在大散关以东的和尚原建立寨堡，积粟练兵。其时，和尚原虽然孤悬于金军占领区，但得到当地百姓的支持，"百姓争相送粟，吴玠以银帛偿之，输者益众"，[④]金人虽严令而不能禁。和尚原成为金军南下四川的一大障碍，金军决意先攻取之。绍兴元年（1131 年）三月，金军进攻和尚原失败而还。五月，金军数万分兵两路夹击和尚原，被吴玠分头击败。十月，兀术亲率十万大军强攻和尚原，宋军扼守险要以强弓硬弩轮番射杀，又派人劫金军粮道。金军不能攻破宋军堡垒，损失较大，粮草不继，被迫撤军，途中又中埋伏，"伏发，众大乱。（宋军）纵兵夜击，大败之。兀术中流矢，仅以身免"，[⑤]"将士多战没"。[⑥] 和尚原之战，歼敌万人，缴获铠甲数万计，是宋军在西部战场获得的第一次大规模胜利，这对刚刚经历富平之战溃败的川陕宋

---

①王曾瑜：《宋金富平之战》，《中州学刊》，1983 年第 1 期。

②（元）脱脱：《宋史》卷 361《张浚传》。

③（南宋）李心传：《建炎以来系年要录》卷 39。

④（元）脱脱：《宋史》卷 366《吴玠传》。

⑤（元）脱脱：《宋史》卷 366《吴玠传》。

⑥（元）脱脱：《金史》卷 77《宗弼传》。

军来说，其意义是不可估量的，极大鼓舞了川陕宋军的士气。陆游曾作诗将其与东南战场的黄天荡战役相媲美："楼船夜雪瓜洲渡，铁马秋风大散关。"①

绍兴二年，金军卷土重来，绕开和尚原攻下金州（今陕西安康），直逼兴元府（今陕西汉中市）。兴元府主将刘子羽命田晟守饶风关，招吴玠入援，与金军大战于饶风关。由于叛徒出卖，饶风关失守，金军进占兴元。刘子羽、吴玠退守三泉县（今陕西宁强县），于潭毒山屯兵扼守米仓道，坚壁清野。金军虽然获胜，但千里奔袭粮草不继，又无从掠夺，只得退军。宋将刘子羽、吴玠从后掩击，将金军赶出陕南。

绍兴三年，吴玠、吴璘兄弟因粮草不济从和尚原退守仙人关（今甘肃省徽县东南）。此关西临嘉陵江，南接略阳北界，北有虞关紧接铁山栈道，是关中、天水进入汉中的要地，也是由陕入川的重要咽喉。吴玠在其右筑垒堡十余里，号杀金坪，互为犄角。次年二月，兀术率 10 万大军猛扑杀金坪，宋军在吴氏兄弟的指挥下再次大破兀术的重装士兵，金军退守凤翔。

同年，岳飞在中线战场收复了襄阳六郡。这样，宋金形成了沿秦岭—淮河一线对峙的局面。此后在孝宗时期的金主完颜亮南侵，宁宗时期的"开禧北伐"等宋金作战中，川陕地区都扮演着重要的角色。

自富平之战后的长时段里，川陕战区成为宋金对峙的主战场。宋金和议达成后，进入陕西的金军主力并没有撤走，而是屯驻了下来。

宋金形成了沿秦岭—淮河一线对峙的局面。此后在孝宗时期的金主完颜亮南侵，宁宗时期的"开禧北伐"等宋金作战中，川陕地区都扮演着重要的角色。

自富平之战后的长时段里，川陕战区成为宋金对峙的主战场。

---

①秦晖、韩敏、邵宏谟：《陕西通史·明清卷》，陕西师范大学出版社，1997 年，第 214 页。

南宋也在蜀口屯驻重兵，川陕大将吴玠、吴璘兄弟以及吴璘子吴挺、孙吴曦世掌大权，吴曦还官至太尉（武将最高荣誉），可见朝廷对川陕战区的重视。据考证，绍兴时期，南宋全国兵力共计30万，而川陕战区则驻兵多达10万之众。[①] 能够供给如此多的军费、夫役等项，与成都平原战略大后方的作用是分不开的。据考证，绍兴四年（1134年），四川总领所共收钱物3342万余缗，支出3394万余缗，而吴玠一军支出1955万缗。为了应付如此庞大的军费，四川政府在财经方面进行了一系列调整改革，酒税、茶税、盐税等项较北宋多了数倍以上。[②] 军粮和军用物资的筹集和运输成为了川陕人民的沉重负担，如四川安抚制置赵汝愚在奏折中所说，“成都一路，素号繁华，缘自军兴以来，困于支移折变，日朘月削，寖不可支”，[③]川陕人民为南宋政权的稳定做出了重大的贡献。

公元13世纪，在宋金渐渐衰弱之际，北方草原上的蒙古在成吉思汗的统领下迅速崛起，在逐渐消灭金朝的同时，也觊觎南宋的疆土和财富。原来川陕宋金对峙的格局悄然改变。当时，南宋朝中对于如何处理与金、蒙古的关系，意见分歧很大。乔行简认为，“强鞑渐兴，其势已足以亡金。昔吾仇也，今吾之蔽也。古人唇亡齿寒之辙可覆，宜姑与币，使得拒鞑”。[④] 但更多人则从眼前利益出发，认为应该趁机消灭金国一雪前耻，于是朝廷派使者与蒙古联系，约为同盟，并派兵与金军作战。绍定四年（1231年）三月，拖雷依照成吉思汗遗诏中的战略部署，“假道伐金、南北夹击”，“自凤翔渡渭水，过宝鸡，涉宋人之境，沿汉水而下。遣搠不罕诣宋假道，且约合兵。宋杀使者，拖雷大怒，乃分兵攻宋诸城堡，长驱入汉中，进袭四川，陷阆州，过南部而还”。[⑤] 这是蒙古军第一次突破宋军长期经营的川北门户。

宋蒙联军灭金后，双方对河南的归属做出约定，陈（今河南淮阳县）、蔡（今河南汝南县）及其西北之州归蒙古占领，以南地区归南宋占领。盟定后，双方军队后撤。但南宋急于收复北宋时的三京（汴京、洛阳、应天府），于端平元年（1234年）六月，贸然派赵葵、全子才分兵两路北上，占据汴京、洛阳。但此时的两京已经残破不堪，宋军孤军深入、粮草不济。蒙古得知消息后，

---

①徐规：《南宋绍兴十年前后“内外大军”人数考》，《杭州大学学报》，1978年第3期。

②何玉红：《南宋川陕战区军费的消耗与筹集》，《中国社会经济史研究》，2009年第1期。

③（南宋）赵汝愚：《论荐劾西蜀诸守令奏》，载（明）黄淮、杨士奇编《历代名臣奏议》卷169。

④（南宋）叶绍翁：《四朝闻见录》甲集《请斩乔相》。

⑤（明）宋濂：《元史》卷115《睿宗列传》。

立即出兵南下反攻，宋军大败，死伤数万。此役宋军元气大伤，且给了蒙古南下攻宋的借口，揭开了四十年宋蒙(元)战争的序幕。

蒙古灭金后，蒙古第二任大汗窝阔台就表示要南下攻宋："先皇帝肇开大业，垂四十年，今中原、西夏、高丽、回鹘诸国，皆已臣附。惟东南一隅，尚阻声教，朕欲躬行天讨。"[①]其时，两淮、荆襄一线宋军防御力量比较强，蒙古军队又不擅水战，故窝阔台把进攻的重点放在川陕战场，由陕入川，控制长江上游，再顺江而下，陷南宋政府于死地，这也是蒙古惯用的包抄战略。1235年，蒙古大举攻宋，西路由阔端率领，号称50万，由陕攻蜀。宋军曹友闻部在阳平关与蒙古军决战，全部战死。阳平关失守，通向四川内地的门户大开。蒙古深入四川各地抄掠，文献记载："端平乙未，虏侵汉、河。……屠成都，焚眉州，蹂践邓、蜀、彭、汉、简、池、永康，而西州之人十丧七八矣。毒重庆，下涪陵，扫荡忠、万、云安、梁山、开、达，而夔达之郡县仅存四五矣。"[②]"连兵入蜀，蜀人受祸惨重，死伤殆尽，千百不存一二，谋出峡以逃生。"[③]以后蒙古军又多次入川，大有出三峡而问鼎中游之势。

蒙古军在四川的抄掠和东出三峡的举动，引起南宋的警觉。南宋注意加强四川的防务，先后派彭大雅、孟珙、余玠入蜀主持川东或全川军政。余玠入蜀后，南宋朝廷鉴于西川多次

公元13世纪，在宋金渐渐衰弱之际，北方草原上的蒙古在成吉思汗的统领下迅速崛起，在逐渐消灭金朝的同时，也觊觎南宋的疆土和财富。原来川陕宋金对峙的格局悄然改变。

---

①(明)宋濂:《元史》卷119《塔思传》。

②(南宋)吴昌裔:《论救蜀四事疏》,《宋代蜀文辑存》卷84。

③(元)虞集:《道园学古录》卷20。

遭到摧残，成都无险可守，决定将四川制置司建于战略地位十分重要的重庆，自此以后重庆成为南宋在川陕地区的军政中心。为了防御蒙古骑兵的冲突，彭大雅在任时已开始修筑重庆城、合州钓鱼山城。余玠担任四川安抚制置使后，总结以前抗蒙战争的经验教训，采用冉琎、冉璞兄弟的计策，命令诸州据险建筑山城，“卒筑青居、大获、钓鱼、云顶、天生凡十余城，皆因山为垒，棋布星分，为诸郡治所，屯兵聚粮为必守计”，[①]建立起以重庆为中心的山城防御体系。其中最重要的是修筑钓鱼城，并将合州治移入，作为防范北面之敌的屏障；修筑神臂城并将泸州治移入，作为防备成都之敌的屏障。各寨堡占据险要，彼此呼应，既能够互相救援，又能够独立坚守，形成了守点成线的防御体系。经过余玠的努力，四川的抗蒙形势有了变化，由过去蒙古南下势如破竹、无所阻挡的形势，变为蒙古军处处遭阻、步步受拦的局面。

蒙哥即位后，除派旭烈兀西征外，将主要精力用于对付南宋，其战略重心仍在四川。一面在号称秦蜀咽喉的利州（今四川广元）筑城、屯田，变剽掠为占领，对四川内地构成压制态势，一面派忽必烈南征大理国，形成了更大的迂回包抄南宋的战略态势。

1258 年，蒙古军兵分三路大举攻宋，西路由蒙哥亲自率领攻四川。蒙哥率主力入大散关至汉中，经利州沿嘉陵江南下，攻占川北各地。次年二月，蒙古军进围合州钓鱼城，自二月至七月，对合州守军发动多次猛烈进攻，有两次已攻入外城。钓鱼城军民在王坚率领下，顽强抵抗，多次击退蒙古军的进攻。宋军准备充分，粮草充足，王坚等将领又亲自登城作战，勉励将士，军民斗志高昂。蒙古军顿于坚城之下，骑兵优势无法发挥，加上不适应川东的湿热气候，疫病流行，士气低

钓鱼城护国门

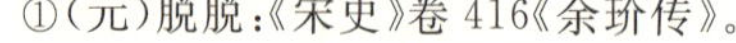

①（元）脱脱：《宋史》卷 416《余玠传》。

落。王坚乘机多次夜袭蒙古军营地，使其人人惊恐，夜不得安。六月，蒙古先锋大将汪德臣到城下劝降为宋军射伤（后不治身亡）。七月，亲临现场督战的蒙哥“为炮风所震，因成疾”，不久死于金剑山温汤峡（今北碚北温泉）。蒙哥一死，随征蒙古军北撤，其他各路蒙军也相继北撤。钓鱼城保卫战，打破了蒙哥灭宋的计划，使南宋得以延续近 20 年。后人评价：“向使无钓鱼城，则无蜀久矣；无蜀，则无江南久矣，宋之宗社岂待崖山而后亡哉！”[1]直至元攻占南宋首都临安数年之后，元军才最终占领川渝各城。

川陕地区之所以成为宋金、宋蒙争夺的焦点，与其特殊的地理情况有很大的关系。南宋军占据此地，可以越秦岭而入关中，然后东向攻取长安、洛阳，恢复对中原地区的统治。金、蒙古军若能控制此地区，则可顺流而下消灭南宋实现一统，这在西晋灭吴、隋灭陈的战争中都有经验可鉴。以当时的军事力量对比而言，无论是金还是蒙（元），都对南宋具有一定的优势。南宋能够以此地区以之相抗衡，与妥善利用此地区山脉、河流广布的地貌有关。富平之战失利后，宋军以秦岭为屏障构筑兴州（今略阳）、金州（今安康）与兴元府（今汉中市）为三大屯驻重心，有力地阻止了金军骑兵南下。面对宋蒙（元）战争时期蜀口洞开、成都残破的局面，南宋则采取以嘉陵江、长江等河流为网，以钓鱼山、神臂山等山脉要冲为据点的防御体系，取得了良好的效果。南宋一朝，宋金、宋蒙

①《钓鱼城记》，载万历《合州志》卷 1，合川县图书馆石印本。

(元)对峙的格局终其始终,处于南北对峙西线的川陕地区,其地位一直为南宋所重视。若丧失川陕,南宋要维持较长时段的统治就显得不太可能了,因此就不难解释为什么宋朝要以全国1/3的兵力部署于此地了。

4.张献忠的川陕战争

明朝末年的农民战争是中国古代著名的农民战争之一。这场战争首先爆发于陕西而波及全国,在相当长的一段时间里,川陕战场是这场农民战争的主战场。农民军两大主力之一的张献忠在川陕的活动吸引了明朝军队的主力,为推翻明朝统治起着非常重要的作用。最后他还在成都建立了"大西"政权,是当时的重要势力。

明朝末年,土地兼并愈演愈烈,朝政腐败,社会矛盾尖锐,而陕西则是社会矛盾最尖锐的地方。[①] 天启七年(1627年),陕西澄城首先发生了抗粮杀官的事件,附近农民纷纷响应,揭开了轰轰烈烈的明末农民战争的序幕。崇祯三年,农民战争进入高潮,张献忠、李自成等人纷纷起兵,"献忠以米脂十八寨应之,自称八大王"。[②] 开始,农民军虽人数众多,但"率众无专主,遇官军,人自为斗,胜则争进,败则窜山谷不相顾……或分或合,东西奔突",[③]作战能力还远不足以和官军抗衡。崇祯四年九月,明朝启用强硬派代表人物洪承畴入陕镇压农民军。农民军作战失利,张献忠与王自用、高迎祥、罗汝才等人率部东出山西,人数发展至二十万。此后,张献忠率军出入于陕西、河南、湖广、四川、安徽等地,给明朝军队和明王朝以沉重打击。

崇祯六年(1633年),张献忠再次进入陕西,与明军作战失利后,第一次率军入川。明将左良玉追之,张献忠不敢驻足,东下入楚。崇祯七年,张献忠"自郧阳渡汉犯襄阳,连陷紫阳、平利、白河等邑,遂入四川"。[④] 这次入川攻陷了夔州首府,造成了明政府的恐慌,"自贼起陕西……未有破大郡者,至是,天下为之震动"。[⑤] 在四川转战数月后,张献忠东下湖北,再进入河南。崇祯八年正月,高迎祥、张献忠、罗汝才等八营十三家的重要头领大会于荥阳,共同商讨对抗明朝的方略。会后,张献忠与高迎祥、李自成等东下连破

①秦晖、韩敏、邵宏谟:《陕西通史·明清卷》,陕西师范大学出版社,1997年,第137~140页。

②(清)张廷玉:《明史》卷309《流贼传》。

③(清)张廷玉:《明史》卷309《流贼传》。

④(清)彭遵泗:《蜀碧》卷1。

⑤(清)张廷玉:《明史》卷292《何承光传》。

寿州、颍州，攻陷明室龙兴之地凤阳，焚皇陵。明廷大恐，命洪承畴率军东出。农民军纷纷西归陕西。张献忠在东南受挫后也转入陕西，连败明军数次。洪承畴率兵回援陕西，加强对农民军的攻势。

崇祯九年（1636 年）七月，由于高迎祥被俘杀，李自成继任闯王，后又数次败于明军，被迫"窜峤、函山中"。张献忠部也为明军所败，在崇祯十年十月突围入川。《客滇述》有如下记载："丁丑十年，张献忠复入四川。分两路：一由剑阁犯成、绵，一由龙安犯遂宁。"张献忠前三次入蜀，主要还是迫于明军压力，在明军的围剿下不得不东奔西突，尚未对明朝在四川的统治造成根本威胁。十一年，张献忠在四川为明军所逐，东入湖北谷城，伪降于明。他拒绝明军对其军队的改编，占据谷城休整，与同样伪降的罗汝才等人遥相呼应，图谋再起。

崇祯十二年（1639 年）五月，张献忠于谷城再起，"十三家降贼一时并叛"。[①] 大学士、兵部尚书杨嗣昌主动请缨围剿农民军，亲自坐镇襄阳，把矛头首先对准了当时势力最大的张献忠。十三年，明军左良玉、贺人龙等部围攻张献忠于玛瑙山，"大败之，斩首千三百余级，擒献忠妻妾"。张献忠利用左良玉与杨嗣昌的矛盾，贿赂左良玉使其对自己"围而不攻"，趁机收集溃兵西入四川。

张献忠能够进入四川，也与杨嗣昌的围剿政策有关。杨嗣昌提出"驱贼入川"的策略，企图把农民军尽数赶入四川再聚而围歼，这遭到四川将领的厌恶和抵制，"自贼再入川，诸将无

明朝末年的农民战争是中国古代著名的农民战争之一。这场战争首先爆发于陕西而波及全国，在相当长的一段时间里，川陕战场是这场农民战争的主战场。

---

①（清）张廷玉：《明史》卷 309《流贼传》。

一邀击者。嗣昌虽屡檄,令不行"。[①] 此外,赏罚不明使得悍将左良玉、贺人龙等人也不服杨的管制。"初,嗣昌表良玉平贼将军,良玉浸骄,欲贵人龙以抗之。既以玛瑙山功不果,人龙愠,反以情告良玉,良玉亦愠"。作为围剿农民军总指挥的杨嗣昌自身的弱点,也注定了此次张献忠入蜀作战未战已胜。《明史》载:"嗣昌虽有才,然好自用,躬亲簿书,过于繁碎。军行必自裁进止,千里待报,坐失机会。"[②]对于身边幕僚的正确计策,他也不能采纳。统帅的刚愎自用,将领的阳奉阴违,各个军队派系的钩心斗角,凡此种种,注定了明军已未战先败。

崇祯十三年春,张献忠突破明军大昌、巫山防线沿长江西进,杨嗣昌命楚将贺人龙、张应元、汪之凤、张奏凯等集结于奉节土地岭阻截,但贺人龙逗留不进,其他各部士兵多系新募,不习战事。"献忠乃悉众攻楚兵于土地岭,副将汪之凤战死。遂陷大昌,进屯开县,张令战死,石砫女土司秦良玉亦败。"[③]大败明军后,张献忠又派人伪装投降,打入驻扎在大昌的四川巡抚邵捷春部,将其新募兵两万人诱入山谷聚歼之。

面对杨嗣昌企图将农民军于四川围而歼之的策略,张献忠采取"以走制敌"的方略,在川中转战游走。杨嗣昌所直辖的部队只有尾随之力,川中各地官员大多望风而逃,使张献忠在川中的行动并未受到限制。张献忠的士兵唱道:"前有邵巡抚,常来团转舞。后有廖参军,不战随我行。好个杨阁部,离我三天路。"[④]土地岭大胜后,张献忠率部北上达县,又西入剑州,在涪江击溃四川巡抚邵捷春所率川军,进克绵州,成都震动。邵捷春论罪处死,成为杨嗣昌指挥不力的替罪羊。这更加深了杨嗣昌与川人之间的矛盾,"邵抚蜀有惠政,其逮也,成都巷哭,蜀王为引救不得"。[⑤] 之后,张献忠越成都而陷川南重镇泸州。明军监纪万元吉认为张献忠不可能南入少数民族地区,主张集中兵力断其北上归路,未被杨嗣昌采纳。张献忠挥师北上永川。明总兵猛如虎入永川追击时,发现永川官民已经逃尽,"虎觅向导不可得,夜宿西关空舍"。[⑥] 张献忠继续北上入汉川,历德阳、巴州,于崇祯十四年(1641

①(清)张廷玉:《明史》卷252《杨嗣昌》。
②(清)张廷玉:《明史》卷252《杨嗣昌》。
③(清)张廷玉:《明史》卷309《流贼传》。
④(清)李馥荣:《滟滪囊》卷1。
⑤(清)吴伟业:《绥寇纪略》卷7《开县败》。
⑥(清)张廷玉:《明史》卷269《猛如虎》。

年）到达开县，列阵以待明军。此时川军各部均已不听杨嗣昌指挥，左良玉“九调而九不至”，贺人龙也已“大噪西归”，唯有猛如虎依然尾随农民军，但其所率兵将多为左良玉部兵，骄悍不可制。于是，张献忠于开县黄陵城与明军进行决战，明军惨败，“旗纛军符尽失”。①此时的杨嗣昌才自悔失策，顿足长叹曰：“吾悔不用万参军之言，故败。今引兵急归楚，顾根本，再破贼。”②可是，张献忠已经日夜急行突袭襄阳，俘杀襄王朱翊铭和贵阳王朱长法等人，发银十五万两赈济灾民。杨嗣昌得知消息后畏罪自杀。

崇祯十七年（1644 年），李自成已于西安建国，并派兵进攻北京，大有取代明朝之势。张献忠则溯长江西上，目标是“暂取巴蜀为根，然后兴师平定天下”。③ 张献忠此次入川并未遇到明军的顽抗，二月克夔州，三月破万县，兵锋直指重庆，但为大雨所阻。六月，张献忠攻陷涪州（今合川），顺流攻下重庆，杀瑞王宗室及陈士奇等官员，布告全川：“但能杀王府官吏，封府库以待，则秋毫无犯。”④于是张献忠所到之处，官民开城投降。当张献忠的军队到达内江、资中之时，蜀王才捐金招募新军备战，但为时已晚，无人响应。九月，张献忠占领成都后，一面派兵分头略地，一面建立政权机构，以蜀王府为宫，以成都为都城，国号大西，年号大顺，设置内阁、六部、五军都督府等机构，并

崇祯十七年（1644 年），李自成已于西安建国，并派兵进攻北京，大有取代明朝之势。张献忠则溯长江西上，目标是“暂取巴蜀为根，然后兴师平定天下”。

①（清）张廷玉：《明史》卷 269《猛如虎》。

②（清）吴伟业：《绥寇纪略》卷 7《开县败》。

③（清）李馥荣：《滟滪囊》卷 2。

④（清）谷应泰：《明史纪事本末》卷 77《张献忠之乱》。

颁布新历书“通天历”，设铸钱局，发行“大顺通宝”，开科取士，文书一律采用白话口语。①

但张献忠的大西政权是很不稳固的，他并没有颁行可行的经济政策，相反，张献忠的军队与明军余部及地方武装的战争造成人民生活艰难，“远近州县，无不起义兵杀贼（指农民军）……（张献忠）虽重兵威之，不能止也”。②对于反抗，张献忠毫不妥协，采取“除城尽剿”的极端方式坚决予以镇压，结果导致更多的人与大西政权为敌，形成恶性循环。大西政权对辖区内的其他义军也不能进行有力节制，如川北的“摇黄十三家”为非作歹，“川北保宁、顺庆一带，悉为残破……张献忠亦不能问”。③ 在清军压境的形势下，大西政权与退据陕西的李自成大顺政权依然不断制造摩擦，使得清军得以从容各个击破。

顺治二年（1645年），清肃王多铎率兵大败李自成，进驻汉中，准备攻占四川。投降张献忠的川军纷纷倒戈，为清军向导。此时张献忠也离成都，驻兵西充以备清军，但他甚为轻敌，没有认真备战。探子报告清军已经到达，“献忠既素骄且不虞王师之速至也，斩以狥”。④ 大西军在大雾中被清军所袭，张献忠被杀。其手下将领孙可望、艾能奇、刘文秀、李定国等人陆续汇集川东，与李自成余部结盟，号“夔东十三家”，后皆附于永明王，继续与清军对抗。

张献忠的川陕战争是明末清初川陕地区发生的一个重大事件。张献忠在川陕的出入摧毁了明王朝在此地区的统治，却没有在此地区建立稳固的统治。在张献忠死后的数十年里，清军与南明小朝廷、当地地方势力、张献忠余部、李自成余部以及后来的吴三桂等势力在四川展开了长期的拉锯战，对四川的经济和社会造成严重破坏，昔日繁华的天府之国变成虎豹横行、千里无人烟的残破荒凉之地。清朝在稳定川陕统治之后进行新一轮的开发，大量外省人涌入四川，与土著居民一起进行开发，社会经济才得以逐渐恢复和发展。

---

①吴康零主编：《四川通史》（第六卷），四川人民出版社，2010年，第2页。

②（清）计六奇：《明季南略》卷12。

③（清）计六奇：《明季南略》卷12。

④（清）谷应泰：《明史纪事本末》卷77《张献忠之乱》。

5.白莲教的川陕会盟

经过明末清初长达百年的战乱，四川人口锐减，从天府之国变为了虎豹豺狼横行之地。《明会要》载万历六年（1578年）四川省人口“户二十六万二千六百九十四，口三百一十万二千七十三”，①加上大量荫户、漏户和逃亡户口，其实际人口当在此二倍以上。但到了三藩之乱后的康熙二十五年（1686年），《四川通志》记载的人口数仅为“通省之户口，总计不过一万八千九十余丁”。经考证，当时的实际人口也仅为60万左右。②

为了恢复四川经济，清政府多次下诏鼓励移民入川开荒，对招徕移民卓有成效的官员，给予升迁奖励。例如，“顺治十六年，定四川荒地听民开垦”。③“（康熙元年）采川湖督臣蔡毓荣言，蜀省可垦之地，招徕流民三百名以上，安插得所，垦荒成熟者，文武官员不论俸满即升；其各省候选杂佐及举贡监生有力招民者，授以署县职衔，俟起科时实授本县知县”。④大量的外省移民进入四川，形成“湖广填四川”的浪潮。到了乾隆时期，四川全省人口已经达到饱和状态，平原、河谷地带开发殆尽，一些山区也已开发，政府开始限制民众入川。如乾隆二年，两广总督鄂弥达上疏言“惠、潮、嘉应三府州民多请州县给票，移家入川，臣饬州县不得滥给，并遣吏于界上查验”。⑤

①（清）龙文彬：《明会要》卷50。

②蓝勇：《乾嘉垦殖对四川农业生态和社会发展影响初探》，《中国农史》，1993年第1期。

③（民国）赵尔巽：《清史稿》卷120《食货一》。

④（清）嵇璜、刘墉：《皇朝通志》卷81《食货略一》。

⑤（民国）赵尔巽：《清史稿》卷323《鄂弥达传》。

张献忠在川陕的出入摧毁了明王朝在此地区的统治，却没有在此地区建立稳固的统治。

随着人口的增长和各地赋役加重，四川内地和其他省份不少人背井离乡，前往巴山老林寻求生计，“扶老携幼，千百为群，到处络绎不绝。不由大路，不下客寓，夜在沿途之祠庙岩屋或密林中住宿”。① 这些流民风餐露宿，居住于简陋草棚之中，租种当地人的田地以为生计，成为“棚民”。他们终年辛勤耕作依然食不果腹，还遭到当地官兵、土著民的多般欺压，且困苦而无从申述。有诗云：“债主踏田收籽粒，板桶声停已断粮。”“两年丰收尚如此，水涝旱蝗将何恃？”②为了维持生计，棚民们还不得不前往伐木场、盐场当短期雇佣工，充当川江纤夫等，受到的欺压更甚。社会矛盾积累起来，民不聊生。

白莲教是一个糅杂了摩尼教（明教）、道教、佛教以及各种民间信仰的系统复杂的教派。宋代以来，群众经常利用白莲教来反抗官府，如南宋时期的方腊，元末韩山童、明玉珍，明代赵全、徐鸿儒，清乾隆时期的王伦等都利用白莲教组织民众与朝廷相抗争。白莲教并非一个统一的宗教体系，大体上宣称信奉“弥勒转世”、“真空家乡”、“无生老母”等基本道义的民间宗教组织均被称为白莲教。它没有统一的教义和领导人，内部成分复杂。白莲教给予人们只要信教来世即可往西天极乐世界的美好期许，在现实中又主张互相帮助，“不携资粮，穿衣吃饭不分尔我”，“习其教者，有患相救，有难相死，不持一钱可以周行天下”。③ 这对食不果腹的贫苦人民具有极大的号召力。加之教义多与当地民间信仰相结合，又浅显易懂，因而容易为贫苦人民接受，现实生活的艰难使得许多人投到了它的怀抱。

清代中期，川陕地区的白莲教教众数量是相当庞大的，最重要的宗派主要有西天大乘教、三阳教、混元教、收元教等。④ 乾隆五十九年（1794 年），川陕楚等地的官员联合进行了镇压白莲教的行动，各大教派的首领多被抓获。然而镇压白莲教却成为了官吏掠夺人民的手段，各地大小官吏“以查拿邪教为名，四处搜求，听任胥吏多方勒索，不论习教不习教，但论给钱不给钱”，⑤

①（清）严如熤：《三省边防备览》卷 9《山货》。

②（清）严如熤：《三省边防备览》卷 11《策略》。

③（清）周凯：《内自讼斋文集》卷 2《记齐二寡妇之乱》。

④关于川楚陕白莲教起事始末，主要参考秦晖、韩敏、邵宏谟《陕西通史·明清卷》（陕西师范大学出版社，1997 年），吴康零主编《四川通史》（第六卷）（四川人民出版社，2010 年），萧一山《清代通史》（华东师范大学出版社，2006 年）。

⑤（清）曹正镛等：《清仁宗实录》卷 72。

“不遂所欲，即诬以邪教治罪”。[①] 在这种情况下，许多人被迫铤而走险，起兵与朝廷相抗。如首先起兵的聂杰人，《清史稿》载：“时教匪扰数省，师久无功，际岐遍访人士来京者，具得其状。(嘉庆)四年春，上疏，略曰：‘诸臣酿衅于先，藏身于后……教匪滋扰，始于湖北宜都聂杰人，实自武昌府同知常丹葵苛虐逼迫而起。’”[②]另一重要首领王聪儿也是为官所逼，“时夫死，齐方祝发尼庵，庵多常住，官觊其利，诬老尼通贼”，在劫狱救出老尼姑后，她也投入到起义队伍中。[③] 又如四川白莲教首领王三槐，“初教匪起事，皆以官逼民反为词，及王三槐擒，亦有此供，上闻之恻然”。[④]

嘉庆元年(1796年)正月，湖北枝江、宜都地区的白莲教信众在聂杰人率领下首先起兵反抗清政府，揭开了嘉庆时期川陕楚白莲教反清战争的序幕。三月，势力最大的襄阳地区白莲教在王聪儿、姚之富等人率领下揭竿而起，并派教众到各地策动起兵。在襄阳白莲教军策动下，同年十月，达州地区的白莲教在徐天德、冷天禄、王三槐等人率领下起兵。十一月，陕西安康、米溪白莲教也起兵反清。川陕楚白莲教战争引起了清廷的恐慌，清廷立即从河北、东北、两广等地调来大军进行镇压，命宜绵总统川陕军务，率各将军、都统、提督围剿白莲教，四川、湖北、陕西等省各级官员皆要配合行

清代中期，川陕地区的白莲教教众数量是相当庞大的，最重要的宗派主要有西天大乘教、三阳教、混元教、收元教等。

①(清)魏源：《皇朝经世文编》卷89梁上国《论川陕教匪事宜疏》。

②(民国)赵尔巽：《清史稿》卷356《谷际岐传》。

③(清)徐珂：《清稗类钞》义侠类。

④[日]尾张、佐藤楚材编：《清朝史略·仁宗纪》三年七月条。

动。在此情形下，陕西安康地区的白莲教军覆灭，湖北白莲教也受到了重兵围剿。嘉庆二年，王聪儿、姚之富率湖北白莲教主力突围北上河南，三月又突围入陕西，六月进入四川东乡与达州白莲教会盟。会盟后，各地白莲教统一按“青、黄、蓝、白、绛”编制，但却没有选举统一领袖，依然各不统属，处于四处游击状态，“不整队、不迎战、不走平原，唯数百为群，忽分忽合，忽南忽北”。①

白莲教能够长期穿行于川陕，与清剿官员的贪污腐败、懦弱怯战不无关系。史载：“诸臣酿衅于先，藏身于后，止以重兵自卫，裨弁奋勇者，无调度接应，由是兵无斗志……及湖北道员胡齐仑侵饷数十万，一则追赔，一则拿究。他属类此者必多。”②白莲教军的游动作战和清军对于清剿行动的懈怠所导致的后果则是：“贼来不见官兵面，贼去官兵才出现。”“贼去兵无影，兵来贼没踪。可怜兵与贼，何日得相逢。”③

达州会盟后，白莲教军联合向川西进发，受到了清军的三面围攻，各部发生分歧。襄阳白莲教军的一支由高均德等人率领留在四川继续与达州白莲教联合，王聪儿、姚之富等人则率主力东出湖北欲进攻襄阳，不克后转战进入陕西，由于清军于汉水严密布防，白莲教军不得过，只得南下四川。十一月，白莲教军再度北上，高均德率军直逼兴安，迫使广州将军明亮弃守汉江防线前往追击。王聪儿、姚之富率领的主力两万余人得以渡过汉水北上，翻越秦岭而出宝鸡，兵锋直指西安。陕西巡抚秦承恩“闭城独守，日夜哭泣，目皆肿”。④ 清廷大恐，调集清军各部来援。白莲教军作战失利，由关中退入陕南，一路上又多次遭到清军的阻击，多次受创。嘉庆三年(1798 年)三月，湖北白莲教军主力在湖北郧西县三岔河受到清军四面围困，全军覆没，王聪儿、姚之富等人跳崖自尽。

襄阳白莲教主力被剿灭后，战争的主战场复转入了四川，以四川白莲教为主，声势依然壮大。四川总督宜绵奏道：“唯四川之贼……臣所有之兵，东驰西击，日不暇给。”⑤四川白莲教军采取更加灵活的策略，利用巴山老林，分散队伍流动作战，多次重创清军。

---

①(清)魏源:《圣武记》卷 9《嘉庆川湖靖寇记》。

②(民国)赵尔巽:《清史稿》356《谷际岐传》。

③(清)石香居士:《戡靖教匪述编》卷 4。

④(清)昭梿:《啸亭杂录》卷 4《王文雄》。

⑤(清)石香居士:《戡靖教匪述编》卷 11。

嘉庆四年，乾隆去世，嘉庆亲政，严惩作战不力的官员，整顿军事，并接受龚景翰的上书，在川陕楚等地办团练，实行坚壁清野、剿抚兼施的政策。坚壁清野的具体策略是“并小村入大村，移平地就险处，深沟高垒，积谷缮兵，移百姓所有积聚于其中。贼未至则力农、贸易，各安其生。贼至则闭栅登陴，相与为守”。① 另外，清廷还对川陕楚地区的清军重新部署，先后撤换四川、陕甘、湖广等省督抚，命勒保为川、楚、陕、甘、豫五省经略大臣，明亮、额勒登保为参赞大臣，后以剿匪无力罢免勒保，以额勒登保代之。额勒登保更严厉地推行坚壁清野政策，并分军协防各区域，自己专办甘陕地区，构筑栈道防线；都统德楞泰协助四川总督魁伦防御四川，构筑嘉陵江防线；将军明亮与湖广总督倭布升办湖北，构筑楚东防线。

清廷坚壁清野政策的实施切断了白莲教军与百姓的联系，白莲教军的粮食物资供应与人员补充变得困难起来。尤其在白莲教最活跃的川北、川东地区，清廷推行坚壁清野最为彻底。这些地区的周围则集结了大量清军，白莲教军活动日渐艰难。在此情况下，白莲教军中不少人投降了清廷，坚持作战的各部则多次试图突破封锁。嘉庆四年，湖北白莲教余部在张汉潮、高均德等人的率领下分数股东下两湖，遭到湖广总督倭布升分头截击，只得退回四川。嘉庆五年，四川白莲教军在冉天元的率领下突破清军嘉陵江防线，进占蓬溪，又攻下

白莲教能够长期穿行于川陕，与清剿官员的贪污腐败、懦弱怯战不无关系。

---

①（清）石香居士：《戡靖教匪述编》附录，龚景瀚：《坚壁清野议并招抚议》。

梓潼、江油，成都震动。四川总督魁伦一面率军抵御，一面四处求援。三月，白莲教军受到清军合围，冉天元战死，教军不得不败退川东。白莲教军还多次北上陕西，但受到清军的阻击，加上地方寨堡团练的威胁，损失惨重，教首杨开甲等战死。四月，冉学胜、张士龙、高天升、马学礼等率数万白莲教突破栈道防线，直逼秦州。额勒登堡调集多路人马会剿秦州。白莲教军虽多次大胜，仍未能突破清军防线，不得已折回陕南。此后，栈道以西、汉水以北完全被清军控制，白莲教军活动的范围更加小了。额勒登堡加强汉水和栈道防线后便率军进攻屯驻紫阳、安康一带的白莲教军，一直追击至湖北竹溪一带。白莲教军遭到陕西、湖北清军两路夹击，被迫又折回陕西，遁入巴山老林。①

嘉庆六年，清军扩大了攻势，加上此时寨堡团练网络已成，使白莲教军多次受到重创，损失惨重。著名的首领徐天德、冉学胜、伍怀志、高天升、张天伦、马学礼等人或战死，或被俘杀，起义军余部均遁入巴山深处老林中。七年年底，清廷宣布剿灭了白莲教。史载嘉庆七年十二月“诏额勒登堡、德楞泰、勒保、惠龄、吴熊光会报川陕楚教匪荡平”。② 但白莲教余部仍然坚持斗争。八年，清军继续大规模深入南巴深山搜剿白莲教。嘉庆九年（1804年），起义军余部基本被清军消灭，历时九年轰轰烈烈的川陕楚白莲教战争最终平息了。

嘉庆时期的川陕楚白莲教战争是清代中期一个重要历史事件。白莲教并不是一个统一的宗教，也没有统一的首领和战斗目标。战争的发生主要是由于一段时期川陕楚接壤地区社会矛盾积累，没有得到有效舒缓所致。长达九年的战争，给川陕地区的经济造成极大破坏。战争发生后，清朝一面组织力量镇压，一面也对川陕官员进行调整，惩治贪污腐败，减少苛捐杂税，招抚流亡，这对恢复经济、缓解社会矛盾起了一定作用。同时，清廷也认识到了对白莲教不能一概而论，而应分清是否参与反抗。嘉庆皇帝对臣下说：“白莲教之为逆者，法在必诛，其未谋逆之白莲教，岂忍尽行剿洗耶？”③值得注意的还有各地白莲教众大范围的活动，在一定程度上加强了这些地区民众的联系。

---

①主要参考秦晖《陕西通史·宋元卷》（陕西师范大学出版社，1997年），陈世松主编《四川通史》（第五卷）（四川人民出版社，2010年），蒋维明《川湖陕白莲教起义资料辑录》（四川人民出版社，1980年）。

②（清）曹正镛等：《清仁宗实录·仁宗本纪》七年十二月条。

③（清）严如熤：《三省边防备览》卷11《策略》。

（二）成都平原领先地位下的三地经济格局

1.资济中国的四川盆地经济

战国、秦汉时期，虽然前有秦国占据巴蜀，而国力益强，为攻掠楚地提供了保障；后有汉高祖刘邦进取巴蜀，养精蓄锐，为北定关中奠定了基础。然而，在当时“关中本位”的态势下，泾、渭、汾水流域和黄河下游无疑才是全国的基本经济区域，[①]具有举足轻重的作用，而以成都平原为中心的四川盆地的经济发展只是一个有益的补充。及至三国、两晋、南北朝，北方地区的战乱动荡与包括四川在内的南方地区的相对安定形成鲜明对比，南北方的差距日趋缩小。隋末的战争硝烟遍布全国大部分地区，尤其是黄河流域的社会经济遭到极大破坏，唯有四川没有受到太多波及，较为“丰静”。唐代“安史之乱”以后，四川更是成为朝廷的大后方，[②]为皇帝避难播迁之所，也是资济北方的主要经济区域之一。虽然也遭受南诏、吐蕃的侵扰和藩镇势力的割据混战，但远离中原惨烈的战火，仍较安定，百姓安宁，为经济的稳步推进创造了条件；两宋时期的四川以其西南一隅之力，供给西北军需，抗击金军，防御蒙古，成为全国的中流砥柱。

唐宋时期，在四川盆地内的平原、河川兴修水利，建设堤堰、灌渠，扩大灌溉面积，保障农业生产，形成自秦汉以后又一个大规模发展

嘉庆时期的川陕楚白莲教战争是清代中期一个重要历史事件。白莲教并不是一个统一的宗教，也没有统一的首领和战斗目标。战争的发生主要是由于一段时期川陕楚接壤地区社会矛盾积累，没有得到有效舒缓所致。长达九年的战争，给川陕地区的经济造成极大破坏。

唐代“安史之乱”以后，四川更是成为朝廷的大后方，为皇帝避难播迁之所，也是资济北方的主要经济区域之一。虽然也遭受南诏、吐蕃的侵扰和藩镇势力的割据混战，但远离中原惨烈的战火，仍较安定，百姓安宁，为经济的稳步推进创造了条件；两宋时期的四川以其西南一隅之力，供给西北军需，抗击金军，防御蒙古，成为全国的中流砥柱。

---

①冀朝鼎：《中国历史上的基本经济区与水利事业的发展》，中国社会科学出版社，1981年，第12～13页。

②蓝勇：《唐代长江上游地域空间的三大地位》，收入李孝聪主编《唐代地域结构与运作空间》（上海辞书出版社，2003年，第142页）。

水利事业的高潮。[①] 如成都所修官源渠“堤百余里”,[②]眉州通义蟆颐堰溉田720余顷,蜀州新津远济堰可灌溉近1600顷,彭州导江等堰溉田更是达到万顷以上。而在山区、丘陵则用机械提灌或竹筒引水,盛行畲田,以增加耕作面积,提高农作物产量。宋代则主要是修复、改建、增辟唐代所修渠堰,并在山田区发展塘、泉、渠等小型灌溉工程。如仁宗天圣八年(1030年),益州知州韩亿疏浚今温江一带的九升江口,溉田数千顷;[③]高宗绍兴年间,四川安抚制置使李璆修复可以灌溉眉州百万顷田地的故通济堰,[④]民受其利。灌溉事业的发展为农业及各业生产打下了重要基础。

成都平原及岷江、涪江冲积平原是四川盆地内主要的水稻产地,川东部分河谷地带也开辟成稻田。“十亩稻香新绿野”[⑤]形容的是阆州一带郁郁葱葱的稻田景色;“稻畦残水入秋池”[⑥]则是描写资州水稻秋收后的乡村面貌;“东屯稻畦一百顷,北有涧水通青苗”[⑦]反映的是今奉节附近的种植情况。及至宋代,四川人口增长促使山地开发加速,加以山田耕作经验的积累,开始出现梯田,水稻种植向丘陵顶部及山地高处发展,[⑧]如万州梁山、忠州垫江、涪州乐温等地均有稻田耕种的记载。川中盆地内的低山丘陵和盆周山区则多种植麦、黍、粟等旱地作物,如陈子昂记载梓州射洪县的山田景观,“黍稷漠漠,汶阳之稼如云矣”。[⑨] 而“三峡两岸土石不分之处,皆种燕麦,春夏之交,黄遍山谷,土民赖以充食”。[⑩] 正因为稻米、麦类等粮食作物种植面积大,产量多,蓄积充足,故而米价颇为便宜,特别是后蜀之时,“斗米三钱”。[⑪] 除供给本地区外,也成为四川盆地接济其他地区的主要物资之一。

①李敬洵:《四川通史》(第三卷),四川人民出版社,2010年,第297页。
②(北宋)宋祁、欧阳修等:《新唐书》卷42《地理志》。
③(元)脱脱:《宋史》卷315《韩亿传》。
④(元)脱脱:《宋史》卷136《李璆传》。
⑤(唐)何抉:《送阆州妓人归老》,《全唐诗》卷516。
⑥(唐)羊士谔:《郡中即事》,《全唐诗》卷332。
⑦(清)仇兆鳌辑:《杜诗详注》卷15《夔州歌十绝句》。
⑧郭声波:《四川历史农业地理》,四川人民出版社,1993年,第425页。
⑨(唐)陈子昂:《陈子昂集》卷6《梓州射洪县武东山故居士陈君碑》。
⑩(明)曹学佺:《蜀中广记》卷64《方物志》引《巴志》。
⑪(北宋)张唐英:《蜀梼杌》“广政十三年”。

茶是四川盆地最重要的经济作物，唐代四川的茶叶生产进入发展高潮，产地扩大，品种繁多。四川茶叶产地主要集中于盆地西部、盆地北部和长江沿线。① 唐人陆羽所著《茶经》记载了当时全国31个产茶州，剑南地区就有8个。特别是雅州的蒙顶茶，闻名全国，为上贡佳品。史载“元和以前，束帛不能易一斤先春蒙顶，是以蒙顶前后之人，竞栽茶以规厚利，不数十年，遂斯安草市岁出茶千万斤”。② 宋代四川茶叶质量虽有所下降，但其产量却大为增加，年产量约3000万斤，占北宋全国总产量的56%，南宋全国总产量的62%，远超过东南地区的产茶量，成为当时全国最主要的产茶中心。③ 政府置场征税，以作为用度之费或与周边民族进行贸易交换。

四川盆地农业的稳步发展，促进了手工业的繁荣，特别是丝织业和造纸业。据统计，唐代剑南地区的丝织品有36种，麻织品有18种，而征调上贡的品种就分别达到24种和15种，④所出产的蜀锦、鹅溪绢、弥牟布等质量上乘。北宋熙宁年间，全国岁收布近320万，成都府路官布收入就占全国布总收入的17%，居首位。⑤ 造纸业也颇有声名，唐代，剑南所

①李敬洵：《四川通史》（第三卷），四川人民出版社，2010年，第376页。

②（唐）杨晔：《膳夫经手录》。

③贾大泉：《宋代四川经济述论》，四川省社会科学院出版社，1985年，第87页。

④卢华语、劳允兴：《论唐代四川经济》，收入卢华语主编《古代长江上游的经济开发》（西南师范大学出版社，1989年）。

⑤贾大泉：《宋代四川经济述论》，四川省社会科学院出版社，1985年，第66页。

产纸张广受欢迎，成都的麻纸亦作为上贡之物，太府每月为集贤院提供5 000番，其编写的四库之书25 000余卷，“皆以益州麻纸写”。①

农业、手工业的发达，粮食产量的稳定充足，纺织、采茶、制盐等行业的繁荣，亦促进商业的发展，加速地区间、城乡间的商品流通。成都是四川盆地内最重要的城市，与长江下游的扬州号为当时天下第一等的“名镇”，②故有“扬一益二”之称。其市场众多，有所谓东市、南市、西市及新北市等固定的城内交易之所，亦有蚕市、药市等专业性、季节性集市。除此而外，其他诸多州县的城市商业也各有发展，多依靠所在地域之物产与其他地区相往来。如阆州以盐业和纺织业最为发达，“丝盐之利，舟楫之便，可以通四方商贾”。夔州地处三峡地区，是东西物资交流的中转站，“利走四方，吴蜀之货，咸萃于此”。四川地区不仅与国内其他地区交往频繁，与今印缅等地也通过南诏而运进香药、琉璃、犀角、珍宝等物品。成都西门建有大秦寺，门楼十余间，用珠宝、翠玉等作装饰，“盖大秦国多璆琳、琅玕、明珠、夜光璧，水道通益州永昌郡，多出异物，则此寺大秦国人所建也”，知其与西亚一带亦多往来。

正是由于四川盆地的各项事业发展平稳，居于全国前列，因而，其他地区尤其是北方多所凭借，依靠其接济。

大业十三年(617年)，李渊攻占长安后，立即派遣使者，“慰谕巴蜀”，安抚四川的隋朝旧吏和酋豪渠帅，以便于经由此地东出南下，进攻江南、岭南地区；同时，也得以控制其财富，为统一南、北方的战争寻求粮草、资源等经济支柱。事实上，纵观唐宋历史，四川地区的各种物产资源不仅用于满足本地区的基本需求，同时，也大规模地支援、接济其他地区，特别是政治中心所在的关中一带、洛阳、开封及西北军事重地等。

李渊即位不久，因战争、天灾致使京师粮食价格飞涨，许多地方也发生饥荒，因而下令运送成都平原及其周边地区的粮米至长安，以充实仓储；同时，令关中饥民前往剑南各郡县谋食，解决生计问题。高宗咸亨元年(670年)，又运送剑南义仓存储的米粮以贮济饥民，数量达百万石以上。“安史之乱”后，关中地区米价昂贵，从士绅望族到黎民百姓，不少都离家出城，“山南剑南，道路相望，村坊市肆，与蜀人杂居，其升合斗储，皆求于蜀人”。③ 人们

①《唐六典》卷9《集贤殿书院》。

②(唐)卢求：《〈成都记〉序》，《全唐文》卷744。

③(唐)高适：《请罢东川节度使表》，《全唐文》卷357。

纷纷前往汉中盆地和四川盆地，途中络绎不绝，其衣食口粮均向巴蜀百姓索求。以成都为中心的四川盆地成为关中等地区重要的粮食供应地，一如陈子昂所言："蜀为西南一都会、国家之宝库，天下珍货，聚出其中；又人富粟多，顺江而下，可以兼济中国。"[①]陈子昂的政治生涯在武则天时期最为得意，当时以洛阳为神都，他所谓"兼济中国"，实际是指满足以洛阳为中心的中原地区的需求。

四川盆地不仅以其充足的物产资源充实了"京都府库"，支持着唐王朝在关中、河南地区的政治核心，同时也大力支援了大唐在西北一带的统治，对边疆局势的稳定起着至关重要的作用。陈子昂在《上蜀川军事》一文中就指出："国家富有巴蜀，是天府之藏，自陇右及河西诸州，军国所资，邮驿所给，商旅莫不皆取于蜀。"四川盆地所产的大批军需物资及财赋租税等均源源不断地输往与吐蕃、突厥等毗邻的今四川西部、甘肃、新疆一带，"以全蜀之力"，[②]支持前线作战，保障李唐政权的安全和巩固。

"安史之乱"以后，唐王朝在北方地区的统治日益薄弱，租赋供给甚少，在此情势下，包括四川盆地在内的广大南方地区的经济支持就尤为重要，支撑起半壁江山。四川地区丝织业发达，上供大量罗、绸、绫、绢等丝织品。就在"安史之乱"爆发后，玄宗出幸剑南，途中，收到成都所贡春彩十余万匹，用于赏赐随行将士，从而稳定了军心，得以顺利入蜀。叛乱之后，

①（唐）陈子昂：《陈子昂集》卷9《谏雅州讨生羌书》。
②（后晋）刘昫：《旧唐书》卷115《高适传》。

原本物产丰富的黄河下游平原为藩镇割据，截留贡赋，不输中央，江淮一带的物资转运也迟滞不入，唯有剑南地区税赋贡物一如往常，皇室用度、京师所需，都仰赖于此，成为中央财政的重要支柱，杜甫因而有“蜀之土地膏腴，物产繁富，足以供王命也”[①]的感叹。德宗时，为避泾原兵士之变乱而南逃梁州（今陕西汉中），当时的剑南西川节度使张延赏“贡献踵道”，而德宗“倚剑蜀为根本”，[②]不仅依恃巴蜀闭塞、险要的地理环境，同时也以其富庶作为强大的后盾。值得注意的是，宪宗元和二年（807 年），李吉甫所上《国计簿》称天下每岁赋入倚办止于东南八道，没有提及四川的剑南道，但并不表明此时的四川已不再是国家财赋的来源地，只因当时四川有刘辟叛乱，上供暂时中断，但其随即被平定，因而才有其后长江下游地区的淮西节度使吴元济叛乱时，“度支使皇甫镈奏加剑南东西两川、山南西道盐估以供军”，[③]即以提高四川盆地产盐区的盐价来筹措军费，依靠其财富资源稳定其他地区的局势，也才有唐末僖宗入蜀，四川地区“府库充实，与京师无异，赏赐不乏，士卒欣悦”，[④]以其一隅之力而保存李唐江山。于此可见，如果陈子昂时代所言“兼济中国”还只是就四川盆地对政治中心的物资支援而言，那么，中唐以后，其与整个唐王朝的存续就息息相关。

四川的这种资济作用延续到了宋代。赵宋建立后，于乾德三年（965 年）灭后蜀，取得蜀中大量财富物资，“取蜀宫殿材，造船二百艘，装载物帛、铜钱、器皿及银腰带十万，应付江南军前，其珠珍软细以陆路发付京师”，[⑤]一方面充实了开封府库，促进北方经济的恢复，另一方面也用于此后攻取江南、岭南广大地区的军需，为统一南方起到较大作用。自此以后，“岁漕蜀物，动逾万计”，[⑥]宋廷仍十分注重征收四川财物，以补军、政之用。不过，因北宋定都开封、南宋定都杭州，政治中心东移南转，距离经济日益发达的长江中下游地区越来越近，而四川地区则与之渐趋遥远，对长距离商品运输的数量、种类等产生制约。特别是在南宋，成都作为以杭州为中心的最外层（第三

①（清）仇兆鳌辑：《杜诗详注》卷 25《为阆州王使君进论巴蜀安危表》。

②（北宋）宋祁、欧阳修等：《新唐书》卷 140《张嘉贞传》。

③（北宋）王溥：《唐会要》卷 88《盐铁》。

④（北宋）司马光：《资治通鉴》卷 254“唐僖宗中和元年二月”。

⑤（清）吴任臣：《十国春秋》卷 49《后主本纪》。

⑥（元）脱脱：《宋史》卷 278《马知节传》。

层）市场圈，[①]对都城的资济不如唐代那么突出，其在经济方面的作用主要体现在对西北的支援和对周边民族的抚绥上。“蜀之四隅，绵亘数千里，土腴物衍，赀货以蕃，财利贡赋，率四海三之一”，[②]不管是在与西夏、金、蒙（元）的对峙和战争中，抑或是与泸州、雅州、黎州等地少数民族的互市往来中，多是依靠四川的税赋物资。

北宋为防御西夏，在西北一带屯集重兵，物资消耗巨大，“四五十万之人，坐而仰食”，[③]而四川地区成为其最大的供应来源地。真宗天禧元年（1017 年），陕西转运使段惟几称：“所部岁给诸军衣绢二百万，皆自川峡辇输而至”。[④] 仁宗时期，“西边用兵，军需绸绢多出益、梓、利三路”。神宗熙宁年间，为了减省四川输送、转运物资的费用，“诏移巴蜀羡财，市布帛储于陕西，以备边”，[⑤]即将四川上供的钱物就地购买布帛输往陕西。事实上，四川租税也多折为匹帛征收，或上供京师，或截留陕西及运至河东，成为两地驻军军装的主要供应基地。如元丰五年，遣官运送四川钱物赴陕西，计有金银物帛 8 161 780 匹两，钱 3 462 000 余贯，合计多达1 100多万，这些钱物支持对于

因北宋定都开封、南宋定都杭州，政治中心东移南转，距离经济日益发达的长江中下游地区越来越近，而四川地区则与之渐趋遥远，对长距离商品运输的数量、种类等产生制约，对都城的资济不如唐代那么突出，其在经济方面的作用主要体现在对西北的支援和对周边民族的抚绥上。

---

①［日］斯波义信著，方健、何忠礼译：《宋代江南经济史研究》，江苏人民出版社，2001 年，第 336 页。

②（北宋）吕陶：《净德集》卷 15《成都新建备武堂记》。

③（南宋）李焘：《续资治通鉴长编》卷 129“康定元年十二月”。

④（南宋）李焘：《续资治通鉴长编》卷 89“天禧元年三月”。

⑤（元）脱脱：《宋史》卷 175《食货志》。

陕西军备的强化无疑起到很大作用。南宋时期，为了应对金、蒙（元）的进攻，满足军事开支，设置四川总领所，负责筹集川陕边防所需军费、粮饷，“所赡军钱并金帛，以绍兴休兵之初计之，一岁大约费二千六百六十五万缗”。绍兴五年（1135 年），其所收钱物达到 3342 万缗。① 绍兴十年，籴买、科征成都路米 16 万石，潼川府路 11 万石，夔州路 3 万石。② 同时，对四川地区的酒、盐、茶法等进行改革，以增加财政收入，并大量截留四川的上供钱物作为军费，③“自靖康以来，七年上供，皆为军兴诸处截用”，④保证了军队供给。此外，为了满足边防军事用马的需要，也用四川所产茶、盐等于边境地区买马，或是在西南黎、雅等州与少数民族互市买马，然后运送至西北，或是“经理蜀茶，置互市于原、渭、德顺三郡，以市蕃夷之马”。⑤ 自熙宁七年（1074 年）开始，宋政府每年运输 400 万斤川茶以交换军马。南宋乾道初，川秦八场马额达12 994匹，为西北地区的战备做出了巨大贡献。四川地区正是以其丰富资源和经济实力为后盾，支持着两宋的西部战场，成为长江上游的屏障，支撑两宋的重要支柱。⑥

宋末元初及明清之际，四川地区饱经战乱摧残，人口大量死亡或迁移，经济发展也受到破坏，元气大伤。据估计，南宋嘉定十六年（1223 年），川峡四路共有户 259 万余，但到元至元二十七年（1290 年），四川行省（不包括今汉水上游地区）仅有四五十万户。⑦ 而明清之际，四川人口也从约 500 万锐减至 50 万左右。加之宋代以后，受长江中下游地区的快速发展及政治中心北移的影响，四川地区在全国的地位已难以达到唐宋时期的高度。不过，就西部地区来看，其发展速度仍居前列，各方面取得了较大的成就。清代前、中期，随着大批湖广移民的到来，人口也逐渐恢复，至清宣统二年（1910 年），达到4800万。⑧ 随着人口增殖，耕地面积不断扩大，到清末，农作物种植面积

①（南宋）李心传：《建炎以来朝野杂记》甲集卷 17。

②（南宋）李心传：《建炎以来系年要录》卷 135“绍兴十年五月己亥”。

③何玉红：《南宋川陕战区军费的消耗与筹集》，《中国社会经济史研究》，2009 年第 1 期。

④（南宋）李心传：《建炎以来系年要录》卷 118“绍兴八年三月辛卯”。

⑤（元）脱脱：《宋史》卷 184《食货志》。

⑥贾大泉：《宋代四川经济述论》，四川省社会科学院出版社，1985 年，第 4 页。

⑦吴松弟：《中国人口史》第 3 卷，复旦大学出版社，2000 年，第 310 页。

⑧曹树基：《中国移民史》第 6 卷，福建人民出版社，1997 年，第 77、95 页。

累计约1.028亿亩，其中粮食作物9 544.7万亩，粮食总产量也从清初的20亿～46亿斤增长到清后期的170亿～190亿斤。同时，从康乾时期开始，耐旱高产作物玉米和番薯等也在四川大规模种植，特别是不利于种水稻的巴山老林等丘陵山区"遍山漫谷皆包谷"。[①] 而番薯的种植在盆地内同样广泛，极为普遍。据统计，1910年，全川包谷、番薯的种植面积分别为687万亩和605万亩，产量达1 037.5万石和3 950.6万石。[②] 由此，四川商品粮的供应大幅提高，大量粮食沿长江而下，运销外省，成为廉价商品粮供应基地，不少商贩来到重庆收买粮食，"浙楚二省买米差员，接踵而至，外贩又运往下江，络绎不绝"，[③]长江中、下游地区亦受惠于廉价的川米。耐旱高产作物的种植不但解决了民食问题，还直接或间接地促进了手工业和商业的发展，如巴山老林百姓将包谷煮酒，酒糟喂猪，贩运生猪"盈千累万，船运至襄阳、汉口售之，亦山中之大贸易"。[④] 此外，井盐是四川手工业的重要部门，特别是川南一带，盐井数量多，产量大，价格便宜，销售不断扩大。特别是太平天国革命时期，淮盐难以运抵湖广市场，而依靠川盐接济，行销两湖，稳定了当地社会秩序。

---

①(清)严如熤:《三省边防备览》卷10《山货》。

②王笛:《跨出封闭的世界——长江上游区域社会研究(1644—1911)》,中华书局,2001年,第106～109、139～147页。

③《雍正朱批谕旨》"雍正五年五月十一日"任国荣奏折。

④(清)严如熤:《三省边防备览》卷9《民食》。

2.西部东西交通主道峡路的形成

在中国古代社会，政治中心之所在对道路的分布格局具有重要作用，就全国而言，形成了以都城为中心的水陆交通网络。五代十国以前，我国的政治经济核心区在黄河中下游的关中、河南一带，交通道路也以这一地区为中心向外发散，其与四川地区的联系主要是向南翻越秦岭、大巴山，利用分水岭两侧的河流来沟通，如著名的陈仓道是从宝鸡经凤县、略阳、勉县而达汉中；褒斜道是从郿县出发，沿古斜水和古褒水，至汉中；谠骆道从周至县上溯骆河谷和谠水河谷，南下至洋县，再到汉中；子午道则是从西安沿沣河谷上溯，穿越秦岭子午谷，经宁陕去往洋县、汉中或西乡。以上诸道汇于汉中盆地后，再向南翻越大巴山、米仓山，而至川中。如金牛道可从汉中经广元、绵阳至成都，米仓道可从汉中经巴中而达重庆。①

汉唐时代，这一系列南北向的道路是联系四川盆地和关中政治中心的要道，军事征战、物资转输、商贾贩运、百姓往来等大多由此而行，“栈道千里，无所不通”。② 如周慎王五年(公元前316年)，张仪、司马错即取金牛道伐蜀；汉高祖刘邦出汉中，萧何发蜀中、汉中米粮，以补军需，当是取嘉陵江陈仓道一线北上；③魏晋南北朝时期，南北方相互征战，诸葛亮北伐或曹魏南下更是频繁利用这些路线；④唐朝定都关中，与巴蜀间的往来仍以南北向的秦岭、巴山间诸道为主。

四川地区另一对外通道便是长江水路。魏晋南北朝的分裂时代，巴蜀地区隶属于南方政权时，其对外联系的主要通道便转移到东西向的长江水路。隋唐以后，由于北方经济日趋衰落，长江以南逐渐开发成熟，经济中心向南方转移，而政治中心也有东移南迁的趋势，四川地区的对外交通格局亦随之演变，峡路交通日益完善，长江上游交通东西的地位凸显出来。⑤

隋初伐陈之时，以杨素为信州总管，居永安(今重庆奉节附近)，“造大舰……引舟师趋三峡……舟舻被江……巴陵以东，无敢守者”，即是沿江而

---

①有关川陕交通路线，可参见蓝勇《四川古代交通路线史》第二章(西南师范大学出版社，1989年)。

②(西汉)司马迁:《史记》卷129《货殖列传》。

③蓝勇:《四川古代交通路线史》，西南师范大学出版社，第39页。

④黄盛璋:《川陕交通的历史发展》，收入其所著《历史地理论集》(人民出版社，1982年，第210～211页)。

⑤蓝勇:《唐代长江上游地域空间的三大地位》，收入李孝聪主编《唐代地域结构与运作空间》(上海辞书出版社，2003年，第147页)。

下，一举灭陈。而李唐初年，也以李孝恭为信州总管，以今奉节附近为据点，“大造舟楫，教习水战”，①随后率战舰二千余艘自夔州顺流东下，击败萧铣，平定南方。可见峡路交通在其中发挥了重要的联络作用。杨隋虽然定都关中，但开凿运河，以转运南方财赋，“炀帝大业元年，更令开导，名通济渠，西通河洛，南达江淮……其交、广、荆、益、扬、越等州，运漕商旅，往来不绝”，②有部分四川物资经长江，出三峡，经今湖北、湖南、安徽至扬州，再由通济渠转运至都城。武则天时代，以洛阳为神都，时人陈子昂曾言：“蜀为西南一都会、国家之宝库，天下珍货，聚出其中；又人富粟多，顺江而下，可以兼济中国。”“兼济中国”实是指洛阳附近的中原地区，也是以巴蜀粮粟由峡江而下，再漕运至北方。或可推知，由于秦岭、巴山间诸道栈道险绝、翻山越岭，陆路运输数量有限，耗费人力财力较多，因而，官方大规模的物资调运可能有一部分取道峡路。尽管峡路江流湍急，水程险恶，但在王朝告急、播迁西南之时，它便成为维系其经济命脉的重要生命线。“安史之乱”时，玄宗在蜀，肃宗在灵武，而黄河下游为叛军占据，贡道断绝，“郑昉使剑南，请于江陵税盐麻以资国，官吏以督之”，③将长江下游的盐、麻等物资由峡路入川，或再转运西北，以供给用度。而僖宗入蜀避难，“诸道赋舆，皆遵峡路，多是五致一。盖以万水千山，后

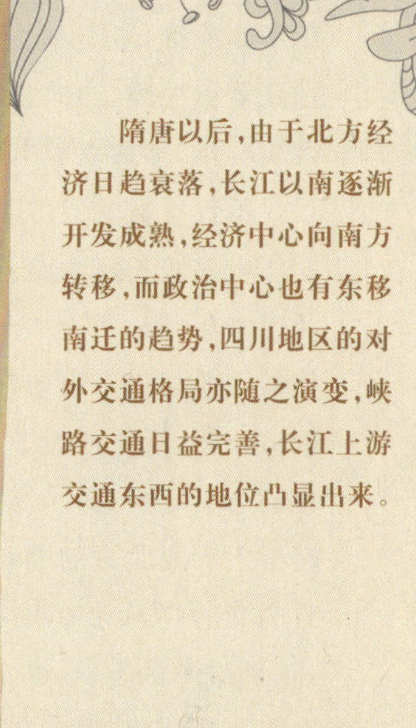

隋唐以后，由于北方经济日趋衰落，长江以南逐渐开发成熟，经济中心向南方转移，而政治中心也有东移南迁的趋势，四川地区的对外交通格局亦随之演变，峡路交通日益完善，长江上游交通东西的地位凸显出来。

①（后晋）刘昫：《旧唐书》卷60《河间王孝恭传》。

②（唐）杜佑：《通典》卷177《州郡七》。

③（后晋）刘昫：《旧唐书》卷48《食货志》。

纲不继前纲，所贡不如所费”。[1] 唐末景福、乾宁年间(892 年～898 年)，四川地区藩镇混战，北向长安的道路荒废不通，“虎豹横行，任土贡输，梗于前迈，西川奏章，多取巫峡”，巴蜀地区依靠峡路与政治中心相联系。

不仅官方的大宗贡赋物资由峡路转漕京城，而且官员、行旅往来及商贸交流也多经长江水路。为避隋末唐初战乱而投奔成都的僧人玄奘于唐高祖武德六年(623 年)“私与商人结侣，泛舟三峡，沿江而遁”，[2]至荆州，再至扬州而北上相州。唐前期诗人陈子昂为今四川射洪人，其出川前往京师，乃是取道合州，沿长江而下，至江陵，再从襄阳北上。避“安史之乱”而入蜀的杜甫描绘其北归路线，作诗曰：“即从巴峡穿巫峡，便下襄阳向洛阳。”[3]此诗反映诗人听闻北方的胜利消息归心似箭的心情，亦可由此可见经峡路前往北方的交通应当更为快捷。宪宗元和十五年(820 年)，白居易、崔韶分别从忠州、果州征召还京，他们也并未利用较为近直的米仓、子午等道，而是取三峡水路迂经江陵，再向北至襄阳，从邓城、武关返回。[4] 不仅行旅青睐峡路，当时四川与长江中下游的物资交流更是取道峡路，杜甫有诗曰：“蜀麻久不来，吴盐拥荆门”，“风烟渺吴蜀，舟楫通盐麻”。[5]

凡此诸例，皆说明交通东西的峡江水路不但为剑南物资北济京洛的重要运输线，而且是东西物资商贸的重要通道，也是公私行旅往来东西南北的重要交通线。[6] 五代十国之时，北方政权定都于今洛阳(后唐)或开封(后梁、后晋、后汉、后周)，巴蜀地区偶有归于其统治之下，政治中心的东移促使峡路交通的地位愈加上升。即如后唐平前蜀后，“尽选其宝货浮江而下”，[7]从峡路运至洛阳。及至两宋，分别定都于开封和杭州，都城东移南迁，四川地区的主要交通方向也为之改变，与其的联系更以峡路为主，从而成为转运蜀布、马纲、粮草、海货的主要通道。[8] 北宋平蜀，后蜀皇帝孟昶及其臣僚就从成都出发，沿岷江至今乐山、宜宾，经长江达荆湖，被押送到开封。而其重货

---

[1] [新罗]崔致远：《桂苑笔耕集》卷 10《与萧遘相公书》。

[2] (唐)慧立、彦悰：《大唐慈恩寺三藏法师传》卷 1。

[3] (清)仇兆鳌辑：《杜诗详注》卷 11《闻官军收河南河北诗》。

[4] (唐)白居易：《白居易集》卷 20《商山路有感并序》。

[5] (清)仇兆鳌辑：《杜诗详注》卷 14《客居》、《柴门》。

[6] 严耕望：《唐代三峡水运小记》，收入其所著《唐代交通图考》第 4 卷《山剑滇黔区》(“中央研究院”历史语言研究所专刊之八十三，1986 年，第 1155～1162 页)。

[7] (北宋)薛居正：《旧五代史》卷 133《高季兴传》。

[8] 蓝勇：《四川古代交通路线史》，西南师范大学出版社，1989 年，第 174～175 页。

铜布，也“载自三峡而下，储于江陵，调发舟船，转运京师”。①

宋代之长江水路作为与政治中心联系的主要交通路线，不但运输量大，费用较省，而且节省时间，正所谓“顺流而下，委输之利，通西蜀之宝货，传南土之泉谷。建帆高挂则越万艘，连樯直进则倏逾千里，为富国之资，助经邦之略”。② 因而，四川盆地内各州县甚至川北利州一带上缴中央的税赋都“分辇负担至嘉州，水运达荆南，自荆南遣吏纲运送京师”。③宋人取峡路出入四川更为频繁，杨咸亨有诗曰“吴帆蜀楫过如织”，④可以想见，通过峡江水路，上至巴蜀，下达吴越，舟船往来，一片繁忙景致。北宋苏辙从嘉州取峡路下荆楚，诗曰：“放舟沫江滨，往意令荆楚”，⑤快意之情油然而生。南宋都于杭州，其与四川往来，取道峡路自不待言，陆游即从长江下游乘船至夔州任职。

元明清时期，区域间经济差距加大，农业种植区域分化明显，长江上游与中、下游及其他地区间的往来交流愈加频繁。元代自叙州至荆南府广置站赤，以保证峡路通畅。明清的军事征战、漕粮运输也多取峡路。洪武四年(1371年)，朱元璋命廖永忠等水陆兼进，溯江伐蜀。明代西南边陲的市马和贡马多由峡路载运，经归州、荆州、武昌至南京，而深山老林

---

①(南宋)杨仲良：《续资治通鉴长编纪事本末》卷13。

②(北宋)苏德祥：《新修江渎庙记》，载《全蜀艺文志》卷37。

③(元)脱脱：《宋史》卷175《食货志》。

④(明)杨慎：《江郊亭新成赋诗》，载《全蜀艺文志》卷13。

⑤(北宋)苏辙：《栾城集》卷1《初发嘉州》。

不仅官方的大宗贡赋物资由峡路转漕京城，而且官员、行旅往来及商贸交流也多经长江水路。

宋代之长江水路作为与政治中心联系的主要交通路线，不但运输量大，费用较省，而且节省时间，正所谓“顺流而下，委输之利，通西蜀之宝货，传南土之泉谷。建帆高挂则越万艘，连樯直进则倏逾千里，为富国之资，助经邦之略”。

中采伐的皇木，也由长江干、支流而下。粮米是四川供应外地的大宗商品，清代乾隆、嘉庆年间，沿江水运出川的大米每年约30万石～40万石。[①] 食盐也是明清长江航运的主要商品，道光、同治时期，每年经峡路供应湖北、湖南的食盐达8 640万斤。[②] 西南地区的铜、铅、锡等矿藏也主要通过各支流运至长江干流，经峡路抵汉口，再进行转运，沿途派员护送。

唐宋时期是中国历史上的变革时期，政治经济文化等各方面都有较大变化，其在地域空间上的表现之一便是南方逐渐超越北方，经济中心南移，而政治中心亦随之东移南迁。明清时期，政治中心北移，长江流域区域分化加剧，特别是清末以来，西方势力的影响逐渐从沿海进入内陆。此种变化促使上游与中下游的联系加强，四川的对外交通联系也转移到以长江为主干的峡路交通上来，进而影响了四川内部的地域结构，成都则失去了水码头的风貌，川东南的地位随之上升，四川的商业重心也开始东移重庆。[③] 重庆经济地位日益上升，开埠后，成为西南地区最大的对外通商口岸。

3.“云乐”之乡的成都休闲文化

自古以来，巴蜀地区的休闲游乐风气就颇为兴盛，尤以成都平原一带最为流行。西晋左思所作《蜀都赋》以华丽的辞藻叙述当时蜀都的山川、河流、物产、风俗等，其中有“若其旧俗，终冬始春，吉日良辰，置酒高堂，以御嘉宾”的记载，即是择日会集宾客，盛陈美食佳酿，观舞赏乐，“乐饮今夕，一醉累月”。又曰“若夫王孙之属，郤公之伦。从禽于外，巷无居人”，[④]官僚贵族外出打猎娱乐，百姓群起相随，于此可见巴蜀地区喜好宴饮、游乐的风气。这一点从川渝地区发现的诸多画像石、画像砖上也得到充分反映，如江津崖墓、成都羊子山汉墓、郫县一号石棺、新津二号石棺等均有大量表现宴饮、射猎、车马出行、乐舞、杂技场面的画像砖石，[⑤]有异于北方以伦理说教为主的题材，显示出典型的生活世俗化风格。[⑥]

---

①鲁子健：《清代四川财政史料》(下)，四川省社会科学院出版社，1988年，第83页。

②张学君、冉光荣：《明清四川井盐史稿》，四川人民出版社，1984年，第120页。

③龙登高：《中国传统市场的整合：11—19世纪的历程》，《中国经济史研究》，1997年第2期。

④(西晋)左思：《蜀都赋》，《文选》卷4。

⑤高文主编：《中国画像石全集7·四川汉画像石》，河南美术出版社，2000年，第28、52、96、111页。

⑥蓝勇：《巴蜀休闲好赌风考》，《西南大学学报》，2008年第6期。

成都的休闲游乐之风起于秦汉，发展于唐末五代，在宋代达到高潮。唐宋时期，各种娱乐活动，累日连月，四时不绝，“游赏之盛，甲于四蜀”。① 成都花草众多，所谓“濯锦江边两岸花，春风吹浪正淘沙”。② 杜甫寓居成都时，曾描述其繁花盛景，“黄四娘家花满蹊，千朵万朵压枝低。留连戏蝶时时舞，自在娇莺恰恰啼”；③又有“晓看红湿处，花重锦官城”④之句。游玩赏花便成为成都游乐文化中的一项重要内容。唐玄宗开元年间，韦弇游蜀，“时将春暮，胜景尚多，弇与其友寻花访卉，日为游宴”。⑤ 而每年春夏之际，也有不少百姓出城游玩，甚而寄宿城外。城南万里桥对岸曾是一

成都合江亭

唐宋时期是中国历史上的变革时期，政治经济文化等各方面都有较大变化，其在地域空间上的表现之一便是南方逐渐超越北方，经济中心南移，而政治中心亦随之东移南迁。明清时期，政治中心北移，长江流域区域分化加剧，特别是清末以来，西方势力的影响逐渐从沿海进入内陆。此种变化促使上游与中下游的联系加强，四川的对外交通联系也转移到以长江为主干的峡路交通上来，进而影响了四川内部的地域结构，成都则失去了水码头的风貌，川东南的地位随之上升，四川的商业重心也开始东移重庆。重庆经济地位日益上升，开埠后，成为西南地区最大的对外通商口岸。

自古以来，巴蜀地区的休闲游乐风气就颇为兴盛，尤以成都平原一带最为流行。

①(南宋)祝穆:《方舆胜览》卷 51《成都府》。

②(唐)刘禹锡:《刘禹锡集》卷 27《浪淘沙》。

③(清)仇兆鳌辑:《杜诗详注》卷 24《江畔独步寻花》。

④(清)仇兆鳌辑:《杜诗详注》卷 10《春夜喜雨》。

⑤(北宋)李昉:《太平广记》卷 33《韦弇》。

片郊野坟场，德宗贞元时任剑南西川节度使的韦皋于此创置新南市，使之成为街衢宽阔、楼阁相连、店铺林立、人户逾万的新兴市场，①成了郊游踏青、品尝新鲜荔枝者的驻足之地。张籍有诗曰："锦江近西烟水绿，新雨山头荔枝熟。万里桥边多酒家，游人爱向谁家宿。"②不仅普通百姓、士人热衷于出游，官僚将帅也颇为崇尚，唐玄宗天宝末年，崔圆"与宾客将校数十百人具舟楫游于江，都人纵观如堵……初宴作乐，宾从肃如。忽闻下流十数里，丝竹竞奏，笑语喧然，风水薄送，如咫尺。须臾渐近，楼船百艘，塞江而至。皆以锦绣为帆，金玉饰舟，旌纛盖伞，旌旗戈戟，缤纷照耀。中有朱紫数十人，绮罗妓女凡百许，饮酒奏乐方酣。他舟则列从官武士五六千人，持兵戒严，泝沿中流。良久而过"。③ 当时，崔圆任剑南节度副使，他带领宾僚游玩，而其所遇之楼船乃是假想中的玄宗入蜀出游的排场。可见，当时不分阶层，均喜好游玩，上行下效，自然将成都的游赏之风推向高潮。

唐末五代之时，蜀中较为安宁殷富，王氏、孟氏子孙奢靡荒嬉，恣意享受，贵戚官宦也竞而从之，"携妓纵酒为乐"，"每春三月、夏四月，有游浣花者，游锦浦者，歌舞掀天，珠翠填咽，贵公子华轩彩舫游百花潭，穷极奢丽"。④如前蜀后主王衍乾德五年（923 年）四月，"游浣花溪，龙舟彩舫，十里绵亘，自百花潭至万里桥"，⑤引得游人士女竞相华服而出，夹岸跟随围观。后蜀后主孟昶于广政十二年（949 年）游浣花溪，"夹江皆创亭榭游赏之处，都人士女，倾城游玩，珠翠绮罗，名花异香，馥郁森列。昶御龙舟，观水嬉，上下十里，人望之如神仙之境"。⑥ 宋代成都不少游乐活动的时间、场所、方式及路线等，大多在此时就已奠定了基础。⑦

宋代成都的游乐之风不减前、后蜀之时，声名远播，"四方咸传，蜀人好游乐无时"，⑧而且其活动更趋于平民化。⑨ 史称"蜀俗奢侈，好游荡，民无赢

---

①（北宋）张君房：《云笈七签》卷 121《南康王韦皋修黄箓道场验》。
②（唐）张籍：《成都曲》，《全唐诗》卷 382。
③（北宋）李昉：《太平广记》卷 303《崔圆》。
④（清）吴任臣：《十国春秋》卷 49 引《野人闲话》。
⑤（北宋）张唐英：《蜀梼杌》卷上。
⑥（北宋）张唐英：《蜀梼杌》卷下。
⑦陈世松：《宋代成都游乐之风的历史考察》，《四川文物》，1998 年第 3 期。
⑧天启《成都府志》卷 34《成都遨乐诗》。
⑨蓝勇：《巴蜀休闲好赌风考》，《西南大学学报》，2008 年第 6 期。

余，悉市酒肉为声技乐”，[1]百姓不事蓄积，无论穷富，皆嗜好游娱活动，甚而不惜借钱卖物，“负贩刍荛之人，至相与称贷，易资为一饱之具，以从事穷日之游”。[2] 赵宋朝廷及治蜀官员有感于成都“多事游赏”的习俗，将其视作维护蜀中稳定的重要问题，既害怕放纵游玩，百姓聚而为乱，又担心严加禁止致使“人多怨咎”，最终采取引导措施，由官员主导，既作为游乐活动的组织者，又作为参与者，与民同乐，既不使之失控难管，又安抚了民心，使传统娱乐走上规范的轨道。如张咏帅蜀时，“自万里桥，以锦绣器皿结彩舫十数只，与郡僚属官分乘之，妓乐数船，歌吹前导，命曰游江，于是郡人士女，骈集八九里间，纵观如堵”。[3] 据统计，宋代益州每年旧例，“知州以下五次游江并山寺，排当从民遨乐”。[4] 而且，朝廷还拨款以用于宴饮及出游的开支。

宋代成都代表性的游乐休闲活动主要有四项：[5]其一为游江。成都城外两江环抱，有春季大、小两次游江的传统。二月二日，出城南万里桥，会宝历寺，“号小游江”；四月十九日，出笮桥门，游浣花溪，会百花潭，号“大游江”。[6] 后者最为盛大，“架舟如屋，饰彩绘，连樯衔尾，荡漾波间。萧鼓弦歌，喧闹而作。其不能具舟者，依岩结棚，上下数里，以阅舟之往

赵宋朝廷及治蜀官员有感于成都“多事游赏”的习俗，将其视作维护蜀中稳定的重要问题，既害怕放纵游玩，百姓聚而为乱，又担心严加禁止致使“人多怨咎”，最终采取引导措施，由官员主导，既作为游乐活动的组织者，又作为参与者，与民同乐，既不使之失控难管，又安抚了民心，使传统娱乐走上规范的轨道。

①（元）脱脱：《宋史》卷 257《吴元载传》。

②（宋）任正一：《游浣花记》，《成都文类》卷 46。

③（宋）陈元靓：《岁时广记》卷 1《游蜀江》。

④（清）徐松：《宋会要辑稿·刑法》二之二六。

⑤陈世松：《宋代成都游乐之风的历史考察》，载《四川文物》，1998 年第 3 期。

⑥（元）费著：《岁华纪丽谱》。

来”。① 成都之人，对于其他游观或许还有所保留，但对“大游江”则倾城而往。其二为游山。成都平旷，城北的学射山为主要的游山之处，还举行射箭比赛和宴会，规模盛大，梓州人文同称：“成都燕集，用一春为常，三日不修，已云远甚，然各有定处，惟此山之会最盛。太守与其属俟城以出，钟鼓旗旌，绵二十里无少缺。都人士女，被珠贝，服缯绵……穷极繁丽。”其三为游寺。成都寺庙众多，不仅是拜佛参禅之地，也是官吏权贵、文人墨客宴游之所，寺外商贾云集、往来交易。特别是著名的大慈寺，更成为宴集的中心，如“冬至日，宴于大慈寺。后一日，早宴金绳寺，晚宴大慈寺”。② 其他如上元节、乾元节、端午节、乞巧节等，在该寺及其他庙宇均有游赏宴集的惯例。其四是游园。宋代在前、后蜀宫殿和府第的基础上，修建了诸多园林，其中的西园乃是游观佳处，“使宅后圃名西园，春时纵人行乐”，③甚至有开设酒坊的富户出资请善于杂戏表演的艺人在其中竞技。

唐宋时期，成都的休闲游乐之风之所以兴盛，是由经济社会等各方面因素共同促成的。由唐至宋，四川地区虽然也受到藩镇混战、王朝更替等的影响，但总体来看，其时间短、规模小，社会环境相对安宁，有利于延续秦汉以来的发展趋势。在此环境下，人口增殖，农业、手工业、商业等稳步发展，物资充裕，百姓安乐、富足，为游乐活动的开展提供了经济条件。而四川僻处西南一隅，较为闭塞，与外界交往不便，从而养成小安即乐、小富即足的传统，满足生活所需之外，别无所求，耽于逸乐，④这是其社会风俗方面的原因。此外，唐末五代时期，统治阶层竞相推崇，以奢侈游观为尚，则起到推波助澜的作用。赵宋政府着意经营蜀中，将游乐活动作为保持稳定、安抚民心、推行教化的重要措施，甚至上升到政策层面，将其规范化、制度化，从而使之达于鼎盛。然而，随着蒙(元)进攻四川，蜀中残破，经济重心向川东南倾斜，成都辉煌不再。宋廷灭亡，失去政府的着意支持，盛极一时的游乐之风便很快消失，只留下《岁华纪丽谱》及诸多诗词记忆往昔之盛景。

直至明代中后期，特别是入清以后，随着生产的恢复与发展，包括成都在内的四川地区的各项风俗、休闲娱乐活动才逐渐活跃起来。沿袭唐宋时

①(宋)任正一:《游浣花记》,《成都文类》卷46。

②(元)费著:《岁华纪丽谱》。

③(宋)庄绰:《鸡肋编》卷上。

④蓝勇:《巴蜀休闲好赌风考》,《西南大学学报》,2008年第6期。

期游夜市的习俗，清代成都夜市范围不断扩大，从盐市口至东大街，更扩展至总府街，游人摩肩接踵，除大雨之夜而外，皆无闲歇。青羊宫每年二月的花市规模颇大，从老西门及老南门出城，晨往暮归，数里之间，游人如织。沿袭宋代“遨游”之风，清代成都人之节庆出游亦较多，每年正月初一游武侯祠、望江楼等，初五、初九、十五再游之，初七游草堂寺；正月十六日登城墙漫游，曰“游百病”，意为一年不生疾病；四月初八为佛诞，则购鱼、鳝于望江楼等处放生；端午又在望江楼下观龙舟竞渡。[①] 因而，城内丁公祠、延庆寺、贵州馆及城外武侯祠、草堂、望江楼等处成为游宴之所。[②] 此外，还有各种以家庭或街邻为单位的庆典活动，如牛市口的居民舞“草龙”防止病灾；三月初三是娘娘会，“省城之延庆寺、娘娘庙各处，演剧酬神”。这些活动不仅是宗教仪式，更是一种大众娱乐，吸引不少百姓参与。[③]

唐代至清后期，川陕地区经济社会等各方面发展大致可以分为两个阶段：唐宋为第一阶段，元明清为第二阶段。在前一时期，以成都平原为中心的四川地区在全国的地位甚重，对政治中心或边疆重地的支持援助至为重要，成为王朝得以延续的重要力量。以平稳发展的经济为基础，其内部形成了盛极一时的游乐之

唐宋时期，成都的休闲游乐之风之所以兴盛，是由经济社会等各方面因素共同促成的。

①四川省文史研究馆：《成都城坊古迹考》（修订版），成都时代出版社，2006 年，第 369～372 页。

②傅崇矩：《成都通览》，成都时代出版社，2005 年，第 36～37 页。

③王笛：《街头文化：成都公共空间、下层民众与地方政治（1870—1930）》，中国人民大学出版社，2006 年，第 71～74 页。

风。而随着经济重心南移，它与其他地区的物资交流也逐渐转变为以峡路交通为主，造就了以重庆为中心的川东南一带的日益发展。反观以西安为中心的关中地区，不堪庞大的政治、军事人口及普通百姓的消耗，时常需前往他处就食，并转漕米粮接济，自五代时起，丧失都城地位，经济文化等各方面日趋衰落，在全国及中西部的地位不断降低。在后一阶段，四川地区遭受两次较大战乱的严重影响，发展历程不时被打断，再难企及此前的重要作用。但就西部地区而言，四川盆地的发展仍位居前列，特别是明清时期湖广等地移民的到来，为其经济文化等各方面发展带来新的生机。

（三）成都平原领先地位下的三地文化格局

1.“自古词人多入蜀”与唐代巴蜀文化地位

自文翁兴学，汉代巴蜀文化逐渐兴盛，引人注目。及至魏晋以后，巴蜀文场寥落、人才不兴，直到唐代方有起色，此间本土有著名诗人陈子昂，独步古今，引领一代诗坛，但是如此杰出的蜀籍人才毕竟有限。与此相对，另一种文化现象却醒人耳目，诸如王勃、卢照邻、骆宾王、杨炯、杜甫、白居易、高适、岑参、李商隐、刘禹锡、元稹、韦庄、温庭筠等客籍文化名人纷纷入蜀，当时聚集在蜀中的文士密度仅次于关中与江南，①入蜀文人之多、规格之高令人惊叹。大批著名诗人和衣冠士族的到来，给巴蜀文化带来了新鲜血液，极大地促进了巴蜀文化的发展。“巴蜀”独特的人文环境与“入蜀”文人相得益彰，共同打造了“文化巴蜀”的形象，故有“自古词人多入蜀”之称。②

“自古词人多入蜀”，此说法最早滥觞于韩愈。其诗有云“蜀雄李杜拔”。宋人亦多注意杜甫入蜀的历史影响。对文人集体入蜀现象的描述可追溯至明代杨慎，其《升庵诗话》中已注意到“张蠙、韦庄、牛峤、欧阳炯，皆他方流寓而老于蜀者”。曹学佺《蜀中广记》有所增补，“唐世蜀之诗人，射洪陈子昂，彰明李白……俱蜀人，若刘蜕、张蠙、韦庄、牛峤、欧阳炯、刘猛、李季兰、张演、薛涛、张窈窕、杜羔妻皆他方流寓而老于蜀者，尝欲裒集其诗为一帙而未暇焉”。对唐代诗人集体入蜀现象的规律性总结及至清代，蜀人李调元有诗云“自古诗人例到蜀，好将诗句贮新囊”。光绪时蜀人赵熙写道：“从古诗人

①刘琳：《唐宋之际北人迁蜀与四川文化的发展》，收入《宋代文化研究》第二辑（四川大学出版社，1992 年，第 1～24 页）。

②伍联群：《试论历史上的文人入蜀现象》，《青海社会科学》，2009 年第 2 期。

多入蜀，花潭杜老望君时。”“自古词人多入蜀”的说法至此正式定型，口耳相传直至今日。[①]

唐代文士入蜀主要有避难、贬谪、宦游、漫游等几种形式，而政治局势的动荡与变迁则是其首要原因。[②] 巴蜀“其地四塞，山川重阻”，地理环境的封闭性导致对外交通不甚便利，使得巴蜀远离关中政治核心区的动荡，保持地方稳定。故在唐初，就有“天下饥乱，唯蜀中丰静”的说法，[③]及至元代文天祥也说“蜀自秦以来千余年无大兵戈”。[④] 安定的社会环境必然促进生产力的进步与财富的积累。在唐代，关中地区粮草供给除转漕北方黄河流域与东南地区外，还依赖剑南道的援助。河西陇右州军需则主要取于蜀中。[⑤] 所谓“国家富有巴蜀，是天府之藏，自陇右及河西诸州，军国所资，邮驿所给，商旅莫不皆取决于蜀”，蜀中“人富粟多，顺江而下，可以兼济中国”。[⑥] 在农业发展的基础上，手工业和商业也发展迅速。特别是成都平原，土地肥沃又得水利之便，故“水旱从人，不知饥馑”。《元和郡县图志》记载在当时扬州和益州“号为天下繁侈”，故有“扬一益二”

元明清时期，就西部地区而言，四川盆地的发展仍位居前列，特别是明清时期湖广等地移民的到来，为其经济文化等各方面发展带来新的生机。

大批著名诗人和衣冠士族的到来，给巴蜀文化带来了新鲜血液，极大地促进了巴蜀文化的发展。

“自古词人多入蜀”，此说法最早滥觞于韩愈。

光绪时蜀人赵熙写道：“从古诗人多入蜀，花潭杜老望君时。”“自古词人多入蜀”的说法至此正式定型，口耳相传直至今日。

①张仲裁：《略论“自古词人多入蜀”》，《文苑漫步》，2010 年第 2 期。

②伍联群：《试论历史上的文人入蜀现象》，《青海社会科学》，2009 年第 2 期。

③（唐）惠立、彦悰：《大慈恩寺三藏法师传》卷 1。

④（宋）文天祥：《文山先生全集》卷 9《衎州上元记》。

⑤蓝勇：《唐代长江上游地域空间的三大地位》，收入李孝聪主编《唐代地域结构与运作空间》（上海辞书出版社，2003 年）。

⑥（唐）陈子昂：《陈子昂集》卷 8《上蜀中军事》。

的说法。地理环境的封闭加上经济财富的集中,使得长江上游成为历代全国政治运作的"安全阀",每当政治核心区发生动荡,巴蜀地区便会发挥自身"大后方"的作用,成为中央政权与中原士人的天然避难之所。这种作用在唐代尤为明显,唐玄宗与唐僖宗两次播迁避难蜀中便是明证。①

由于地理环境的封闭性,巴蜀地区(尤其是川东)往往被中原士人看做偏僻之乡,认为"蜀本南夷人也,皆左其稔而椎其髻……其地卑陋,其风脞脆,蛮貊杂处,滇僰为邻"。② 唐中央王朝亦多把贬谪官员流放巴蜀。由于唐代以诗赋取士,被贬官员往往集诗人身份于一身,诸如卢照邻、杨炯、白居易、元稹、刘禹锡等著名文士都是被贬入蜀的。更多诗人是因为宦游、漫游入蜀。巴蜀地区在"安史之乱"后战略地位日重,唐王朝也日渐倚重巴蜀丰富的战略资源。每每中央统治或主动或被动加强对巴蜀的控制时,宦游入蜀的文士便格外地多。巴蜀地区也是唐代诗人主要漫游之地,其地位仅在江南之下。在唐代取士制度影响下,落第诗人往往漫游全国以博社会声望。在唐末,漫游入蜀者更多,《太平广记》、《云溪友议》、《唐摭言》等对此有十分详细的记载。③ 诗人入蜀还有其他一些因素,或为访亲而来,或为参加科举,但为数不多,不做详述。

从时段上看,唐代诗人入蜀大致可以分为四个时期:

成都杜甫草堂

第一时期为初唐入蜀诗人群,以"初唐四杰"为代表。"四杰"入蜀将诗歌的种子播撒到蜀中,对唐代巴蜀文化产生积极的影响。第二时期为开元、天宝入蜀诗人群体,以杜甫、高适、岑参为代表。特别是杜甫入蜀的文化意义极大,对巴蜀文化影响极深。为避"安史之乱",杜甫避难

①蓝勇:《唐代长江上游地域空间的三大地位》,收入李孝聪主编《唐代地域结构与运作空间》(上海辞书出版社,2003 年)。

②(唐)独孤及:《招北客文》,《全唐文》卷 389。

③伍联群:《试论历史上的文人入蜀现象》,《青海社会科学》,2009 年第 2 期。

蜀中达八年之久，共创作900余首诗歌，占其全部诗歌创作（1400余首）的一半还多。可以说杜甫若不入川，其呈现在我们面前的作品要单薄得多，而其诗歌创作的日益精进、诗风的沉郁顿挫与入蜀都有很大关系。第三时期为长庆、元和年间入蜀诗人群体，以白居易、元稹、刘禹锡为代表。白居易被贬忠州刺史，诗多描述忠州特产荔枝，并写有《荔枝图序》，其宣传介绍之功卓著。元氏两次入蜀，诗歌多反映巴蜀山水与巴蜀风情。刘禹锡入峡任夔州刺史三年，积极学习巴蜀民间文化，创作《竹枝词》九首，多描写巴蜀风土人情，具有浓厚的乡土气息，清新自然，活泼真挚。此期间入蜀的诗人还有贾岛、薛涛等人，影响也较大。第四时期为晚唐入蜀诗人群体，以李商隐、韦庄、罗隐、郑谷、崔涂为代表。李商隐入蜀五年，其《夜雨寄北》、《筹笔驿》等名篇流传甚广，影响极大。韦庄避乱入蜀，工诗善词，他对蜀中花间词的兴起影响很大。罗隐、郑谷、崔涂亦因黄巢乱起避乱入蜀，其诗作也多描写蜀中景色风物，颇多佳作。①

"自古词人多入蜀"的盛况展现了唐代关中文化核心对巴蜀文化的辐射与影响，带来的是区域文化的交流与碰撞。尤其唐玄宗与唐僖宗的两次入蜀，大批关中衣冠士族随之入蜀。与此同时，京畿图书名画也随之流入蜀中，刘献猷《宋代蜀文辑存序》就记载："唐玄、僖二宗先后幸蜀，文物益盛。"《益州名画录》也记载，"蜀因二帝驻跸，昭宗牵幸，自京入蜀者

地理环境的封闭加上经济财富的集中，使得长江上游成为历代全国政治运作的"安全阀"，每当政治核心区发生动荡，巴蜀地区便会发挥自身"大后方"的作用，成为中央政权与中原士人的天然避难之所。

---

①杨世明：《巴蜀文学史》，巴蜀书社，2003年，第102～202页。

将到图书名画，散落人间，固亦多矣。杜天师在蜀集道经三千卷、儒书八千卷。(赵)德玄将到梁隋及唐百本画，或自模拓，或是粉本，或是墨迹，无非秘府散逸者……”①宋人文同也说：“蜀自唐二帝西幸，当时随驾以画待诏者皆奇工，故成都诸郡寺所存诸佛、菩萨、罗汉等像处，虽天下能号为古迹多者，无如此地所有矣。”②《全唐诗》中创作于蜀地的有1470首，仅次于两京与江南，排第4位，其中“安史之乱”与唐末动乱，使得京都诗人聚集蜀中，故而带来两次创作高潮。③

“自古词人多入蜀”的盛况对巴蜀文化在唐代全国格局中的地位也影响深远。随着入蜀文士对巴蜀文化的了解与传播，中原人士逐渐改变了对巴蜀“蛮荒之地”的看法。“安史之乱”后创作的诸多唐诗一改对巴蜀的贬低态度，多为赞美之辞。刘禹锡对此总结道：“华阳黑水，昔称丑地。近者尝为王所，百态丕变，人风邑屋与山水，俱一都之会，自为善部矣。”④蜀中文化风气也逐渐形成，为文好学之风日盛。唐代入蜀定居的范氏、苏氏家族，其后裔在宋代涌现出“三范”、“三苏”这样的巴蜀文化名流。可以这样说，没有唐代的“自古词人多入蜀”，就没有宋代巴蜀文化的鼎盛局面。“自古词人多入蜀”作为一种文化现象，一种文化符号，已经成为巴蜀文化的精神资源，其意义之深影响之巨，令人千古长叹！

2.“自古蜀之士大夫多卜居异乡”与宋代巴蜀文化地位

唐代巴蜀文化虽有“自古词人多入蜀”的亮丽风景，但总体说来，其在全国的地位还是低下的。汉代四大文学家巴蜀独占其三，唐代仅有陈子昂一人而已；两汉四川地区先后有五人出任中央宰辅，但唐代全国369个宰相中巴蜀仅有盐亭严震一人；⑤隋唐五代的198个杰出人才中，巴蜀仅有4个；唐代出进士最多的10个省中，也没有四川一席。⑥

入宋以后，巴蜀文化大有改观，在全国的地位举足轻重。“文学之士，彬彬辈出焉。”“唐宋八大家”中宋代占六位，巴蜀占三位，独有半壁天下。宋代

①(北宋)黄休复：《益州名画录》卷上，四川存古书局，1915年刻本。

②(宋)文同：《丹渊集》卷22《彭州张氏画记》。

③唐代四川诗歌创作总量以及创作高潮，参见戴伟华《地域文化与唐代诗歌》(中华书局，2006年，第45～56页)。

④(唐)刘禹锡：《山南西道新修驿路记》，《全唐文》卷606。

⑤蓝勇：《西南历史文化地理》，西南师范大学出版社，1997年，第87页。

⑥缪世鸿：《长江三角洲与其他地区人才比较研究》，收入《中国东南地区人才问题国际学术会议论文集》(浙江大学出版社，1993年)。

巴蜀文学家数量横向上仅次于浙江、江西、福建、河南、江苏，为全国第六位，纵向上是巴蜀历代最多的时代。[①] 在当时，四川和江南的进士人数已经占了全国的80%左右。而北宋时期四川进士数居第八位，南宋则跃居第四位。宋代蜀籍人士入职为宰相者达27人之多。[②]在这种背景下，“蜀学”已经成为宋代文化中举足轻重的学术流派，蜀中学者亦“森然若林”。《广志绎》卷5也说：

杨用修谓：自古蜀之士大夫多卜居别乡，李太白寓江陵、山东、池州、庐山，而终于采石，老苏欲卜居嵩山，东坡欲买田阳羡，魏野之居陕州，苏易简之居无闷，陈尧佐之居嵩山，陈去非之居叶县，毋廷瑞之居大冶，虞允文之居临川，牟子才之居云川，杨孟载之居姑苏，袁可潜之居笠泽。

这种状况与唐代巴蜀文化“自古词人多入蜀”迥然有别。巴蜀文化经过五代前后蜀及宋初相对安定环境的孕育后重新崛起。蜀中人才辈出，常常是一家数子或数代俱登进士，历任地方、朝廷官职，位列宰执高位者以及当朝名臣、学术巨匠亦不在少数，较之中原与东南，毫不逊色。[③]

---

①曾大兴：《中国历代文学家的地理分布》，湖北教育出版社，1995年。

②见肖忠华《宋代人才的地域分布及其规律》、缪世鸿《长江三角洲与其他地区人才比较研究》、李有明主编《四川古代名人·蜀人历任宰相、宰辅简表》，转引自蓝勇《西南历史文化地理》（西南师范大学出版社，1997年，第88页）。

③粟品孝：《宋代四川主要学术家族述论》，收入邹重华、粟品孝主编《宋代四川家族与学术论集》（四川大学出版社，2005年）。

“自古词人多入蜀”的盛况对巴蜀文化在唐代全国格局中的地位也影响深远。随着入蜀文士对巴蜀文化的了解与传播，中原人士逐渐改变了对巴蜀“蛮荒之地”的看法。

入宋以后，巴蜀文化大有改观，在全国的地位举足轻重。“文学之士，彬彬辈出焉。”“唐宋八大家”中宋代占六位，巴蜀占三位，独有半壁天下。宋代巴蜀文学家数量横向上仅次于浙江、江西、福建、河南、江苏，为全国第六位，纵向上是巴蜀历代最多的时代。在当时，四川和江南的进士人数已经占了全国的80%左右。而北宋时期四川进士数居第八位，南宋则跃居第四位。宋代蜀籍人士入职为宰相者达27人之多。

巴蜀文化为何在宋代会如此兴盛？这与唐宋中国政治经济文化发展的格局紧密相关。从唐代起，中国出现南北社会经济同时发展的局面，北方以长安、洛阳东西两京为代表，南方则有“扬一益二”的说法，长江上游的成都与下游的扬州经济十分发达。但“安史之乱”后，北方地区气候转寒，战乱不已，农业凋敝。关中核心地区经济遭受打击，加上人口众多，粮草不足，不得不就食东都。五代两宋以来，由于北方农业生态持续恶化，再加上政治中心战乱不断，大量北方人口南迁，南方经济迅速发展，中国政治经济文化重心逐渐东移南迁，[①]使得巴蜀地区的经济地位在全国举足轻重，长江上游战略地位也日益提高。及至宋代，巴蜀因其富饶的战略资源在全国空间运作上更突出，既是全国防区的前沿阵地，又是当时政治、经济核心区的战略后方，在抗金、抗蒙(元)战争中作用十分突出。得川则宋兴，失川则宋亡。政治经济地位的提升必然促进巴蜀文化的高度发展。此外，唐宋大批士大夫因为避乱而入蜀，这批文化移民也对宋代巴蜀文化的兴盛打下基础。

巴蜀战略地位的崛起，使得四川士风亦为之一变。隋唐之际，蜀中士子多“不乐仕进”，《隋书·地理志》就称巴蜀“然少从宦之士，或至耆年老首，不离乡邑”。然而在宋代，蜀中士大夫或进京为官，或流转全国，影响日增。有名望者有梓州苏易简、苏舜钦、文同，华阳范镇、范百禄、范祖禹，眉山苏洵、苏轼、苏辙，阆中陈尧叟、陈尧佐、陈尧咨，隆州李心传、李道传、李性传、虞允文，汉州张浚、张栻，丹棱李焘，邛州魏了翁等。这批文化人士或以文辞之学见长，或以经史之学著称，或以易学名世，或以忠孝传家，或世显以儒，或为理学名门，[②]人才济济，冠绝中华，连宋高宗也说“蜀中多士，几与三吴不殊”。[③]

宋代巴蜀文化繁荣的标志便是眉山“三苏”的崛起。在政治上，他们是当时“蜀党”的领军人物，影响了当时的政局。在学术上，“苏氏蜀学”自成一家，一方面与洛、朔旧学抗衡，一方面和江西新学竞争。在文学上，“三苏”声

①蓝勇：《中国历史地理学》，高等教育出版社，2002年，第220～222页。

②粟品孝：《宋代四川主要学术家族述论》，收入邹重华、粟品孝主编《宋代四川家族与学术论集》(四川大学出版社，2005年)。

③(南宋)李心传：《建炎以来系年要录》卷111。

名盖世，父子三人同列唐宋八大家之列。三人中又以苏轼成就最高，可谓天纵英才千古无双，在文、诗、词、书、画诸领域无不精通。苏文汪洋恣肆，立意高远，名篇佳作迭出；苏诗一唱三叹，以禅入诗，尤以理趣见长；苏词以文入词，风格多变，首开豪放词派；苏书风骨雅劲，天真烂漫，当时有“苏黄米蔡”之称；苏画追求神似，画中有诗，为文人画之代表。作为当时一代文宗，苏轼还培养出诸如黄庭坚、秦观、晁补之、张耒等杰出弟子，当时有“苏门四学士”之美誉。他还极大地影响了南宋士子，陆游说道“建炎以来，尚苏氏文章，学者翕然从之，而蜀士尤盛”，[①]以至于“人传元祐之学，家有眉山之书”，[②]无怪乎当时士子们流传“苏文熟，吃羊肉；苏文生，咬菜根”的口头禅。东坡对当时中国北方的辽、金影响也极大，诗风行于北，在金有“苏学盛于北”之说。明清以降，影响不衰，及至今日。蜀文人在外影响之大，若不算李太白，就只有苏轼一人。[③]

“三苏”之外，成都范氏家族亦“世显以儒”，一门中范镇、范祖禹、范冲等人先后为翰林学士。范氏为史学世家，西蜀史学在宋代的繁盛，范氏家族功不可没。[④] 另外，梓州苏氏家族在宋代也极有影响，尤其是苏舜钦，自幼

宋代巴蜀文化繁荣的标志便是眉山“三苏”的崛起。

“三苏”之外，成都范氏家族亦“世显以儒”，一门中范镇、范祖禹、范冲等人先后为翰林学士。

---

①（宋）陆游：《老学庵笔记》卷8。

②宋孝宗：《赠苏文忠公太师制》，转引自祝尚书《宋代巴蜀文学通论》（巴蜀书社，2005年，第163页）。

③以上关于苏轼文学成就的论述主要参考祝尚书《宋代巴蜀文学通论》（巴蜀书社，2005年）。

④胡昭曦：《宋代“世显以儒”的成都范氏家族》，收入邹重华、粟品孝主编《宋代四川家族与学术论集》（四川大学出版社，2005年）。

慷慨有大志，一反宋初文坛弊病，提倡古文诗歌，为当时诗坛名家。邛州魏高氏，世代通婚形同一门，其中魏了翁、高斯得影响最大。魏了翁官运亨通，又是南宋理学名家，私淑朱熹、张栻。他在蜀中传播理学，影响极大，是宋代巴蜀理学的集大成者。高斯得是魏了翁的外甥，亦是理学名家。其他还有文同、虞允文等，都是巴蜀著名士人。文同为文人画之宗师，虞允文为一代儒将，采石之战中一举成名，都名动当时，影响深远。

陈寅恪先生说："华夏民族之文化，历数千年之演进，造极于两宋之世。"①而宋代文化兴盛局面的形成与巴蜀文化息息相关，若没有巴蜀士大夫出川的积极推动，其繁荣局面必会大打折扣。巴蜀文化在宋代达到顶峰，其特点有二：一是除汉代外，巴蜀文化的主要创造者往往是区外人，蜀中文化的繁荣，也与他们的入蜀有关。但宋代不一样，当时巴蜀文化的繁荣主要是蜀人本身努力所致。二是以前是入川文化名人大于出川蜀士，宋代反之。宋代蜀人在乡外取得的文化成就比之过去，总体上还要高些。② 宋代巴蜀人才灿若繁星，高峰并峙，千载之下，于斯为盛，其成就之高、影响之深，世所罕见。从"自古词人多入蜀"到"蜀之士大夫多卜居异乡"，展现出巴蜀文化的包容性与开放性。近人孙献猷《宋代蜀文辑存序》对此称赞道："《宋史》列传八百余人，而蜀中一隅之地，多至百数十名，其他见于故书雅记者，犹数倍于兹。终两宋之世，吾蜀人才臻于极盛，殆自来所未有。其人且率皆文学、政事、史才之选，徒以武勇取功名者绝罕。"总而言之，宋代巴蜀文化达到了近代以前历史发展的最高峰，明清两代均不能企及，不仅在当时受到广泛关注，对后世也具有深远影响。

3."关学"与"蜀学"的理学情结

两宋是中国学术发展史上的重要时期，正如王国维先生所言："宋代学术，方面最多，进步亦最著。"③在经历汉唐经学的兴衰后，面对内忧外患之局面，宋儒们在复兴儒学、疑古惑经思潮的推动下，发展出以义理解经的新学术，是为"宋学"。"汉学"重训诂，为章句之学；"宋学"重解经，为义理之学。

①陈寅恪：《金明馆丛稿二编》，生活·读书·新知三联书店，2001年，第277页。

②杨世明：《巴蜀文学史》，巴蜀书社，2006年，第219页。

③王国维：《宋代之金石学》，转引自朱汉民等著《中国学术史·宋元卷》之《引子·宋元学术概论》（江西教育出版社，2001年）。

从思想观念和理论体系而言，“宋学”内部内容庞杂，学统四起，学派林立，地域色彩十分明显。其主要流派有周敦颐“濂学”、张载“关学”、二程“洛学”、王安石“新学”、三苏“蜀学”、朱熹“闽学”等。从学术脉络上，“濂学”、“关学”与“洛学”开理学之宗，后来朱熹“闽学”集理学之大成，理学一派终为“宋学”主流；“新学”与“蜀学”为“宋学”支脉，但对理学的发展影响甚大。随着理学的广泛传播，“蜀学”等学派也逐渐“义理”化，理学成为“宋学”正统。①

北宋时，“关学”作为理学一派，别具一格，独成一体。“关学”创立者为张载，因地处关中，遂号为“关学”。② 其学术体系主要有以下三点：一是以《易》为宗的气本体论，二是以“知礼成性”、“变化气质”为核心的道德观与认识论，三是以礼治为基础的政治思想。作为理学的一支，“关学”一开始就带有浓厚的理学色彩。

首先来讨论其本体论。“关学”与“洛学”一样，其宇宙观都是以《易》为理论基础，但两者不同的是，“关学”的宇宙观以“气”为核心，把阴阳二气变异的法则作为其哲学的最高范畴。“关学”还以“太虚”作为“气”的消散状态，主张“凡象皆气”，不仅赋予“气”以本体意义，

---

①关于宋代理学的概念与发展历程，可参阅陈植锷《北宋文化史述论》和张立文《宋明理学研究》两书。

②关于张载“关学”的理论体系，可参考姜国柱《张载关学》与陈俊民《张载哲学思想与关学流派》两书。本节关于张载“关学”的论述主要参考张岂之主编《陕西通史·思想卷》第六章第二节（陕西师范大学出版社，1997 年）。

还进一步论证了世界的统一性。同时还提出"一物两体"的命题，来说明阴阳二气的对立统一。其次来考察其道德论与认识论。其把"礼"作为伦理规范与道德基础，并以天道说人事，明确提出："礼者理也，须是学穷理……知理则能制礼，然则礼出于理之后。"再次看其以礼治为基础的政治思想。"关学"倡导古代儒家的礼仪制度，主张恢复以宗子为轴心的宗法制度，欲借助宗法制度来稳定政治统治。

"关学"在当时很有影响，"关学"之盛，不下"洛学"，在哲学上具有明显的气本论倾向，在政治上强调"学贵致用"，在学术传统上躬行礼教。但张载死后，"关学"一门"再传何其寥寥"，北宋以后，逐渐熄灭。"关学"逐渐"洛学"化，张载弟子"三吕（吕大林、吕大钧、吕大临）之与苏氏（苏昞）以其曾及程门而进之"，其余弟子皆"潜心伊洛之学"，以"濂洛诸儒自期待"。尤其是张载得意弟子吕大临，张载死后即投奔"二程"，成为程门"四先生之一"。由此，"关学"赢得了"洛学""咏涵义理"、空说心性的特点，却日益丧失自身"正而谨严"、"精思力践"的古朴风格。另一方面也可以说明"关学"在"洛学"的影响下，其自身思想进一步义理化，理学情结更加浓厚。以后随着"朱学"北传，"关学"的理学色彩也愈来愈明。

"蜀学"真正具有学派意义是在北宋中期，"三苏"的兴起是"蜀学"开始兴盛的标志。从宋代"蜀学"的发展脉络看，其经历了"苏氏蜀学"——"濂洛入蜀"——"洛蜀会同"三个阶段，从而完成"义理"化的过程。以魏了翁为代表的"蜀学"，融合"蜀学"精髓和理学思想，成为南宋后期理学的代表人物，"蜀学"最终"理学化"。①

眉州三苏祠苏东坡像

"苏氏蜀学"师承苏洵，由苏轼、苏辙兄弟二人发展成熟。苏洵主张"权变"，并用此解释"六经"，这是"苏氏蜀学"独立成派的基础。正是"权变"思想使"蜀

①本节关于"蜀学"的论述主要参考胡昭曦、刘复生、粟品孝《宋代蜀学研究》（巴蜀书社，1997 年）。

学”与“新学”、“洛学”抗衡角力，格格不入。但苏洵缺乏对性理之学的探讨，这些方面由其二子完成。苏轼、苏辙在其父亲学术的基础上，继续发展，大量吸取佛、道思想，“上谈性命，下述政理”。“苏学”尚权谋，重人情，有经世之学的特点；主张三教合一，佛、道思想痕迹明显。“苏氏蜀学”在当时影响极大，从游者甚众，形成“苏门四学士”，“一时文物之盛，自汉唐以来未有也”。在当时，“蜀学”与“洛学”相抗衡，学术之争演化为政见之争，出现“洛蜀党争”的局势。

作为“宋学”中的主要派别，“洛学”与“蜀学”经历了对抗、并存到相互融合的过程。其中，“濂洛入蜀”为“蜀学”的转型奠定基础。周敦颐于嘉祐元年迁判合州（重庆合川），“当时乡贡之士，闻先生学问，多来求见”。“濂学”开始在蜀中传播。与“濂学”入蜀同时，二程“洛学”也开始入蜀。一方面是程颐入蜀传播，另一方面是蜀人往洛中问学于“二程”。“濂洛入蜀”为“蜀学”的发展注入新的活力，为日后“蜀学”“义理化”的转变打下基础。

“苏氏蜀学”之后，经过“濂洛入蜀”的刺激，“蜀学”开始从以“苏学为主”到以“洛学为主”的转型，其中，谯定和张浚很有影响。谯定字天授，涪州乐温县（今重庆长寿区）人，是两宋之际巴蜀著名学者，师从“二程”，也是理学“涪陵学派”的创始人。张浚为南宋抗金名将，但在学术上也颇有造诣。他师从谯定，为程颐再传，又学于眉山苏元老，为东坡再传，具有“洛学”和“苏学”的双重传统。他们二人都深明易学，对“蜀学”“义理

作为“宋学”中的主要派别，“洛学”与“蜀学”经历了对抗、并存到相互融合的过程。其中，“濂洛入蜀”为“蜀学”的转型奠定基础。

化”起到积极的推动作用，此时，“蜀学”的“理学”色彩已经比较浓厚了。南宋时期，“蜀学”在张栻和魏了翁为首的理学名家推动下，出现了“洛蜀会同”，“蜀学”发展到高峰，至此也完成了从“苏学”到理学的转型。张栻是南宋四川杰出的理学家，被视为“湖湘学派”的奠基人，其学术在四川得到广泛传播，极大地改变了“蜀学”的面貌。“蜀学”远续孔孟、近接周程的道统性开始得以奠定，宋代“蜀学”之定型与鼎盛，自此开始。魏了翁师上承张栻与朱熹，积极宣传理学，当时声望极高，有“南方共尊鹤山老”的说法。其在蜀中创立鹤山书院传播理学，最终确立了理学在巴蜀地区的学术统治地位。魏氏主张义理与考据两者不可偏废，将“宋学”的境界进一步发扬光大，使得“蜀学”最终“义理化”。

“关学”与“蜀学”作为“宋学”最重要的组成部分，最终都汇入“二程”理学的框架中，逐渐“义理化”，两派学术亦尽染理学之风。这种情况的出现是与两宋当时的社会转型相适应的，是符合当时的社会现实的。“理学化”也使得“关学”和“蜀学”更富思辨性与逻辑性。

从地域学术文化的角度比较而言，“关学”特点有三：一是“关学”之人少时多任侠使气，及长方志于道；二是重礼与重制度并行；三是讲究实践。“蜀学”特点有四：一是“蜀学”多能文之士；二是“蜀学”在早期多谈佛老纵横之学，后期方一炉治之；三是不甚讲象数之学；四是长于史学。① 两者共同之处就是皆崇尚实际，讲求事功。从地域学术文化发展的形成机制看，秦陇文化重功利、尚实际、尊义气的现实主义对“关学”影响极深，其讲求躬亲实践的朴实学风是与关中地域文化的整体氛围相适应的。② 巴蜀文化自成一体，自古易学发达而形象思维活跃，故“蜀学”多灵秀之气，三教并收又颇具“异端”，讲求实际又多重人情。③ “关学”与“蜀学”作为地域色彩明显的两种学术流派，不仅是“宋学”的组成部分，更是巴蜀与秦陇地域文化的象征。作为地域学术文化演进的结果，“关学”与“蜀学”不仅对宋代理学与宋代文化的辉煌做出突出贡献，还深刻影响了中国学术的发展，其思想价值与学术意义都值得后世认真总结深思。

---

①夏君虞：《蜀学概要》，商务印书馆，1937年，第89～108页。
②葛承雍：《中华文化通志·秦陇文化卷》导言，上海人民出版社，1998年。
③胡昭曦、刘复生、粟品孝：《宋代蜀学研究》，巴蜀书社，1997年，第332页。

4."经商半是秦人集"与巴蜀秦陇移民文化

巴蜀自古就是一个移民社会。自秦代开始直到现在,移民对巴蜀文化氛围的改变是十分大的。中国政治、经济大格局的不断变化和移民籍贯的不同导致巴蜀移民风潮呈现出明显的周期性,外来移民文化也各具特色。大致而言,秦汉至隋唐时期,巴蜀主要为北方文化氛围时期,其中秦陇文化影响最为显著;宋元明清时期,尽管呈现明显的南方文化特征,但由于地缘环境的近便,秦陇文化的影响亦较大。

陕西移民入川最早可追溯至秦朝。《华阳国志》卷3《蜀志》记载:秦灭巴蜀以后"移秦民万家实之"。在秦陇文化的影响下,巴蜀之人大都"能言秦言"。"染秦化"也使得巴蜀风俗为之一变,故有所谓"蜀承秦后,质文刻野",蜀地言语也"颇与华同"。唐宋时期关中避乱入蜀的士家大族对巴蜀文化影响也很大。从移民的成分来看,秦汉时期入蜀移民多为工商富豪与工匠,唐宋时期多为衣冠士族。从文化影响来看,秦汉移民对巴蜀文化的影响主要体现在大众文化的层面,唐宋时期影响多集中在精英文化层面。

明清时期,巴蜀地区受战乱影响,人口损耗严重,"千百不存一二"。在此背景下,大量外省移民涌入,秦陇移民也纷纷入蜀,成为这一时期北方移民入川的主要来源。在川西、川北和川西北地区,陕西移民相对较多。① 与前代相比,这时候入川的秦陇移民多从事商业活动,作为"十大商帮"之一,秦陕商帮的经营范围十分广阔。早在明朝宣德年间,陕西人便入川从事商

"关学"与"蜀学"作为"宋学"最重要的组成部分,最终都汇入"二程"理学的框架中,逐渐"义理化",两派学术亦尽染理学之风。这种情况的出现是与两宋当时的社会转型相适应的,是符合当时的社会现实的。"理学化"也使得"关学"和"蜀学"更富思辨性与逻辑性。

"关学"与"蜀学"的共同之处就是皆崇尚实际,讲求事功。

"关学"与"蜀学"作为地域色彩明显的两种学术流派,不仅是"宋学"的组成部分,更是巴蜀与秦陇地域文化的象征。

① 蓝勇:《西南历史文化地理》,西南师范大学出版社,1997年,第20~87页。

民国初年成都陕西街附近

业，到明朝中期，陕西商人为趋厚利，不断涌入巴蜀地区。由秦入川经商者人数众多，仅夔州一地就数万人。清初余生生在《蜀都行》中就说当时成都平原“经商半是秦人集”，关中人还形象地把入川经商的陕西人称作“川客”。

秦陇商人在巴蜀地区多经营盐业。《全蜀经略》卷1就说：“川中民贫，鲜赀所称，为盐商者，多系山陕人民，听其有本自来耳，势难强也”，经济势力之雄厚可见一斑，其中就不乏“不数年息十倍”的暴发户。尤其是咸丰年间，由于太平天国运动的影响，淮盐无法运销楚地，清政府只好采用“川盐济楚”的政策以缓解危机。受此刺激，“川客”在巴蜀地区的投资达到顶峰，几乎垄断了整个四川盐业。盐业运销也多由陕西商帮包揽。自清政府开通云贵两省铜铅直达长江的水道后，陕帮便利用水道把四川自贡的井盐大量运销云贵。陕帮在自贡的商号竟达150多家，控制了该地的盐业运销，形成“三秦客友，运销滇黔，连樯万艘”的盛况。特别是“川盐济楚”以后，四川盐业年产销总额达八亿斤有奇，销售区扩大到川、黔、滇、陕、鄂、湘六省，川盐运销达到极盛，陕西盐商在此期间，所获极大。秦商在川经营200多年，除盐业经营外，还涉足四川茶叶贸易、生丝贸易、山货运销、典当业等领域。有清一代，陕商在川的商业活动扩大了四川与周边地区的商品流通，有力地促进了巴蜀经济的发展。① 明清时期秦商的大批入蜀，不仅带来“经商半是秦人集”的盛况，对巴蜀移民文化的形成也产生了深刻影响。各省移民大量入川，纷纷以地缘关系建立自己籍贯的会馆。据统计，四川地区共建立了1400多个移民会馆，会馆文化呈现出一种五方杂处的文化氛围。②

---

①以上关于陕西商帮在巴蜀地区的经营活动，主要参考田培栋《明清时代陕西社会经济史》（北京师范大学出版社，2000年，第382～390页）。

②蓝勇：《清代西南的移民会馆》，见《西南历史文化地理》附录（西南师范大学出版社，1997年，第507～527页）。

其中，秦陇会馆在诸多会馆中极具特色，影响也大。会馆中普遍设有戏台，酬神戏剧十分繁荣。秦陇会馆也不例外，一般都上演自己地方戏种，几乎是每天一台甚至多台上演。秦腔自然是陕西会馆戏台表演的特色，当时的《竹枝词》这样记载：

戏班最怕陕西馆，纸爆三声要出台。算学京都戏园子，迎台吹罢两通来。

会馆虽多数陕西，秦腔梆子响高低。现场人多坐板凳，炮响酹神散一齐。

元宵处处耍龙灯，舞爪张牙却也能。鞭炮连声灯烛亮，黄州会馆呆堪称。

石狮称为石马巷，江南馆住宁波客。背绳尽是无研辈，挣得钱来不顾身。

秦人会馆铁桅杆，福建山西少者般。更有堂哉难及处，千余台戏一年看。

自贡陕西会馆

到明朝中期，陕西商人为趋厚利，不断涌入巴蜀地区。由秦入川经商者人数众多，仅夔州一地就数万人。清初余生生在《蜀都行》中就说当时成都平原“经商半是秦人集”，关中人还形象地把入川经商的陕西人称作“川客”。

“川客”在巴蜀地区的投资达到顶峰，几乎垄断了整个四川盐业。

正是由于移民文化的相互融合与杂处，各种唱腔开始互相影响。会馆作为戏剧文化传播的载体，在其中作用极大。在清末民初时期，形成一个会馆合并的高潮，各种唱腔同台演出，现代川剧就在这样的背景下形成。其中，陕西会馆的秦腔表演在其中占据了十分重要的位置。川剧中的“弹戏”，又称“盖板子”或“川梆子”，传统认为即是起于秦腔，清初李调元《雨村剧话》中称当时秦腔“蜀中甚行”。秦腔传到蜀中后自然受到四川原有本土文化的影响，形成富有自己特色的“川梆子”。川剧形成后，由于移民来源的不同，各地土著文化的风尚不同，逐渐形成了不同的流派，川剧界则称为“河道”。在清末民初，四川境内形成了四条“河道”，即资阳河、川北河、下川东、川西坝。其中，川北河就是在陕西移民文化的影响下形成的。川北河擅长弹戏、花灯戏，集中在嘉陵江中上游及巴河、州河、渠江、涪江、遂宁河地区，主要以阆中和南充为中心，包括西充、广元、仪陇、渠县、达县、台川、通江、南江、巴中、广安、蓬溪等大片地区。对此，陆永箕《绵竹竹枝词》记载：“山村社戏赛神幢，铁铰檀糟拓作梆。一派秦声浑不断，有时低去说吹腔。”可以说，没有陕西秦腔的影响，川剧便不会有日后的局面，更不会有“蜀曲亢音与秦同，帮腔儿欲破喉咙”的特色。①

酉阳龚滩陕西会所

①蓝勇：《西南历史文化地理》，西南师范大学出版社，1997年，第241～246页。

相比巴蜀其他地区，秦陇移民文化在成都平原表现更为明显，影响也最深。随着陕西商人在川西地区的日渐增多，成都平原还极为盛行陕西皮影。民谚中就有“早观京肘肘（木偶戏），晚看陕灯影”的说法。清末出版的《成都通览》也说“陕灯影，秦腔也，小儿可观”[①]。在语言方面，秦陇方言对川西地域文化也有重要影响。明清时期巴蜀移民“五方杂处”，但“宁卖祖宗田，不忘祖宗言”，“打乡谈”十分流行。大量秦陇方言词汇也随着秦商入川而来。嘉庆时六对山人《锦城竹枝词》就称：“三交界处音尤杂，京话秦腔默得那。”受此影响，成都平原地区发音儿化明显，轻音多，柔弱而婉转。徐珂《清稗类钞》也说：“成都言语之发音间多用尖音，故平仄每混一。”秦陇文化还深深影响了成都人的个性特征。在经济背景的影响下，成都人更多继承了秦人重商的传统，其质朴的民风在成都商业文化面前显得十分微弱，形成了成都人精明、敏捷的个性特征。[②] 秦陇商业文化也促进了成都城市商业文化的发达，成都因此被称作“名都乐园”。另外，秦陇移民文化的植入，还对巴蜀文化分区产生重要影响。“经商半是秦人集”也使得川西成都平原相比川南、川东北地区商业特征更加明显。[③]

秦陇文化还深深影响了成都人的个性特征。在经济背景的影响下，成都人更多继承了秦人重商的传统，其质朴的民风在成都商业文化面前显得十分微弱，形成了成都人精明、敏捷的个性特征。

---

①林木、李颖：《巴蜀艺术地理》，山东美术出版社，2005 年，第 33 页。

②蓝勇：《西南历史文化地理》，西南师范大学出版社，1997 年，第 495 页。

③对巴蜀文化三大区域的划分问题，参阅蓝勇《西南历史文化地理》（西南师范大学出版社，1997 年）第 13 章。

这种商业文化的注入与本地区发达的商业文化因素相融合，使得川西地域文化自成一体。①

从地域文化交流的角度看，明清秦陇移民文化大大丰富了巴蜀文化的内涵，也促使巴蜀文化更具开放性。“经商半是秦人集”的积极意义在于其促进了巴蜀、秦陇两大地域文化的交流与学习，而不同地域文化只有相互交流相互补充才是生生不息之道、日新月异之道。

5.“少不入川”与“老不入陕”的文化背景

著名作家贾平凹先生在《入川小记》这篇散文中说：“我的家乡有句俗语：少不入川。少不入者，则四川天府之国，山光、水色、物产、人情，美而诱惑，一去便不复归也。”意谓年轻人到此温柔富贵之乡，便会贪图享受丧失斗志。与之对应的还有一句“老不入陕”，意谓陕西地处西北高原，生存环境恶劣，干旱少雨风沙袭人，不适宜养老。这两句俗语流行甚广，尤其在关中一带十分盛行。从地域文化的角度看，“少不入川”与“老不入陕”是民间对巴蜀、秦陇文化差异性的感知与体认。

先说“少不入川”所蕴涵的巴蜀地域文化背景。

巴蜀自然条件可谓得天独厚，四川盆地位于北纬 26°～34°间，属于亚热带季风性气候，林木丰裕，四季常青。盆地东部为川东平行岭谷，江河纵横，水源丰富。盆地西部为成都平原，也称川西平原，由岷江、沱江等河流冲积而成，平原上河渠密布，灌溉便利。由于北部秦岭和大巴山的阻挡，冬季南侵的冷空气不易进入盆地，而来自东南太平洋和西南印度洋的暖湿气流却可以顺利到达盆地。巴蜀盆地气候终年温暖，全年无霜期长达 280 天～340 天，对农作物生长十分有利。② 再加上巴蜀地区降雨丰富，土壤肥沃，区域内生物多样性十分明显，一年可两到三熟，物产极为丰富，巴蜀也因“富庶”而名闻天下。特别是战国李冰修筑都江堰之后，“蜀沃野千里，号为陆海。旱则引水浸润，雨则堵塞水门，故记曰：水旱从人，不知饥馑，时无荒年，天下谓之天府也”。③ 故巴蜀地区“家有盐铁之利，户专山川之材，居给人足，以富相尚”。④ 正是由于巴蜀物产沃饶、人富粟多，故每当中原饥馑之时，“下巴蜀之

---

①蓝勇：《西南历史文化地理》，西南师范大学出版社，1997 年，第 487 页。

②林木、李颖：《巴蜀艺术地理》，山东美术出版社，2005 年，第 17～18 页。

③(东晋)常璩：《华阳国志》卷 3《蜀志》。

④(东晋)常璩：《华阳国志》卷 3《蜀志》。

粟”或者“就食巴蜀”就成为中央王朝的解困之举。

巴蜀自然环境的优越性显而易见。对此，现代学者任乃强先生曾将四川盆地的气候、土壤条件与其他地区相比较，“若以四川盆地与黄土之黄河高原比，则无亢旱之虞；与冲积之江浙平原比，则无卑湿之苦；与三熟之广东平原比，则无水潦之息；与肥沃之松辽平原比，则无霜雪之灾”。[①] 但另一方面，“土地易于生事”也使得巴蜀地区求生容易，衣食不期而至，人们也有更多时间用于娱乐文化生活，从而形成“盖地大物繁，而俗好娱乐”的民风和尚游乐、喜滋味、重休闲、好赌博的地域文化传统，自古至今，风尚相沿。[②]

巴蜀人“好游乐”可追溯至魏晋时期。《华阳国志》记载当时：“郄公从禽，巷无行人。”“从禽”就是外出打猎的意思。唐宋之时，巴蜀的游乐之风更为盛行。尤其是在成都地区，其“游赏之盛，甲于西蜀”，每“凡太守岁时宴集……及期则士女栉比，轻裘袨服，扶老携幼，阗道嬉游”。当时巴蜀城市中往往“俗尚嬉游，家多宴乐”，而“村落闾巷之间，弦管歌声，合筵社会，昼夜相接”。当时，“蜀风尚侈，好遨游”的风气在外名声很大，田况就称“四方咸传，蜀人好游乐无时”。特别要指出的是，这种好游乐闲的风气由上至下，平民化十分明显。不仅

从地域文化交流的角度看，明清秦陇移民文化大大丰富了巴蜀文化的内涵，也促使巴蜀文化更具开放性。

从地域文化的角度看，“少不入川”与“老不入陕”是民间对巴蜀、秦陇文化差异性的感知与体认。

---

①任乃强：《乡土史地讲义》第二章，转引自袁庭栋《巴蜀文化》（辽宁教育出版社，1995年，第34页）。

②蓝勇：《西南历史文化地理》，西南师范大学出版社，1997年，第474～475页。

社会上层“士多自闲，聚会宴饮，尤足意钱之戏”，以至“多耽于逸乐，少从宦之士”，而且在普通百姓中也非常重视生活享受。任正一《游浣花记》称“虽负贩刍荛之人，至相与称贷，易资为一饱之具，以从事穷日之游”。苏东坡也称“蜀人衣食常艰苦，蜀人游乐不知还”。明清时期，巴蜀游乐休闲之风更盛。不仅“尚滋味，乐嬉游”，而且嗜赌成风。城乡大凡红白之事都要聚众玩赌，民间有所谓“大事闹三天，小事闹三天，赌亦闹三天，不赌不闹不喜欢”，好赌之风在今天巴蜀城乡依然盛行。[①] 清代随着商品经济的发展，成都成为有名的消费城市，号为“名都乐园”。当时成都有三多：闲人多、茶馆多、厕所多。清末《成都通览》就记载“成都妇女有一种特别嗜好，好看戏者十分之九，好斗麻雀者十分之八，好游庙者十分之七”。不仅如此，成都茶客之多也令人咋舌，有“一城居民半茶客”之称，坐茶吃茶也成为成都人特有的生活方式，其生活之悠闲、节奏之缓慢都令外地人称羡不已。“少不入川”正是外地人对这种地域休闲文化的体认。

再说“老不入陕”所体现的秦陇文化背景。

陕西地处我国西北地区的东部，距离东部最近的海洋不少于 500 千米，西部最远达 1000 千米以上，是一个典型的内陆省份。[②] 陕西自然地貌的突出特点是从北到南有明显的区域差异。陕北是具有岩石孤山或者风沙地形，以黄土塬、梁、峁、沟壑为主体的黄土高原。关中盆地是由渭河干、支流冲击而成的平原。陕南是由秦岭、大巴山山地及其间的汉水谷地组成的山地。[③] 由于高大的秦巴山地使西南暖湿气流受到层层阻挡，关中地区及陕北地区为半干旱、半湿气候，明显不同于陕南亚热带湿润气候。加上陕西深居内陆，也使得秦岭以北的气候较东南沿海大陆性更强。与东部同纬度地区相比，气温偏冷、偏干，气温的年较差、日较差较大，总体上属于大陆性季风气候。

黄土高原区域内沟壑纵横，地形破碎，植被稀少，干旱少雨，但夏季多暴雨。由于植被覆盖率低，水土流失十分严重，当地有“一场雨冲走一犁土”的

①蓝勇：《巴蜀休闲好赌风考》，《西南大学学报》，2008 年第 6 期。

②关于陕西自然地理的概况可参看聂树人著《陕西自然地理》一书；张晓虹：《文化区域的分化与整合——陕西历史文化地理研究》，上海书店出版社，2004 年，第 15～18 页。

③李孝聪：《中国区域历史地理》，北京大学出版社，2004 年，第 155 页。

民谚。[1] 在陕西全省，陕北自然条件最为恶劣。关中平原号称“八百里秦川”，自然条件最为优越，区域中心长安曾是周、秦、汉、隋、唐等十几个王朝的国都。关中是最早被称为“天府”的地区，战国时期苏秦就说“（关中）沃野千里……此所谓天府，天下之雄国也”，以后“关中四塞，天府之国”的美誉不绝于史。但从唐代开始，尤其是在历史时期气候转寒的大趋势下，加上过度开发，关中地区自然环境恶化，森林锐减，灾害频繁。特别是“安史之乱”以后，昔日的“天府之国”生态危机显现，土壤肥力严重下降。同、华等州“地迫而贫”，陕州也是“土瘠民贫”。[2] 陕南地区地处秦岭以南，在自然条件与民风民俗方面都类似巴蜀，只是在元代“犬牙交错”的地缘安排下，才强行与秦岭以北合并。因此，“老不入陕”更多的是指不要跨越秦岭或经潼关进入关中和陕北，故也有“老不入关”之说。

秦陇地区自然条件的恶劣，使得其与西南巴蜀优越的自然条件形成显著对比。巴蜀休闲享乐之风盛行，秦陇地区则迫于生存压力，各地大都保持敦让淳厚、俭啬重藏的民风，呈现典型的黄土农耕文化景观。尤其是陕北大部分地区因耕作不便，交通闭塞，商业不兴，故“居乘衣食，无不尚朴素而摒奢华”，民风质朴的背后也封闭保守，安于旧习，难以接受新鲜事物。关中地区除西安外，西部的凤翔府、邠

秦陇地区自然条件的恶劣，使得其与西南巴蜀优越的自然条件形成显著对比。巴蜀休闲享乐之风盛行，秦陇地区则迫于生存压力，各地大都保持敦让淳厚、俭啬重藏的民风，呈现典型的黄土农耕文化景观。

---

①张晓虹：《文化区域的分化与整合——陕西历史文化地理研究》，上海书店出版社，2004 年，第 18 页。

②本段主要参考蓝勇：《历史时期西南经济开发与生态变迁》第一章，云南教育出版社，1992 年。

州、陇州，民风简朴，“土瘠风淳，务稼穑，尚蓄积”，不染奢华。[①] 这与巴蜀俗尚奢华的民风显然有别。秦陇地区的文化取向使得民众安于“暖窑热炕一盆火，稀饭咸菜泡蒸馍”的简朴生活。在此背景下，“老不入陕”也就不难理解。从这两句俗语的背景来源来看，应与明清时期陕西商人大量入川经商有关，许多“川客”一到四川，一些羁旅天涯的游子难耐寂寞，在外界的诱惑下很快便脱胎换骨，倾囊倒箧，浪思苟合之欢，完全丧失了勤苦俭啬的本真。因此，流连花丛以及耽于“阿芙蓉”之癖，也就成了许多“老陕”经商失败的重要原因。[②] 从这个角度看，“少不入川”似乎还是秦人对其子孙的告诫之语。

“少不入川”与“老不入陕”的背后是巴蜀与秦陇两种不同地域文化的差异。正是自然地理与人文生态的不同，才导致两地民风的不同。

①张晓虹：《文化区域的分化与整合——陕西历史文化地理研究》，上海书店出版社，2004 年，第 86 页。

②王振忠：《豆腐、老陕、狗——走尽天下有》，《读书》，2006 年第 5 期。

第三章　巴渝舟楫

——开埠时代(清后期～20 世纪)

近代以来在西部地区经济开发中最重要事件是重庆的开埠。明清以来巴渝地区的社会经济文化发展，长江三峡水路交通越来越重要，为重庆开埠创造了基础条件。所以，近代西方列强在经济上渗透西部地区，首选的城市就是重庆。1890年重庆开为商埠后，重庆成为“西三角”中最早和最系统接受西方现代政治文明、现代工业、商业经济影响的城市。到20世纪二三十年代，重庆不仅成为四川省的第一商埠，而且成为黔滇陕甘的货物集散地。万县在清末也开为商埠，成为四川第二商埠。此所谓“巴蜀舟楫——开埠时代”。相对而言，这个时期西安和成都在“西三角”中的地位下降。

重庆开埠通商，是重庆城市发展史上最重要的事件。正是由于开埠以来近四十年的发展，奠定了重庆现代城市基础设施、工商业、现代文化的基础，为抗日战争时期被国民政府选择为抗战陪都创造了条件。西安虽然在近代城市经济文化也有发展，但由于区位地缘和经济基础的因素，主要为西北地区的一个军事重镇，故没有成为西方列强开埠的首选城市，接受西方文化较晚，现代城市基础建设相对较差，一度的“西京建设”也因面临抗战无险可守而受阻。成都虽然当时在政治上为四川的中心，工商业发展也较快，但由于区位深处腹地和缺乏水路交通的因素，在20世纪上半叶为一个传统的内陆休闲城市，现代城市的基础远不如重庆。

正是由于抗日战争重庆作为大后方的陪都建设，使重庆的社会经济发展在西部地区处于领先的地位，所以，建国初重庆成为西南军政委员会的驻地。后来成都成为四川省的省会，重庆的发展受到了较大的影响，政治经济文化地位相对下降。但由于重庆原有的工商业基础，在三线建设中，仍然是国家战略转移的重点地区。相对而言，新中国建立后的四十多年的时间内，西安和成都由于都作为西部两大省区的省会，得到较快的发展，使开埠以来重庆引领“西三角”的局势有所改变，“西三角”三大城市的政治经济文化地位相对更平衡。

在这个时期，“西三角”内部，由于西方文明传播多沿长江水路前进，而西安偏处西北内陆腹地，抗战时又正当抗战前线，与重庆、成都的联系相对削弱，而成渝之间由于现代文明的传播和同为抗日战争大后方的原因，内部联系增强。改革开放以来，由于重庆、成都、西安同为西部核心区，相似的政治背景、经济条件、发展诉求，使“西三角”内三大城市之间的联系加强，这在西部大开发的背景下更为明显。

巴渝舟楫
——开埠时代
（清后期~20世纪）

第一节　三地政治经济文化发展的基本脉络

(一)"地倾西北"背景下的西安政治经济文化的发展

西安在历史上长期是我国政治经济文化中心，汉唐以后虽在全国地位已大大下降，但清末以来仍是我国西北地区的区域政治中心城市以及西北最发达的工商业城市和陕西的政治经济文化中心。

1. 清末西安政治经济文化的发展

晚清以来，作为西北地区的区域中心城市和陕西省的省会，西安在政治地位上虽然与汉唐强盛时期远不能相比，但仍占有相当重要的地位。中国近代史上的许多重要事件和人物，都与西安有密切的联系。①

清代西安城墙

鸦片泛滥中国是西方殖民主义入侵的产物，近代陕西是鸦片

① 西安市地方志馆、西安市档案局:《西安通览》，陕西人民出版社，1993年，第203页。

毒害的重灾区。道光十八年，鸿胪寺卿黄爵滋倡议严禁鸦片时，陕西巡抚富呢扬阿也奏请严禁鸦片。鸦片战争爆发后，战事紧张，东南沿海诸省兵力不济，道光帝先后抽调以西安驻兵为首的约5000名陕兵前往天津海防与江浙前线。①

鸦片战争以后，随着资本主义列强的不断入侵，中国逐步进入了半殖民地半封建社会。在太平天国革命运动的影响下，清咸丰、同治年间，西安以及其他陕西地区还爆发了回民起义，对当时的清政府震动极大。1900年，八国联军侵华，慈禧仓皇出逃，西安又成为其战时的"行宫"，给当时陕西人民带来深重灾难。

在民族危机加剧之时，西安也逐步开始了近代化的历程。在刘光蕡等维新派人士的倡导下，陕西的维新运动得以蓬勃发展。1905年冬，井勿幕奉孙中山之命，回陕创建革命根据地。辛亥革命时期，西安革命军起义成功，大大加速了清王朝统治的崩溃。②

清末，西安的经济地位虽一度不如三原、泾阳，③但在清政府鼓励经济发展的措施和办法以及刘光蕡振兴实业的思想推动下，西安经济开始了缓慢的发展，尤以商品经济的发展最为显著，其中商品来源的日益广泛是其商品经

西安在历史上长期是我国政治经济文化中心，汉唐以后虽在全国地位已大大下降，但清末以来仍是我国西北地区的区域政治中心城市以及西北最发达的工商业城市和陕西的政治经济文化中心。

---

①秦晖、韩敏、邵宏谟：《陕西通史·明清卷》，陕西师范大学，1997年，第260、264页。

②西安市地方志馆、西安市档案局：《西安通览》，陕西人民出版社，1993年，第211、214页。

③从清代到民国前期（1911年～1927年），陕西的经济中心并不在西安，而在渭北的三原、泾阳。参见张雨新《民国中期陕西经济中心南移西安的历史考察》（《西北大学学报》，2010年第1期）。

济发展的表现之一。作为通往全国多条重要商道的交叉点，清后期西安市场上来自省内外的商品非常多，“其丰富程度堪与北京相提并论”。[1]

清末西安商贸城区增至5个，分别是西南城区、西北城区、东南城区、东北城区、四关。[2] 西南城区以中药、铁货、官盐、钱庄银号为主，西北城区为回民特色食店、牲畜、皮具，东南城区以木器家具、牲畜交易为大宗，东北城区多交易蔬菜和果品，四关多是山货、纸行、药行、茶行、粮店等。除此之外，此时西安的庙会、节市、赛会等也为商品交易提供了市场。

清代后期在西安修建的商业会馆总计有26所。其中外埠籍会馆18所，本地会馆8所，[3]除今新疆、青海、西藏、云南、内蒙古等边疆省区外，其他省份均在西安建有商业会馆。这表明了西安正在逐渐取代三原、泾阳的经济地位，西北经济区域中心正向西安转移。

这一时期，在经济发展的背景下，西安的文化事业也取得一定成就，其中新闻和图书的出版成绩最为显著。1897年，阎培棠、毛昌杰、王执中等在西安创办《广通报》，借以宣传民主革命。同盟会成员焦子静、张拜云等于1908年在西安创建公益书局，薛骏创办正谊书店等。这些书店、书局、报刊大都以鼓动革命为宗旨，暗地印刷革命书刊。

2. 民国时期西安政治经济文化的发展

民国成立初期，西安为北洋军阀所统治，政治黑暗，民不聊生。五四运动在北京爆发后，西安学生运动也轰轰烈烈地展开，成为五四运动史上的重要组成部分，这为以后中国共产党在西安创建党组织奠定了基础。1924年，第一次国共合作开始，为适应陕西革命运动发展的需要，中共西安特别支部于1925年创建，从此，西安开始有了共产党的组织。在中国共产党人和国民党左派的共同努力下，西安地区的革命运动迅速展开，成为国民大革命时期西北诸省的革命中心。

1931年，“九一八”事变爆发，南京国民政府决定以洛阳为行都，以西安为陪都，但是蒋介石依旧坚持“攘外必先安内”的反动政策，为建立抗日民族统一战线蒙上了阴影。1936年，张学良、杨虎城二将军在民族大义的感召下，发动了震惊中外的“西安事变”，为实现第二次国共合作奠定了基础。

---

①史红帅：《明清时期西安城市地理研究》，中国社会科学出版社，2008年，第325页。
②史红帅：《明清时期西安城市地理研究》，中国社会科学出版社，2008年，第313页。
③史红帅：《明清时期西安城市地理研究》，中国社会科学出版社，2008年，第329页。

在第二次国共合作时期，西安的地位特殊而且微妙，一方面，它是延安的中共中央和全国各地进步力量来往的交通要道，是共产党人的一个重要斗争要地；另一方面，它又是国民党反动势力在西北的活动中心，反共力量十分猖獗。[①] 西安成为革命力量和反动势力斗争的焦点。

解放战争时期，西安市是国民党统治最严密的城市之一。为抗击反动当局对革命群众的严酷镇压，在中国共产党的领导下，西安爆发了声势浩大的学生运动，不仅有力推动了国统区的民主运动，还有效配合了解放战争。1949年，在中国人民解放军的强大攻势下，西安解放，从此，这座古老的城市进入新的历史时期。

从清末到民国前期（20世纪30年代以前），西安的经济与社会发展缓慢且艰难。“30年代前几乎无现代工业可言”，[②]唯有张丹屏在1917年创办的一个小型电厂勉强算得上是与西安现代工业有关的一个突破。而这个电厂只有一台75马力的煤油发电机。[③] 从西安市的人口数量来看，1912年有12万左右，但经过刘镇华的围城、1929年的大旱灾和1932年的霍乱，西安市人口减至9万左右。[④] 由于近代西安交通发展严重落后，运输滞涨，民国前期西安军阀又争斗不断，再加上连年灾害，

从清末到民国前期(20世纪30年代以前)，西安的经济与社会发展缓慢且艰难。

---

①西安市地方志馆、西安市档案局：《西安通览》，陕西人民出版社，1993年，第240页。

②朱士光主编：《古都西安·西安的历史变迁与发展》，西安出版社，2003年，第485页。

③西安市文史研究馆编著：《西安通典》，西安出版社，2006年，第56页。

④武伯纶编著：《西安历史述略》(增订本)，陕西人民出版社，1981年，第334页。

西安经济社会不可能得到发展。在社会文化上，易俗社的创立及演出，对西安市的大众文化生活有很大的影响。西北大学的开办以及后来鲁迅、王桐龄等在西北大学的讲学促进了西安乃至陕西的学术文化的发展。这在民国前期西安市的社会文化发展上是为数不多的亮点。

三秦锁钥——潼关

从20世纪30年代到抗日战争结束的十余年间，是西安社会发生巨大变化的时期。在繁荣的中国东部城市相继沦陷之时，西安地偏西北，局势相对平静，再加上陇海铁路潼西段的开通，使得这一时期的西安人口激增，工业化程度提高，社会生活空前活跃，西安发展成为一个粗具规模的近代化工商业城市。在陇海铁路潼西段修通前，西安仅有面粉厂1家，铁路修通后的短短5年时间就新增华峰、成丰等5家面粉厂。据1934年陕西省银行调查，西安商店号称5000余家，小贩居多，成立公会者仅有36行，资本最大的商店有5万元，最小仅有100元。到1936年3月，西安大小商号总计6337家。①

抗日战争全面爆发后，西安作为抗战大后方，沦陷区的工商企业纷纷内迁至此，其中涉及大型机器工业、化学工业、冶炼、医疗等军需产业及大量民用工业。据统计，到1940年底，经国民政府资助内迁的厂矿约450家，迁入四川的厂家最多，达到254家，占内迁企业总量的54.7%，迁入陕西的有42家，占总量9%，②其中西安一地就占了入陕企业的90%。

这些内迁的企业极大地促进了西安现代工业的发展，以西安的纺织业为例，除长安大华纺织厂外，这期间西安还有民生纺织厂、西安宏丰纺织厂、西安裕民纺织厂、西安中兴纺织厂等一批规模大小不一的纺织厂。到1945年，在西安共办起了十多个纺织厂。最高峰时拥有纱锭46 000余枚，840台

①陕西省经济研究室编：《十年来陕西经济》，西安启新印书馆，1942年，第152页。
②马敏、王玉德主编：《中国西部开发的历史审视》，湖北人民出版社，2001年，第367页。

织布机和4 000多名员工。[①] 到1942年，西安共有近代工厂67家，资本总额达1 465.1万元，工业种类增加明显，而且资本雄厚。

西安经历了20世纪20年代末的刘镇华围城、陕西大旱灾以及20世纪30年代初关中霍乱造成的人口锐减后，于1936年开始回升，次年西安人口骤增到了150多万。到抗战的全面爆发，外来人口大量迁入使西安人口一度超过200多万，接近民国时期的历史最高值。西安市人口在短时间内快速增长的原因是抗战爆发使得大量人口涌入，陇海铁路的建成通车给外来人口的迁入创造了便捷的条件。此外，抗战爆发，东部沦陷区的机关、工厂、学校内迁西安，大量技术工人、教育人士、学生也随之内迁。据统计，到1940年底，内迁的技工有12 164人，其中迁入陕西的占到6%。[②] 这些有熟练技术和新知识的工人为工业的迅速发展提供了技术保障。同时，大量人口迁入西安，使城镇人口急剧增加，日用消费品消耗量加大，为西安商业带来广阔市场。

从抗战结束到西安解放这段时间，国民政府忙于应对国内战争和战略撤退，对于西安的经济发展既无心也无力，甚至在撤出西安之前对西安的大型工业设备进行大肆破坏。再加上一些企业陆续回迁，从而造成从20世纪30年代快速发展起来的经济衰败下来。

从20世纪30年代到抗日战争结束的十余年间，是西安社会发生巨大变化的时期。在繁荣的中国东部城市相继沦陷之时，西安地偏西北，局势相对平静，再加上陇海铁路潼西段的开通，使得这一时期的西安人口激增，工业化程度提高，社会生活空前活跃，西安发展成为一个粗具规模的近代化工商业城市。

---

①政协西安市委员会文史资料委员会编:《西安文史资料第十九辑·西京近代工业》，西安出版社，1993年，第57～58页。

②马敏、王玉德主编:《中国西部开发的历史审视》，湖北人民出版社，2001年，第369页。

3.新中国成立后西安政治经济文化的发展

中华人民共和国建立后，西安也进入新的发展阶段。从1949年10月到1956年12月，在这一时期，西安市各族人民在中国共产党的领导下，有步骤地实现了从新民主主义到社会主义的转变。从1957年1月至1966年5月，西安市开始了全面建设社会主义时期，从消费型城市向生产型城市转变，初步奠定了社会主义现代化建设赖以进行的物质技术基础。[①]“文革”期间，西安受害极深，是十年动乱的重灾区。“文革”结束后，西安市在党中央的坚强领导下，坚持改革开放，逐步建成并完善社会主义市场经济体制，成为西部最重要的区域政治中心城市以及西北地区最大的工商业重镇。

从20世纪50年代到70年代末，西安市的经济在国家的总体规划下不断向前发展。“一五”时期在全国156个重点建设的工业项目中，西安就占了17项，达到10.9%，[②]项目数居全国之首。据统计，这一时期西安中央和省属工业企业数量显著增多，1958年为91个，1959年就增加到了136个，1965年达到三线建设时期的最高峰的150个。[③] 与之相应，中央和省属工业企业的工业总产值增长幅度也很明显。据统计，1958年工业总产值为1 153万元，1959年为99 619万元，1970年达到了280 387万元，[④]到1978年工业总产值达到48.33亿元，[⑤]这个数字是1949年的48倍。经过一系列的建设，西安的科技实力和现代工业能力迅速增强，产业逐步定位在航空航天、兵器、电子、纺织和机械加工方面，成为国家西北地区重要的工业基地，奠定了西安作为我国新兴工业城市、科研和高等教育重镇的基础。

这一时期西安逐渐发展成为我国内地尤其是西北地区最大的商业贸易中心。全市的商业网点从市中心向城市四周辐射，如西安百货大厦、华侨商店、民生百货大楼、朱雀商贸大厦等。

文化教育方面，1956年交通大学由上海迁来西安，随后西北工业大学、西安电子科技大学、西安冶金建筑学院、西北政法学院、西安石油学院、西安体育

---

①西安市地方志馆，西安市档案局编：《西安通览》，陕西人民出版社，1993年，第270页。

②西安市地方志馆、西安市档案局编：《西安通览》，陕西人民出版社，1993年，第268页。

③西安市统计局编：《西安市历史资料汇编1949～1989(第二分册)》，中国统计出版社，1992年，第4页。

④西安市统计局编：《西安市历史资料汇编1949～1989(第二分册)》，中国统计出版社，1992年，第30页。

⑤西安市人民政府、西安市统计局编：《西安五十年》，中国统计出版社，1998年，第266页。

学院、西安美术学院等一批高等学校也随之建立。同时西安地质学校、西安铁路运输学校、西安邮电学校等一批中等专业技术学校也相继建立。此外，西安南郊的文艺路两侧还出现了不少文艺单位和团体，如陕西歌舞剧院、陕西人民艺术剧院等。这一切使西安成为中国西部科研、文化力量较强的区域中心城市之一。

1979 年后，西安认真贯彻中央的政策方针，实行改革开放的政策和措施，取得了优异的成绩。工业方面，新建大量工业城区，如沣滈工业区、灞桥工业区、东关工业区、余下化工城、电子城等。特别是航空工业经过 20 世纪五六十年代的建设，门类更加齐全，技术力量更加雄厚，科研开发能力加强，形成科研、生产和教育基地。这期间在完成“轰 6”飞机试制、批量生产之后，“运 7”、“运 8”这两种当时国内最大的运输机也相继试制成功并出口国外。西安航空工业依靠前期的发展组建了西飞集团、西航集团、秦川发展集团、庆安集团、陕开集团五大企业集团。西安航空工业还依据其技术优势与欧盟和新西兰开展国际合作，成功研制了 100 座的客机。西安经过改革开放 20 年的建设，取得丰硕的成果。截至 2000 年，全市共有工业企业 46 243 个，年工业总产值达 986.4 亿元。①

商贸旅游方面发展迅速。1978 年改革后，西安大力发展非公有制商业，经营方式多样化，商贸网点不断增加，先后建立了钢材、建材、汽车和综合性的流通市场。商贸设施得到

---

①朱士光主编:《古都西安·西安的历史变迁与发展》，西安出版社，2003 年，第 558 页。

较大改观，民生大楼、百盛广场、世纪金花广场等营业面积超过1万平方米的有30多家。到1998年，全市社会消费品零售总额271.9亿元，20年增加20.4倍，年均增长16.6%。① 西安的旅游资源丰富，改革开放以来，随着人民收入的提高和西安交通事业的发展，这一资源优势开始显现出来。2001年，西安旅游业接待境内外游客1752.2万人次，总收入113亿元。②

这一时期，西安发展成为我国高等教育比较发达的地区之一。到1990年，西安共有普通高等院校32所，军校8所，高等院校质量和规模位列全国第四。③ 西安的民办教育起步于20世纪80年代，经过20年的发展，办学质量、规模都达到了新的历史水平。到2000年，西安民办高校为66所，在校人数10.7万，固定资产9.87亿元。④ 文化上，易俗社不断推陈出新，《日本女人关中汉》获得全国第二届戏剧"金三角"八项大奖；《三滴血》获1995年全国梆子戏调传统戏剧改编奖。西安市秦腔一团创作的秦腔现代戏剧《市井民风》获1997年第五届戏剧节"曹禺戏剧节·剧目奖"和西安市"七个一工程"奖。

(二)"名都乐园"背景下成都的政治经济文化

晚清的成都，作为四川政治行政中心，集中了省、市，军、政、司法等大量机构，军政公务人员数以万计。成都城市管理实行城乡合治、满汉分治政策。城市治安主要由成都、华阳两知县负责，还未出现专门的市政管理机构。卫生、修桥、筑路等地方公共事物多由市民自行举办。然而此时的成都在"清末新政"的影响下，裁撤绿营，编练新军，一些新的政治机构也陆续得以建立。1902年，四川总督岑春煊为了应对四川义和拳起

清末民初的成都城

①朱士光主编：《古都西安·西安的历史变迁与发展》，西安出版社，2003年，第562页。
②西安市文史研究馆编著：《西安通典》，西安出版社，2006年，第198页。
③西安市文史研究馆编著：《西安通典》，西安出版社，2006年，第195页。
④西安市文史研究馆编著：《西安通典》，西安出版社，2006年，第197页。

义，维护省城治安，开始试办警察，开成都近代警察制度之先河。据傅崇矩统计，晚清成都警察局共计 51 局。[①] 警察局除负责社会治安等日常管理外，还设立了消防队负责城市火灾防救，同时改良戏剧，设立乞丐工厂等解决游民问题以及加强城市环境卫生公共事业管理。“晚清警察在成都出现后，扮演的角色是多重性的，可以说超越了现代意义上的警察职能，更类似近代城市政府。”[②]清末，政府迫于市民参政议政压力，于 1909 年秋在成都正式成立四川省咨议局，负责查核总督部堂和资政院，咨询建议和议员惩戒。“咨议局的成立及活动也以成都为中心，对资产阶级、士绅及民众进行了一场民主教育和训练，扩大了民主、民权思想的传播，也为民众争得一些利益。”[③]其后又在成都设立四川宪政会和地方议事会。以上机构的设立使资产阶级君主立宪思想广为流传，逐渐深入人心。

在这样背景下，1911 年，成都掀起了一场反抗清政府专制统治、维护川汉铁路主权的“保路运动”，把晚清成都政治运动推向了高潮，为辛亥革命的成功创造了有利条件。

晚清时期，成都在西方近代工业文明的冲击和影响下，传统意义上的自然经济日益解体，近代民族资本主义工商业勃然兴起。在洋务运动和清末“新政”的带动下，自 19 世纪 70 年代起到 20 世纪初，成都陆续兴办了一批官办、官

晚清的成都，作为四川政治行政中心，集中了省、市，军、政、司法等大量机构，军政公务人员数以万计。

①傅崇矩编：《成都通览》上册，巴蜀书社，1987 年，第 50 页。

②何一民主编：《变革与发展：中国内陆城市成都现代化研究》，四川大学出版社，2002 年，第 329 页。

③何一民：《近代成都城市自治与参政议政机构》，《天府新论》，2001 年第 5 期。

商合办、商办工商企业。尤其是甲午战争后到20世纪初，成都商民在实业救国思想的感召下，掀起了由商民兴办工商实业的高潮。四川的近代实业除官办四川机器局外，商办企业主要集中在日用、造纸、印刷等轻工业方面。当时人对此评价道："官办者资本较丰，而管理员半无学问。商办者资本不裕，而经营者时现恐慌。故成都之机器工业，尚在幼稚时代也。"①

晚清时期的成都商业开始出现资本主义迹象。伴随着洋货的大量涌入，此时成都出现了专门经销洋货的行帮商号。重庆成为成都对外出口的中介，成都商号一般通过重庆商号与外国市场联系。同时"洋货以其低廉的价格冲击传统土货市场，替代了成都市民的传统生活用品"。② 然而，此时部分传统手工业仍具有广泛市场，"成都小手工业，尤有为各国津津乐道者，蜀锦一绝，堪称代表"。③ 在四川劝业道周善培的努力下，为了扩大商业场所，成都于1903年创办全国第一所"劝业场"，并于1906年将青羊宫花会扩大为全省工艺品展销会。1909年，悦来场建立。此外，商业组织商会应运而生，1903年成都成立总商会，负责协调各商帮关系。

民国时成都的茶馆

---

①傅崇矩编：《成都通览》上册，巴蜀书社，1987年，第76页。

②何一民主编：《变革与发展：中国内陆城市成都现代化研究》，四川大学出版社，2002年，第842页。

③周止颖：《新成都》，复兴书局，1943年，第121页。

晚清时成都的城市休闲娱乐业发达，茶馆众多，夜市繁荣，居民休闲文化盛极一时。俗话说，成都是个大茶馆，茶馆里有成都。“20世纪初，成都的茶馆是市民日常生活的重要舞台，它们既是娱乐消闲的场所，亦为从事商业以及社会政治活动的空间。”①据傅崇矩记载，晚清时期“成都之茶铺多……省城共计四百五十四家”，②茶馆是成都这座城市独特的饮茶、休息、摆龙门阵的场所，也是评书、扬琴等民间艺术的演出场所。

成都夜市兴盛已久，《成都志》便载：“锦江夜市连三鼓，石室书斋彻五更。”晚清时期成都夜市由于新式电灯的安装和使用，更是如鱼得水，热闹非凡。

晚清成都之游玩杂技更是名目甚多、数不胜数。据傅崇矩记载有：“打连三、划龙船、电光戏、烟火架、猴戏、被单戏、火肘肘、留音戏、西洋镜、放风筝、扯响簧、斗雀、耍灯笼、狮子灯、车车灯、胖胡琴、扬琴、说评书、相书、打花鼓、川北锣鼓、唱书、莲花闹、灯影戏、陕灯影、板凳戏、唱道琴。”③妇孺老幼各得其所，乐在其中。

民国时期的成都，政治上军阀割据，战乱频仍，先后经历了防区制时代、三军统治时代，直至1935年刘湘统一川政，才进入相对稳定时期。

晚清时成都的城市休闲娱乐业发达，茶馆众多，夜市繁荣，居民休闲文化盛极一时。

---

①王笛：《茶馆、戏园与通俗教育——晚清民国时期成都的娱乐与休闲政治》，《历史研究》，2001年第5期。

②傅崇矩编：《成都通览》下册，巴蜀书社，1987年，第253页。

③傅崇矩编：《成都通览》上册，巴蜀书社，1987年，第283～298页。

民国成都城鸟瞰

伴随着成都近代工商业的发展，新式的市政管理机构成都市政公所应运而生。1922年3月9日，成都市政公所成立，“从而改变了几千年来，成都城市隶属于县行政控制之下的局面，向单立法人自治城市迈出了一大步，因而它标志着成都城市市建制的初步形成”。[①] 成都市政公所初步具备了经济建设、城市规划、行政管理职能。此后1928年9月，成都市政府成立。城市行政管理职能和管理范围有所增加，成都市政建设得以改观，但更迭频繁，截至1949年先后担任市长者多达14人。[②]

1932年秋爆发的“二刘战争”，规模之大、耗费之巨，是四川历史上前所未有的。整个战区内到处田园荒芜，庐舍丘墟，许多人家破人亡，流离失所。[③] 加之军阀巧取豪夺、滥发通货，造成了成都市场金融体制混乱，严重影响了成都工商业的发展。截至1935年国民政府发行法币前，“成都金融市场，约有42种以上通货，除各种大洋、半元银币外，尚有六七种纸币”。[④] 此时的民族资本主义工商业发展缓慢，以传统手工业为主的轻化工业占主要地位，重工业仍居于从属地位。1917年新式商场得以扩建，出现了商业、悦来和新集路三大商场。1924年在军阀杨森的努力下，以春熙路为代表的城市中心商业街区得以开创，主要经营银楼业、眼镜钟表业、图书业、中药业、百货业、绸缎布匹业等行业。

抗战时期，伴随着沦陷区大量机关、学校、企业的内迁，成都人口数量激增，一度多达70余万，大大刺激和带动了成都城市工商业发展，成都迎来了近代资本主义工商业发展的短暂春天。以纺织业、日用化工业为代表

①何一民主编：《变革与发展：中国内陆城市成都现代化研究》，四川大学出版社，2002年，第335页。

②张学君、张莉红：《成都城市史》，成都出版社，1992年，第296～297页。

③元江：《四川最后一次军阀混战及其影响》，《成都大学学报》，1998年第2期。

④张学君、张莉红：《成都城市史》，成都出版社，1992年，第281页。

的轻工业发展迅速，动力、机械业等大机器工业也得到发展。以安乐寺为中心的成都金融业盛极一时，春熙路地价扶摇直上，一度寸土寸金，工商业出现繁荣景象。抗战胜利后，伴随着国民政府首都的东移，加之通货膨胀，法币、金圆券、银圆券迅猛贬值，成都工商业日益萎缩。

民国时期成都的饮食业、休闲娱乐业有了新的发展，尤其是抗战时期伴随着大量高校的内迁，成都华西坝成为大后方的文化高地。川菜早在晚清时期已基本形成，以麻辣见长，菜品讲究色香味俱全，刀工以快、稳、精、巧闻名，一菜一格，百菜百味。清末民初，川菜逐渐走向精细化、多样化。防区制时代，军阀轮番进驻成都，使川菜获得发展，并从川东下河帮引进新的菜肴。抗战时期大量人员的涌入带来了新的菜肴烹制方法，川菜逐渐走向成熟。成都小吃品种多、口味全。经过 20 世纪初的戏剧改良运动，川剧有了专门的演出场所。辛亥革命后，川剧各班部云集成都，特别是三庆会的成立，门户之见得以消除，昆曲、高腔、胡琴、弹戏、灯戏五种声腔逐渐融为一体，开创了川剧名派声腔联袂献艺同台表演的崭新局面，使川剧获得巨大发展。20 世纪 30 年代的成都出现了“三益会”、“永乐”、“成都大戏院”等川剧场。成都电影业兴起于 20 世纪 20 年代初，兴盛于抗战时期。新明、智育、大光明、大华等众多电影院在成都兴起。抗战时期成都的电影业有了新发展，电影院引进好莱坞电影放映。除此外，成都也兴起了一些新的娱乐休闲方式。少城公园于 1910 年由成都将军玉昆建立，“风景优美，四季咸宜，内茶社可有供游人

民国时期成都的饮食业、休闲娱乐业有了新的发展，尤其是抗战时期伴随着大量高校的内迁，成都华西坝成为大后方的文化高地。

憩息之所”。[①] 1924 年成都市政公所改造少城公园，园内设立民众通俗馆，集休闲、娱乐、教育于一体，从此，逛公园成为市民新的娱乐休闲方式。此后成都兴起了兴办图书馆的热潮，成都草堂图书馆、四川中山图书馆、成都北区启智图书馆相继建立，读书看报也成为市民新的消遣方式。抗战时期，南京金陵大学、金陵女子大学等 31 所高等学校内迁，学生数万人。祠堂街与少城公园一河相隔，从 20 世纪 30 年代起逐步成为成都的一条文化街。[②] 在这里汇集了新华日报成都分馆、大声社、战时学生旬刊社等十多个进步社团和报刊发行部以及二十多家书店。在民族危亡的时刻，成都爱国师生抗日救亡团体走向街头，用自编自演的话剧来进行抗日宣传。《日出》、《雷雨》、《家》等话剧在成都上演，促进了成都话剧的发展，也把民国成都市民文化推向高潮。

从清末到民国，重庆由于地处长江上游，“扼成渝孔道之咽喉”，作为口岸通商城市，日益成为四川对外贸易中心和商品集散地，而成都由于身处内陆，传统的经济中心地位日益被取代。“重庆不惟为川省第一商埠，且为黔、滇、陕、甘等省货物之集散地，每年贸易总额平均约七千余万关平两。”[③]尤其是抗战开始后，重庆作为战时陪都，其政治经济文化得到全面发展，城市面貌也大为改观。相比之下，“成都还是一个古色古香的中国城市，他所受到资本主义渲染的色彩很少……如果在建筑上比较，那么成都是要比重庆落后二十年”。[④]

新中国成立后，成都作为四川的省会，国家把成都确定为全国工业重点建设城市，成都从此真正走上了大规模工业化建设道路。伴随着国家“一五”计划的实施，初步形成了以电子、机械、仪器仪表制造、煤炭、电力、化工业为主体的新型工业格局，成都长期以来作为传统消费型城市的面貌得以改变。20 世纪 60 年代中期后，国家对中西部进行了大规模三线建设，此时，成都又加快发展了航空航天、通讯、机械装备制造和冶金工业，工业体系逐渐完善，在 1958 年，第二产业生产总值首次超过第三产业，第二年又快速超过农业，成为推动城市经济整体向前发展的最重要的部分。

---

①周止颖：《新成都》，复兴书局，1943 年，第 216 页。

②成都群众艺术馆编：《成都掌故》，四川大学出版社，2007 年 5 月，第 57 页。

③薛绍铭：《黔滇川旅行记》，重庆出版社，1986 年，第 164 页。

④薛绍铭：《黔滇川旅行记》，重庆出版社，1986 年，第 206～207 页。

改革开放为成都社会经济发展注入了新的活力，成都社会经济发展跃上一新台阶。在原有基础上，成都以优先发展轻工业为突破口，积极调整产业结构，工业快速增长。“八五”期间，成都基础产业优先发展，重点扶植机械、电子、冶金产业，大规模改造工业技术，高新技术产业加快成长，通信设备制造业、医药制造业日益成为经济增长的重要力量。“从 1978 年到 1999 年，成都工业平均发展速度为 117.4%。1997 年工业总产值首次突破千亿大关。”①

伴随着国家西部大开发战略的实施，成都迎来了发展的新契机。在此背景下，以商品流通、交通运输、邮电通信、金融保险、房地产、技术服务、旅游为主的第三产业得以迅速发展。成都商贸业进入了一个新的发展阶段，初步形成了大商贸、大流通、大市场的格局，成都城市中央商务区日益发展壮大。至 1998 年，全市拥有各类商业批发机构 2 万多个，各类商业网点 24 万个，拥有各类商品交易市场 828 个，年成交额 435 亿元。成都教育事业发展到一个新的水平，教育优势明显，吸引了大量人才。“截至上世纪末，已拥有高等院校 22 所，中等专业技术学校 53 所；各类科研院所及综合服务机构达 365 个，其中县级以上 121 个；已拥有国家重点实验室 18 个，博士后流动站 10 个，国家级重点学科 15 个。拥有各类科技人员 45 万人，两院院士 25 人，国家级有突出贡献中青年专家 100 多人。每千名职

①何一民主编：《变革与发展：中国内陆城市成都现代化研究》，四川大学出版社，2002 年，第 1056 页。

新中国成立后，成都作为四川的省会，国家把成都确定为全国工业重点建设城市，成都从此真正走上了大规模工业化建设道路。

工中拥有科技人员250多人，在全国城市中名列前茅。全市现有公共图书馆17个，博物馆9个。”①

作为历史文化名城的成都在城市发展过程中，注重文物古迹保护与城市园林绿化结合，城市面貌为之一新。同时在城市建设和古迹保护中，较好地保持了皇城、大城、少城的原有格局，并且彰显了“二江绕城”的城市特色。“到1985年，全市重点文物古迹129处，其中市区45处。属于国家级保护的有3处：杜甫草堂、武侯祠和王建墓；属省级保护的有8处：文殊院、十二桥革命烈士墓、辛亥秋保路死事纪念碑、北周文王碑、彭家祠、后蜀孟知祥墓、明朱悦燫墓、明僖王陵；属于市级保护的有34处。市区有公园17处，面积150多公顷，较解放前增加近13倍；全市绿化面积975公顷，较解放前增加87倍。其中杜甫草堂、武侯祠、望江公园已成为成都市风景名胜标志。”②伴随着改革开放后成都经济文化事业的繁荣，特别是商业、旅游业、娱乐饮食业的发展，成都日益成为西部休闲之都、娱乐之都。大量茶馆重新涌现，川菜名扬四海，整座城市沉浸在休闲之中。

新中国成立以来，特别是改革开放后，成都发生了翻天覆地的变化。成都从新中国成立前的消费型城市，逐步发展成为综合性、多功能、开放性、强辐射的特大中心城市，成为西南地区“科教中心、商贸中心、金融中心和交通通信枢纽”城市。

(三)“三大机遇”背景下的重庆政治经济文化的崛起

近代以来，重庆的政治、经济和文化的发展经历了三个重要阶段，即重庆开埠、陪都抗战和三线建设。其中重庆开埠是重庆政治经济文化近代化的开端。

1. 重庆开埠——初步形成长江上游经济中心和近代文化中心

1840年，英国发动了对中国的鸦片战争，中国战败后，英国强迫清政府签订了中国近代史上第一个不平等条约——《南京条约》，西方国家打开了中

---

①何一民主编：《变革与发展：中国内陆城市成都现代化研究》，四川大学出版社，2002年，第1056页。

②成都城市科学研究会编，郭付人、谭继和等主编：《成都城市研究》，四川大学出版社，1989年，第379页。

国大门，取得了在华“五口通商”、“协定关税”等多项特权。之后，英国通过1876年中英《烟台条约》取得了英商“驻寓”重庆的特权，又通过1890年3月《烟台条约续增专条》取得正式在重庆开埠的权利。1891年3月1日，重庆海关正式成立，英国人霍伯森出任重庆首任海关税务司。重庆海关的成立，标志重庆正式开埠。

重庆开埠后，西方国家纷纷在重庆设洋行、开公司、办工厂。早在1890年，英国立德乐洋行在重庆成立，这是重庆第一家外国洋行。之后，英国的太古、怡和洋行在重庆设立了分行，从事通商贸易活动。1892年英国建立了重庆有限转运公司，1899年法国建立福安公司，1901年日本建立有灿火柴公司。据统计，从重庆开埠到1911年间，各国在重庆设立的洋行、公司等共51家，重庆逐步被纳入资本主义世界市场。

开埠前，重庆的市场处于一种半封闭的状态，与世界市场几乎没有直接联系。开埠后，重庆的进出口贸易额发生了巨大变化，“从1890年的685万多海关两上升到1910年的

重庆旧海关

作为历史文化名城的成都在城市发展过程中，注重文物古迹保护与城市园林绿化结合，城市面貌为之一新。

伴随着改革开放后成都经济文化事业的繁荣，特别是商业、旅游业、娱乐饮食业的发展，成都日益成为西部休闲之都、娱乐之都。

近代以来，重庆的政治、经济和文化的发展经历了三个重要阶段，即重庆开埠、陪都抗战和三线建设。其中重庆开埠是重庆政治经济文化近代化的开端。

3230多万海关两，增幅近达5倍”。[1] 进出口贸易的猛增，促进了重庆商业资本的迅速发展。“重庆不惟为川省第一商埠，且为黔滇陕甘等省货物之集散地。”[2]“重庆是川省的重要商业中心，所有殷商大贾的总部都设在这里……进口货都是由重庆分发来的，通常分成小包，卖给那些行商小贩，由他们供给农村地区。”[3]重庆海关建立后，对重庆甚至整个四川省的社会经济都产生了巨大的影响。重庆海关开设初期，每年进出口商品的税收在全国范围内来说，是比较少的。[4] 20世纪初，重庆进出口商品流通量剧增，市场不断扩大，对外贸易市场体系初步形成。20世纪30年代中期，重庆的商业贸易中心地位完全形成，并成为近代重庆城市最主要的特征。

重庆开埠后，钱庄、银行逐渐兴起。1894年，重庆第一家钱庄“同生福”成立，到1910年，重庆钱庄有28家，聚集资本23.85万两，而当时的成都，钱庄只有20家。1905年10月重庆最早的官办地方银行——“浚川源银行”成立，标志重庆金融地位上升。随着重庆经济地位的提高和四川经济中心的东移，国家银行和外省银行纷纷来渝开办分支银行，1906年上海中国通商银行、1909年大清银行均在重庆设立分行。随后，铁道银行、中国银行、交通银行、江海银行、金城银行相继来渝。1935年，中央银行重庆分行成立后，完成了对混乱的四川金融业的统一，从而巩固了重庆的金融中心地位，重庆完全取代成都，成为了四川的金融中心。

重庆的开埠，客观上促进了民族资本主义企业的兴起。1891年～1911年，四川地区的工矿企业中，重庆有52家，成都仅有7家，重庆企业数是成都的7倍多，数量优势十分明显。这些民族资本主义企业的创办和发展，使重庆在四川近代工业中处于突出的地位，奠定了20世纪初重庆乃至整个四川工业发展的基础。

---

①陆远权：《通商贸易与区域社会变迁——重庆开埠二十年发展研究》，西南师范大学出版社，2004年，第226页。

②薛绍铭：《黔滇川旅行记》，重庆出版社，1986年12月，第130页。

③《重庆海关1892年度报告》，见周勇等译编《近代重庆经济与社会发展》（四川大学出版社1987年，第169页）。

④汤象龙：《重庆海关税收和分配统计的一些资料》，载中国人民政治协商会议四川省委员会文史资料研究委员会编《四川文史资料选辑》第32辑（四川人民出版社，1984年，第75页）。

随着口岸的开埠通商，开放市场的逐步形成，重庆逐渐由单一的区域政治商业中心发展成长江上游的综合性经济中心，初步形成了以近代商业、金融、交通、工业为支柱的经济体系。① 这为20世纪初重庆近代工业的发展奠定了基础。

重庆开埠后，西方的新思想、新文化在重庆得到迅速传播，重庆的近代文化开始发展起来。重庆近代文化的发展首先表现为近代教育的发展，出现了一批新式学堂。这些学堂办学思想活跃，其中重庆府中学堂有杨沧白、张培爵等革命党人，宣传孙中山的革命思想，使该校成为重庆辛亥革命的策源地。辛亥革命后，重庆府中学堂改名为重庆联合县立中学校。据统计，1909年，在四川的中等教育中，重庆府的中学最多。这些学校大多成为传播新知识、新文化、培养近代新式人才的摇篮。

重庆开埠后，出国留学之风盛行，重庆出国留学生人数居四川之首。留学生接受了西方的民主革命思想，回国后，为宣传、组织资产阶级革命，发展民族资本主义，传播新思想、新文化起了重要作用。邹容就是其中一位杰出的资产阶级革命家，其著作《革命军》以其奔放流畅的语言，宣传了民主革命思想，热情歌颂革命。

伴随教育的发展，重庆的近代新闻出版事业也日渐兴起。1897年11月，宋育仁创办了四川第一家报纸——《渝报》，疾呼救亡图存，

这些民族资本主义企业的创办和发展，使重庆在四川近代工业中处于突出的地位，奠定了20世纪初重庆乃至整个四川工业发展的基础。

---

①陆远权：《通商贸易与区域社会变迁——重庆开埠二十年发展研究》，西南师范大学出版社，2004年，第229页。

宣传维新变法思想，推动了四川和重庆的维新变法运动。1904 年 9 月，卞小吾创办的《重庆日报》成为巴蜀首家日报，具有现代报纸的形式和新闻时效性意义。这一时期影响较大的报刊还有《广益丛报》、《崇实报》、《重庆商会公报》、《商务日报》、《新蜀报》等。这些报刊，加强了重庆与外界的联系，启迪了民众的近代觉悟，提高了民众素质。

为适应新闻报刊业的发展，1897 年，中西书局成立，这是重庆第一家采用新印刷术的出版印刷机构。20 世纪初，相继成立了广益书局、渝商书局、重庆商务印书馆等出版印刷机构，重庆的印刷技术开始居于西南前列。随着近代大众媒介的兴起，新思想、新文化及各种信息得以迅速传播，改变了原有文化闭塞和锢蔽的现象，有利于重庆地区经济的发展和文化思想的传播。

这一时期，艺术成就卓著，萌芽于清乾隆年间的重庆川戏，在近代有了新的发展，重改良、创新和培养人才。民国初年，重庆的川戏人才荟萃，盛极一时。此外，话剧在重庆逐渐兴起。1913 年，周慕莲成立了群益新剧社，这是在重庆成立的第一个职业话剧团。五四运动前后，话剧成为青年学生传播新思想的武器。

市民的文化生活除了听川戏和看话剧，还有看电影。1918 年初，重庆城区木匠街的涵虚电影场，是重庆城区建立的第一家电影院。1925 秋，第一家环球电影院开业。随后，电影院陆续在市区各处开办，电影放映事业发展起来。

“如果说四川是天府，那么重庆就是天府的宝库。”①开埠后重庆经济文化的发展，使重庆成为四川地区乃至长江上游地区的重要城市，为抗战时期成为陪都奠定了重要基础。

2. 抗战陪都——全国抗战大后方政治经济文化中心

1937 年“七七事变”后，日本大举侵略中国，平津相继沦陷。1937 年 8 月，日军进攻上海，中国军队进行了顽强抵抗，但未能保住上海，并阻止日军进逼国民政府首都南京。11 月国民政府决定迁都重庆，“谓重庆乃重庆重生之意，迁都重庆，乃更生之兆，最后胜利可操左券”，②并确定四川为抗战大后方。同

---

①薛绍铭：《黔滇川旅行记》，重庆出版社，1986 年，第 132 页。

②朱汇森：《中华民国史实纪要》（中华民国二十六年七至十二月份），国史馆，1997 年，第 664 页。

年12月1日，国民政府正式在重庆办公。至此，重庆成为中国抗战时期的首都，是全国政治、军事、经济和文化的中心。1939年5月，国民政府改重庆市为行政院直辖甲种市，这是重庆历史上第一次成为中央政府直辖市。

1937年以前，中国工业的80%集中在沿海地区，西南广大地区工业发展落后。抗战爆发后，大量工矿企业从东部地区迁往内地，其中迁到重庆的最多，共有200多家，占内迁工厂的1/3，于是“以重庆城为中心，由合川、长寿、江津等地，构成了我国抗战时期的金三角”。① “据统计，到1940年重庆工业区共有各类工厂429家，其中机械(包括兵工)厂159家，冶炼厂17家，电力厂23家，化工厂120家，纺织厂62家，其他行业厂48家。建立了以兵工、化工、机械、钢铁、纺织、食品为支柱的工业体系，是大后方唯一门类齐全的综合性工业区，成为大后方最重要的工业中心。到1944年6月底，全国登记的国营、民营工厂4346家，其中重庆占1228家。”②由于后方工厂和人口的增加，用电量急增，“(民国)二十七年，后方的发电容量仅为35 405千瓦，至三十三年，发电容量已增至70 017千瓦”。③ 此间，重庆北碚富源公司发电240千瓦，綦江大常公司发电40千瓦。大批企业迁渝，改变了重庆

①重庆市教育科学研究院编：《重庆历史》(修订本下册)，西南师范大学出版社，2008年，第47页。

②周勇：《重庆通史》(第三卷)，重庆出版社，2003年，第878页。

③中国第二历史档案馆编：《中华民国史档案资料汇编》(第五辑第二编财政经济五)，江苏古籍出版社，1997年，第401页。

“如果说四川是天府，那么重庆就是天府的宝库。”开埠后重庆经济文化的发展，使重庆成为四川地区乃至长江上游地区的重要城市，为抗战时期成为陪都奠定了重要基础。

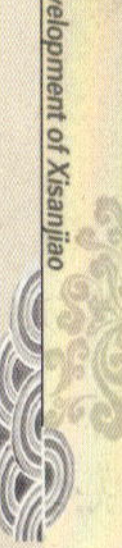

原有的经济结构，带来了先进的生产技术，推进了重庆的工业化进程。

抗战时期形成的重庆工业结构趋于重型化，重工业明显超过轻工业。据国民政府经济部统计，1941 年重庆有 455 家工厂，其中重化工业有 287 家。[①] 以机器大工业发展为前提的重庆工业中心地位完全形成，成为西南和全国大后方的工业中心，确立了在中国经济格局中东西部结合的枢纽地位和长江上游地区中心城市的地位，也为新中国建立后重庆作为三线建设的重点中心城市奠定了基础。

“抗战发生前，我国银行业麇集于滨海沿江，尤以聚集江浙两省者为多；西南西北广大区域，则以关山险塞，交通梗阻，经济落后，资金苦滞，金融机构为数极鲜，深知竟付阙如。”[②]重庆成为陪都后，中央银行、中国银行、交通银行、农民银行等银行的总行及中央信托局、邮政储金汇业局均迁到了重庆。商业银行在战时纷纷成立，大为活跃，颇为发达。重庆金融业迅速发展，抗战前夕，重庆银行、钱庄共 59 家，“到 1943 年 10 月，重庆银行、钱庄多达 162 家”，[③]重庆成为全国的金融中心。

随着国民政府迁到重庆，文化机关和厂矿企业的相继内迁，以及重庆人口激增，抗战期间，重庆的商业贸易进一步繁荣，商业门类齐全，经营品种繁多，并形成了以重庆为中心，辐射到四川及西南、西北各省的庞大商业网络，从而确立了重庆抗战时期大后方商业中心的地位。

抗战时期，大量文化机构和学校迁至重庆，重庆人才荟萃，文化教育事业迅猛发展。特别是由于大量学校的内迁和新建，形成了北碚夏坝、沙坪坝、江津白沙镇三个学校文化区，重庆成为了抗战时期全国的教育中心。

同时，一大批重要的研究机构和学术团体迁至重庆，到 1938 年底已超过百家。如中央哲学研究所、中国地理研究所、中国科学社生物研究所、中央工业试验所、农林部中央农业试验所、中国林学会、中国地质学会、中国教育学会、中国历史学会、中国气象学会等等，这些科研机构、学术团体和大批的科技人才云集重庆，重庆的科研能力空前提高，重庆成为具有国家水平的科研中心。

---

①韩渝辉：《抗战时期的重庆经济》，重庆出版社，1995 年，第 99 页。

②张舆九：《抗战以来四川之金融》，《四川经济季刊》，1943 年，第 64 页。

③重庆市教育科学研究院编：《重庆历史》（修订本下册），西南师范大学出版社，2008 年，第 48 页。

此外，中央图书馆迁到重庆两路口建馆，北平故宫博物院文物转运至重庆。大量电台、报社和出版社也纷纷迁渝，中央通讯社、中央广播电台和国际广播电台迁至重庆。当时国民党的《中央日报》、《扫荡报》等，以及共产党的《新华日报》，其他如《大公报》等都在重庆印刷发行；大的出版社如中华书局、正中书局、商务印书馆、三联书店亦迁至重庆。

1939年1月，以周恩来为书记的中共中央南方局在重庆成立，代表党中央秘密领导四川、西康、云南、贵州、湖南、湖北、江西、广东、广西等国统区和香港地区的党组织。《新华日报》是抗日战争时期中国共产党在国民党统治区公开发行的机关报，是中国共产党第一张在全国公开发行的党报，得到了南方局和周恩来的领导和关怀，是中国共产党的喉舌，在中国新闻史上也占有重要的地位，具有较高的国际声望。周恩来和中共中央南方局在维护抗日民族统一战线、坚持抗战、团结民主人士和知识分子方面做了大量的工作，为争取抗日战争的胜利立下了不朽功勋。

抗战时期，重庆成为全国的文化中心，出现了前所未有的文化繁荣局面。中央电影制片厂、中国艺术剧社迁到重庆，一批文化界和艺术界的名人云集于重庆，如郭沫若、老舍、艾青、阳翰笙、田汉、夏衍、白杨、张瑞芳等。老舍的小说《四世同堂》、艾青的诗《向太阳》、郭沫若的剧作《屈原》和《孔雀胆》、夏衍的《法西斯细菌》等不朽作品，都是在这一时期创作的，作品的思想性和艺术性均达到很高的水平，推动了抗战时期重庆文化的繁荣。

抗战时期，重庆成为全国的文化中心，出现了前所未有的文化繁荣局面。

随着国民政府政治、经济重心的转移，党政军机关、教科文卫体等机构大批迁渝，人口爆炸式增长。“从1936年到1946年间，重庆人口以每年平均增长率为14%的高速度递增。”①东部发达地区的人口迁来重庆，改变了重庆的人口素质结构，大大提高了人口素质。

陪都的建立，使重庆由一个位居西南的内陆工商业城市成为全国性的政治军事经济文化中心。“二战”中，重庆成为同盟国在远东地区的指挥中心，重庆的国际声望大大提高，成为国际名城。

3. 三线建设——重庆工业门类逐渐完备

20世纪60年代中期，中共中央和毛泽东面对错综复杂的国际局势，为加强战备而作出了进行三线建设的重大战略决策。

三线建设是指从1964年到1978年，在中国中西部的13个省、自治区进行的一场以加强战备为目的的大规模国防、科技、工业和交通基础设施建设。

三线建设的重点在四川，四川三线建设重点在重庆。1964年9月，中共中央政治局委员、国务院副总理李富春在全国计划工作会上宣布：“把重庆地区，包括从綦江到鄂西的长江上游地区，以重钢为原材料基地，建设成能够制造常规武器和某些重要机器设备的基地……以重庆为中心，逐步建立西南的机床、汽车、仪表和直接为国防服务的动力机械工业。”②三线建设是重庆开埠以来的第三次大的发展机遇。作为三线建设地区最大的中心城市，三线建设给重庆工业生产和经济水平带来了巨大的发展机会，加快了重庆经济文化现代化的进程，对重庆现代工业体系的形成和发展亦产生了深远的影响。

“据统计，从1964年到70年代末期，国家在重庆投资建设的重点项目共计118个，总投资达42亿元。”③三线建设壮大了重庆老工业基地的实力，形成了以国防工业、民用机械工业、冶金工业、化学工业为骨干，轻纺工业相应发展的格局及门类较齐全的国防工业生产体系。同时，机械工业前所未有地突破性发展，成为重庆重要的支柱产业，加速了重庆工业化的进程，增强了重庆的经济实力，初步改变了国家工业东西部布局的不合理状况，促进了内地省区的经济和科技文化发展。重庆作为西南地区和长江上游地区综合

①周勇：《重庆通史》(第三卷)，重庆出版社，2003年，第875页。

②杨超主编：《当代中国的四川》(上)，当代中国出版社，1990年，第135页。

③重庆市地方志编纂委员会：《重庆市志》(第四卷上)，重庆出版社，1999年，第16页。

性工业城市的地位已经形成，为重庆直辖进而成为“西三角”中重要的一角提供了条件。

1978 年，中共第十一届三中全会召开，确定了改革开放的伟大方针。1983 年，中央批准重庆为全国首个经济体制综合改革试点城市，并对重庆市实行国家计划单列，赋予重庆相当于省一级经济管理权力，有利于重庆市充分发挥区域中心城市的功能，重庆的城市地位发生了根本的改变。重庆一方面扩大对外开放，吸引外资，加强国际经济技术的合作；另一方面，改革军工企业，实现“军转民”，大力发展民品生产。这期间，重庆的长安机器厂、嘉陵机器厂、望江机器厂等军工企业均成功实现了转型。同时，重庆还加强了区域经济的联合，推进城乡共同发展。重庆作为长江上游的中心城市功能得以充分显现。

20 世纪 90 年代，中国改革开放进入了由 80 年代侧重沿海开放到全面开放的新阶段。党和政府做出了开发以上海为龙头、重庆为龙尾的长江流域经济带的重大决策，重庆再次赢得新的发展机遇。重庆亦以三峡工程和库区建设为契机，充分发挥重庆在西南地区的凝聚和纽带的作用，凸显重庆在长江经济带的龙尾作用。“随着改革不断深入和经济实力不断增强，重庆逐渐发展成为一个工业、农业、交通运输、内外贸易、科学技术、金融等综合发展的开放型城市，其长江上游经济中心作用日益显著。”①

①《重庆》课题组：《重庆》，当代中国出版社，2008 年，第 180 页。

陪都的建立，使重庆由一个位居西南的内陆工商业城市成为全国性的政治军事经济文化中心。“二战”中，重庆成为同盟国在远东地区的指挥中心，重庆的国际声望大大提高，成为国际名城。

三线建设的重点在四川，四川三线建设重点在重庆。

作为三线建设地区最大的中心城市，三线建设给重庆工业生产和经济水平带来了巨大的发展机会，加快了重庆经济文化现代化的进程，对重庆现代工业体系的形成和发展亦产生了深远的影响。

三线建设壮大了重庆老工业基地的实力，形成了以国防工业、民用机械工业、冶金工业、化学工业为骨干，轻纺工业相应发展的格局及门类较齐全的国防工业生产体系。

重庆作为西南地区和长江上游地区综合性工业城市的地位已经形成，为重庆直辖进而成为“西三角”中重要的一角提供了条件。

第二节　近代重庆现代化进程对中国西部的影响过程

(一)重庆引领现代化背景下的三地政治格局

1. 重庆开埠后西方政治文明对成都、西安的影响

鸦片战争之后，最先开埠通商的沿海城市接触到了西方的政治文明，而远在内陆的重庆、成都、西安等城市一时还难以接触到西方文明。随着中国开埠通商的城市越来越多，西方文明越来越向内陆深入。

对于中国西部市场尤其是四川、云南市场，列强早已跃跃欲试，积极准备在长江上游地区实现通航和通商。① 1875 年，英国利用“马嘉理事件”，要挟中国签订了《中英烟台条约》。《中英烟台条约》特别规定：“四川重庆府可由英国派员旅居，查看川省英商事宜。轮船未抵重庆之前，英国商民不得在彼居住。开设行栈，俟轮船上驶后再行议办。”“马嘉理事件”发生在云南，却要在条约中涉及“驻寓”重庆的特权。重庆扼长江、嘉陵江水道，“有舟航转运之利，蜀西南北，旁及康藏，以至滇黔之一隅，商货出入输会必于重庆，蜀物所萃，亦四方商贾辐辏地也”，是长江上游的水运枢纽。② 重庆占此地利，无疑是最佳选择。而当时的政府以川江险恶、轮船无法行驶为由拒绝了重庆开埠的要求，所以，重庆开埠这个问题就“再行议办”。

1890 年，《烟台条约续增专条》在北京签订，英国取得了重庆开埠的特权。英国终于达成了他们进入中国西部的愿望，一块崭新的内陆市场向西方的商人们敞开了，重庆也因此成为中国西部最早开始现代化进程的城市。等到十年不行轮的期限一过，立德乐的“利川”号在 1898 年 3 月经历各种困难后驶抵重庆。立德乐川江首航成功后，外国洋行大量涌入重庆，重庆与西方世界的交流增多。随着开埠以及后来清政府推行“新政”，重庆地方政府也因形势变化，逐渐改变管理体制。③ 总的来看，开埠促使重庆成为西部第一个开始现代化进程的城市，也促使重庆在西部城市中崛起。近代重庆的

①周勇：《重庆通史》(第二卷)，重庆出版社，2003 年，第 270 页。

②陆远权：《重庆开埠后的商贸与长江区域整体市场的形成》，《重庆三峡学院学报》，2001 年第 5 期。

③蓝勇、杨光华、曾小勇、李世平：《巴渝历史沿革》，重庆出版社，2004 年，第 143 页。

现代化进程远远快于西部地区的其他城市，重庆在西部地位的真正崛起也由此开始。

重庆开埠后，西方的政治文明也随着西方商品一起流入重庆，影响着重庆人的思想观念。在重庆，受到西方政治文明影响的宋育仁为推动维新变法做出了巨大的努力。维新运动期间，他积极鼓吹其变法主张，大力宣传西学，办报刊，建学会，创实业，为救亡图存奔走呼号，爱国精神无比强烈。①

重庆开埠和西方政治文明的进入，使成都很快受到影响，宋育仁不久在成都创办蜀学会，并在各府、州、县设立分会。蜀学会对维新思想在四川的广泛传播起到了重要作用。宋

川江上航行的旧式木制帆船

①董凌锋：《维新运动期间宋育仁政治思想研究》，《太原师范学院学报》，2007年第1期。

总的来看，开埠促使重庆成为西部第一个开始现代化进程的城市，也促使重庆在西部城市中崛起。近代重庆的现代化进程远远快于西部地区的其他城市，重庆在西部地位的真正崛起也由此开始。

育仁还以蜀学会名义创办《蜀学报》,为成都报刊之始。[①] 此时的维新思想的影响在成都逐步扩大,所以之后的维新运动在四川、重庆得以顺利开展,并在边远山区也有一定影响。在维新思想的指导下,更多的西方优秀思想被介绍进中国,学习西方的风气已开,使得思想先活跃起来,立宪思想、革命思想也得以传入。

受成渝地区开埠的影响,此时的陕西虽远在西部内陆,但维新思想仍得到一定的传播,这与陕西维新人士的努力是分不开的。陕西的维新志士,当首推刘光蕡。时人称“南康北刘”,可见其在维新运动中影响之大了。[②] 刘光蕡作为陕西近代思想启蒙的重要人物,其思想也经历了旧学到新学的转变。他的维新思想着眼于教育,为实践自己的教育思想,刘光蕡创建时务斋和励学斋并讲学,还与陕西各大书斋合作宣传其思想。受刘光蕡思想的影响,其学生宋伯鲁、李岳瑞都成为维新变法时的干将。之后陕西办学风气日开,在西安还仿照京师大学堂筹建中学堂一所。虽然西安也受维新思想影响,但因地处西北内陆,缺少与西方的各种直接交流,维新变法多流于书院中的空谈。此时的重庆因开埠之利,多与洋人有直接的商业来往,能够更便利地接触到西方政治文明。

1906 年 9 月,清廷宣布“仿行宪政”。慈禧死后,醇亲王载沣掌握实权,并在 1909 年下诏重申“预备立宪”的宗旨,命令各省在宣统元年内成立咨议局。四川咨议局在四川各级官员和立宪派绅商的努力下得以建立。与此同时,清政府颁布《城镇乡地方自治章程》。川督赵尔丰将之前成立的成都自治局扩充为四川地方自治局。为了加快在各州县推行城镇乡地方自治,要求各州县专门派人来省学习“自治”。四川总督府还对各府厅州县筹办地方自治进度提出时间要求,不得迟误。一时间,“地方自治”成为时髦术语。[③] 地方自治议会的选举也是通过民主选举的方式产生,充分体现了宪政思想。自治局、自治会、城镇议事会、董事会等自治机构的设立,使得大量地方士绅得以参与地方政务,在地方的政治生活中处于愈来愈重要的地位。[④]

---

①何一民:《辛亥革命时期的四川报刊》,《四川文物》,1991 年第 4 期。

②秦晖、韩敏、邵宏谟:《陕西通史·明清卷》,陕西师范大学出版社,1997 年,第 374 页。

③吴康零主编:《四川通史》(第六卷),四川人民出版社,2010 年,第 210 页。

④隗瀛涛:《四川保路运动是一场早期现代化运动》,《文史杂志》,2001 年第 6 期。

陕西的革命思想是由留日学生井勿幕大力传播的。井勿幕在留日期间加入了孙中山的同盟会，并受孙中山之命回陕西进行革命宣传。1908年，井勿幕回陕后立即组织召开了同盟会会员大会，宣布成立同盟会陕西分会，选举李仲特为陕西分会会长。在这次大会上决定“联合新军、慕亲会、哥老会、刀客等力量，推动革命，以与全国形势相配合”。[①] 所以，在武昌起义爆发后不久，西安革命党人也发动起义，与南方的起义遥相呼应，牵制了大量的北洋军队。许多四川籍留日学生在日本接受了孙中山的民主革命思想成为革命派，并在回川后大力进行革命思想的宣传。同盟会建立后也派遣一部分川籍会员到四川建立起同盟会四川分会，通过各种手段宣传革命，也通过在新军中发展会员，暗中蓄积革命力量。以致“保路运动”爆发时，四川革命派借机起义，使得革命之火燃遍全川。虽然陕西和四川的辛亥革命都爆发较早，但两地革命爆发较早的原因却不一样。陕西成为北方地区的首义之区，其首要原因是，近代陕西经济文化落后，封建传统影响很深，但这里封建统治力量却相对薄弱。[②] 陕西的留日学生多，而且多加入同盟会，形成了一个有组织的革命团体。陕西的同盟会员还广泛利用陕西的各种反清力量，哥老会、刀客都在辛亥革命中发挥了重要作用。而四川的辛亥革命爆发的一个重要诱因就是四

①乔益洁：《陕西辛亥革命较早宣布独立之原因》，《青海师范大学学报》，1990年第4期。

②乔益洁：《陕西辛亥革命较早宣布独立之原因》，《青海师范大学学报》，1990年第4期。

川“保路运动”的爆发。四川“保路运动”是一场反帝爱国的政治运动，同时也是一场早期现代化运动。[①] 在重庆开埠之后，四川经济也因重庆这个通商口岸而得以发展，四川的有识之士更认识到川汉铁路对经济发展的重要性，所以对川汉铁路路权的争夺才会如此激烈，直接引起了与四川政府的武装冲突。值得注意的是，辛亥革命前夕，重庆城市从商业中心城市逐渐向综合性经济中心城市转变，成为四川乃至西南的经济中心城市。在这里，近代化因素最集中，近代化程度也最高，其辐射力已开始遍及全川和西南许多地区。重庆城市的近代化与它成为四川辛亥革命的中心是互为因果的。[②]

“辛亥革命，自广州败后，复托萌争路，四川盖烈于他省，而重庆起义，则先于成都。”[③]1911 年 11 月 22 日蜀军政府在重庆成立并宣布独立，此时的成都还未宣布独立，“湖、鄂、赣、苏、宁、皖、浙、闽、粤、桂、滇、黔、秦、晋各省都督亦先后答电慰庆，正式承认蜀军政府为四川政治中枢，蜀军都督为四川人民代表”。[④] 由此可见，蜀军政府的成立，大大提高了重庆在四川的政治地位，也扩大了重庆在全国的政治影响力。重庆蜀军政府成立不久，11 月 27 日，四川大汉军政府在成都成立，由蒲殿俊任都督，[⑤]形成了重庆和成都两个军政府同时存在的局面。最后两地军政府在权衡利弊之后，宣布合并为中华民国四川都督府。1913 年，中央政府颁布了《省议会暂行办法》，四川省议会依照此法建立起来。1940 年新县制实施，县级议会制度也开始建立起来。1945 年乡镇民代表会成立，至此从上到下形成了一套完善的议会制度。四川都督府下面设有军事参议院、总政务处、参谋部、军务部、军事巡警总监部、政务部、财政部、教育部、司法部、实业部、交通部、盐务部、外交部。[⑥] 直到 1935 年中央政府势力进入四川，才打破了当时的军阀防区制。四川省地方行政机构按照 1925 年广州国民政府制定的《省政府组织法》建立。[⑦] 四川独立的司法机构和现代的审判制度在清末“新政”和民国建立中逐渐形成。

---

①隗瀛涛：《四川保路运动是一场早期现代化运动》，《文史杂志》，2001 年第 6 期。

②隗瀛涛：《四川保路运动是一场早期现代化运动》，《文史杂志》，2001 年第 6 期。

③《蜀军革命始末》录自罗国均修、向楚纂《巴县志》（卷 12），民国二十八年刊本，转引自《四川辛亥革命史料》（上册）（四川人民出版社，1981 年，第 487 页）。

④邱远猷：《重庆蜀军政府的成立及其法制》，《重庆师专学报》，1998 年第 4 期。

⑤蓝勇、杨光华、曾小勇、李世平：《巴渝历史沿革》，重庆出版社，2004 年，第 173 页。

⑥贾大泉主编：《四川通史》（第七卷），四川人民出版社，2010 年，第 249 页。

⑦贾大泉主编：《四川通史》（第七卷），四川人民出版社，2010 年，第 250 页。

检察制度则清末已有，清末“新政”四川已有了高等检察厅，辛亥革命后四川省设上审检察院。作为现代司法审判制度的重要部分的律师制度在民国时期才得以出现，成都和重庆最早推行了律师制度。

重庆开埠之后，西方政治文明以重庆这个窗口影响着成都和西安两个城市。由于地理环境的限制，西安与西方的交流受到诸多限制，西安的维新变法和辛亥革命主要是由少部分的陕籍留学生在积极推动。虽然西安在辛亥革命中能够较早爆发起义，但这主要不是西方政治文明影响的结果，而是因为当时清政府与陕西地方矛盾激化和陕西地区清军实力薄弱的结果。西方政治文明对西安的影响程度不如对四川影响得深。重庆、成都在辛亥革命中起到重要作用，蒋介石曾说到“辛亥革命之花，既由四川开始”，可见四川在辛亥革命中的重要地位。重庆在维新变法、辛亥革命中都充当着先锋角色，如第一份报纸的创办、同盟会在重庆的建立、重庆在川首先宣布独立。重庆利用其在现代交通和区位上的优势，先于其他西部地区的城市受到西方政治经济文化的影响，接触最新政治思想。重庆不仅在经济上地位大大上升，而且在政治地位上也开始赶超成都、西安。

2. 川陕革命根据地和红军的西部战略

自从井冈山革命根据地建立之后，中共领导的革命根据地日益发展壮大，蒋介石不得不多次发起针对革命根据地的围剿，而且一次比一次规模更大。在蒋介石发动的第四次围剿中，由于张国焘战略决策上的错误，红军仓促应战，未能取得第四次反“围剿”

的胜利。[①] 红四方面军主力不得不撤离鄂豫皖根据地，进行战略转移。红军在转战途中，红四方面军总部获悉四川军阀混战正酣，川北地区兵力十分空虚，并且因汉中、安康地区连年灾荒，给养困难，遂决定立即翻越大巴山，向川北发展。[②] 大巴山南北麓地区有着极好的战略发展空间，向南发展可以截断长江，虎视武汉；向北发展可以据汉中而制西安；向西发展可以打通甘肃、新疆与苏联联络；向东发展可以联系湘鄂西及鄂豫皖赤区。[③] 由于四川军阀混战的主要战场在川西地区，川北地区兵力空虚，通江、南江、巴中一带只有一个团的防守力量。红四方面军利用这个大好机会，迅速地解放了通江、南江、巴中地区，以此为基础创建了川陕革命根据地。

川陕革命根据地的建立，给蒋介石和四川军阀以巨大的震动。蒋介石和国民党政府中的川籍要员，纷纷致电四川各军阀，要他们停止互相火并，协力对付红军。[④] 虽然红军的根据地在川北地区建立了，以重庆为中心的刘湘军阀和以成都为中心的刘文辉军阀，并没有把红军看成首要威胁，想的却是如何争夺四川第一的位置。此时，"二刘大战"在蒋介石压力下虽暂时停止，但矛盾并未解决，双方剑拔弩张，正在酝酿着决定胜负的战争。[⑤] 川中军阀只有田颂尧因自己防区被红军占领，受到红军的直接威胁，才马上率军回到川北进行防守。田颂尧接受了蒋介石"川陕边区剿匪督办"的任命，得到蒋介石的军费和子弹，准备乘红军初入川北立足未稳，对其进行围剿。1933年2月12日，田颂尧以六万大军向革命根据地发起三路围攻。红四方面军有针对性地采用"收紧阵地，诱敌深入"的方针，粉碎了三路围攻，军阀田颂尧也由此被彻底打垮。红四方面军在成功粉碎三路围攻后，还利用刘湘与刘文辉进行四川争霸战的时机，发动了三次进攻战役，根据地发展到东起城口，西抵嘉陵江，南达营山、渠县，北至陕南的镇巴、西乡、宁强，面积42 000多平方千米，人口700余万，共建立了22个县和1个市的苏维埃政权，形成了

---

①肖登国：《红四方面军入川与川陕革命根据地的创建》，《四川党史》，2002年第6期。

②林超、温贤美：《川陕革命根据地史》，四川省社会科学院出版社，1988年，第29页。

③《中共川陕省委关于保卫赤区运动周决议》，《川陕革命根据地地方历史文献选编》（上册），四川人民出版社，1979年，第3页。

④林超、温贤美：《川陕革命根据地史》，四川省社会科学院出版社，1988年，第36页。

⑤匡珊吉：《红四方面军反三路围攻的胜利》，《川陕革命根据地论丛》，四川大学出版社，1987年，第45页。

中华苏维埃共和国新的强有力的根据地。①三路围攻的失败和红四方面军的三次进攻战役，使得蒋介石更加焦急，不断催促刘湘就任“四川剿匪总司令”一职，尽快对川陕的红四方面军采取进攻。蒋介石还调动亲信胡宗南的第一师进驻川陕甘边区，防止红军北上。此时的刘湘已经将刘文辉打垮，成为四川霸主，为进一步扩大自己的影响力和加强对其他军阀的控制，刘湘在成都宣誓就任“四川剿匪总司令”一职。在获取蒋介石的大量资助后，刘湘纠结川中各路军阀邓锡侯、田颂尧、李家钰、杨森、王陵基、刘存厚共20万人的军队，还在重庆设立“四川民众‘剿匪’后援会”，专事反动宣传，欺骗工、农、商、学各界，募捐款项物资。②在战争初期，刘湘军队占有明显优势，红四方面军在接连进行两个月战斗之后军队比较疲惫，张国焘却要求主动出击，使得红军初期处于不利位置。红四方面军总指挥部在认真分析敌我形势之后，决定依然采用“收紧阵地、诱敌深入”的策略。红四方面军分为东西两线作战，采用这样的办法消耗敌人，东线进行阻击，西线进行牵制，在杀伤大量敌军之后马上后撤，收紧阵地，以诱敌深入。红四方面军采取了积极防御的方针，拉长了敌人的战线，分散了敌人的兵力，为反攻创造了条件。③ 正是由

大巴山南北麓地区有着极好的战略发展空间，向南发展可以截断长江，虎视武汉；向北发展可以据汉中而制西安；向西发展可以打通甘肃、新疆与苏联联络；向东发展可以联系湘鄂西及鄂豫皖赤区。

---

①温贤美：《川陕革命根据地的建立及其地位和作用》，《川陕革命根据地论丛》，四川大学出版社，1987年，第33页。

②林超、温贤美：《川陕革命根据地史》，四川省社会科学院出版社，1988年，第98页。

③徐向前：《忆创建川陕革命根据地》，《川陕革命根据地史料选辑》，人民出版社，1986年，第448页。

于正确的作战方针，使得战争局势得以转变，在万源保卫战取得胜利之后，红四方面军开始转入全面反攻，刘湘组织的六路围攻由此遭到瓦解。六路围攻失败之后，川中军阀再无实力发动对川陕根据地的军事行动。

就在四川军阀与红四方面军进行激战的时候，陕西方面却一直没有发动过对根据地的进攻，而且在反六路围攻时川陕之间还建立起一条秘密的交通线，在战时为红军输送了不少珍贵物资。此时红军与驻在陕南的杨虎城部孙蔚如三十八军秘密订立了互不侵犯、共同反蒋抗日的协议，红四方面军可以在陕南只驻留很少的部队，集中主力对付四川军阀。[①] 但由于领导集团"左"倾错误思想导致红四方面军在反围剿中失利，红四方面军被迫放弃川陕革命根据地开始了长征。此时的中国只剩下刘志丹创立的西北革命根据地，西北革命根据地自然成为了各路红军长征的目的地。

川陕革命根据地虽然最后被放弃了，但是川陕革命根据地的存在对当时中国的政治格局产生了重大的影响。当时绝大多数根据地和红军在中国南方，尤其是集中在长江以南，川陕革命根据地的建立使得红军的革命根据地范围得以向北发展。[②] 而且以后红军长征主力入川之时，川陕革命根据地按照中央指示发动了西渡嘉陵江战役以策应中央红军行动。红四方面军得知二十五军前锋已到陕南商县一代，就发动陕南战役策应。[③] 红军能够顺利到达陕北完成长征，离不开川陕革命根据地的支援。之后红军在陕北建立革命根据地，使得革命中心转向西北。

参谋团入川后，蒋介石真正意义上控制了四川。1935 年，四川省政府成立，刘湘被赶到成都，参谋团接手经过刘湘多年建设的重庆。此时四川实行"剿匪区域行政制度"，参谋团成为四川最有实权的行政机构。同年，蒋介石特派顾祝同为重庆行营主任，重庆行营正式成立，参谋团撤销，原武昌行营的人员大部分随之来到重庆行营。重庆行营辖区为川、康、滇、黔、藏。所有西南各省军队，均受其节制。蒋系中央势力以重庆为基点，完全控制了西

①林超、温贤美：《川陕革命根据地史》，四川省社会科学院出版社，1988 年，第 68 页。

②宋恭权：《应该重新评价川陕革命根据地的历史地位》，《红军长征研究论集》，中共四川省委省级机关党校党史党建教研室编印，1986 年，第 114 页。

③温贤美：《川陕革命根据地的建立及其地位和作用》，《川陕革命根据地论丛》，四川大学出版社，1987 年，第 36 页。

南地区。[1] 重庆也因重庆行营的设立，政治地位再次得到大幅度提升，成为蒋介石政府大西南的实际政治中心。

3.战时首都寻建反映的西部政治格局

日本逐步加快对华的侵略步伐，蒋介石也意识到与日本的一战不可避免。而且根据双方的实力对比，速战绝无取胜的可能，若是要战，则必须做好长期抗战的准备。基于"以空间换时间"的战略原则，蒋介石敏锐地感到他的军队劣于日本，甚至在战前他已构想了撤至中国西南偏远内地的战略。[2] 如果要进行长期抗战，一个稳固的大后方必不可少。四川在西南诸省中物产丰富，经济发达，而且四川历来易守难攻，深居内陆，早在民国初年，蒋介石上书国父孙中山论述革命根据地时就认为：在中国各省中，能作革命根据地的第一是广东，其次就是四川。[3] 同时，四川还有着良好的革命基础。蒋介石在峨眉山军官训练团发表讲演，更明确指出："辛亥革命之花，既由四川开始，亦要由四川收革命最后成功之果。""只要大家发扬我们中华民族五千年历史的光荣，以川滇黔为中华民国复兴的根据地……我敢说，我们本部十八省，哪怕失掉了十五省，只要川滇黔三省能巩固无恙，一定可以战胜任何强敌，

川陕革命根据地虽然最后被放弃了，但是川陕革命根据地的存在对当时中国的政治格局产生了重大的影响。当时绝大多数根据地和红军在中国南方，尤其是集中在长江以南，川陕革命根据地的建立使得红军的革命根据地范围得以向北发展。

重庆也因重庆行营的设立，政治地位再次得到大幅度提升，成为蒋介石政府大西南的实际政治中心。

①周勇：《重庆通史》(第三卷)，重庆出版社，2003年，第840页。

②[美]费正清、费维恺：《剑桥中华民国史》，中国社会科学出版社，1994年，第549页。

③贾大泉主编：《四川通史》(第七卷)，四川人民出版社，2010年，第93页。

收复一切失地，复兴国家。”[①]由此可见，把四川作为抗日复兴基地的方针，蒋介石酝酿已久。

虽然蒋介石很早就有把四川建设为大后方的想法，但是四川自辛亥革命以来，长期处于军阀混战的状态中。四川实行防区制，地方军阀各自为政，财、政、军大权均由地方军阀把持，蒋介石把四川作为大后方的想法在这种条件下根本无法实施。1932 年淞沪抗战爆发，日军逐渐逼近国民政府首都南京。日军目标很明确，短时间内集中兵力攻占国民党首都以制造“城下之盟”，企图以最小的代价来取得最大的胜利。面对日军速战速决的战略，要想取得抗日战争的胜利唯有迁都以图长期抗战。于是，国民政府把洛阳定为行都，西安定为陪都，把行政机构迁往西北，就算南京失陷国民政府仍可继续运作。中国幅员辽阔，此时却选择西北为大后方，只因为当时西南地区仍掌握在四川军阀手中，而华北地区也面临着日军的威胁。之后，华北局势的恶化，进一步威胁到西北地区，加上西北地区经济落后，物产不丰富，人力资源也不足，作为战时陪都所在的后方基地，并不理想。[②] 所以，蒋介石意识到把四川作为大后方的战略必须提早进行。

自从重庆开埠以来，成都、西安两座古城都受到西方城市现代化的影响，从而开始了自己的现代化过程。但近代以来，因四川军阀割据，战争频仍，成都城市的发展依然缓慢。[③] 成都历来都是四川的政治中心、经济中心，自然也成为了军阀争夺的重点城市。经过多次战争的摧残，成都的城市发展受到很大的限制。成都城市发展缓慢的另一个重要原因是成都现代交通不发达。近代的成都既不通轮船，也没有铁路，公路建设亦比较落后，这就从根本上限制了成都城市的发展。[④] 相比之下，重庆借开埠之利先是发展航运，后公路、铁路、航空也有所发展，以致成为西南地区的交通枢纽。陕西“地处中原，古称上腴，襟带河山，险厄百二，唐汉秦周实为首善之区”，也正是由于历史上形成的封建经济文化比较强固，加上远离通商口岸，受外国资本主义经济的冲击较小，自然经济的解体和商品经济的发展也较迟缓。[⑤] 近

---

①贾大泉主编：《四川通史》(第七卷)，四川人民出版社，2010 年，第 94 页。

②段渝：《抗战时期的四川》，巴蜀书社，2005 年，第 15 页。

③何一民：《近代中国衰落城市研究》，巴蜀书社，2007 年，第 417 页。

④何一民：《近代中国衰落城市研究》，巴蜀书社，2007 年，第 366 页。

⑤乔益洁：《陕西辛亥革命较早宣布独立之原因》，《青海师范大学学报》，1990 年第 4 期。

代西安虽然受到了西方政治文明的影响，但影响并不深入，所以西安城市建设的滞后也是必然。辛亥革命以及军阀混战也对西安城造成了巨大的破坏，特别是刘镇华对西安长达八个月的围城，经此浩劫，西安城几乎被完全摧毁。军阀混战结束后，国民政府对西安城市进行了一些建设开发，但是西安接受西方政治经济文化比较晚，加上近代西安交通阻隔，运输阻滞，20 世纪 30 年代前几乎无现代工业可言，故时人评论说："除旧式手工之生产方法尚可略举外，余则不足轻重，若与东南各省新兴工业相比较，更觉瞠乎其后。"①受到这个社会大环境的影响，西安的经济与社会发展缓慢，其城市建设也十分有限。由于当时特别的政治军事形势，西安在 1931 年被定为陪都，成立了西京筹备委员会，并提出了《西京规划》建设方案，但由于现实的困难，对西安的建设也多半是简单的修整而已。

此时重庆城市的发展速度已经远远超过了成都和西安。参谋团入川之后，重庆在政治地位得到提升的同时，城市的市政、交通运输也得到相应的发展，以适应其作为西南地区政治经济文化中心城市的地位。重庆作为四川军阀刘湘重点经营的后方，在军阀混战期间，战争很少波及重庆地区，因此得以保持了发展的稳定。而且刘湘也是军阀混战的最大赢家，重庆也从刘湘的崛起中获利不少。1927 年，重庆成立市政厅，工务处改为工务局，重庆的

参谋团入川之后，重庆在政治地位得到提升的同时，城市的市政、交通运输也得到相应的发展，以适应其作为西南地区政治经济文化中心城市的地位。

---

①朱士光：《西安的历史变迁与发展》，西安出版社，2003 年，第 484 页。

市政建设得以统一规划和管理，城市发展出现了新局面。① 此前，重庆旧城中没有一条马路，街道十分狭小，街道两边也少高层建筑，公共交通多为滑竿、轿子，重庆虽临两江却无自来水供应，公共照明也十分落后。为改变这一落后面貌，国民政府对重庆的市内交通进行了改造，并首先修建了马路。首期工程计划了三条道路，中干道由通远门经过两路口至曾家岩，南区干道从南纪门出发经过菜园坝，然后接两路口，北区干道则由临江门沿嘉陵江至曾家岩。干道修通后，重庆城区得以扩大一倍左右，缓解了城区拥挤狭小的局面。市内交通也得以发展，滑竿、轿子被汽车、黄包车所取代。为解决饮水问题，1927 年潘文华督办召集自来水发起人会议，决定正式成立“重庆自来水筹备处”（属官督商办），1929 年 2 月正式开工修建自来水。② 重庆的路灯设施从 1934 年开始建设，至 1936 年全市已有路灯 1338 盏，街道的路灯覆盖率到达 80%。重庆市政建设的不断完善，为重庆以后的发展提供了更好的基础条件。重庆市政建设逐渐完善的同时，重庆的交通运输业也在不断发展。刘湘经营重庆的时候，十分注重交通建设。在川江航运中，对卢作孚民生公司予以大力支持，为整理川江航运，还成立了川江航务管理处，特别委任卢作孚为处长，加之当时民众爱国热情高涨，纷纷支持国内的轮船，此时川江上的轮船大半都属于民生公司，民生公司在各种有利条件下逐渐控制了上游的川江航运。民生公司的发展，反映了川江航运业的发展，也反映了重庆经济中心的初步形成。③ 由于民生公司掌握了大半的川江航运，所以在一定程度上保证了抗战初期的军事运输、物资内迁和人口疏散。刘湘为实现其统一全川的目标，对公路的建设也很重视，特别是成渝路和渝简路。随着刘湘军事上的胜利，公路修筑的步伐也在加快，1932 年成渝公路修建完成，还将“成渝路政总局”改为“四川公路总局”，以加快以成渝为中心的公路建设。参谋团入川之后，蒋介石要求修成连通四川、贵州、湖南、湖北、陕西 5 省的公路，以方便其对红军的追剿和加强其对西南地区的控制。到 1937 年日军全面侵华战争爆发前夕，四川省内形成了以成都、重庆为中心的公路网

①隗瀛涛：《近代重庆城市史》，四川大学出版社，1991 年，第 462 页。

②周勇：《重庆·一个内陆城市的崛起》，重庆出版社，1989 年，第 262 页。

③周勇：《重庆通史》（第三卷），重庆出版社，2003 年，第 856 页。

络和连接西南、西北各省的川黔、川湘、川陕等公路干线。[①] 重庆地区同时兼有水运、铁路、航空之便，通讯业也有了初步规模。此时重庆各个方面都得到飞速发展，城市硬件设施逐步完善，已经在客观上完全具备了成为陪都的条件，有能力在抗战时期成为大后方的政治经济文化中心。

此时重庆各个方面都得到飞速发展，城市硬件设施逐步完善，已经在客观上完全具备了成为陪都的条件，有能力在抗战时期成为大后方的政治经济文化中心。

战时陪都的选择，不仅要考虑这个城市的工业、市政基础，而且还要考虑这个城市所在区域的政治环境。从国民政府的角度出发，当时西南地区的政治环境要大大优于西北地区。四川的各路军阀在“六路围攻”失败后，军事、经济损失严重，刘湘只有求助于蒋介石并同意国民政府派少量中央军以及国民政府军事委员会委员长行营参谋团入川与川军共同围剿红军。[②] 参谋团进川后采取了一系列行动，整顿金融，削减军阀部队，统一川政，不久国民政府就全面控制了四川地区。川陕革命根据地的消失，减少了红军对四川的威胁，四川的政治环境对于蒋介石而言是较为稳定的。川陕革命根据地虽然消失，但在长征之后，红军主力在陕北会师，建立陕北革命根据地。陕北革命根据地的存在，对西安始终是个巨大的威胁。为对付陕北的红军，蒋介石调派张学良的东北军入陕“剿匪”。张学良的东北军是“剿共”的主力军，但在几次战役中损失严重，加上

①周勇：《重庆通史》(第三卷)，重庆出版社，2003年，第858页。

②蓝勇、杨光华、曾小勇、李世平：《巴渝历史沿革》，重庆出版社，2004年，第212页。

抗日情绪的高涨，东北军都希望打回东北老家，而不是与红军作战，进行内耗。所以总体来言，由于西北地区地处边远，加之历史原因，地方势力得以滋长和壮大，中央势力往往鞭长莫及。① 特别是“西安事变”之后，中共也开始加强对西北势力的争取，继续推动各地实力派参加对日抗战、对内民主运动，同西北抗日民主力量实行合作，以促进南京的改革与抗战的发动。② 而且其地方实力派的反蒋倾向也很严重，可见蒋介石对西安未能够达到完全控制的地步。

西安虽未成为抗战陪都，但其紧邻中共中央所在的陕北革命根据地，故在这一时期“西三角”政治结构中地位突出。特别是通过设在西安七贤庄的“八路军西安办事处”，在整个抗战时期，西安都成为革命“圣地”延安与国统区联系的地域媒介。八路军驻西安办事处的工作人员最多时达 200 人左右，在极其艰苦和危险的条件下，他们与国民党反动派进行着针锋相对的斗争。在宣传抗日和鼓舞斗志的同时，也为抗战前线和解放区采购了大量当时急需的药品和物资。特别是办事处克服种种困难，为延安输送了大批进步青年和爱国人士，成为国统区通往延安的中转站，对壮大我军力量、培养我党新的革命干部发挥了重大作用。③

所以陪都的选择，西南地区更优于西北地区。20 世纪 30 年代西南地区的重庆在政治经济文化多方面均已超过成都，所以到最后抗战爆发之时，蒋介石在国防最高会议上作《国府迁渝与抗战前途》时，宣布迁都重庆就并不让人感到意外。1937 年 12 月 1 日，国民政府开始在重庆正式办公，④重庆已经开始实行其陪都的职能。重庆战时陪都地位的确定，标志着近代重庆在西部地位的又一次大提升。

4.西南军政委员会成立与建国初期西部政治格局

新中国成立之初，各地发展极不平衡，再加上经济情况极为困难，交通落后，信息闭塞，故中央政府在建国之初要直接管理省及省以下地方政府，

①刘俊凤:《西安事变与西北政局的演变》,《陕西师范大学学报》,2007 年第 3 期。

②西北大学历史系中国现代史教研室、西安地质学院中共党史组、八路军西安办事处纪念馆合编:《中共中央关于蒋介石释放后的指示》,《西安事变资料选辑》,1979 年,第 102 页。

③以上参见武伯纶编著:《西安历史述略》(增订本),西安人民出版社,1979 年版,第 344、345、346 页。

④蓝勇、杨光华、曾小勇、李世平:《巴渝历史沿革》,重庆出版社,2004 年,第 219 页。

在人力、物力、财力各方面都是一时无法达到的。在这种情况下，中央决定实行大行政区建制，设立东北、西北、华东、中南和西南5个大行政区一级人民政府，代表中央政府对各地进行领导。

在五大行政区中，西南是最后解放的一个行政区，也是国民党在大陆上最后挣扎所依托的一个区域。新中国成立时，西南广大地区尚未解放，近百万国民党军队盘踞西南，同时大批土匪、特务也流窜到了西南地区。国民党企图建都重庆，盘踞西南负隅顽抗，以此作为反攻大陆的基地。1949年11月初，解放西南的战役正式拉开序幕。经过解放军两个多月的英勇作战，西南战役顺利结束，解放了广大西南地区。1951年，通过中央政府、西南军政委员会、西藏各方面进步势力的共同努力，西藏和平解放。1951年5月23日，中华人民共和国中央人民政府和西藏地方政府的代表就西藏和平解放一系列问题达成协议，签订了《中央人民政府和西藏地方政府关于和平解放西藏办法的协定》。至此广大西南地区获得解放。

在解放军第二野战军机关进驻重庆后，刘、邓等领导人就开始筹划西南军政委员成立的诸项事宜。西南战役结束后，庞大的管理工作任务立即提上日程，因此，中共中央指示一方面迅速建立分管全区政法、财经、文教等具体事宜的部门展开工作，处理一些急迫问题；一方面就军政委员会组成人选问题与各方广泛交流意见，待局势基本稳定后，再召开全体委员会议宣告正式成立军政委员会。

陪都的选择，西南地区更优于西北地区。20世纪30年代西南地区的重庆在政治经济文化多方面均已超过成都，所以到最后抗战爆发之时，蒋介石在国防最高会议上作《国府迁渝与抗战前途》时，宣布迁都重庆就并不让人感到意外。

重庆战时陪都地位的确定，标志着近代重庆在西部地位的又一次大提升。

西南军政委员会驻地选择重庆，有历史和现实条件的必然。清末重庆开埠通商推动了重庆工商业的发展。抗战陪都建设，使重庆成为大后方的工商业核心城市，城市基础建设好。到解放战争时期、新中国成立初期，重庆已经成为西南地区的中心城市。同时重庆的交通区位优势也是其他城市不能比拟的，通过长江上游及其嘉陵江、岷江、乌江等支流进入西南腹地，以此促进和带动西南地区的发展。这些优势都使得重庆成为西南军政委员会的首选城市。

1949 年 12 月 8 日，刘伯承、邓小平、张际春、李达率领第二野战军领导机关进驻重庆市后，立即着手进行西南军政委员会的机构筹建工作。1950 年 1 月，中央人民政府将重庆市、四川省、西康省、云南省、贵州省和西藏划分为西南区，设立西南军政委员会。① 1950 年 7 月 27 日，西南军政委员会第一次全体会议在重庆召开，宣告西南军政委员会正式成立。

西南军政委员会是成立时间最晚的大区军政委员会。随着西南军政委员会的成立，在中央政府统一领导下，各大政区分区负责治理的政治格局形成。西南军政委员会的成立，对完成大陆的统一，清除国民党反动派残余势力意义重大。西南军政委员会成立之后，在中央的领导下，统一部署各项工作，为进军大西南地区提供了强有力的领导，配合了西藏的和平解放。

西南军政委员会在人员组成上的一大显著特点是囊括党内党外人士，兼顾本地、外地干部。首先，党外民主人士得到广泛任用。以第一届干部为例，在 6 名副主席中，非共产党员有 3 人。② 其次，兼顾本地和外地干部。在主席、副主席和委员中，除国民党起义将领裴昌会是山东人外，其他 42 名民主党派和无党派人士的籍贯都是西南各省，51 名中共党员的籍贯则大部分是其他省份，即使籍贯是西南各省，解放前夕这些中共党员也都没有在本地进行革命工作，而是和其他外地干部一样，来自第一、第二、第四野战军或是从其他解放区抽调。③ 这一情况充分表明，西南军政委员会是一个以中国共产党为中心的统一战线的政权机构。这为团结一切力量、克服种种困难奠定了坚实的基础。④ 但是西南地区仍面临众多问题，土匪横行，国民党留在

①四川省地方志编纂委员会：《四川省志 · 地理志》（上册），成都地图出版社，1996 年。

②杨世宁：《西南军政委员会的建立与运作》，《当代中国史研究》，2009 年 4 期。

③杨世宁：《西南军政委员会的建立与运作》，《当代中国史研究》，2009 年 4 期。

④西南军政委员会办公厅：《西南军政委员会第一次行政会议、集体办公联系会议记录》（1950 年 8 月 16 日），见《本会第一至第五次行政会议记录及有关文件》，四川省档案馆建大 1—15，第 7 页。

大陆的特务破坏活动时有发生，土改有待于开展落实等。

综合来说，西南地区虽然已获得解放，但由于是刚刚获得解放，没有老根据地的基础，政治经济尚不稳固。而新成立的西南军政委员会，在中央的统一部署下，采取一系列针对性措施，迅速接管了各个方面的工作，局面初步稳定。与此同时，1950 年 1 月 19 日，西北军政委员会在西安成立，作为地方最高级一级政权，统一领导陕西、甘肃、宁夏、青海、新疆五省人民政府工作。① 新成立的西北军政委员会和西南军政委员会面临着同样的任务，虽然绝大部分地区获得解放，但是不少地区仍存在反动残存势力，同时土地改革等工作有待于开展，新政权有待于巩固。西北军政委员会成立后，在中央统一领导下，采取一系列针对性措施，迅速接管了各个方面的工作。西安和重庆分别作为西北军政委员会和西南军政委员会的驻地，成为西北地区和西南地区的政治中心。同时得益于其经济、交通等综合优势，西安和重庆还分别成为西北和西南的中心城市。

1949 年后，新中国经过民主建设、剿匪反霸、镇压反革命、恢复经济建设、抗美援朝、知识分子改造和“三反”、“五反”等一系列的重大政治运动，成功地稳定了局势，使国民经济在三年时间内就恢复到历史最高水平。在取得这些成就的基础上，新中国迅即开始了更为宏大的社会主义改造事业。1954 年 4 月 26 日，中共中央书记处召开扩大会议，讨论了有关撤

西南军政委员会的成立，对完成大陆的统一，清除国民党反动派残余势力意义重大。西南军政委员会成立之后，在中央的领导下，统一部署各项工作，为进军大西南地区提供了强有力的领导，配合了西藏的和平解放。

①何立波：《主政大西北时期的彭德怀》，《党史博采》，2008 年第 10 期。

销各大行政区的几个具体问题。27日,中共中央政治局扩大会议决定撤销大行政区一级党政机构,各省、市、自治区党的工作,由中共中央与中央人民政府直接领导。同年6月19日,中央人民政府委员会第32次会议通过《中央人民政府关于撤销大区一级行政机构和合并若干省、市建制的决定》,最终决定了大行政区的消亡。①

为贯彻中央决策,1954年8月23日至24日,西南行政委员会召开扩大会议,讨论贯彻执行中央决定。会后,根据各单位的不同情况,采取不同的办法,将该撤销的单位划分为早交迟撤、早交缓撤和早交早撤三类。10月26日,西南行政委员会举行最后一次行政会议。出席这次会议的有西南行政委员会各位副主席,在重庆的委员及各部门的负责人共69人。会议听取了西南行政委员会秘书长康乃尔关于结束改造的报告,当即决定西南行政委员会于是年11月1日起,停止行政和办公,并宣布撤销。同年12月,西南局宣布撤销。至此,西南军政委员会结束其历史使命,退出历史舞台。

西南军政委员会统辖重庆市、四川省、西康省、云南省、贵州省和西藏等广大西南地区,为以后西南地区政治格局的发展奠定了重要基础。重庆市从开埠到战时的陪都,再到中共西南局、西南军政委员会、西南区、川东人民行政公署驻地,近代以来一直是西南地区面向东部的门户,是西南地区重要的中心城市。从以上行政中心驻地看来,重庆的政治中心地位是不言而喻的。西南军政委员会撤销后,云、贵、川、康分省治理的局面开始形成。四川省省会驻地成都,重庆市政治地位一度有所下降。但是在直辖以前,重庆一直是西南地区最重要的工商业城市的地位不曾动摇。

5.三线建设背景下的西部三地战略布局

20世纪60年代,中国的周边国际环境比较紧张。在北面,20世纪50年代末中苏关系走向破裂,苏联对中国进行武力威胁,策动新疆少数民族叛乱。勃列日涅夫上台后,苏联政府更是大举向中苏边境地区增派军队,由原来的10个师不足20万人,逐步增加到54个师近百万人,其战略导弹也指向我国的重要设施,中苏边境冲突一触即发。在南部,美国在越南的侵略战争中不断增加投入,战争规模逐步扩大,战争不断升级。1964年8月初,美国制造“北部湾”事件,大规模地轰炸越南北方,使中国直接感受到战争的威胁。在东南沿海,美国增加对台湾的经济和军事援助,台湾当局也叫嚣“反攻

---

①范晓春:《中国大行政区研究1949—1954》,中共中央党校2007年博士论文。

大陆”，并做出一系列军事部署，妄图窜犯沿海地区，实行颠覆行动。① 而在西南边境上，中印两国边界局势尚未稳定，印度陈兵边境，不断对中国领土进行进犯，妄图侵占中国领土。同时中日两国尚未建交，而且美国在韩国有其战略基地，并大量驻军，严重威胁中国东北边境。可见，此时国际环境对中国极为不利。

当时的党和国家主要领导人，对战争到来的可能性作了更为紧迫的估计。当时中国生产力布局也极不均衡，主要大城市和工业城市分布在沿海地区和东北地区，处于战略前线，如果发生战争就容易遭到打击，而广大西部地区，工业发展相对滞后，交通极为不便。

针对这种形势，中共中央对经济发展战略进行了深入研究，将全国划分为一、二、三线的思想逐渐明朗化，1964 年五六月间，毛泽东初步而较系统地提出了要加快搞三线建设的思想。②

“三线”这一概念出自毛主席关于三线建设的战略构想。在这个构想中，他把全国划分为前线、中间地带和三线地区，分别称为“一线”、“二线”和“三线”。“三线”是全国的战略大后方，为支援前线的战略基地。“三线”地区位于我国腹地，离海岸线最近在 700 千米以上，距西面国土边界上千千米，加之四面分别有青藏高原、云贵高原、太行山、大别山、贺兰山、吕梁山等连绵山脉作天然屏障，在准备战

西南军政委员会统辖重庆市、四川省、西康省、云南省、贵州省和西藏等广大西南地区，为以后西南地区政治格局的发展奠定了重要基础。重庆市从开埠到战时的陪都，再到中共西南局、西南军政委员会、西南区、川东人民行政公署驻地，近代以来一直是西南地区面向东部的门户，是西南地区重要的中心城市。

四川省省会驻地成都，重庆市政治地位一度有所下降。但是在直辖以前，重庆一直是西南地区最重要的工商业城市的地位不曾动摇。

①黄荣华：《三线建设原因再探》，《河南大学学报》，2002 年第 2 期。

②孙东升：《我国经济建设战略布局的大转变——三线建设决策形成述略》，《党的文献》，1995 年第 3 期。

争的特定形势下，成为较理想的战略后方。用今天的行政区域来看，是指不包括今天新疆、西藏的广大中西部地区，这是大的"三线"概念。在全国的一、二线地区，按照地势又划分出若干地方为本地区的"三线"，是为"小三线"地区。①

三线建设的主要目标是以国防需求、保证国家战时安全为首。而重庆、成都、西安都是属于我国战略后方的重要城市，原有交通和工业基础优势比较明显，是三线建设的主要区域。三线建设更是给三地提供了一个特殊的发展机遇。在三线建设这一特殊历史时期，这三地的确得到了超常规的发展。三线建设时期，重庆、成都、西安三市均上马了一系列重要工程项目，而且在此之前已有的项目和工程也得到了新的发展。

三线建设时期新建的长风化工厂

三线建设时期，国防工业部署主要是把兵器、船舶、航天（导弹、火箭）放在重庆及周围，重庆根据这个要求，在綦江、江津、南川、南桐、荣昌沿线安排了常规兵器工业，以大炮为主。在巴县、涪陵、万县主要安排船舶工业。重庆重点生产两种舰艇，一种是小型巡洋舰，用于内海巡逻，当时在巴县的明月沱生产了一台这种舰艇，但由于吃水太深没法开出去；一种是在涪陵的李渡准备生产核潜艇，但由于一些原因最终没能投产，下马后改为生产锅炉（李渡锅炉厂）。生产锅炉必需中板，虽然那时重钢的轧钢能力很强，但只有轧棒、轧钢，而没有板，特别是没有重板和中板，为了配套，又从鞍钢搬来中板厂，所以重钢中板厂是重庆为搞海军产品配套过来的。同时，在万县（现万州区）又上马了6个配套厂，以陀螺仪（导航仪器仪表）为龙头。在北碚、华蓥山安排光学仪表，因为重庆过去的工业门类很不齐全，三线建设前没有仪器仪表工厂，只有一个716电子厂（整个北碚的热工仪表中心都是三线时期建成

①李益民：《三线建设来龙去脉》，《湘潮》，2009年第5期。

的），炼钢、化肥等都需要热工仪表来指挥。于是，以重庆为中心，从沿海发达城市搬迁了200多个厂所，其中，上海122个，广州、南京20个，东北地区27个，华北地区43个。

此外，围绕这部分常规兵器、船舶工业、仪器仪表和航天工业，在重庆周围地区还配套搬迁和新扩建了许多机械、化工、冶金项目和科研院所。如生产导弹、火箭需要铝材和大型铝加工厂，于是成立了西南铝加工厂（112厂），主要设备是万吨水压机、板材（厚铝板）。再如原子能生产虽然放在成都、绵阳，但原料的生产需要大量水，所以核原料生产仍放在重庆，于是就有了涪陵816厂。为了这个厂的建立，还配套了大批化工项目，如生产高压阀门需要橡胶，就在南岸建了橡胶厂。

总的来说，三线建设时期中央在重庆及周围地区统一部署，集中兴建了兵器、船舶、电子、航天、核工业等国防企事业、科研院所及与之配套的机械、仪器仪表、冶金、化工、交通等行业，仅重庆辖区就有110多个企事业单位。这批大中型骨干企业的建成投产，使重庆建立了比较完备的工业体系，大大增强了重庆的经济实力。①

总的来看，三线建设强化了重庆军工企业的发展，特别是钢铁工业、机械工业得到了迅速的发展。同时为配套企业，修筑了大量相应的交通措施，如襄渝铁路就是在这一时期修筑的。这些基础设施的建设，为重庆工业发展以及日后经济发展提供了强有力的支持。

三线建设的主要目标是以国防需求、保证国家战时安全为首。而重庆、成都、西安都是属于我国战略后方的重要城市，原有交通和工业基础优势比较明显，是三线建设的主要区域。

总的来看，三线建设强化了重庆军工企业的发展，特别是钢铁工业、机械工业得到了迅速的发展。

---

①崔连胜口述，田姝编辑整理：《军工！军工！重庆工业的基石》，《红岩春秋》，2010年1期。

四川作为三线建设的另一主要区域，在三线建设期间也获得了大量中央财政支持，无论是基础设施还是重工业、军工产业都取得了跨越式发展。成都作为中心城市，发展更是迅速，成都飞机制造厂等更是军工企业的代表。这一时期成都市有了较为完整的机械制造工业和独立的战斗机制造能力。成昆铁路也是三线期间修筑的，直接原因是建设攀钢的需要，更重要的是修建了一条贯通云、贵、川三省的铁路干线。①

西安市作为三线建设的另一主要区域，在三线建设期间，重工业、军工、科教文卫事业也取得了迅速的发展。军工企业尤为突出，西安飞机制造厂成为我国可以独立制造运输机的飞机制造厂。

三线建设改变了我国工业的不合理布局，促进了内地经济和社会进步，使我国的战略后方在交通、能源、科技、机械、轻纺、电子方面都取得了很大的发展。三线建设，总的说来有利于改变中国东西部工业建设的不平衡状况，有利于少数民族地区经济的发展。② 三线建设，推动了西部工业的发展，特别是为西部的重庆、成都、西安发展提供了特殊推动力，使三市的基础工业、重工业、军工业、科教事业均取得了迅速的发展。从这个意义上讲，三线建设为后来的西部大开发奠定了基础，也在一定程度上强化了现代“西三角”地区的工商业基础。但在具体定位上，三地的战略布局有所差异。重庆主要是作为钢铁、机械工业、常规兵工企业基地，成都军事工业以原子能生产、战斗机制造、雷达等相关工业为主，西安市的军工企业以运输机制造为主。

6.西部大开发背景下的“西南”、“西北”战略选择

三线建设的积极成果是使西部形成了一个部门相对齐全的工业、能源和交通体系，缩小了东西部经济发展的差距，为后来的西部经济发展奠定了重要的工业基础。但是三线建设是在特殊形势下的产物，首要目的在备战需求，各方面的发展并不均衡，各区域的发展也不平衡。

纵观历代对西部的开发，其内容涉及农耕、畜牧、城市建设、道路修筑、工业、商业等各个方面，在古代则主要集中在屯田、治所、道路三方面建设上，但其中尤以屯田为重。可以这样认为，中国历史上的西部开发历史，主要

---

①杨文华编著:《四川与中国西部开发》，四川人民出版社，2000年，第260页。

②孙东升:《我国经济建设战略布局的大转变——三线建设决策形成述略》，《党的文献》，1995年3期。

是种植文明的推广。[①] 汉唐时期的屯田主要集中在西北地区，汉唐以前关中地区是中央王朝的都城所在地，而这一时期来自西北少数民族的威胁也较多，故中央王朝在平定这些地区之后，都进行了大规模的屯垦。自从张骞通西域后，往来于“丝绸之路”上的使节、商人、僧侣不计其数，使得“丝绸之路”成为沟通东西方文明的桥梁。苦于各国使者往来沿途的供应不足，搜粟都尉桑弘羊奏言：“故轮台以东皆故国处，有溉灌田。其旁小国，少锥，刀贵，黄铁、绵缯可以易谷。臣愚以为可遣屯田。”[②]之后，汉在敦煌、酒泉设都尉，并于沿途设置亭障，派遣士兵在渠犁、轮台一带屯田、积谷，供应出使西域的各国使者。唐中央政府在这些地区先后设置了安西和北庭都护府，在加强政治控制的同时，特别注意当地经济发展，广泛推行屯田制度，各地都督府都领有“支度营田使”职衔，把屯田列为都护的重要职责。[③]

历代屯田虽然对巩固边防、开发边疆地区起到了积极作用，但由此产生的消极影响也不容忽视。历代移民实边，将内地的大量人口迁往边疆地区，耗费了大量的人力、财力和物力，这种开发方式付出的代价太大，从经济角度讲投入与产出并不成正比。历史上西部地区的屯田大都是在有高山冰雪融水或内陆河的地方进行的，范围有限，而大部分地区尚未得到

成都作为中心城市，发展更是迅速，成都飞机制造厂等更是军工企业的代表。

成昆铁路也是三线期间修筑的，直接原因是建设攀钢的需要，更重要的是修建了一条贯通云、贵、川三省的铁路干线。

西安市作为三线建设的另一主要区域，在三线建设期间，重工业、军工、科教文卫事业也取得了迅速的发展。

---

①蓝勇：《西部开发史的反思与“西南”、“西北”的战略选择》，《西南师范大学学报》，2001 年第 5 期。

②(汉)荀悦撰：《前汉记》卷 15，文渊阁四库全书本。

③马敏、王玉德：《中国西部开发的历史审视》，湖北人民出版社，2001 年，第 163 页。

有效的开发,因而造成了西北发展的滞后。并且西北地区处于内陆,水资源分布极不均衡,一旦没有了水源,屯田自然就要废弃,因此这样的方法是不能持久的,更加大了水资源缺乏的程度,这对于西北干旱、半干旱地区的影响是致命的,因为毁林开荒,将林地、草地变成农田,一旦原来废弃的林地和草地不能迅速恢复,就为土地沙漠化、盐碱化创造了条件。沙漠、盐碱化一旦形成,在传统社会里往往是难以逆转和回归的。[①] 许多西北地区历史上的屯田地区现在成为了沙漠。而西南地区的屯田主要在元明时期,历史上的屯田地区,现在多成为熟地,至今仍为重要的农业种植区。所以今天西部开发时,针对西南、西北历史上形成的差异和各自的特点应因地制宜,亦应有所侧重。

相对于西北地区来说,西南地区的开发起步较晚。秦汉时期除了成都平原得到大规模开发之外,西南地区仍然处于人烟稀少、荒野未开的状态。研究表明,这一时期"云贵高原及四川盆地四缘山地犀象出没寻常,而四川盆地虎群游弋纵横,也时有犀牛出没",[②]根据虎、犀、象这些以森林为依托的动物,可推知当时西南地区森林十分茂密。唐宋时期,西南才开始得到大规模的开发。据郭声波先生研究,这一时期形成了中国西南的"畲田运动"。[③]在我们今天看来,这种刀耕火种粗放经营的方式是落后的,但历史时期是同一定的生产力水平相适应的,[④]在充分修养地力的同时,又维持了森林的覆盖率,并有相对较高的产出。这种情况直到明清时期才出现大的变化。明清时期人口激增,"乾嘉垦殖"的过度膨胀,使得人们迫不及待地向山地进军,人地比率发生变化,固定刀耕火种式的农业生产使得土地没有足够的时间休养,而森林的急剧减少也不可能在短时间内迅速恢复,所以,土壤肥力和产出递减是山地开发走向反面的结果。

---

①蓝勇:《西部开发史的反思与"西南"、"西北"的战略选择》,《西南师范大学学报》,2001年第5期。

②蓝勇:《历史时期西南经济开发与生态变迁》,云南教育出版社,1992年,第17页。

③畲田乃是山地陆种之旱田,通常是以刀芟去草木,不用犁耕。雨前,焚烧草木,播种于暖灰之中,生出的苗不用中耕,不施肥。因此,数年后,畲田便不可复种,只好任它荒废,再去其他地方耕种。见鲁西奇、董勤《南房山区经济开发的历史进程与空间展布》(《中国历史地理论丛》,2010年第4期)一文,参阅李剑农《中国古代经济史稿》(武汉大学出版社,2006年,第572~677页)。

④蓝勇:《历史时期西南经济开发与生态变迁》,云南教育出版社,1992年,第268页。

总的来看，西北地区和西南地区的资源状况也存在着很大的差异。西北和西南地区矿产资源均十分丰富，西北地区的塔里木盆地和准噶尔盆地均分布大量石油、天然气资源，内蒙古高原煤炭资源和天然气储量丰富。西南地区天然气资源储量也非常丰富，而且整个西南地区有色金属储量丰富，锡矿、锰矿、铜矿等有色金属均有大量分布，煤炭、铁矿也有集中分布区域。两者相较，在石油资源的分布上，西北地区优势明显，但西南地域有自己得天独厚的资源优势，那就是有色金属分布广泛、储量丰富。特别是丰富的水资源和地表落差，使西南地区的水力资源居全国首位。综合看来，西部地区丰富的自然资源优势明显，蕴藏着巨大的投资机遇和市场潜力。但在西部的资源开发中，由于资源分布种类和富集程度上的差异，西部开发在程度、方式上要有所区别。

从历史上看，西北许多地区水资源和生物资源严重匮乏，屯田只在河谷和山麓冲积扇地区，其他地区尚未得到有效开发，因而造成了西北发展的滞后。研究表明，西南地区的贫困主要是由近代以来形成的以旱地种植业为主导的产业结构所造成的，是一种结构性贫困。西北地区许多地区的贫困，主要是由人类基本生存环境的恶劣而来，特别是水资源和生物资源严重匮乏，贫困更多体现为一种生态性贫困，也可以称为资源性贫困。① 相对而言，西南地区的结构性贫困更容易扭转。西部地区

综合看来，西部地区丰富的自然资源优势明显，蕴藏着巨大的投资机遇和市场潜力。但在西部的资源开发中，由于资源分布种类和富集程度上的差异，西部开发在程度、方式上要有所区别。

研究表明，西南地区的贫困主要是由近代以来形成的以旱地种植业为主导的产业结构所造成的，是一种结构性贫困。西北地区许多地区的贫困，主要是由人类基本生存环境的恶劣而来，特别是水资源和生物资源严重匮乏，贫困更多体现为一种生态性贫困，也可以称为资源性贫困。相对而言，西南地区的结构性贫困更容易扭转。

①蓝勇：《西部开发史的反思与“西南”、“西北”的战略选择》，《西南师范大学学报》，2001 年第 5 期。

的开发以唐宋为转折点，唐宋以前西北地区的开发比较明显，唐宋以后则是西南地区渐次得到大规模开发。近代以来，重庆从开埠通商、建立蜀军政府、作为国民政府战时陪都、三线建设、计划单列，到重庆直辖，再到城乡统筹、两江新区的成立等，都显现了重庆地位的重要。因而无论从自然环境变化走向来看，还是从中国政治经济文化中心东移南迁来看，重庆在“西三角”中的地位尤为重要，是有人文和自然发展的必然性的。

（二）重庆引领现代化背景下的三地经济格局

近代以来，重庆凭着地处中国西部承东启西的自然地理区位和长江上游水运龙头的优越交通条件，尤其是开埠的历史契机，逐步成为川东经济都会和四川两大经济中心之一。1891 年重庆开埠，从此开始步入近代化城市时代。1937 年 12 月国民政府移驻重庆，作为中国战时首都，重庆得以同美国华盛顿、英国伦敦、苏联莫斯科齐名，迈进国际大都市行列。在此背景下，以重庆为龙头的中国两都三地经济格局以及以川渝为核心的大后方经济得以基本确立。

1.重庆开埠后重庆近代经济对西部的辐射

在近代中国，重庆在西部经济的重要地位与重庆开埠紧密相关。1890 年 3 月 31 日，中英两国《烟台条约续增专条》在北京签订。在此“专条”中，重庆被列为商埠。据此，次年 3 月 1 日重庆正式通商。重庆的开埠通商，是重庆乃至中国西部经济发展史上具有时代意义的事件。它使重庆从传统社会步入到近代社会，使重庆及中国西部与当时上海、汉口等经济相对发达进步的中国东部、中部地区的联系更加便捷和密切。

在此之前，长江水道运输业已成为以上游地区为主体的中国西部地区同以长江中下游为主体的中国东、中部联系之重要凭借。重庆虽然是川东重镇和长江航道枢纽，但其运输工具仍为旧式小型木制帆船。此种船只装载货物数量有限，航速缓慢，耗费时日，严重影响贸易效益，制约重庆及西部与中国东部的贸易规模，并且难以有效抵御长江三峡的急流、险滩所带来的安全风险，船翻人亡的船难事故因之时有发生。重庆开埠后，尽管存在上述缺陷的旧式木船运输依然存在，但是终究逐渐式微，载重量更大、速度更快、抵御激流和风涛能力更强的机动轮船渐成长江航运主角。开埠通商后，大量的外来商品由重庆输入西部，广大西部地区产品经此走出三峡，甚至远销海外。以川渝为主体的西部经济因此被纳入与中国对外贸易具有密切关系的世界资本主义市场，重庆也因之而发展成为中国西部最大和近代化程度最高的经济都会，①进而对西部地区经济产生了重大影响。

开埠之后，重庆在西部商贸经济发展中地位迅速提升。川渝本土之外，西南的云南、贵州，西北的陕西、甘肃等省的商品进出口，“多以重庆为转输口岸”，重庆因此提升为中国东、西部物流中转枢纽和西部货物集散中心。②从西部外洋货物的进口看，自上海通过长江水道输入重庆，再经由重庆分销西部，重庆成为十分重要的输入贸易渠道。资料显示，在1896年到1897年间，重庆的洋布进口贸易操纵在27家商号之手，各个商号均直接派代理人常驻上海，根据西部市场需要进行货物采购。重庆27家商号外，四川地区同期在沪上派有采购洋货代理人的商号，成都3家，嘉定1家。不过，“这4家的交易规模比较小，而他们直接向上海进货这一事实对于重庆作为四川省贸易的主要市场及分销中心的地位，并无重大影响”。③ 这些由沪上采购到重庆的洋布、洋纱一类的洋货，往往又通过水陆运输从重庆分销重庆周边及四川各地乃至更远的地区。史料显示：“每年在一定季节里，商人从偏僻和遥远的城镇如成都、保宁府、潼川府、遂宁

近代以来，重庆凭着地处中国西部承东启西的自然地理区位和长江上游水运龙头的优越交通条件，尤其是开埠的历史契机，逐步成为川东经济都会和四川两大经济中心之一。

---

①薛绍铭：《黔滇川旅行记》，重庆出版社，1986年，第130、165页。

②四川省交通厅地方交通史志编纂委员会编印：《四川交通史志文稿》（民间运输篇），1982年9月第一版，第66页。

③姚贤镐：《中国近代对外贸易史资料》，中华书局，1962年，第1548～1549页。

县、嘉定府、叙州府、绵州、合州及其他重要地方，有的由陆路，有的由水路来到重庆，运来他们的土产——鸦片、药材、生丝等等，并运回洋货。”[①]来自外洋的货物就是这样由重庆这个中心市场分销到四川各地的。据统计，截至1904年，外国的棉纺织品已经进入川西成都附近以及绵阳、平武、松潘等广大偏远地区。其中仅绵阳一地，每年销售的洋纱就达三百万斤之巨。[②]成都的一切洋货，同样“都是经重庆转运”。[③]由重庆流转分销的洋棉、洋纱不仅流向四川，而且也流入云南、贵州[④]。到20世纪初，重庆市场的范围已从四川拓展到云南、贵州、陕西、西藏等地。如由中国西部经打箭炉输到西藏的物品即有棉货和丝货，同时由西藏输入麝香、羊毛、毛皮和药材。根据重庆海关的统计，每年经由重庆进出西藏的贸易额达225万银两，其中由内地输出的贸易额为125万银两，由西藏输入的贸易额为100万银两；[⑤]还有云南与上海间的贸易，经重庆的营业量，每年当不下二三千万。[⑥]

民国初年的重庆朝天门

①姚贤镐:《中国近代对外贸易史资料》，中华书局，1962年，第1548～1549页。

②章有义:《中国近代农业史资料》第1辑，生活·读书·新知三联书店，1957年，第487～488页。

③薛绍铭:《黔滇川旅行记》，重庆出版社，1986年，第166页。

④姚贤镐:《中国近代对外贸易史资料》，中华书局，1962年，第1348页。

⑤四川文史资料委员会编:《四川文史资料选辑》第9辑，第179页。

⑥铁道部财务司调查科:《昆明县市经济调查报告书》，第139页。

开埠后的重庆作为中国西部土货或山货出口外运中心的地位以及西部聚集地的地位同样明显。前述西藏、云南贸易资料已然证明了这一点。四川的出口贸易则进一步昭示了上述历史事实。人所尽知，四川是西部乃至全国山货出产的主要省份，四川全省，无论东、西、南、北几乎都是山货产地，与川毗邻的云南、贵州、西康、甘肃等省也出产部分山货。上述各省所产山货土物，大多通过各种方式尤其水道（长江、嘉陵江、渠江、涪江、沱江、岷江）运至重庆，再由重庆通过水道外运出口。① 因此，重庆海关对外出口额迅速增长。1891 年不过1 389 683两，十年后的 1901 年就增加到年9 114 976两，1910 年进一步增至15 490 974两，就是 1911 年也高达10 069 575两。重庆作为四川“第一商埠”和中国西部“黔、滇、陕、甘等省货物之集散地”的经济地位已经确定无疑。②

伴随重庆开埠、重庆商贸辐射能力的增强，中国西部长江上游地区的一些州县城镇逐渐被带动，进而繁荣起来。例如，川北、陕南、甘南等地处长江上游重要支流的嘉陵江流域，川西北的广大地区又与涪江、渠江连接。这些地区的商业贸易与重庆关系紧密。川北南充，位居嘉陵江流域中游，乾隆之时，“犹甚寂落，除院试及红花市期外，土产不能常售”，然而，“迄清末世，渐臻繁盛，工商勃兴”，③民初“为

①周勇：《重庆通史》（第二卷），重庆出版社，2003 年，第 470 页。

②薛绍铭：《黔滇川旅行记》，重庆出版社，1986 年，第 130 页。

③民国《南充县志》卷 1。

川北丝织业中心区域”，所缫之丝“悉数运沪转销欧美。总计南充一县当时每年外销之丝，约值洋500万元，直接间接靠丝业谋生者，约20余万人”。[①] 川西北的潼川府三台县，“丝业盛时，全县有大丝厂十余家，每年产丝二千余担……全县每年外销之丝，约值三百万元”。[②] 地处长江支流川陕要道的广元，“清初傍河居民尚少”，但随着商业的发展，乾隆时已是“市移江岸，傍河宅居”。广元还作为陕甘药材的集散市场，陕西产药百余种，都由此转销省外，甘肃的麝香也多集中在广元交易。泸州位于川南沱江与长江汇合处，自流井、犍为等地所产之盐，沱江沿岸所产之糖，皆集于该地，东销渝万，南入滇黔，这里交易量之大，在长江上游地区除了重庆之外，无能及之者。[③] 位于川西平原西北边缘、岷江中游的灌县（即都江堰），是沟通川西平原与川北山区贸易交通的枢纽，为山货、药材、皮毛以及大宗农副产品的集散地，“城内外廛肆罗列，有银号数家，东街尤百货骈阗，商贾麕集，羊毛者特多，行销渝、宜、汉、泸”。[④]

商业的发展离不开交通，又促进交通的进一步发展。如前所述，长江上游地区的交通运输在开埠之前以长江及其支流为基本脉络，以木制帆船为主要水上运输工具。与水上路线相联系的则是散布在城乡各地的石板小路。[⑤] 重庆开埠后，水道运输虽仍是这一地区的主要交通方式，但运输工具逐渐发生重大变化。机动轮船开始穿行于川江，继第

20世纪20年代重庆的机动轮船与近代工厂

①薛绍铭：《黔滇川旅行记》，重庆出版社，1986年，第148页。

②薛绍铭：《黔滇川旅行记》，重庆出版社，1986年，第156页。

③王笛：《跨出封闭的世界——长江上游区域社会研究（1644—1911）》，中华书局，2001年，第250页。

④民国《灌县志》卷4，第5页。

⑤［日］东亚同文会编：《新修支那省别全志·四川省·交通》，昭和十六年。

一艘轮船——英商立德乐的七吨小轮船“利川”号而来的各国轮船也接踵而至。据不完全统计，1898 年至 1911 年的 14 年间，进入川江的外轮有 26 艘，其中 10 艘便是商业性轮船。[①] 外轮的航行诱发中国民族轮船航运业的发展。1908 年 3 月 21 日，川江轮船公司正式创办。1909 年，该公司第一艘轮船“蜀通”号由宜昌上驶重庆，它的通航开启了川江商业性客货轮运的新时代。到 1936 年底，在重庆的川江轮船公司共有 16 家，其中中国 10 家，外国 6 家；共有船只 77 艘，总吨位34 756吨，其中中国船 58 艘，21 727吨，占 75.32% 和 62.51%，外国船 19 艘，13 029吨，占 24.68% 和 37.49%。[②] 陆路方面，除省官道干路外，尚有县道、乡道及小路等，各大小路一般用石板培修。以重庆为中心的陆路，除重庆到成都的大路外，尚有川南路线和川西北两条，前者为重庆至云南昭通，后者由重庆经松潘至打箭炉。以成都为始发地的大道有 4 条：东部大路即成都至重庆路，中部大路即成都到万县路，西部大路则由成都到打箭炉，北部大路乃成都至陕西。[③] 重庆开埠之后，尤其是 20 世纪初，西部地区的铁路问题也渐被提上议事日程。1903 年，川汉铁路修建建议得以提出。清廷外务部认为：“川省物产充盈，必达之汉口，销路始畅。惟其间山峡崎岖，滩流冲突，水陆转

①王笛：《跨出封闭的世界——长江上游区域社会研究(1644—1911)》，中华书局，2001 年，第 41 页。

②周勇：《重庆通史》(第二卷)，重庆出版社，2003 年，第 410～411 页。

③王笛：《跨出封闭的世界——长江上游区域社会研究(1644—1911)》，中华书局，2001 年，第46～48页。

运，皆有节节阻滞之虞，非修铁路以利传输，恐商务难期畅旺。现在重庆业已通商，万县亦将开埠。外人经营商务，每以川江航道不便为言，必将设法开通，舍轮船以就火车之利。”①1903年4月，锡良被授任四川总督，赴任途中在宜昌便“舍舟而陆，藉以查看由鄂之川之路”。7月，他上奏清廷请设川汉铁路公司，自办铁路，1907年改为商办，1909年开始修筑。1905年，云南官绅等筹办滇蜀铁路总公司，拟修筑由昆明通至四川泸州、叙府等地的铁路。1935年初，国民党中央势力进入四川，为统一川政，提出了三年建成成渝、宝成、川湘、成会、川滇、川康为干线的四川铁道网计划，后因抗战爆发而搁置。

伴随开埠及商业贸易的发展，货币的规范与统一问题被提上议事日程。1892年，巴县知县耿和丰宣布重庆市场交易一律以新票银为准，并为四川各地渐次采用。1908年，四川劝业道实行全省划一银两衡量“九七平”，四川钱币市场由混乱走向规范。作为近代早期金融组织的票号，到1894年，全川已经由开埠时的16家增加到27家，每家票号都有10万到30万的资本，在广州、长沙、汉口、贵阳、南昌、北京、沙市、上海、天津、云南、芜湖等地都设有汇兑代办处。票号凭借其雄厚的资金，渗透到对外贸易和商业流通领域，几乎包办了省外贸易汇兑。与此同时，随着开埠后交易数额的增大和频率的加快，新的金融机构也应需而生，1894年重庆第一家钱庄“同生福”成立。到1910年，重庆有商银钱号28家，成都有20家。1905年10月，官办“浚川源银行”成立，北京、上海、汉口、宜昌、万县、涪陵等地均设分行。宣统年间泸州设立了铁道银行、江津设立晋丰储蓄兼殖业银行等。到1912年，四川银行业主要分布在成都、重庆、万县、泸州、富顺等地，共7家，资本总额150.4万元。②

以重庆为龙头的川渝陕以及云贵地区的近代工业在20世纪初得到极大发展，发电、机器、铸造、火柴、陶瓷、玻璃、造纸、印刷、化工、缫丝、丝织、棉织、制茶、卷烟等企业纷纷出现。火柴业方面，1889年重庆商人设森昌泰火柴厂，不久又设森昌正火柴厂。1900年森昌和聚昌两火柴厂申请在滇黔交接处设立分厂，获准后便派人前往筹办。次年又获准“嘉定、泸州增设一厂”。1904年建惠昌火柴厂，1907年在成都创办黑头火柴厂。化工业方面，

---

①宓汝成编：《中国近代铁路史资料》第3册，中华书局，1963年，第1058页。

②王笛：《跨出封闭的世界——长江上游区域社会研究（1644—1911）》，中华书局，2001年，第278～280页。

彭县土产以硝为大宗，“谢家场、公义场皆设有制硝之厂”，每年各路商人“来邑购办，运销陕甘鄂皖诸省，以为制革之用”。1907 年筹办洋胰厂，1909 年创办四川第一曹达工厂。丝业是四川的传统家庭手工业。长期以来，主要集中在成都、嘉定、南充等地。开埠以后，受市场和外国资本的刺激，四川缫丝业迅速发展。1902 年始建三台裨农丝厂；1908 年合州成立经纬丝厂，1911 年又成立惠工丝厂；1909 年乐山成立四川蚕丝业第一株式会社，其以制造生丝及贩卖为目的并设立制丝工场一所。据海关报告统计，清末川省有缫丝织绸工场共 18 家。[1] 采矿业在清末逐步由传统手工采矿向机器采矿发展，由采矿工场向采矿企业演变。1894 年重庆绅商“凑集七百股，月三十万两，准备开采川西各矿”。[2] 1902 年彭县天宝山铜矿得到开采，后采用新式冶炉设备，冶炼冰铜、粗铜和精铜，1911 年出产精铜 13 吨。1903 年芦山试办银矿，1906 年地处忠州和垫江交界的大洞岭煤矿招股开采。据 1912 年统计，川省当时开采大小矿地有 1880 处。[3]

综上表明，重庆开埠以后，长江上游的川渝地区及其周边云贵、陕南等的近代工商业得到较快的发展。重庆的开埠与通商，促进了这一地区的早期现代化进程。

重庆开埠以后，长江上游的川渝地区及其周边云贵、陕南等的近代工商业得到较快的发展。重庆的开埠与通商，促进了这一地区的早期现代化进程。

①周勇、刘景修译编：《近代重庆经济与社会发展》，四川大学出版社，1987 年，第 158 页。

②彭泽益：《中国近代手工业史资料》第 1 辑下册，中华书局，1962 年，第 1165 页。

③王笛：《跨出封闭的世界——长江上游区域社会研究（1644—1911）》，中华书局，2001 年，第 341 页。

2.陪都计划下的西京经济社会发展

“据险以守,节节而防”,诱敌深入,乃兵家重要的制胜之道。自“九一八”事变,日本发动对中国的侵略战争以来,面对敌强我弱的形势和以南京为中心的东部沿海地区不利于抗战的军事地理条件,朝野上下有关转移到西部内陆以持久抗战的主张开始提出,并伴随着形势的发展而逐渐被纳入政府当局的决策视野。

1932年1月30日,即上海“一·二八”事变后第三天,国民党中央发布《国民政府移驻洛阳办公宣言》,宣布国民政府迁都洛阳办公。3月,中国国民党第四届中央委员会第二次会议在洛阳召开。3月5日,会议最终正式通过《国民党中央确定行都与陪都地点决议案》。该决议案决定“长安为陪都,定名为西京”。同年的11月,蒋介石等又向国民党中央第四十七次常会提出《切实进行长安陪都、洛阳行都建设事宜》。其中提议“长安改为行政院直辖之市,兼负建设陪都之专责,根据陪都计划,划定适当区域为市区,并由国库筹拨经费”。[①] 长安亦即西安遂成为国民党最高决策机关决议在案的全国六大行政院直辖市之一。根据决议,陪都西京由西京筹备委员会进行筹备。尽管实际筹备远远超出“一年”筹备完毕的预期,且西京陪都设想未能实际实现,但是,在陪都计划推动下,“开发西北”、“建设西北”成为热潮,以西安城市为中心的西北地区的经济、社会建设也因此取得了长足的进步。

城市规划是城市建设的前提。1937年,西京筹备委员会召开“西京市区计划第一次会议”,初步确定西京分区方针,[②]拟将西京市区划为行政区、古迹文化区、工业区、商业区、农业实验区、风景区。行政区位于城南,“面积六万一千余平方市亩”,主要修建各级官署;文化古迹区包括汉长安城、太液池、阿房宫、镐池、昆明池、含元殿、大雁塔、唐曲江池等“历代文化所在”,且拟栽种树木以增“游览兴趣”;工业区选择相对荒僻的火车站以北地区;商业区包括市内各马路、四郊、东关城;农业区为肥沃的神禾原、子午镇一带;风景

---

①荣孟源主编:《中国国民党历次代表大会及中央全会资料》(下),光明日报出版社,1985年,第156页。

②西安市档案局、西安市档案馆编:《筹建西京陪都档案史料选辑》,西北大学出版社,1994年,第56～57页。

区确定在连绵起伏、山清水秀、林木丛茂、名胜古迹甚多的终南山地区。[①] 1941年，筹备委员会提出西京城市分区方案，即《西京规划》和《西京市分区计划说明》。

西京城市及邻近地区建设成效明显。到1937年初，起于西安，止于兰州，长达700多千米的西兰公路和西安至汉中的近400千米的西汉公路建设完成，兰州至包头的航线得以开辟，铁路线得到延长。西安城市及郊区的道路修建则成绩斐然。从20世纪30年代初到40年代末，新市区陆续开辟了多条纵横有序的干道。从北新街到东城墙之间由西向东的街道依次称作尚平路、尚智路、尚德路、尚仁路、尚俭路、尚勤路、尚爱路；东西方向街道从火车站到中山大街由北向南依次为崇耻路、崇廉路、崇义路、崇礼路、崇信路、崇忠路、崇悌路和崇孝路。《长安巡礼》曾描绘当时的道路建设情况："修筑马路的工人，从沙堆或碎石堆上，一锹锹地掘起沙石，洒掷在未修筑好的马路上。牛车、马车忙忙碌碌地搬运修筑马路的材料，牲口的嘴边，挂着两行白沫，不住地喘气。压路机辘辘轳轳，像野兽怒吼似的压榨新铺上沙石的道路。"截至1940年10月，西京市政建设委员会在全市城关已筑成碎石马路计有90余条，修筑夏家什字等煤渣路20余条，新修白鹭湾路、龙渠路2条碎砖路，修整西北三路等29条土路。另外，当年还与陕西省会公安局、长安县政府合组"西京环城路征工筑

在陪都计划推动下，"开发西北"、"建设西北"成为热潮，以西安城市为中心的西北地区的经济、社会建设也因此取得了长足的进步。

---

①参见西安市城市规划管理局、西安市城市规划设计院编印：《西安市城市总体规划（1995至2010）》，1999年10月。

路委员会”，修筑环城路16千米；同西京筹备委员会、陕西省政府及长安政府合组“省市公路工程处”，修筑南四府街至子午镇及柏树林至大雁塔两线省、市公路。[①] 西京四郊的道路交通，先后修筑了汤峪路、仓颉路、青龙寺路、清凉寺便路、兴教寺便路等公路。资料显示，在西京筹备委员会存在的13年中，至少在西京市内及四郊修筑公路920里。[②] 倪锡英的《西京》记述西京郊区交通状况：“西京城乡的交通，现在已极臻便利，除了有无数大路可通行骡车、人力车外，各城镇和邻县之间，都有汽车道可通。城东有汽车路可通灞桥镇、斜口镇而直抵临潼县；西南有汽车道经狄寨镇通至蓝田县；南面有汽车道直通终南山；西面有两条汽车道干线，一通至户县，一过斗门镇、大王镇等通至周至，一线直通至咸阳。所以自西京做中心，出发到各地去，都是非常便利的。”

西京计划不仅有效地促进了西安城市及周围的道路修建与拓宽，而且大大拉动了所属地区地价，推动了西京地区的社会经济发展。《西京快览》称：“中山门内，今定为新市区，业地产者争购此处空地，备建新式市房。”《西京小游》云：“东北一角，已辟为新市场区，住户本最疏，但将来必繁盛；近已广辟道路，地价高涨矣。”著名记者范长江在1935年撰写的《长安剪影》中也描述，西安新市区的建筑事业更如雨后春笋，异常活跃。土地价格从每亩十数元，暴涨至数百元，甚至千余元。

作为周、秦、汉、唐历代都城，西京文物古迹众多。西京计划及其建设中的文化古迹及其环境的保护因之尤显重要，也因此，对历史古迹文化遗产等的高度重视便成为西京计划与建设的一大特色，并从而取得实际进展。西京筹备委员会于秘书处设立文物组，作为保护古迹文物等文化事业的主管机构；委员会将成立之初纳入工作大纲的“调查名胜古迹”付诸行动，于1933年到1934年派遣调查员进行大范围的文物古迹普查工作，基本摸清了西安城内外及咸宁、蓝田、长安、户县、临潼诸县文物古迹的分布与保存现状，搜集了不少文物，调查结果都撰写有相关的调查日记及调查报告书。相关学者还绘制有《西京胜迹附图》(1932年)、《西京古迹名胜略图》(1932年)、《西

①西安市档案局、西安市档案馆编：《筹建西京陪都档案史料选辑》，西北大学出版社，1994年，第97～150页。

②西安市档案局、西安市档案馆编：《筹建西京陪都档案史料选辑》，西北大学出版社，1994年，第183～188页。

京附近各县古迹名胜略图》(1932 年)、《西京城关大地图》(1933 年)等。而且,西京筹备委员会拟有《古迹保护管理及表扬方法》,对西京市区范围内古迹予以分类并提出了保护管理和表扬办法。

西京计划及其建设中,城市绿化、环境保护被提上重要的议事日程,进而得到一定落实。筹备委员会成立之初,即提出"广植树木,并设法长期引水入城,以资改进城市风景,调剂市民精神"的方针。1935 年 11 月到 1938 年 3 月间,西京筹备委员会在新修筑的十余条汽车路旁,栽种多种树木,并成活约万余株。至 1944 年 4 月,西京筹备委员会累计在公路两旁栽植行道树 16 万株。从 1936 年春至 1944 年春的 8 年间,西京筹备委员会在西安城乡各文物古迹区共种风景树和果树26 000多株左右,年均种植 3000 株以上。在西京筹备委员会所辟风景林、果园的各类树种中,果树的比例占 1/3,在主要满足文物古迹保护特殊需要的同时,也考虑到了经济效益问题,并因此可获取经济方面的效益。①

城市、交通建设之外,西京计划对于西北农、牧业及水利建设等也产生了积极影响。1933 年 10 月"全国经济委员会西北办事处"成立。在全国经济委员会下设置"泾洛工程局",负责办理陕西泾惠、洛惠两大水利工程,并取得实际效果。两工程分别于 1935 年和 1937 年完工,各可灌溉农田 50 万亩。其后,

作为周、秦、汉、唐历代都城,西京文物古迹众多。西京计划及其建设中的文化古迹及其环境的保护因之尤显重要,也因此,对历史古迹文化遗产等的高度重视便成为西京计划与建设的一大特色,并从而取得实际进展。

①西安市档案局、西安市档案馆编:《筹建西京陪都档案史料选辑》,西北大学出版社,1994 年,第 196～209、229～237 页。

梅惠、洮惠、云亭等水利工程又相继上马。为规划农业合作，陕西成立了“陕西农业合作事业委员会”；为畜牧改良及其推广，青海、甘肃分别设立西北畜牧改良场和改良分场。① 此等举措，既是西京计划刺激下所取得的积极成果，又是西北开发建设的重要体现。

3.陪都背景下的重庆、成都大后方地位的确立

国民党中央及其政府在抗战爆发后的一段时期，营建西京和开发建设西北的施政举措，固然有其历史与现实的合理性，也在一定程度上推动了西北城市及经济社会的进展。但从根本上说，西京陪都计划，不过是国民党中央在日本侵略中国、首都南京以及中国东部地区遭受空前军事安全威胁的时候，面对西南统一尚未完成的历史条件，对寻求“一个适宜的京都”问题所作出的暂时的或具有过渡意义的抉择。后来，随着中国全民族抗战形势的发展，西京陪都计划于中国西部的经济开发的历史地位和实际效用也就降低。可以说，在 20 世纪三四十年代，于中国对日作战的同时，给中国西部地区经济建设发展带来最为重大历史机遇的是国民政府迁都重庆以及重庆战时首都的建立。

国民政府之所以最终选择迁都于重庆，首先是对日战争形势发展的需要，但除此而外，也与重庆的历史积淀和优越的地理位置、丰富的物质资源等因素紧密关联。一方面，“七七”事变后，华北平原已被日军侵占，上海失守，南京危急，必须从速迁都，国民政府行都洛阳也已经暴露在日军的炮火下，陪都西安也有危险，至于军事重镇武汉、广州等地，更是易攻难守，故相比之下，只有川渝之地最为适宜。另一方面，重庆乃四川门户、西南重镇，地理位置十分优越。它地处长江和嘉陵江汇合处，东可出三峡，西向抵成都，南则往滇黔，北指汉中，水陆交通相对便利。不仅如此，川渝地区尤其是重庆，物产丰富，人口众多，开埠时间较早，城市交通以及市政建设和经济发展已有一定基础，整个川渝经济发展，基础良好。“拿四川一省来说，岷江、沱江之间，便是一个很明显的经济区域。在这个区域里，不但农产品甚为发达，就是主要的工矿业，如煤、盐、丝、纸及糖，都已有相当的基础……又如以重庆为中心的嘉陵江流域，过去为四川的工商业中心，工业方面，如染织工

①台湾中国国民党中央党史委员会编《革命文献》第 90 辑《抗战前国家建设史料——西北建设》(三)第 502～503 页，转引自唐润明主编《抗战时期大后方经济开发文献资料选编》绪论，重庆大学建大印刷厂印刷(渝内字号[2005]005)第 6 页。

业、制革工业、玻璃工业、火柴工业、面粉工业、肥皂工业，都有若干工厂设立；矿业方面，如江合、天府、燧川等煤矿，都有若干生产能力；输出货物，如桐油、猪鬃、丝、羊皮、药材、夏布、烟叶等等，每年均在百万元以上……四川除却这两个区域以外，还有以万县为中心的川东区域……四川以外，如西康、青海的金，贵州的水银与煤矿，云南个旧的锡，以及滇越路、滇缅路附近的煤、铜、铅、锌、银等矿，广西的锡及其他矿产，陕西的棉花及煤，甘肃的羊毛、皮革及药材，都在那儿等待我们开发。这些资源，有的可以树立我们国防工业的基础，有的可以作民生工业的原料，有的可以运输国外，以换取抗战的军备及生产的工具。"①因此，迁都重庆，利用川渝及其附近经济、社会资源优势，对持久抗战和"抗战建国"，其"前途之希望，亦必无穷"。再则，经过自 1935 以来的大约三年的努力，重庆和四川基本为国民政府所掌握，政治地理版图已经有了重大改变，迁都重庆，以此作为对日持久抗战的政治、经济和军事依托也具有重大现实可能。

正是华东、华北等地沦陷的危急形势与川渝地区尤其是重庆的特殊优势，国民党中央委员会和南京国民政府在迁都问题上，才在经历了一个由"考虑迁都但不知迁往何地"，到以"长安为陪都"的"京都"寻找过程之后，而最终作出了"迁都重庆"的重大政治决策。1937 年 10 月 30 日，南京国民政府举行国务会议，会

在 20 世纪三四十年代，于中国对日作战的同时，给中国西部地区经济建设发展带来最为重大历史机遇的是国民政府迁都重庆以及重庆战时首都的建立。

---

①唐润明主编：《抗战时期大后方经济开发文献资料选编》，重庆大学建大印刷厂印刷（渝内字号[2005]005），第 1～2 页。

上，根据最高国防会议精神决定迁都重庆。次日，即 31 日，南京国民政府正式发表宣言并电告前方将士，“国府决迁都重庆，继续抗战，以争取最后胜利”。11 月 9 日，四川省主席刘湘由成都经西安飞抵南京，请示抗战机宜的同时，力促中枢速行西迁。11 日，蒋介石谒见南京国民政府林森主席，并对迁都事宜予以会商，“迁都重庆之议乃定”。11 月 17 日晚，国家最高决策机关——国防最高委员会议决：“为长期抵抗日本侵略，中央党部、国民政府迁至重庆办公。”20 日，南京国民政府公开发表《国民政府移驻重庆宣言》，其中指出：“自卢沟桥事变发生以来，平津沦陷，战事蔓延，国民政府鉴于暴日无止境之侵略，爰决定抗战自卫，全国民众敌忾同仇，全体将士，忠勇奋发，被侵各省，均有极急剧之奋斗，极壮烈之牺牲，而淞沪一隅，抗战亘于三月，各地将士，闻义赴难，朝命夕至，其在前线，以血肉之躯，筑成壕堑，有死无退，暴日倾其海、陆、空军之力，连环攻击，阵地虽化灰烬，军心仍如金石，陷阵之勇，死事之烈，实足昭示民族独立之精神，而奠定中华复兴之基础。迩者暴日更肆贪黩，分兵西进，逼我首都，察其用意，无非欲挟其暴力，要我为城下之盟。殊不知我国自决定抗战自卫之日，即已深知此为最后关头。为国家生命计，为民族人格计，为国际信义与世界和平计，皆已无屈服之余地。凡有血气，无不具‘宁为玉碎、不为瓦全’之决心。国民政府兹为适应战况，统筹全局，长期抗战起见，本日移驻重庆。”①而此前一天，即 11 月 19 日，国民政府主席林森率国民政府直属的文官处、主计处、参军处等单位的部分人员业已抵达汉口。随后，经宜昌，转乘民生公司“民风”轮，星夜兼程，继续西溯长江，向重庆进发，并最终于 26 日抵达重庆。12 月 1 日，国民政府在重庆上清寺正式办公。其后，国民党中央党政军各部门以及其他各机关、团体、工厂、学校等陆续完成西迁。

国民政府移都重庆，不仅极大地提高了重庆的政治地位，而且也大大地彰显了以重庆为核心的川渝地区的经济地位，并使之成为战时中国经济的发展重心，从而形成中国抗战经济大后方。

就工业而言，从 1937 年 8 月到 1939 年底，内迁的兵工厂和其他兵工单位有 13 个，内迁的民营工厂有 243 家，占全国内迁工厂的 54%，占迁川工厂的93.46%。沿海及沿江工业内迁后，在重庆先后建立了重庆工业区、沱岷工业区、涪长万工业区等。特别是经过国民政府的大力扶持，8 年后的 1945

①《中央日报》1937 年 11 月 21 日。

年，重庆一地的工厂数达到1690家，资本总额272.6亿元，[①]初步形成以兵工、炼钢、机械、造船、煤炭、纺织、化工、电力为骨干的门类齐全的综合性工业区，使重庆迅速发展成为大后方工业最集中的城市和中国西部最大的工业基地。

在商业方面，战时重庆是长江上游最大的商业中心，其商业的繁荣可以为工业发展提供广阔的市场。在长江沿岸的商埠中，重庆仅次于上海、汉口，居第三位。[②]“重庆是工商世界”，[③]其繁华程度“差不多可比上海的洋场”。重庆作为战时最大的工业商贸中心，对大后方尤其是西南地区具有巨大的辐射和吸聚作用。辐射主要是向周边地区输送工业品、人才技术等，吸聚则是输送周边地区的原材料、人力等资源。这种辐射和吸聚作用主要是通过工业与商业合作、合资，以组建联合公司、分厂和分公司的形式来实现重庆企业与大后方地区之间的商业发展。

在交通运输业上，重庆的水运枢纽地位进一步增强。据统计，1938年至1941年间，在各江险要处共建成绞滩站56处，到1943年，内河航运线增加到112条，总长12 968千米，[④]其中改善旧航线7 741千米，开辟新航线

国民政府移都重庆，不仅极大地提高了重庆的政治地位，而且也大大地彰显了以重庆为核心的川渝地区的经济地位，并使之成为战时中国经济的发展重心，从而形成中国抗战经济大后方。

---

①韩渝辉主编：《抗战时期重庆的经济》，重庆出版社，1995年，第101页。

②抗日战争时期国民政府财政经济战略措施研究课题组编写：《抗日战争时期国民政府财政经济战略措施研究》，西南财经大学出版社，1988年，第10页。

③黄炎培：《蜀道》，上海开明书店，1935年，第38页。

④国民政府主计处统计局：《中华民国统计提要》，1945年编印，第80页。

5 227千米。[①] 到 1945 年,重庆的轮船公司达 15 家,总吨位73 682吨,比战前增加了 2.12 倍。[②] 其次,重庆陆路交通运输有很大改善。据 1942 年 4 月初交通部驿运管理处报告,以陪都为中心,计有联运干线 7 条,总长 8 688千米,支线 189 条,总长29 546千米。1941 年全年干线运量达 128 417吨。[③] 再次,重庆航空运输业发展迅速。抗战期间陆续开通过 14 条国内航线,5 条国际航线。从 1937 到 1943 年,重庆飞机飞行里程由 267.3 万千米增长到 684 万千米,客运人次由23 000人增长到36 000人,货运量由 440 吨增长到19 752吨。[④] 可见,交通运输业的发展有力地巩固了战时重庆的经济地位。

在抗战的人力动员、经费、后勤保障等方面,巴蜀儿女也发挥了重大作用,作出了巨大牺牲。史料显示,以重庆、成都为中心的四川征兵数额达到 302.5 万多人,征粮、购粮和供粮总额达8 443万石以上,占全国征粮总数的 1/3。财政上,八年抗战中,四川担负着整个国民政府财政支出的 55%左右,对中国抗战的胜利具有决定性作用。因而,从某种意义上说,如果没有以陪都重庆为中心的抗战大后方基地川渝地区的经济支撑,就难以持久抗战并取得最终胜利。

抗战时期,以重庆为中心的川渝地区的经济发展,既是国民政府迁都重庆和对日抗战后方基地建立的内在要求与必然结果,也是传统社会里经济社会发展长期落后于广大东部沿海地区的中国西部长江上游地区,继开埠以来的再一次开发与建设的重要反映和根本体现。经此一轮大规模建设,不仅为持久的伟大的抗日战争提供了经济社会保障,而且也将这一广大区域尤其是巴蜀地区进一步推上了现代化的轨道。重庆、成都的城市基础设施日益完备,近代城市功能及经济辐射能力进一步增强,对外经济联系更加紧密,这一切,又为建国后尤其是改革开放以来西部最新一轮大开发、大开放和大发展奠定了基础,因而,其历史作用和现实意义不容低估。

---

①杨光彦、陈明钦、张国镛:《重庆国民政府》,重庆出版社,1995 年,第 229 页。

②韩渝辉主编:《抗战时期重庆的经济》,重庆出版社,1995 年,第 253 页。

③重庆《新华日报》1942 年 4 月 9 日。

④《中华民国统计摘要(1944 年)》,转引自韩渝辉主编《抗战时期重庆的经济》(重庆出版社,1995 年,第 273 页)。

4. 国民党政权最后的经营对重庆的影响

重庆近代城市的发展不完全是自身经济和生产力逐步发展的必然结果，外在的政治影响力对城市的发展起着至关重要的作用。抗战时期的特殊政治背景为重庆现代工业的飞跃式发展创造了大好机遇。到 1946 年 5 月 5 日国民政府还都南京后，重庆作为战时首都的使命完成，但仍继续作为国民政府统治西南地区的军政中心而发挥作用。

抗战胜利初期，国人都具有强烈的乐观心理，富庶的沿海地区及东北、台湾的光复，使得物资供应大量增加。交通恢复，物资畅通，政府管理加强，和平的到来使得经济秩序不断恢复。在这种心理支配下，囤积的货物大量流入市场，各地物价纷纷下跌，全国经济隐约看见了一丝曙光。

此时全国经济的紧张状态较战时有所缓解，通货膨胀也得到了暂时遏制，国民政府认为“当前要务在安定物价，平衡预算，财政方面增加收入，减少发行，平衡国库收支，安定汇价

20 世纪 40 年代的重庆城

在抗战的人力动员、经费、后勤保障等方面，巴蜀儿女也发挥了重大作用，作出了巨大牺牲。

从某种意义上说，如果没有以陪都重庆为中心的抗战大后方基地川渝地区的经济支撑，就难以持久抗战并取得最终胜利。

抗战时期，重庆、成都的城市基础设施日益完备，近代城市功能及经济辐射能力进一步增强，对外经济联系更加紧密，这一切，又为建国后尤其是改革开放以来西部最新一轮大开发、大开放和大发展奠定了基础。

币值等”。[①] 于是，在施行宪政与地方自治基础上，收支系统也开始进行重新划分，以平衡中央与地方财政收支，人力、物力也逐渐转向地方。从《中华民国经济发展史》记载中可以看到，这个时候地方经济的确有些起色，“重庆基要商品零售物价指数从 8 月的 179.500 跌落到 9 月的 122.600，下跌 31.7%，10 月再下跌 35%”。

但是，1946 年 6 月爆发的内战将恢复经济的可能性直接毁灭。国民政府为筹措战争经费，增发大量纸币，造成急剧通货膨胀，投机商空前活跃，严重扰乱了社会经济生活，波及财政、金融、工业、商业和农业等各方面，经济波动政治，政治影响军事，进而导致了整个社会空前的危机。[②]

在重庆，从抗战胜利到国内战争开始，潜伏的危机也很快显现出来。首先，政治重心东迁直接导致战时畸形繁荣状态的结束，失去了特殊政策的支撑，消费市场的萎顿，加上恶性通货膨胀和财政金融的极端混乱，经济状况越来越差。据重庆海关报告，1946 年初至 11 月中旬“约有 50 万人和大批工业设备从重庆运到下游的汉口、上海和沿海地区。本地银行为了高利率和其他投机买卖，把所有余款都汇到上海，造成本地年底时银根吃紧”。[③] 大量的先进生产设备、资本、技术人员发生转移，重庆在由战时经济向平时经济转换的关键时刻失去了支撑。随之而来的美货倾销使得狭窄的内地市场需求雪上加霜，呈现饱和的消费市场让成本高昂的地方产品难以竞争。据统计，1946 年 12 月，重庆 1200 家中小企业倒闭了 80%，次年进一步萎缩，仅 1948 年就有 500 余家小工厂倒闭停工，工业生产指数逐年下降。曾在抗战时占据中国大后方工业半壁江山的重庆工业经济江河日下，生产能力极其有限。无奈的工商业者提出了“经济合理化”的六项措施，希望借政府之力恢复商业繁荣，实现“经济抗战”，然而国民党当局以提案内容“过于空乏”、“涉及国家经济问题”、限于“人力、物力、财力，无法着手

---

①秦孝仪主编：《中华民国经济发展史》，台北近代中国出版社，1983 年，第 968～990 页。

②尹书博：《解放战争时期国统区“官倒”盛行与经济崩溃》，《实事求是》，1995 年第 2 期。

③周勇、刘景修译编：《近代重庆经济与社会发展 1876～1949》，四川大学出版社，1987 年，第 474 页。

进行"为由加以拒绝。[①] 对于这些没有背景的中小工商业者，已是自顾不暇的国民政府只有一律采取任其"自生自灭"的政策，无力看顾。[②]

但是，为尽力安抚迁都之后一落千丈的重庆民心，国民政府"钦定"重庆为永久陪都，同时采取了许多特殊措施，以保证重庆西南经济中心的地位不至衰落。所以尽管抗战后重庆工商业有所衰退，但西南中心地位仍然稳固，其依靠长江一线、连接西南一片的格局还是保留了下来。

尽管国民政府大大减少了对民营企业的支持和政策优惠，为了巩固重庆的工业中心地位，但依然坚持推进国营工业，着力扶持军工、煤炭、机械等行业，[③]将资金、技术、设备等都偏向于这些行业。这些措施虽在主观上是为内战提供战备支持，但客观上也增强了重庆大型军工、能源、机械行业的生产实力，使得重庆的大型骨干工业得以继续维持发展。所以，抗战胜利之初重庆的工厂数占四川的60%，西南地区的51.5%；工人数占四川的58%，西南地区的47.9%；资本数占四川的57.6%，占西南地区的45.6%。[④] 到1947年，抗战胜利已

尽管抗战后重庆工商业有所衰退，但西南中心地位仍然稳固，其依靠长江一线、连接西南一片的格局还是保留了下来。

---

①《关于办理参议员邹明初等力谋经济合理化以期恢复工商业繁荣的呈、函、指令》，重庆市档案馆藏，1946年10月13日。

②《关于复兴民族工商业的函、训令》，重庆市档案馆藏，1947年8月。

③张超林：《抗战时期重庆民营工业的兴衰及其历史启示》，《重庆社会科学》，2002年第6期。

④《重庆市情》，重庆出版社，1985年，第22页。

经两年多,大部分内迁工厂都已经回迁,重庆的工业经济发展依然较西部其他城市更为迅速,工厂数全国排位仅次于上海、南京,位居第三,工人数居全国第二,仅次于上海。①

除经济上积极配合和支持国民政府的战后重建计划和内战筹备外,重庆在城市建设上也拟定了详细的计划纲要,以促进城市发展。抗战八年以来,重庆在政治经济军事文化都获得了空前的发展,但城市建设却一直极为缓慢。房屋质量普遍偏低,城市供水、排水、卫生条件极差,交通不便,城市建设和布局都比较混乱,制约着重庆的进一步发展。因此,从长远来看,只有对城市加以改造,才有利于带动重庆各方面的变化和进步。

1945 年抗战胜利后,重庆新任市长张笃伦宣誓就职,并于 1946 年 3 月 28 日,招揽社会贤达成立"陪都建设计划委员会",历时 80 余日草拟完成了内容详尽的以"交通卫生及平民福利为目标"的《陪都十年建设计划草案》,意在"使巍然重庆,屏障西南,绾毂四方,有所谓上下水道之沟通,两江铁桥之建造,市民住宅之兴修,公园绿地之布置,水陆空之联运,以及卫生设备等等,均拼力以付,俾期化为近代之都市,近复有纪功碑之树立,图书馆之扩充,学校之增设,人才之培养,务期以十年之工作,成百年之懋绩"。② 该《草案》计划通过建筑下水路工程,修建两江大桥,修建新型居民住宅,建抗战胜利纪功碑,增辟朝天公园等众多的城市基础设施。一方面改善城市面貌,加快城市建设的现代化进程,另一方面,希望以此来刺激和帮助恢复重庆经济。这部重庆历史上第一部详尽的城市规划于 1946 年 4 月完成之后,随着内战的全面爆发,最终沦为一纸空文,但其严谨的科学性使其可以留给以后的城市建设者们作为参考。

随着内战深入,国民政府的军费开支剧增,政府财政赤字剧增,滥发币值巨大的纸币使本就困扰重庆已久的通货膨胀问题更为严重,物价持续暴涨,靠薪金过活的普通民众生活每况愈下,工商业进一步萎缩,金融机构陷于瘫痪。临近解放前,这座战时兴起的西南地区最大的工商业重镇,经济活

①严中平:《中国近代经济史统计资料选辑》,科学出版社,1955 年第 1 版,第 106 页。

②重庆陪都建设计划委员会:《陪都十年建设计划草案》,1946 年,重庆市图书馆、重庆市规划展览馆翻印,2005 年。

力丧失殆尽。1949 年 9 月 2 日，重庆大火，燃烧长达 18 小时，人民伤亡惨重，[①]经济完全崩溃。随着中国人民解放军对重庆实施"城市接管"，国民政府对重庆的统治于 1949 年 12 月 1 日走到了尽头。

5. 三线建设对四川盆地经济地位的影响

建国后，我国西部城市经济的发展具有明显的阶段性，先后经历了三个重要的历史时期，即国民经济恢复时期、三线建设时期和改革开放时期。这三个历史时期对重庆而言尤其具有深远意义。国民经济恢复期是重庆现代工业基础和城市公共服务设施体系基础的恢复发展期，三线建设时期是重庆现代工业体系和现代卫星城镇体系的形成时期，而改革开放时期则是重庆城市化腾飞期。其中，三线建设时期在重庆城市现代化过程中具有承上启下的重要作用。[②] 经历了这几个重要的历史阶段之后，重庆才得以再次以四川盆地乃至西南工业重镇的面目重现辉煌，开启了西部城市发展的新时代。

(1)建国初期重庆经济的恢复和发展

1949 年到 1957 年，是国民经济恢复期和新中国第一个五年计划实施时期。重庆作为当时西南地区军政中心，经济上并不具有特别优势，百业凋零，主政重庆的西南局当务之急是要迅速抓好经济、稳定人心。通过大力整顿

国民经济恢复期是重庆现代工业基础和城市公共服务设施体系基础的恢复发展期，三线建设时期是重庆现代工业体系和现代卫星城镇体系的形成时期，而改革开放时期则是重庆城市化腾飞期。

---

①秦孝仪主编：《中国国民党一百周年大事年表(一)》，近代中国出版社，1994 年，第 459 页。

②张凤琦：《论三线建设与重庆城市现代化》，《重庆社会科学》，2007 年第 8 期。

金融秩序，打击黑市、投机，平抑物价，稳定市场秩序，没收官僚资本企业，恢复对经济的统一领导，协调城市劳资关系，在农村实行土地改革，并经过三年不断努力，重庆城市生产才逐步得到恢复和发展。工农业产值平均每年以10%的速度递增，尤其是工业发展相当快，平均每年递增23%。① 重庆逐步从废墟中重新站了起来。

重庆在第一个五年计划中新建和扩建了111个基本建设项目，其中重点是能源和机械项目，工业基础初步奠定。“一五”期间，1957年工农业产值比1952年增长78.2%，平均每年递增12.3%，高于全国同期10.9%的水平。其中工业总产值增长195%，平均每年递增24.2%；农业总产值增长24.6%，平均每年递增4.5%。②

这一时期，重庆的工业和基本建设规模都得到扩大，全市主要的资金、人力、资源都向工业倾斜，轻重工业都得到了很快发展。此外，城市内外交通也得到了飞速发展：川江航运改造，成渝铁路通车，川黔支线三江至万盛线开通，内河运输和公路、铁路交通的兴建为城市的发展打下了物质基础。城市基础设施也得到极大的改善，交通道路、公路、排水系统逐步改造，文化娱乐设施也兴建起来，人民大礼堂、大田湾体育场、劳动人民文化宫相继建成，使得重庆城市风貌得到了极大的改观。

“一五”、“二五”时期重点发展重工业的指导思想为重庆向现代城市迈进打下了基础，但重庆原本具有的金融中心、贸易港口和交通枢纽的综合性城市功能在此后十多年内被淡化和削弱，以工业为重的观念在很长一段时间内主导了经济发展思想。加之在行政上，重庆下降为四川省管辖的城市，极大制约了重庆的发展，阻碍了整个城市的进步，重庆在西部地区的社会经济发展中没能发挥更大程度的影响力。

（2）三线建设布局的形成及重庆在西部地区地位的凸显

从1964年下半年开始到70年代末期，错综复杂的国际局势对中国社会经济发展的战略选择产生了极大影响，和平建设的方针被修改为以备战

①中共重庆市委研究室：《重庆市情1949—1984》，重庆出版社，1985，第30页。

②中共重庆市委研究室：《重庆市情1949—1984》，重庆出版社，1985，第30页。

为中心，发展国民经济的第三个五年计划变为“争取时间，大力建设战略后方，防备帝国主义发动侵略战争”的三线建设。三线建设是整个国民经济的重点，而三线建设的重点又在西南地区。国务院副总理、国家计委主任李富春指出：“我们整个工业布局，必须要真正重视建设后方，搞纵深配备，战略展开。所谓后方，一个是西南，一个是西北，现在最靠得住的还是西南。”①

四川作为西南大省，进行大规模开发建设有独特的优势。从社会经济发展的状况来看，经过 1962 年以来的国民经济调整，四川经济得到了迅速的恢复，客观上也有加快经济建设步伐的要求。因此，中国的大西南，很自然地被列为建设战略后方基地较理想的选择地区。② 根据中共中央的部署，三线建设是要“把重庆地区，包括从綦江到鄂西的长江上游地区，以重钢为原材料基地，建设成能够制造常规武器和某些重要机器设备的基地”；在西南地区规划建设“以成都为中心的航空工业基地，以长江上游重庆至万县为中心的造船工业基地”。③ 由此，重庆被确定为中国的常规兵器工业基地、重要机器设备制造基地和造船业基地。

①《党的文献》，1996 年第 3 期，第 21 页。

②宁志一、刘晓兰：《论三线建设与四川的现代化进程》，《党史研究与教学》，1999 年第 6 期。

③薄一波：《若干重大决策与事件的回顾》下卷，中共中央党校出版社，1993 年。

重庆在第一个五年计划中新建和扩建了 111 个基本建设项目，其中重点是能源和机械项目，工业基础初步奠定。

城市基础设施也得到极大的改善，交通道路、公路、排水系统逐步改造，文化娱乐设施也兴建起来，人民大礼堂、大田湾体育场、劳动人民文化宫相继建成，使得重庆城市风貌得到了极大的改观。

三线建设时，重庆被确定为中国的常规兵器工业基地、重要机器设备制造基地和造船业基地。

尽管对三线建设在我国经济发展过程中的历史功过争议很多，它也留下了不少难以消除的痼疾，但纵观历时十多年的三线建设，我们可以看到，这段特殊时期对以重庆为代表的西部地区发展所起到的积极作用还是占主流的，这些作用主要体现在以下几个方面：

第一，三线建设推动重庆恢复和建立起了比较完善的基本工业体系，为以后经济发展奠定了坚实的物质基础。

三线建设前三年，国家大幅度地增加了对四川的基本建设投资。从1965年到1967年，全省基本建设投资总额共71.15亿元，其中国家预算内投资即达66.7亿元，占总额的93.7%，占同期全国基本建设国家预算内投资总额的14%。四川三线建设，前三年的重点主要是"两基一线"，即以重庆为中心的常规兵器工业基地，以攀枝花为中心的钢铁工业基地，以及成昆铁路的建设。[①] 据统计，从1964年到70年代末期，国家在重庆投资建设的重点项目共计118个，总投资达42亿元。[②] 三线建设项目建成投产，扩大了重庆工业规模，使重庆形成了冶金、机械、化工、纺织、食品五大支柱产业和门类齐全的现代工业体系。[③]

三线建设之初，重庆再一次迎来了沿海工业企业的大规模内迁。从1964年到1966年，据不完全统计，涉及中央15个部的企事业单位从北京、上海、南京、辽宁、广东等12个省市迁到重庆地区，国家积极安排了59个骨干项目和配套项目在重庆新建和改扩建，其中，军工行业优先发展。

重庆原有长安机器厂、望江机器厂、江陵机器厂、建设机器厂、空气压缩机厂、长江电工厂和嘉陵机器厂7个老兵工厂，在三线建设开始之后，这些老兵器工厂加快了发展步伐，建成投产了许多新的生产线，大规模提高生产力。在老厂加快发展的同时，一批新厂也陆续建立，为军工生产配套服务的冶金、化工、机械工业项目的建设也得到进一步发展。重钢、特钢、西南铝加工厂、长江橡胶厂、四川维尼纶厂、西南合成制药厂、矿山机械厂、起重机厂、重庆汽车厂、交通机械厂等企业不断新建、改建和扩建，重庆整个相关行业

---

①宁志一、刘晓兰：《论三线建设与四川的现代化进程》，《党史研究与教学》，1999年第6期。

②重庆市地方志编纂委员会：《重庆市志》（第四卷上），重庆出版社，1999年，第8页。

③俞荣根、张凤琦：《当代重庆简史》，重庆出版社，2003年，第240、241页。

生产水平得到显著提高，现代城市工业体系逐步完善。

三线建设除了进一步改善重庆工业的结构外，化工、纺织、食品等传统产业的生产能力均得到不同程度提升，重庆电子产品也开始由仿制发展到自行设计制造，实现了从无到有的跨越。这样，重庆形成了以国防工业、民用机械工业、冶金工业、化学工业为骨干，轻纺工业相应发展的工业结构体系。

与此同时，大批三线企业在西部地区的建成投产，使三线地区工业增长速度一度超过全国平均水平，长期东西部工业布局不合理状况得到改善。① 而重庆作为西南地区和长江上游的综合性工业城市的地位，在这个过程中发展尤其突出，在西南地区的城市龙头作用又逐渐显现。

第二，三线建设带动和促进了以重庆为中心的西部地区交通路线的大发展，为重庆成为西部交通枢纽奠定了基础。

三线建设开始前，西南地区与外界连接的铁路干线在四川省仅有成渝和宝成铁路与陇海铁路相接；在贵州省仅有黔桂铁路与湘桂铁路相连。西部各省市之间没有铁路干线连接，没有形成铁路干线骨架，交通运输处于十分落后的状态，对相互间经济的交往造成极大不便。

---

①黄莉：《三线建设与西部大开发》，《贵州大学学报》，2002年第5期。

尽管对三线建设在我国经济发展过程中的历史功过争议很多，它也留下了不少难以消除的痼疾，但纵观历时十多年的三线建设，我们可以看到，这段特殊时期对以重庆为代表的西部地区发展所起到的积极作用还是占主流的。

四川三线建设，前三年的重点主要是“两基一线”，即以重庆为中心的常规兵器工业基地，以攀枝花为中心的钢铁工业基地，以及成昆铁路的建设。

三线建设之初，重庆再一次迎来了沿海工业企业的大规模内迁。

为从根本上改变西南地区落后闭塞的状况，同时为进一步推动这一地区矿产资源开发和工业发展，国家在西南地区开始了大规模输入。1965年至1975年累计完成交通运输邮电基建投资占同期三线地区基本建设投资总额的20%左右，其中铁路建设投资占70%以上。① 其成果是十分显著的，西南地区新建和扩建了五条铁路大动脉：云贵线、川黔线、成昆线、湘黔线、襄渝线，在长达8000千米的铁路干线中，两条干线——川黔铁路和襄渝铁路是以重庆为中心的。这五条铁路的建设使川、黔、滇三省铁路联成一体，形成了川、黔、滇、鄂、湘五省的铁路运输网，加上已经建成通车的成渝、宝成和黔桂铁路，整个西南地区与华中地区之间有了湘黔和襄渝两条通道，加上西北和华南地区之间宝成和黔桂铁路通道，大大解决了长久以来区域间难以相互融通的交通状况，成为西部地区经济发展的重要助推器。

在打通区域陆路交通的同时，重庆在三线建设期间还完成了长江、嘉陵江及其支流上的牛角沱嘉陵江大桥（1966年）、合川涪江大桥（1969年）、北碚朝阳嘉陵江大桥（1972年）和石板坡长江大桥（1980年）四座公路桥的修建。四座大桥的建成，将长江、嘉陵江、涪江两岸公路连成一体，极大地改善了交通条件，促进了重庆工农业的发展和城乡物资交流，加快了地跨两江的重庆中心城区的建设进程。②

除此之外，重庆通过对重庆港的扩建和对长江、嘉陵江上十几个码头的新建和改建扩建，以及对白市驿机场的改建和扩建，使重庆的航运业和航空业的吞吐能力也大为增强。

一系列重大交通项目的建设，加上建成的川黔、襄渝、成渝三条铁路干线与长江黄金水道，构成了重庆对外交通的四条大动脉，再加上航空运输和公路运输，形成了立体交通网络雏形，极大地改善了交通状况。③

重庆作为长江上游的水陆交通枢纽地位复现，为今日重庆成为西南地区和长江上游地区的经济中心奠定了坚实的基础。

①彭敏：《当代中国的基本建设》上册，中国社会科学出版社，1989年。
②张凤琦：《论三线建设与重庆城市现代化》，《重庆社会科学》，2007年第8期。
③张凤琦：《论三线建设与重庆城市现代化》，《重庆社会科学》，2007年第8期。

第三，三线建设带动了西南地区新兴卫星城网络体系的形成和发展。

三线建设为了备战，对新建工业项目刻意追求在恶劣的地理环境中选址，1964 年 8 月 19 日，李富春、薄一波、罗瑞卿在向中共中央、毛泽东主席的报告中提出："今后，一切新建项目不论在哪一线建设，都应贯彻靠山、分散、隐蔽的方针，不得集中在某几个城市或点。"因此，国家建委召开一、二线搬迁会议时提出了要大分散、小集中，少数国防尖端项目要"靠山、分散、隐蔽"的要求，使得相当一部分三线企业远离城市，分散在边远的山区，从而使四川包括重庆在内的一大批新兴工业城市得以发展起来。

但是值得注意的是，这种具有浓厚的"农村包围城市"的布局特点人为割断了生产间的有机联系，不适合工作人员的生产和生活，也不利于城市的相对集中、规模发展、城市聚集效应和扩散效应的发挥，在造就部分新兴工业城市之时也造成了很大的浪费。[①] 但对于重庆特殊的山地地理环境而言，人口聚集区和商业集市或商业中心本身就具有散点分布的特点，这种城市格局在重庆的三线建设中对经济的影响更直接，负面影响更小。

20 世纪 50 年代初，中共重庆市委根据重庆原有的经济基础和自然条件提出了"大分散、小集中、梅花点状分布"的城市布局思路，

重庆作为长江上游的水陆交通枢纽地位复现，为今日重庆成为西南地区和长江上游地区的经济中心奠定了坚实的基础。

---

①王卫方：《三线建设与西部开发刍议》，《江西社会科学》，2001 年第 7 期。

但一直受到地理环境限制和交通阻碍,城镇体系形成进程缓慢。三线建设使得交通条件逐步改善,为重庆周边地区沿江、沿公路和铁路线的小城镇带来了发展契机,曾经偏僻的郊县农村先后形成为东、西、南、北4个城镇群,以职能不同、规模各异的现代城镇体系的雏形融入了重庆现代工业城市构架之中。

这些远离城市,分散在边远山区的三线企业落户后,给周边城镇带来了新的知识、新的技术,带动了当地经济的发展,提供了更多的就业机会,扩大了商品市场。[①] 1960年城市规划中的4个卫星城都是在三线建设的这种直接作用下形成,北碚、长寿、綦江、西彭分别因四川仪器仪表总厂、四川染料厂、四川维尼纶厂、长寿化工厂、西南铝加工厂等大型企业在该区域落户,相继成为仪器仪表的工业基地、化工卫星城、机械工业卫星城和有色金属加工基地。[②]

这些小城镇的蓬勃发展,对重庆卫星城镇体系的形成及城市规模的扩大产生了重要影响。截至1974年,重庆城市建成区面积为70多平方千米,比1949年扩大了一倍多,对当地经济的发展发挥了长久而深远的作用。

第四,三线建设为西部工业产业发展输入了大批技术人才,为重庆等核心城市经济的后续发展提供了有力的智力支持。

三线建设为西部工业及相关产业发展奠定了重要的技术基础。中央采取老工业区老企业对口支援新建项目的办法,强调支援三线"人要好人,马要好马",使得三线地区集中了大量高素质的技术人才,大大改善了西部人力资源结构。

三线建设中采用的是政治动员、行政命令的办法,实现了一次史无前例的大规模技术人才的大转移。内迁的企业都是当时沿海工业区技术先进、管理水平较高的骨干企业。新建企业,特别是国防军工企业,都尽可能采用当时国内及国外的先进技术,有的还是国内首创的、独有的尖端技术。在人

①宁志一、刘晓兰:《论三线建设与四川的现代化进程》,《党史研究与教学》,1999年第6期。

②《重庆》课题组:《重庆》,当代中国出版社,2008年,第158页。

才流动方面，国家采取倾斜扶助政策，在调迁大批科技人才、管理人才的同时还新建、迁建了一批科研院所和高等院校，壮大了西部地区自然科学的研究和师资力量，为西部地区科技教育的加速发展和智力开发提供了后劲。

在这些力量的推动下，西部地区工业的技术水平和管理水平与一、二线地区的差距大大缩小，有些企业的技术装备水平和科研技术力量甚至远远超过了沿海地区，形成了明显的优势，这就极大地促进了西部地区技术的进步和社会生产力的提高。据统计，1965 至 1975 年间，内地工业产值增长 143.9%，快于沿海 123.3%的速度，内地工业产值占全国工业总产值的比重由 1949 年的22.4%，提高到 1975 年的 39.1%，三线建设使内地和沿海地区生产力水平与经济发展之间的差距进一步缩小。[1]

随着大批工厂、企业内迁，重庆的学校、科研单位也随之得以充实和进步，大量高素质人才随企业一道输入西部，大大改变了城市的技术人才结构，对人才培养和人口素质的提升也产生了很大的影响，工业基地、科研基地的扎根使得众多内迁大型国企集中了各种科技人才，成为现代重庆发展的重要智力支持，为以后的西部大开发做了相当力量的技术和知识储备。

随着大批工厂、企业内迁，重庆的学校、科研单位也随之得以充实和进步，大量高素质人才随企业一道输入西部，大大改变了城市的技术人才结构，对人才培养和人口素质的提升也产生了很大的影响。

①张顺昌、闫斌：《论三线建设对西部社会经济发展的影响》，《呼兰师专学报》，2000 年第 4 期。

(3)三线建设对重庆和西部大开发所产生的影响

尽管三线建设具有一定的局限性，但作为建国以来西部地区的第一次经济大开发，是对社会资源的战略性调整。在国家计划、行政指令的强大力量指挥下，人员、物资源源不断输入西部，使得以重庆为代表的西部地区，在这样强有力的调整中，实现了建国以来的第一次快速发展，也是重庆继"一五"、"二五"之后的第二次经济飞跃。

三线建设在实现重庆大跳跃的同时，也为以后的西部开发奠定了坚实的基础。同时，大量物质文明和技术知识的输入，大大缩短了繁华的东部与贫瘠的西部地区之间的差距。而对重庆这个原本就具有较好工业基础，又是西南地区的经济中心城市而言，借助国家力量的大力推进，不仅为后来西部开发奠定了深厚的基础，对我国整个经济的协调发展也有巨大意义。事实也证明，改革开放以来，若没有三线建设形成的西部经济基础，没有西电东送、西气东输及原材料等方面的支撑，东部沿海地区也难以取得巨大的成就。①

6."重庆制造"对西部大开发背景下西部经济的影响

1978 年十一届三中全会使中国历史掀开了新的一页，重庆也开启了改革开放的新时期。1983 年经国务院批准，重庆成为全国第一个计划单列市，并进行经济体制综合改革试点。1996 年 3 月 14 日，国务院批准重庆市成为第四个直辖市，原万县市、涪陵市和黔江地区并入重庆。1997 年 6 月 18 日，直辖挂牌，全市区域扩展到 8.2 万平方千米，人口约 3100 万。

直辖是重庆经济起飞的重大机遇，使得重庆的建设事业跃上了一个新的台阶。随着长江经济带开发、三峡工程建设和百万移民迁建，特别是西部大开发战略的实施，重庆被推到了国家现代化建设重大战略的交汇点。

2007 年 3 月 18 日，"两会"期间，胡锦涛总书记参加重庆团审议，为重庆再次"导航定向"，提出了"314"的总体部署，重庆市再一次被历史赋予重要使命。努力把重庆建设成为西部地区的重要增长极、长江上游地区的经济中心、城乡统筹发展的直辖市；在西部地区率先全面实现小康社会。6 月，经

---

①张凤琦：《论三线建设与重庆城市现代化》，《重庆社会科学》，2007 年第 8 期。

国家发改委报请国务院批准，重庆正式成为全国统筹城乡综合配套改革试验区，并明确城市5大定位：中国重要的中心城市之一，国家历史文化名城，长江上游地区经济中心，国家重要的现代制造业基地，西南地区综合交通枢纽。随着改革开放的不断深入，重庆的GDP由1978年的67.32亿元上升到2007年的4122.51亿元，年均增长10.2%，2007年全市GDP达到4122.51亿元，是改革开放初期1978年经济总量的61.2倍。30年来全市GDP总量翻了五番，三大产业结构也发生了显著变化。①

经过多年积累，重庆市工业经济运行良好。据重庆市社会科学院《重庆经济年鉴2009》载，改革开放30年，重庆工业增速排位提高，2009年全年增长19.8%，其中规模企业全年增长21.6%，高于全国平均8.7个百分点，排名上升为西部第三位。

近年来，重庆工业规模企业不断增加，2008年达4741户，是近10年增加最多的一年，全年产值10亿元以上的企业113户，比直辖初年增加99户，其中50亿以上的企业22户，以工业为主的年收入超百亿的企业有11户(长安、电力、重钢、西铝、机电、化医、力帆、隆鑫、宗申、能投、轻纺)，其中长安超500亿，重钢、机电、电力超200亿。

---

①参见重庆市统计局、国家统计局重庆调查总队:《跨越——重庆改革开放30年社会经济发展状况1978—2008》,2009年。

三线建设在实现重庆大跳跃的同时，也为以后的西部开发奠定了坚实的基础。

随着长江经济带开发、三峡工程建设和百万移民迁建，特别是西部大开发战略的实施，重庆被推到了国家现代化建设重大战略的交汇点。

工业综合实力也在不断提高,实现了六个突破:工业增加值突破2000亿元,资产突破5000亿元,汽车突破100万辆,摩托车突破1000万辆,发电装机突破1000万千瓦,水泥突破3000万吨,工业新产品产值率29%,基本形成上市一代、储备一代、研发一代的新格局。规模工业经济效益综合指数192.4%,增长18.3%。2008年重庆市实现工业总产值6583亿元,同比增长29%,工业增加值2038亿元,同比增长20%,占全市GDP的40%,其中全市规模以上工业总产值5600亿元,同比增长30%。

值得一提的是誉满全国的"重庆造"汽车、摩托车制造业。经过30多年快速发展,重庆形成了较为完善的汽车、摩托车及其零部件产业体系和自主品牌优势。

汽车产业是重庆工业经济最大的支柱产业。2008年重庆汽摩产业规模以上总产值达到1932亿元,同比增长11%,占全市工业规模以上总产值的35%;生产汽车109万辆,同比增长9.0%;生产摩托车1063万辆,同比增长13.6%;出口摩托车351万辆,同比增长12.4%,产销量和出口量连续多年居全国第一。汽车零部件产业实现工业产值718亿元,同比增长20.8%。目前重庆已有各类汽车生产企业24家,摩托车生产企业31家,规模以上零部件生产企业1000多家,已具备年产200万辆汽车和1500万辆摩托车的生产能力。到2009年6月底为止,在中央一系列拉动内需政策的刺激下,重庆市汽车产销64.6万辆和66.8万辆,同比分别增长22.6%和34.5%,高出全国增幅13.2和16.8个百分点。其中,6月产销增幅高达58.3%和58.8%。①按照重庆市初步形成的汽摩产业发展规划,预计到2012年,汽摩总产值达到3330亿元,汽车产销量达到250万辆,将进一步把重庆打造成中国"汽车名城"和"摩托车之都"。② 产品除供应西部及国内广大市场外,还销往泰国、越南等东南亚国家和俄罗斯、土耳其、伊朗等国家。同时其产业链带动了西部地区的承包、设计、加工、劳务等相关配套业务的蓬勃发展,具有极强的产业辐射效应。

①余远牧:《在中国长春首届汽车论坛上的发言》,2009年7月。

②罗珊:《汽摩制造业的产业波及特性研究》,《商场现代化》,2008年第2期。

此外，民营经济实力不断提高。2009年全年民营工业销售产值达3540亿元，占全市工业比重53.8%，其中年收入上10亿元以上达37户。涌现出一批国内外知名企业，如力帆集团、隆鑫集团、宗申集团、渝安创新、博赛矿业、华立药业、泰山电缆、渝江压铸、长安跨越、润通电力、国际复合、美心门业、秋田齿轮、李尔长安等。民营企业不但在摩托车、农副产品加工、机械制造及配套、纺织服装、食品、建材中占主导地位，还涉足电子通信、仪器仪表、汽车、军品、生物技术、造船、能源等高技术领域。

三线建设时期的内迁企业在新的历史时期也获得了很大发展，其中以川仪为代表的仪表、西铝为代表的能源等企业都成为重庆工业中具有代表性的生力军。川仪经过40年的发展，目前已经发展成为一个集科研、生产制造、销售、进出口贸易、投资为一体的大型企业，是国内规模最大、产品门类最全、系统集成能力最强的综合性自动化仪表制造企业，是中国电子信息100强、中国机械工业100强、中国电气工业100强、重庆工业50强。2009年川仪顶住了金融危机的严重影响，加大研发投入，加强自主创新，调整市场产品结构，依然保持了良好的增长态势，产品除了种类齐全的仪表产品外，还将重点转向了DCS、PLC领域及其相关的系统集成、工程服务领域，使川仪的发展迈向更高更精的空间，①为推动西部地区的

值得一提的是誉满全国的“重庆造”汽车、摩托车制造业。经过30多年快速发展，重庆形成了较为完善的汽车、摩托车及其零部件产业体系和自主品牌优势。

---

①参见宋慧欣：《危机中焕发生机》，《自动化博览》，2009年第12期。

智能化、自动化、信息化产业和城市交通、汽车电子、医疗科技等电子控制装备等方面的技术进步提供了有力支持。

目前，中铝西南铝业集团是我国及亚洲品种规格最齐全、装备水平最高、研发能力最强、产能最大的特大型铝加工企业，主要生产航空航天、交通运输、包装、电子家电、印刷、建筑装饰用铝材 6 大系列支柱产品。值得一提的是，西南铝先后为我国军民用飞机、“长征”系列火箭、人造卫星、“神舟”号飞船等提供了上千种高品质铝材，是国内唯一获得美国波音公司精密航空模锻件和锻坯生产许可证的企业。2006 年，铝箔进入国家名牌产品目录，西南铝业(集团)有限责任公司等 6 家企业生产的铝箔成为中国名牌产品。同年，中铝西南铝业(集团)有限责任公司成为中国首家营业收入突破百亿元的企业，在我国铝加工业和西南铝发展史上均具有里程碑式的意义。围绕中铝西南铝业集团这一骨干企业，重庆在西彭等地已聚集了顺威万希、重庆铝业、重庆铝制品、鼎泰、长江电工、捷和、庆丰、精练、西铝美万家、银浩等数十家上下游企业，产业集聚效应使重庆大工业新基地雏形呈现，为四川、陕西的相关产业发展提供了有力的推动，中国铝加工之都呼之欲出。[①]

近来全球六大笔记本电脑品牌的惠普、宏基、华硕先后落户重庆，使重庆的 IT 制造业更上一层楼。重庆目前已经形成汽摩、装备制造、资源加工、高新技术四大支柱产业共同发展的格局，“重庆制造”名声愈加彰显。

此外，作为重庆重大历史任务的移民与扶贫开发工作进展顺利。2008 年，重庆完成库区移民安置 5.39 万人，累计搬迁库区移民 112.8 万人，还建造各类移民安置房屋 178.02 万平方米；累计完成1 397户库区淹没工矿企业结构调整，引进对口支援经济合作项目 140 个，资金 65 亿元；库区培训33 085人，其中农村实用技术培训20 662人，职业技能培训10 331人，创业培训1 001人，致富带头人培训1 091人，市外输出移民劳务工17 439人，全年完成移民投资 51.54 亿元。全年贫困人口减少 18.32 万人，全年安排财政性扶贫资金 7.23 亿元，新建和改造乡村道路5 100千米，异地扶贫搬迁6 900户，

①邓茂强:《重庆西彭工业园区建设中国铝加工之都研究》，重庆大学 2007 年硕士学位论文。

退耕还林生态移民搬迁6 857户，为21万人解决了饮水困难。①

2010年6月18日，重庆两江新区正式挂牌成立，成为我国内陆唯一的国家级新区。这是国家支持重庆全面落实“314”总体部署的重大战略举措。两江新区的价值，不仅仅表现在体量和辐射范围上，更在于独特而重要的地位和功能。重庆的发展再次迈上了新台阶，对西部大开发的历史性战略将会发挥更为重要的作用。

（三）重庆引领现代化背景下的三地文化格局

1.重庆开埠及其对重庆、成都、西安三地文化格局的影响

近代以来，重庆、成都、西安三地同处内地，交通不便，所受外来影响较小，都较完整地保留了中国传统文化及特殊地域文化的样态。但重庆开埠打破了这种格局，重庆被推到了文化变革的前沿，成都紧随重庆之后，而西安则更多地受到近代政治变革的影响，在文化上相对倾向于传统的保留。

1890年3月31日，中英两国在北京订立了《烟台条约续增专条》（又称为《重庆通商条约》），由此正式宣布重庆开埠，成为内陆的开放口岸。1891年3月1日，重庆海关正式成立。

①重庆市人民政府发展研究中心、重庆市社会科学院：《重庆经济年鉴2009》，重庆出版社，2009年。

的崛起，其文化上的影响力也明显地表现出来，从而使社会文化呈现出传统儒释道与基督教相融合的局面，并为新的社会思潮的传播提供了条件。可以说，维新改良思潮和新式教育在内地往往从重庆开始，与此应该有很大的关系。

鸦片战争后，国人中的一些有识之士开始提出维新变法的思想主张，并逐渐形成了遍及全国的维新思潮，很快就传播到了重庆。在重庆，最早掀起维新改良思潮的是新闻界。1897年11月，《渝报》创刊，成为四川地区最早的现代媒体。《渝报》刊发大量时论文章，疾呼救亡图存，维新变法，引起巨大社会反响，也使维新变法思想逐渐深入人心。

应该说，开埠以来重庆思想文化的一个根本性的变化还是体现在教育方面，即随着新式学堂的出现而兴起的近代教育的发展。开埠以前，重庆的教育基本上还是一种几千年承袭下来的中国传统教育模式，直到开埠以后，才开始出现现代的学校教育。1892年，川东兵备道黎庶昌在巴县创办"洋务学堂"，"取颖秀之士凡二十人肄业其中，习中文、英文、算学三科"。[①] 这是有据可考的重庆也是四川最早的新式学堂。随后，在维新思潮的影响下，在清末新政的推动下，各种新式学堂开始在重庆出现。1897年，川东副使在渝兴办"中西学堂"，从此，川东各县办学堂之风迅速兴起。到辛亥革命以前，重庆已建有巴县高等小学堂、林庄高等小学堂、西寺公小学堂等24所小学堂，还有重庆府中学堂、巴县县立中学堂等4所中学堂，并有川东师范学堂这样有相当水平的师资培养专门场所，同时还先后开办了巴县医学堂、重庆官立法政学堂等45所专门学堂。[②] 而随着新式学堂的建立及其课程设置和教学方式的革新，各种新的知识、新的技术，尤其是各种新的学科知识和思想观念的普及，使社会大众的思想面貌发生了巨大的变化，也使传统文化逐渐呈现衰弱的趋势。

随着外来文化和维新思潮在重庆的传播，与之相邻的成都也随之受到影响。成都因为地处天府之国的中心地位，交通便利，物产丰富，人民生活

---

①熊明安：《四川教育史稿》，四川教育出版社，1993年，第186页。

②薛新力：《重庆文化史》，重庆出版社，2001年，第170～171页。

富裕、悠闲，民众对文化有更大的需求，文人雅士辈出，由此孕育出了既体现儒释道丰富内涵，同时又具有成都人悠游、雅致、闲散，好交游、议论，追求舒适、享乐的文化特色。成渝同属四川，西方文化的传入不仅对重庆，而且也对成都的传统文化带来了较大的冲击。但总的来说成都因为传统文化底蕴更为深厚，民众的传统文化素养较高，加之其生活安适，求新求变意识不够，文化守成性更强，所以外来文化的影响不及重庆的大。如基督教的传播势头，在成都显然就不及重庆。但另一方面，成都人因为更注重生活的安逸，同时也更具有文化教育意识，所以其新的思潮和文化教育形态，尤其是与现实生活有密切关系的新的文化知识、教育理念及体制，比之重庆更受到人们的重视。比如作为文化传播重要媒介的报纸，虽然四川的第一家报纸《渝报》是在重庆创刊的，但其并未维持多长时间，近代四川报刊业的真正发展成长却是在成都，像《蜀学报》、《启蒙通俗报》、《四川官报》、《四川学报》、《四川教育官报》、《鹃声》、《四川》、《蜀报》等，都是在成都编辑发行的。而在图书出版方面，成都也走在重庆的前面。从 19 世纪 90 年代开始，成都志古堂书店不仅刻印了《十七史商榷》、《读通鉴论》、《文史通义》等古籍，还印行了《盛世危言》等新书，并销售全国各地。[①] 加上其他的

开埠以来重庆思想文化的一个根本性的变化还是体现在教育方面，即随着新式学堂的出现而兴起的近代教育的发展。

成都人因为更注重生活的安逸，同时也更具有文化教育意识，所以其新的思潮和文化教育形态，尤其是与现实生活有密切关系的新的文化知识、教育理念及体制，比之重庆更受到人们的重视。

①王笛：《跨出封闭的世界——长江上游区域社会研究(1644—1911)》，中华书局，1993 年，第 690～693 页。

民政府定重庆为陪都。随着国家机关的内迁，大量的文化机构、文化团体、大批的文化人也来到重庆。重庆由一个地方城市变为国家的首府，作为国家的政治、军事、经济中心的地位得以形成，并由此奠定了重庆作为“文化中心”的地位。[1] 此外，大量外来人口的迁入和大量文化教育和学术机构的进入也是决定重庆成为全国文化教育中心的重要因素。

人口迁入对文化的影响主要体现在两个方面：一是各地人口涌入重庆，促进了国内地域文化的交融。抗战期间，重庆大量新增人口来自天南海北，人作为文化的综合载体，其所携带的文化因子，相互撞击、交融，使重庆文化呈现出色彩斑斓的面貌。二是人口素质的提高为重庆文化发展到高峰奠定了基础。随着人口迁移，重庆的文化及智力职业者大量增加，促进了市民整体文化程度的提高，为重庆文化的繁荣和向高水准发展奠定了人口素质的基础，使它在整体上以国家水平的面貌与政治、经济中心相适应，成了名副其实的文化中心。[2]

文化教育和学术机构的进入以及许多知名文人和学者的聚集，对于推动重庆成为全国文化中心起着重要的作用。文化教育和学术机构的进入，不仅决定了抗战时期重庆文化的发展面貌，而且也为重庆文化教育事业的繁荣提供了条件，从而推动重庆成为战时中国的文化教育中心。

抗战爆发后，以上海、北京为主体，包括北平、天津、广州、浙江等沿海地区的大批国立、省立和私立大中学校和研究所开始大规模地向以重庆为重点的内地迁移，出现了中国历史上教育中心由东向西的大转移。随着重庆成为战时中国政治经济文化中心，也就自然地成了全国的教育中心。在这种特定的历史条件下，重庆教育不但没有衰落，反而出现了空前繁荣的局面，各级各类学校都得到极大发展。

事实上，我国高等教育机构是抗战爆发后教育界中蒙受损失最大的。日寇的轰炸破坏亦以高等教育机构为主要目标，战前的 108 所高校就有 91

---

①薛新力：《重庆文化史》，重庆出版社，2001 年，第 260 页。

②薛新力：《重庆文化史》，重庆出版社，2001 年，第 261～263 页。

所不同程度地遭到日寇的轰炸破坏，其中被全毁的有 10 所。[1] 于是幸存的高校陆续向内地迁移，到 1944 年，迁入重庆地区的高校共计 31 所，大约是内迁高校的一半，居于全国之冠。国立中央大学、中央政治大学、国立交通大学、私立复旦大学、沪江大学、蒙藏学院、中央工业职业学校、国立戏剧学校、国立音乐学院、私立武昌中华大学、私立东吴大学法学院等都迁到重庆。[2] 当时大后方著名的“文化四坝”即沙坪坝、北碚夏坝、江津白沙坝、成都华西坝中前三坝皆位于重庆。加上重庆本地原有或新成立的重庆大学、省立四川教育学院、国立女子师范学院、乡村建设学院、汉藏教理院、勉仁学院等，使重庆的文化教育达到了前所未有的兴盛。

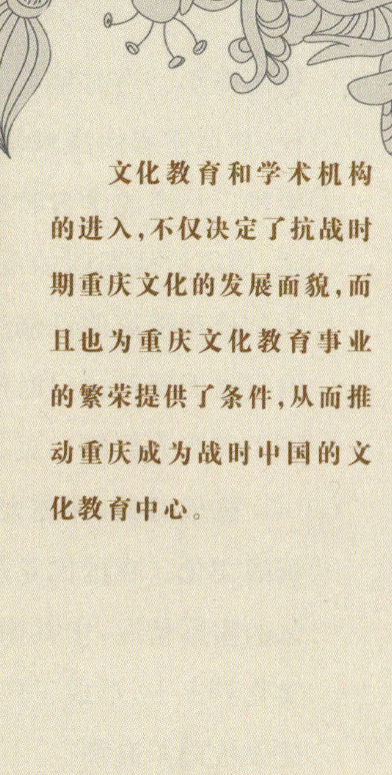

文化教育和学术机构的进入，不仅决定了抗战时期重庆文化的发展面貌，而且也为重庆文化教育事业的繁荣提供了条件，从而推动重庆成为战时中国的文化教育中心。

当时，政府还根据抗战需要对教育进行了一些有益的改革。1938 年，教育部统一制订了大学科目表，公布施行，其科目除了更加规范统一，有利于保证教育质量外，还根据抗战需要，增设战争哲学、救亡理论、学校动员、抗战诗选、军事训练、军事看护、医药常识等科目。同时，统一了国立和省立高等学校的招生制度，克服了国立、省立各校自行命题、单独招

①顾毓秀：《抗战以来我国教育文化之损失》，《时事月报》十九卷五期，1938 年 10 月。

②据以下著作统计：隗瀛涛《近代重庆城市史》（四川大学出版社，1991 年），《四川文史资料选辑》第 13 辑（四川人民出版社，1964 年），《抗战时期内迁西南的高等学校》（贵州民族出版社，1988 年）。

都文化教育的促进。抗战时期，内迁成都的高校包括金陵大学、金陵女子文理学院、中央大学医学院、齐鲁大学、燕京大学、光华大学等。① 加上成都原有的四川大学、华西协和大学等高校，使成都成为仅次于重庆的全国文化教育重镇。抗战期间，成都的文化教育机构不仅数量大幅增长，而且其招生规模也有很大扩张，其他的文化和学术机构也普遍设立，大批文人学者聚集成都，各种学术文化活动广泛开展，使成都也呈现出少有的学术文化繁荣局面。

抗战时期，作为西南西北战略大后方的一部分，陕西在全国具有重要的战略地位，而西安则处于其战略的核心地位，其在文化上的影响力也有增无减。这主要是由几个因素决定的：一是西安地处抗日的前沿阵地，是离日占区最近的大城市，同时又是华北、中原抗日军民的后方基地，更是连接西北西南的重要枢纽，其战略地位十分重要；二是它与中共中央所在的陕北根据地紧邻，是国共合作的重要场所；三是它的古都性质，使得国际友人来往频繁，具有较大的国际影响力。

抗战时期西安的文化事业的发展主要有两个方面：一是抗战救亡的宣传教育事业；二是培养各类专业人才的高等和中等教育事业。在抗战救亡的宣传事业中，西安的各抗日救亡团体和专业剧团、业余剧团，上演抗日剧目风靡一时，据 1943 年的统计，在西安市共有剧院 15 家(包括京剧、秦腔、晋剧、评剧)，剧团 7 家。② 其中由著名戏剧家高培支担任社长的易俗社最为活跃，组织了一批剧作家创作出了一系列宣传抗战的剧本并上演。如樊仰山创作的“抗战五部曲”《血战永济》、《长江会战》、《湘北大战》、《民族魂》、《牧童艳遇》，上演后轰动西安，剧本也印成合订本发行达 5 万册。③ 各抗日团体创办的报刊有《老百姓报》、《救亡》、《西北战线》、《西北妇女》、《学生呼声》、《大团结》、《烽火》、《怒吼》等 20 多种，④在宣传抗日救国方面起到了重要的

---

①中国人民政治协商会议西南地区文史资料协作会议编：《抗战时期内迁西南的高等院校》，贵州民族出版社，1988 年，第 355 页。

②李振民：《陕西通史 · 民国卷》，陕西师范大学出版社，1997 年，第 261 页。

③李振民：《陕西通史 · 民国卷》，陕西师范大学出版社，1997 年，第 261～262 页。

④李振民：《陕西通史 · 民国卷》，陕西师范大学出版社，1997 年，第 215 页。

作用。其他有关抗战的报纸、图书也多有流行,不过一般都不是本地出版的。在教育事业方面,整个陕西在抗战前都处于十分落后的局面,现代意义上的高等学校几乎没有,中等学校也只有55所。抗战时期,在全民族抗战的高潮中,在极其艰难的情况下,西安的教育事业得到了长足的发展。高等教育方面,创办了西北大学、西北工学院、西北医学院、西北农学院等国立大学及省立医学专科学校、省立师范专科学校、省立商业专科学校、私立西北药学专科学校等一批高等学校。中等教育方面,新建了一批中等学校,至1945年,陕西全省的中等学校增至192所,比战前增加将近5倍。[1]教育事业的发展,为培养抗战建国人才做出了卓越的贡献。总的说来,抗战时期西安在文化方面的核心内容是抗战救亡,而作为文化教育基础建设和体制建设则显得相对薄弱。

从整体来看,抗战时期是重庆、成都和西安在整个国家中的地位最为重要的时期,虽然重庆作为战时首都的地位使其文化地位更为突出,但成都、西安文化亦有其独特的地位和作用,并显示出其在整个国家文化、教育、军事等方面的特殊影响力。特别是三地作为抗战大后方的重要文化根据地,成为全国人民的抗战文化精神家园,为抗战的最终胜利起到了重要的精神激励作用。

抗战时期,作为西南西北战略大后方的一部分,陕西在全国具有重要的战略地位,而西安则处于其战略的核心地位,其在文化上的影响力也有增无减。

总的说来,抗战时期西安在文化方面的核心内容是抗战救亡,而作为文化教育基础建设和体制建设则显得相对薄弱。

①李振民:《陕西通史·民国卷》,陕西师范大学出版社,1997年,第257页。

3.20 世纪后半叶的重庆、成都、西安三地文化格局

1945 年抗战胜利，国民政府迁回南京，其他战时内迁的各文化教育机构也纷纷光复回迁，重庆在全国的地位相对有所下降。但毕竟做了八年抗战的陪都，其在八年中打下的文化社会基础仍然使重庆在全国具有不可忽视的影响力。新中国成立后，重庆曾有一个短暂的时期作为西南政治重镇，后降为省辖市，其在整个国家中的地位下降，直到 20 世纪末再次成为直辖市，其地位才又逐渐提升。

重庆虽然在 20 世纪后半叶经历了一个沉寂的过程，但由于抗战时期所打下的工商业基础，正好适应了 20 世纪六七十年代国家国防战略的需要，于是使重庆成为了三线建设的重点地区，重庆也因此获得了新的发展空间。而成都和西安除了借助其省府地位获得区内的发展优势外，也借助三线建设获得了较大的发展。这个时期，三地在文化上的发展也是如此。

其实，在 1949 年之前，除了在抗日战争时期从沿海内迁了一部分工矿企业到重庆外，成都及其周围地区几乎没有什么像样的工业。新中国成立以后，在第一和第二个五年计划中，国家虽然在能源工业、交通运输和资源勘探上为四川安排了一部分重点项目，但整体来说四川的工业建设仍然十分薄弱。1964 年，中共中央在北京召开工作会议，做出了建设大三线的重大战略决策。按照国家三线建设的要求，作为三线建设的重点省份四川开始了以重庆常规兵器生产基地、攀枝花钢铁工业基地和成昆铁路三大项目为重点的，涉及国防工业、钢铁工业、机械工业、电子工业、航空航天工业等多种门类的大规模的工业建设。①

为了配合三线建设，国家也将一些相关的高等院校和科研院所搬迁或新建在重庆和成都，如重庆邮电学院、重庆交通学院、解放军后勤工程学院、第三军医大学、解放军通讯学院、成都电讯工程学院、成都地质学院、中国科学院成都分院等，使重庆和成都的科技实力得到显著的提升。特别是 1964 年，高教部提出报告，根据以大小三线为中心，以国防建设为重点的方针，调

①赵志立:《百年激荡——辛亥革命以来影响四川历史的大事》，四川人民出版社，2010 年。

整全国高等学校布局，将唐山铁道学院迁往四川峨眉县，华东工学院搬到四川自贡建分院，清华大学迁部分系科到四川绵阳建分校。次年起，三校开始迁建，唐山铁道学院于1972年更名为西南交通大学并开始招生。绵阳的清华大学分校则在1978年后建立独立的西南建材学院，后又更名为西南科技大学。①

改革开放后，重庆因为特殊的历史地理因素和在三线建设中的积累，其在国家产业布局中的重要地位也开始显现。1983年，重庆成为首个计划单列市，在经济上与四川相对区分开来，这也为重庆的发展提供了较大的空间。1992年，三峡工程启动，为重庆的发展提供了新的机遇。1997年，重庆直辖，更使其发展走上了快车道。在这过程中，重庆的文化也开始彰显自身的特色，强化其巴渝文化的内涵和特质。

事实上，进入20世纪后半叶，重庆文化在传统文化积淀的基础上又有了进一步的提升和发展，使之成为四川文化的一个重要分支。当代重庆文化可以说是各种因素共同发展的结果，它一方面继承了古代巴人生活于山地农耕和峡江急流环境中铸造的尚武、爽直的个性特征，另一方面又受到近代开放口岸文化、抗战陪都文化、三线建设产业文化、十年来的直辖文化的熏染，最终形成了独具特色的当代重庆文化。

为了配合三线建设，国家也将一些相关的高等院校和科研院所搬迁或新建在重庆和成都。

当代重庆文化可以说是各种因素共同发展的结果，它一方面继承了古代巴人生活于山地农耕和峡江急流环境中铸造的尚武、爽直的个性特征，另一方面又受到近代开放口岸文化、抗战陪都文化、三线建设产业文化、十年来的直辖文化的熏染，最终形成了独具特色的当代重庆文化。

①李绍明等：《20世纪四川全纪录》，四川人民出版社，2004年。

事实上，在历史时期，由于重庆的地理环境的制约，经济一直比较落后，使重庆的传统文化底蕴远逊于成都和西安，显现为“儒化”的不足。而近代开埠和现代水运交通则使重庆成为中国西部最早接受西方文明的城市，西方文明的传播也最为广泛和深入。在20世纪，重庆又享有抗战陪都、西南军政中心地位，使重庆人在文化上呈现“儒化”缺失的粗野与近现代文明开放的相互杂糅的特性。重庆的这种文化特性决定了重庆人吃苦耐劳、粗犷直爽、开放大度、乐于助人的性格，以及勇于探险、勇于创造的精神，但同时也使得重庆人显得文化内涵不足，比较鲁直、急躁，缺乏耐心。①

20世纪后半叶的成都也经历了剧烈的变迁，并得到长足的发展。共和国成立后，成都一直作为四川省的省会，在各项事业的发展上都取得了巨大的成绩，尤其是在文化教育事业上，成都更是获得了大量的资源。不仅四川省的各种省级文化团体都设在成都，省内各种新闻出版机构也大多设在成都，而且大专院校也有很大部分在成都。成都在历史上本来文化底蕴就比较深厚，加上现在的发展，也就使成都成为四川乃至整个西南地区文化事业最为发达的地区。成都在其文化发展中不仅继承了传统的文化特质，而且还广泛吸收各种现代文化内涵，从而形成了特殊的成都文化特质。总的说来，成都的文化特质有与重庆相同的巴蜀文化的内涵，但它也体现了自身的特性。其一是休闲文化发达。成都地处成都平原中心，物产丰富，交通便利，天府之国的地理条件孕育了成都人安适的生活，除了必要的劳作，成都人更看重各种休闲生活。对成都人来说，休闲所关注的是自然的闲适，而不是奢华

成都宽窄巷子中的井巷子

①参见薛新力《重庆文化史》(重庆出版社，2001年)、周勇《重庆通史》(第一卷)(重庆出版社，2002年)、蓝勇《西南历史文化地理》(西南师范大学出版社，1997年)。

的讲究，所以一般的饭馆、茶馆、酒馆、戏院、影院等都可以成为成都人的休闲去处，并成为生活的基本组成部分，而品尝美食、饮用美酒、品味香茶、观赏影剧、聊天闲话则是一般成都人休闲生活的基本内容。其二是传统文化深厚。成都历来为天府之国，人民相对富裕悠闲，古有“蜀学比于齐鲁”之称，发展到近现代，各种文化设施齐备，特别是儒释道等传统文化场所星罗棋布，更是道教的发祥之地，具有浓郁的传统文化氛围，而像琴棋书画、小说散文、诗词歌赋等也有广泛的土壤，使成都人喜欢休闲的同时又有比较高的传统文化素养。三是其进取精神不足。由于以上原因，成都人的盆地意识较为明显，自古“重文畏兵”，许多时期“不离乡色”，思想意识相对保守，进取精神显得不足。①

西安古称长安，又曾称西都、西京等，同北京、南京、洛阳、开封、杭州共为我国六大古都，是闻名世界的历史名城。西安是陕西省的政治经济文化中心，陕西省省会所在地。与重庆和成都不同，虽然 1949 年前因为战争等原因，西安的各项建设处于停滞状态，但 1949 年后

事实上，在历史时期，由于重庆的地理环境的制约，经济一直比较落后，使重庆的传统文化底蕴远逊于成都和西安，显现为“儒化”的不足。而近代开埠和现代水运交通则使重庆成为中国西部最早接受西方文明的城市，西方文明的传播也最为广泛和深入。在 20 世纪，重庆又享有抗战陪都、西南军政中心地位，使重庆人在文化上呈现“儒化”缺失的粗野与近现代文明开放的相互杂糅的特性。

成都在其文化发展中不仅继承了传统的文化特质，而且还广泛吸收各种现代文化内涵，从而形成了特殊的成都文化特质。总的说来，成都的文化特质有与重庆相同的巴蜀文化的内涵，但它也体现了自身的特性。

①成都文化特性的归纳参考了以下著作：王笛《茶馆——成都的公共生活和微观世界》（社会科学文献出版社，2010 年）、黄维敏《成都城市文化精神中的平民意识》（《中华文化论坛》，2008 年 1 期）、赵志立《巴蜀文化现代化刍议》（《中华文化论坛》，2009 年 1 期）、万本根，钱玉趾《成都：劳作与生活相统一的“休闲之都”》（《中华文化论坛》，2009 年第 2 期）、蓝勇《西南历史文化地理》（西南师范大学出版社，1997 年）。

西安碑林

则有了较快的发展。这种发展的初期为一种百废待兴的恢复建设。随着国家建设步入正轨，到第二个五年计划和三年调整时期(1958 年～1965 年)，西安在工业、农业方面获得了显著的进步。尤其是在国家的三线建设中，西安虽然不是建设的重点，但西安周围及陕西全省却是三线建设的重要地区，并由此促进了西安各项事业的迅速发展。[①]，三线建设改善了陕西和西安的交通，使其能源工业得到很大发展，国防科技工业基础有了很大增强，民用机械有了新的发展，冶金工业形成了一定基础，建材工业有了较大发展，化学工业也有所发展，轻工业有了一定发展，农业基础条件得到较大改善。[②] 在各项事业发展的同时，20 世纪后半叶西安在高等教育方面，也获得了突飞猛进的发展，新建和扩建了一大批高等院校，主要有西北工业大学、西北电讯工程学院、陕西师范学院、西安公路学院、西安外国语学院、西安美术学院、陕西中医学院、西安矿业学院等 10 余所，使西安成为除北京、上海、南京、武汉之外高校最为集中的城市。[③] 与此同时，西安作为陕西省省会，其他各种文化事业也得到了长足的发展，陕西省的各种文化团体、新闻出版机构都设于西安，在文学艺术上更是有突出的成绩，出现了贾平凹、陈忠实、路遥、京夫等一批享誉全国的作家，由此也将西安的文化事业推向了一

①赵炳章、何金铭主编:《陕西通史·中华人民共和国卷》,陕西师范大学出版社,1997 年,第 132～135 页。

②赵炳章、何金铭主编:《陕西通史·中华人民共和国卷》,陕西师范大学出版社,1997 年,第 193～205 页。

③赵炳章、何金铭主编:《陕西通史·中华人民共和国卷》,陕西师范大学出版社,1997 年,第 134 页。

个新的高度。今天的西安文化在继承传统文化的深厚底蕴的基础上，又吸收了大量的现代成分，形成了一种具有传统特色和西北风情，同时又吸取现代技术文化内涵的文化体系。西安的文化特质特性主要表现在以下两个方面：一是古都文化的浸润和影响深入到各行各业，使近代文化中的中古文化色彩明显。西安（咸阳）曾为秦国都城及古代两大盛世汉代和唐代都城，留下了大量古都文化遗迹和文化遗产，有秦始皇兵马俑、秦始皇陵、西安半坡、汉阳陵、城墙、西安碑林、陕西历史博物馆、大雁塔、小雁塔、钟楼、鼓楼等。西安的古都文化不仅体现在大量的古都遗迹，更体现在作为古都人所受到的文化浸润和熏陶，西安人会自觉不自觉地以都城居民来看待和要求自己，并产生一种古都人的自豪感和优越感。西安长期作为古代都城，必然在教化上会走在全国的前面，而作为传统教化的最重要内容，儒释道在西安也自然会有更好的基础。陕西自秦汉以来特定的历史地理和人文环境所产生的文化，

西安大唐西市国家文化产业示范基地

今天的西安文化在继承传统文化的深厚底蕴的基础上，又吸收了大量的现代成分，形成了一种具有传统特色和西北风情，同时又吸取现代技术文化内涵的文化体系。

强调等级秩序、外放张扬、吃苦耐劳、质朴坚韧、爱憎分明。二是现代西安又有较发达的科技教育文化支撑。20世纪后半叶高等教育和科技事业的发展使西安具有了雄厚的教育科技实力,高校和科研单位数量在西部地区领先,由此也使西安社会呈现出较为浓郁的科技教育文化。这种传统和现代文化的发达与相对落后的经济发展水平和保守封闭的乡土文化的反差十分明显。

西安的文化特性决定了西安人的传统和历史感强,有深厚的乡土气息,地方文化色彩鲜明,但这也使得西安人的历史包袱沉重,文化守成性强,社会变革显得缓慢。①

综观20世纪后半叶的重庆、成都、西安三地社会和文化发展,它们都在自身特殊历史地理和文化条件下得到了长足的进步,并形成了各具特色的文化体系。可以说,重庆、成都、西安三地的文化特性在今天既有优点,也有不足。但如果三地紧密合作,则正好在文化上可以起到互补的作用,更有利于三地乃至整个西部的共同发展。

①西安文化的特质特性的归纳参考了以下著作:西安市文史研究馆编著《西安通典》(西安出版社,2006年)、李立宏《论西安传统文化精神》(《西安社会科学》,2008年第1期)、丁力《试论西安城市文化特点及其建设》(《陕西省行政学院学报》,2003年第3期)、宋颖慧、李霞《试析西安城市软形象塑造的历史与现状》(《西安建筑科技大学学报》,2008年第1期)。

第四章　西部三角
——直辖时代（1997 年至今）

西部三角
——直辖时代
（1997年至今）

从“西三角”历史发展的内在脉络看，其本身呈现出一种动态平衡的历时性结构。从商周一直到唐代，以长安（西安）为首的关中核心区一直引领“西三角”发展的历史进程。“安史之乱”后，伴随中国经济文化重心的东移南迁，关中丧失了政治核心区的地位，渐次衰落。而成都平原则以其独特的区位优势，加之“益州物繁”，成为此时“西三角”中的“执牛耳者”。明清以后，由于川江航运的发展，重庆因位于四川盆地的出口，拥有更便利的对外联系和更广阔的经济腹地，逐渐超乎成都之上。① 尤其是近代开埠以后，重庆地位日趋重要，最终成为“西三角”政治经济上的重要城市。在当代，自1997年重庆成为直辖市，2000年全面推进西部大开发战略开始后，“西三角”历史发展出现重要转折点。② 在此条件下，西部新的以重庆、西安、成都为轴心的“西三角”一体化格局逐渐开始形成。以上述三座城市为端点，以渝、陕、川三省（市）为腹地，“西三角”经济区总面积约有39.4万平方千米，人口约1.47亿，包含55座城市，GDP总额2.19万亿，占全国的7.3%，整个西部的38%，③既可有力沟通秦巴山地两侧的成渝经济区与关中—天水经济

①李孝聪：《中国区域历史地理》，北京大学出版社，2004年，第82、83页。另外，有关近代成都与重庆经济地位与腹地变化的比较研究可参考王笛《跨出封闭的世界——长江上游区域社会研究（1644—1911）》一书第四章（中华书局，2001年）。

②参见罗晓梅、陈纯柱主编：《新重庆的崛起与中国中西部经济的发展》一书第二篇，重庆出版社，1999年。

③参见邵锋：《“西三角”经济区研究——建设纵横交汇的反梯度发展区域》，中国人民大学出版社，2010年，第6页。另外，GDP总量占全国份额数由笔者参照2008年国家统计数据计算。

区，又能有效辐射整个西北与西南地区，呈现出承东启西、南北互联的新局面。可以预测，在此基础上，“西三角”三地自然互补、政治相依、经济相通、文化相融，即将成为中国经济继“长三角”、“珠三角”、“环渤海”经济区之后的第四增长极。

可以预测，在此基础上，“西三角”三地自然互补、政治相依、经济相通、文化相融，即将成为中国经济继“长三角”、“珠三角”、“环渤海”经济区之后的第四增长极。

第一节　西部新的经济文化“西三角”一体化格局的形成

（一）自然相补：资源环境“西三角”

根据自然地理条件，我国可以划分为东部季风气候区、西北干旱半干旱区和青藏高原高寒区这三大自然区域。东部季风区又以秦岭—淮河线为界，其北属暖温带气候，农耕经济以旱作为主，可以称之为“旱作农业经济带”；其南属亚热带或热带湿润气候，农耕经济以稻作为主，可以称之为“稻作农业经济带”。西北干旱、半干旱区和部分北方草原、东北地区则以游牧、畜牧经济为主，可以合称为“游畜牧经济带”。[①] 这三大地带在历史时期就是一个互动的自然经济体系。“西三角”地区正好位于上述三大自然经济带的过渡地区，以重庆和成都为首的成渝经济区属于亚热带季风气候区，以西安为首的关陇经济区则属于暖温带气候区，分属稻作与旱作经济两大区域，同时又与西北、青藏游畜牧经济区互为奥援。

---

①陈锋、张建民主编：《中国经济史纲要》，高等教育出版社，2007 年，第 368 页。

由于自然资源禀赋的地域差异性，“西三角”地区在历史时期就呈现出“自然相补、资源互济”的特征，促进了传统中国三大自然经济区的互动。先秦两汉魏晋时期，河陇地区、巴蜀地区就与关中经济区有机结合，互相补充。[①] 河陇地区的马、牛、羊、旃裘、筋角等牧业资源补充京师、三辅、巴蜀地区之不足；而巴蜀地区的山林、竹木、疏食、果实等动植物资源亦是关中、河陇之重要补充。唐宋时期，三地的资源互补性更加明显，巴蜀地区以其丰富的稻米、丝、茶、盐等资源供应关陇地区，并开设“茶马互市”以换取军需；而关陇一带的良马、皮革、美玉等资源亦颇受巴蜀、关中地区的青睐。元明清以来，西北地区的药材、木材、金属、良马，西南地区的木材、滇铜、黔铅、川米、川盐、犀象、药材等资源不仅互为补充，而且实行东西部跨区域调配，形成一个庞大的东西转运系统工程。[②] 纵观历史时期“西三角”地区的资源联动过程，其积极意义在于不仅沟通了稻作、旱作、畜牧三大自然经济地带，也沟通了政治经济中心与自然资源重心的联系。

在当代社会，“西三角”地区的资源沟通、保障作用更为明显，除其自身在水资源、矿产资源、生物资源等诸多方面优势互补、资源互济外，还成为了东部经济发展的资源区与中转站，可谓是资源环境“西三角”，有效地促进了中国社会经济的可持续发展。

水是经济发展和生命赖以生存的最基本要素之一，既是一种不可替代的资源，又是重要的环境因素。[③] 可以说，“西三角”的自然相补就是水资源的互补。三地之中，重庆属于亚热带季风气候区，南北季风多交汇于此，从而带来丰富的降水，年均降雨量多达 1083 毫米。其地貌的典型特征就是山多河多，诸多山脉连绵起伏，大小河流纵横交错。长江干流自西向东横穿全境，流程 665 千米，以长江干流为轴心，全市拥有 30 平方千米流域面积的河

①李清凌：《西北经济史》，人民出版社，1997 年，第 53 页。

②有关西北地区的资源开发及其流通可参考李清凌《西北经济史》（人民出版社，1997 年），有关西南地区的自然资源开发以及东西跨区域调配可参考蓝勇《明清时期的皇木采办》（《历史研究》，1994 年第 6 期）、《清代滇铜京运对沿途的影响研究——兼论明清时期中国西南资源东运工程》（《清华大学学报》，2006 年第 4 期）。

③王文长、萨如拉、李俊峰等：《西部资源开发与可持续发展研究》，中央民族大学出版社，2006 年，第 82 页。

流160条，河网密布，河川径流量十分丰富。另外，重庆地下水资源亦十分丰富，尤其是地下热矿水和饮用矿泉水优势明显，为全国三大地下水富庶地区之一。地下热矿水中温泉有17处。据1985年统计，热矿水总出水量达8.88万立方米/每日；域内矿泉水点185处，分布面积达600平方千米，天然资源量达9819.6万立方米/年。年平均水资源总量达3499.45亿立方米/年。以上合计，全市年平均水资源总量达3499.45亿立方米/年，三峡工程完成后形成600多千米的三峡水库，拥有393亿立方米库容的淡水资源。流域内水能资源也十分丰富，理论蕴藏总量为678.36万千瓦，可开发水能资源289.81万千瓦，全部水能资源可开发电量在全国大城市中名列第一。[①] 而以成都为首的四川省亦属亚热带气候区，年降雨量为1000毫米～1200毫米。全省境内有

三峡水利枢纽工程

在当代社会，“西三角”地区的资源沟通、保障作用更为明显，除其自身在水资源、矿产资源、生物资源等诸多方面优势互补、资源互济外，还成为了东部经济发展的资源区与中转站，可谓是资源环境“西三角”，有效地促进了中国社会经济的可持续发展。

---

①以上参见重庆市地方志编纂委员会编《重庆市志》第一卷《地理志》（四川大学出版社，1992年）、李善同主编《西部大开发与地区协调发展》（商务印书馆，2003年，第310页）。

1400多条大小河流，流域面积在500平方千米以上的就有343条，年河流径流量约为3千亿立方米，居全国之冠。特别是金沙江、岷江、雅砻江、赤水河等河川径流量丰富，水能充足，水资源优势十分突出。全省水能资源理论蕴藏量1.43亿千瓦，约占全国总量的1/4，技术可开发量1.03亿千瓦，占全国的27%，居全国第一位，是我国最大的水电开发基地。① 地下热水资源也非常丰富，全省发现温泉(群)共354处，地下热水钻孔114个。② 另外，川渝江河共通的格局还使两地水资源的利用、保护、治理休戚与共。与成渝两地丰沛的水资源与水能资源相比，以西安为首的关陇地区则逊色不少。其地处西北地区，干旱少雨，年降雨量多为400毫米～800毫米，蒸发量却远远超过降雨量(部分地区可达1200毫米以上)，地区分布不均，年际变化明显，水资源十分贫乏，③缺水问题成为制约以西安为首的关陇经济区发展的首要因素。由此可见，"西三角"地区水资源严重分布不均，以川渝为首的西南地区是我国水资源与水能资源的富集地区，而以关陇为首的西北地区则干旱少雨，水贵如金，人均水资源仅是世界平均水平的1/4。因此，只有实现西南、西北地区水资源的合理优化配置，"西三角"地区才能真正实现自然资源的互补。而"南水北调"的西线工程就是拟将长江上游干支流调水入黄河中上游，通过隧道穿过长江与黄河的分水岭巴颜喀拉山，预计年调水量可达145亿～195亿立方米。④ 当然，"西三角""南水北调"工程要考虑到长江上游水源林地区的生态环境问题。同时，从区域发展战略出发，应将水资源调到社会经济发展最需要且效益较高的地区。

从矿产资源来看，"西三角"地区也是各具特色，彼此共通，日趋一体。其中，重庆已发现矿种38种，占世界已知矿种的25.3%；已探明储量的矿产有22种；已发现主要矿产地252处，其中大型矿床15个，中型矿床55个。有的矿种在全国都有一定影响，如锶矿储量、质量均名列全国第一位，在世界

①李善同主编：《西部大开发与地区协调发展》，商务印书馆，2003年，第333、334页。

②王涵、刘晓鹰：《"西三角"城市经济圈的开发建设研究》，《阴山学刊》，2005年第3期。

③王文长、萨如拉、李俊峰等：《西部资源开发与可持续发展研究》，中央民族大学出版社，2006年，第82页。

④沈伟烈、陆俊元：《中国国家安全地理》，时事出版社，2001年，第168页。

上居第二位。[1] 四川省矿产资源丰富独特。已知矿产资源达130多种，探明储量的有89种，有28种矿产资源居全国前三位，其中钒、钛、锂、银等8种矿产居全国第一位，钒、钛储量更是居全世界之冠。[2] 钒矿总储量占世界的1/3，钛矿储量占世界的82%。[3] 铁矿资源在全国居第二位，仅次于辽宁。[4] 四川盆地天然气远景储量7.2亿立方米，是目前我国最大的天然气生产基地。而且这些矿产分布相对集中，开发条件也相当好。陕西省矿产资源也十分丰富，地理分布亦各具特色。陕北、关中以煤炭、石油、天然气为主，陕南以金属和非金属矿产为主。截至1990年底，全省发现各类矿产134种，其中保有储量居全国前10位的有54种，汞、钼、铼、煤炭、钾长石、水泥灰岩、毒重石、石棉、海泡石黏土、饰面用板岩、饰面用大理岩等24种矿产的探明储量居全国前三位；[5]黄金储量居全国第五位，产量居全国第四位；钼精矿产量占全国的1/2；煤炭探明储量为2 700多亿吨，是陕西第一大矿种，煤层厚、埋藏浅、易开采，其潜在价值为82 593亿元，

只有实现西南、西北地区水资源的合理优化配置，“西三角”地区才能真正实现自然资源的互补。

①重庆市地方志编纂委员会编:《重庆市志》(第一卷),四川大学出版社,1992年,第550页。

②李善同主编:《西部大开发与地区协调发展》,商务印书馆,2003年,第334页。

③四川省地方志编纂委员会编:《四川省志·地理志(上)》,成都地图出版社,1996年,第349页。

④胡欣编著:《中国经济地理》(第5版),立信会计出版社,2005年,第514页。

⑤陕西省地方志编纂委员会编:《陕西省志·地志矿产志》,陕西人民出版社,1993年,第139页。

位居全国第三；石油预测远景储量 11 亿吨，探明储量 7.6 亿吨；天然气预测储量为 6 万亿～8 万亿立方米，居全国第二位。[①] 从三地矿产资源的品类看，陕西的优势资源是煤炭与石油，四川的优势资源是铁、天然气与有色金属。与川陕两省对比，重庆除锶矿外，优势不甚明显。从矿产资源保有储量潜在价值看，陕西为87 331亿元，位居全国第四位；四川为70 971亿元，为全国第五位；重庆为2 678亿元，仅为全国第二十五位。[②] 由此可见，四川和陕西可以为重庆的经济发展提供矿产资源保障，而重庆要发展就需接纳和消化其他两地的矿产资源，特别是"陕煤入渝"与"渝铝入陕川"的前景十分广阔。总体而言，三地矿产资源明显互补，且具有极高的资源整合潜力。

除水资源、矿产资源互补外，三地的生物资源也极具地方特色，多样性明显，在一定程度上可实现优势互补。重庆域内生物类型多样，品种繁多。植物区系中的古老、孑遗植物较多，现有维管束植物达两千多种。其中缙云山自然保护区内的亚热带林木种数达 1700 多种，其中药用植物 778 种，观赏植物 320 多种，木材和纤维用植物 130 多种，油料植物 98 种，有缙云琼南、无刺冠梨、伯乐树、飞蛾树等许多稀世罕见的植物，成为巴渝地区的一座绿色宝库。四面山自然保护区内属维管束植物区系的有 1500 种以上，此外还有许多受国家保护的珍稀植物，如刺杀罗、福建柏、鹅掌楸、黄连、天麻、杜仲、猕猴桃等。动物区系中种类也较多，其中不乏珍稀动物。[③] 四川植物区

巴渝绿色宝库缙云山

①李善同主编：《西部大开发与地区协调发展》，商务印书馆，2003 年，第 495 页。

②见国土资源部矿产资源储备司：《全国矿产资源潜在价值（总值）》，1999 年。

③重庆市地方志编纂委员会编：《重庆市志》（第一卷），四川大学出版社，1992 年，第 635、656 页。

系处亚热带和温带的过渡带，加上地质、地貌、气候等条件复杂多样，故植物种类异常丰富，仅高等植物就有 300 科、1860 属、10 000种左右，占全国总数的 1/3 以上，其中被子植物属种仅次于云南省，居全国第二位，裸子植物居全国第一位。另外，动物区系类型亦是繁多，其中脊椎动物已知有 1229 种，接近全国的 1/4；鸟纲种类最为丰富，占全国的一半以上；其他哺乳纲和两栖纲的某些种类都占全国的半数以上。① 特别是拥有占国家保护植物总数的21.8%的珍稀濒危保护植物 82 种，拥有国家重点保护的野生植物 130 多种。四川还是国宝大熊猫之乡，有卧龙等 8 个国家级保护区，森林面积达 1153 万公顷，草地植被种类多，草质优良，是中国三大林区、五大牧区之一。四川又素称“中医之乡”、“中药之库”，有天然药材 4500 多种，其中药用植物虫草、川贝、天麻、川芎、杜仲等中外驰名。其生物资源种类之繁多堪称是中国一座独特的宝贵基因库。② 陕西地形南北狭长，有山地、高原、盆地、沙漠，具有温带、暖温带、北亚热带气候，自然环境复杂，生态条件多样，生物资源丰富，且具有明显的地带性分异特点。据调查，陕西有野生维管植物 3000 多种，居我国北方诸省前列。

由此可见，四川和陕西可以为重庆的经济发展提供矿产资源保障，而重庆要发展就需接纳和消化其他两地的矿产资源，特别是“陕煤入渝”与“渝铝入陕川”的前景十分广阔。总体而言，三地矿产资源明显互补，且具有极高的资源整合潜力。

①四川省地方志编纂委员会编：《四川省志·地理志(下)》，第 8、9 章，成都地图出版社，1996 年。

②李善同主编：《西部大开发与地区协调发展》，商务印书馆，2003 年，第 334 页。

野生动物资源中，有兽类、鸟类、两栖爬行类动物700多种，多数栖息在秦巴山区。家畜类中秦川牛、关中驴、西镇牛、佳米驴是全国有名的优良品种。天然药材资源比较丰富，特别是秦巴山地，被誉为“天然药库”，拥有常用药材近100种。换言之，“西三角”地区生物资源的区域差异性比较明显，区域内具有地方特色的珍稀动植物较多，生物品类丰富，各具特征，同时也有明显的互补优势。

由此可见，三地之间水资源、矿产资源、生物资源互济，自然资源相补，构成资源环境“西三角”。不仅如此，“西三角”更以其自然的区位优势，沟通大西北与大西南两大板块，在西部资源开发中占据中心位置，战略作用十分显著。“西三角”更以其丰富的水资源、矿产资源、生物资源成为东部经济发展的资源区与中转站。“西三角”地区向西北延伸，可以整合新疆、青海、甘肃、宁夏等地石油、天然气、煤炭资源，是“西气东输”的最大源头之一，也是“西电东送”、“西煤东运”的主要中转基地之　，每年至少向北京、上海、天津、石家庄等地区供应120亿立方米的天然气[①]和数以千万吨的石油以及上亿吨的优质原煤。向西南延伸，依托三峡工程，可以整合云南、贵州、西藏等地区丰富的水能资源，可输送电能至长江中下游地区，是我国“西电东送”的主力电源之一；特别是溪洛渡、向家坝等超级能源建设项目，总装机容量和总发电量均超过两个正在建设的三峡工程，将是日后我国“西电东送”的最大能源基地之一。此外还可开发西南有色金属等优质资源，像滇铜、滇锡、黔铅、川钒、川钛等也是供应东部经济发展的战略资源。可以这样说，在中国经济重心东移南迁的条件下，“西三角”地区以其资源优势，在付出巨额生态代价之后，默默地支撑着东部经济发达地区的可持续发展。特别是“西三角”地区靠近中国“水塔”——三江源地区，地处黄河中上游与长江中上游两大生态敏感区之交界地带，因此，“西三角”地区在成为中国“资源之都”的同时，更是中国的“生态之源”；川陕渝三地不仅资源环境相补，是东部的资源区与中转站，更是东部地区的生态屏障区和中国生态平衡的重心所在。

①沈伟烈、陆俊元:《中国国家安全地理》，时事出版社，2001年，第237页。

(二)政治相依:政治军事“西三角”

就传统中国政治军事地理布局而言,巴蜀、关中地区分居长江、黄河之上游腹地,从而占尽中国南、北战略之优势。① 正如前人所论:“自蜀江东下,黄河南注,而天下大势分为南北。故河北、江南为天下制胜之地,而掣南北之轻重者又在川、陕。夫江南所恃以为险者,长江也,而四川据长江上游,下临吴、楚,其势足以夺长江之险;河北所恃以为固者,黄河也,而陕西据黄河上游,下临赵、代,其势足以夺黄河之险,是川、陕二地常制南北之命也。”②由此可见,以“西三角”为核心的川陕地区在传统中国战略地位极高。

就“西三角”内部山川形势而论,其在历史时期就形成以西安为首的关中地区,以成渝为首的巴蜀地区和秦巴山地之间的汉中地区等三大政治军事地理分区。③ 三大区内部关系十分复杂,在政治上犬牙交错,互成犄角,可谓“你中有我,我中有你”;在军事上唇齿相依,合为屏障,又可谓“一损俱损,一荣俱荣”,正可谓是政治军事“西三角”。

关中自古号称“四塞之国”,山水拱卫,地形完整。南有秦岭横亘,挺拔巍峨;西有陇山绵延,峰峦起伏;北有黄土高原,沟壑纵横;东

换言之,“西三角”地区生物资源的区域差异性比较明显,区域内具有地方特色的珍稀动植物较多,生物品类丰富,各具特征,同时也有明显的互补优势。

“西三角”地区向西北延伸,可以整合新疆、青海、甘肃、宁夏等地石油、天然气、煤炭资源,是“西气东输”的最大源头之一,也是“西电东送”、“西煤东运”的主要中转基地之一。

①参见饶胜文:《布局天下——中国古代军事地理大势》,解放军出版社,2001年,第119页。

②参见(清)顾祖禹:《读史方舆纪要》卷52,引“(汉代)张俊卿语”。

③此处系笔者参照胡阿祥编著《兵家必争之地》一书第三讲《中国历史上的军事区域》(河海大学出版社,1996年,第73~101页)。

有华山、崤山及晋西南山地，山川环抱；更兼黄河环绕，峡谷深陷；进可以攻，退可以守。从地缘上看，其地东出潼关可至中原、江汉，南经栈道可至汉中、巴蜀，西拥陇山可接河西、西域，北走直道可达河套、塞外。西南有巴蜀之饶，西北有胡马之利，若势强则可挥师东进，席卷全国；力若不敌则关门割据，以待他时，故“关中自古帝王州”，为历代建都之所、龙兴之地，俯临天下，内制诸侯，外御强敌。① 汉中地处陕南秦岭、巴山之间，四周环山，汉江中贯，位当要冲，北瞰关中，南蔽巴蜀，西扼秦陇，东通江汉，为兵家必争之地。其形势之重首推北面之秦岭与南面之巴山。从地缘上秦岭将汉中盆地与关中平原相隔，巴山又将汉中与巴蜀大地隔开。巴蜀地区西靠青藏高原，东阻巫山、三峡，北障大巴、米仓、岷山，南依云贵山地，故为重山四塞之区。巴蜀虽不处中国政治中心，但其地位十分特殊，又兼对外交通不便，故常为割据之所。② 以北方进取南方，取得四川便可顺流长驱直下东南；以南方对抗北方，确保成渝便可确保江南形势之完整，还可屏护关中、汉中，进而拱卫中原；以中原抗击边族，巴蜀又是经略西南边疆之重心所在，故历代经营天下者无不汲汲于巴蜀。三地之间又有蜀道相连，北有陈仓、褒斜、傥骆、子午诸道贯通秦岭，南有金牛、米仓、荔枝诸道穿越巴山，从而将关中、汉中、巴蜀三地融为一体，③共同构成政治军事“西三角”。

纵观历史上“西三角”政治军事大势，可知其战略作用有三：一是中国西部边疆经略之战略前沿，二是中国内陆稳定之战略重心，三是东部国防之大后方。“西三角”中的西安历来是中国西北军事重镇，是经略西部之核心。在关中为中国政治中心之时，西安挟都城之势，可集中全国力量，经略河西走廊、陇右、河湟、河套等地，汉武唐宗莫不如此。宋以降全国政治经济重心东移后，西安仍为控扼西北、防范西北游牧民族入侵之战略前沿，特别是在宋代抗击西夏战争中，作用尤为明显。“西三角”中的成都历来是中国西南

---

①饶胜文：《布局天下——中国古代军事地理大势》，解放军出版社，2001 年，第 3 页。对关中战略地位的系统论述可参见史念海《关中的历史军事地理》，收入其所著《河山集》第四集（陕西师范大学出版社，1991 年，第 145～244 页）。

②胡阿祥编著：《兵家必争之地——中国历史军事地理要览》，河海大学出版社，1996 年，第 83 页。

③参见马强：《汉水上游军事地理研究》与《蜀道历史军事地理论略》两文，收入其所著《汉水上游与蜀道历史地理研究》（四川人民出版社，2004 年）。

边境经略之政治军事大本营，对于经略历史上的西南夷、吐蕃等民族有重要作用。“西三角”中的重庆凭借长江三峡，在传统时代后期成为中国东西交通的枢纽，军事上是东下西进的要塞，特别是明清时期和抗战时期，长江三峡成为西部存亡的最重要的战略要地。成都、重庆也是中国内陆稳定之战略重心。每每关中有难之时，巴蜀便可在战略上牵制西北防务，还可通过汉中地区提供有力支援，尤其是在宋代抗金、抗蒙战争中战略地位十分显著。明清之后，“西三角”三地则共同成为东部国防之大后方，特别是在抗日战争与三线建设时期，重庆、西安、成都三座重镇共同成为中国战略纵深的核心地区。

在当代，“西三角”地区是中国西部稳定的战略前沿，是维护新疆、西藏稳定的桥头堡，更是中国东部国防之战略大后方。不仅如此，“西三角”还是中国平衡海陆两栖战略的核心所在，拥有极高的战略地位。

首先，“西三角”以其优越的区位优势成为维护新疆、西藏稳定和西部发展的“桥头堡”。

从区位条件上看，“西三角”地区是连接大西南与大西北的纽带，也是中国西部大开发的战略前沿。正是由于地缘关系的近便性，西部的稳定与发展与之密切相关。其中，西北新疆地区和西南西藏地区的稳定与发展事关中国各民族的统一与繁荣，事关西部边境的长治久安，事关西部大开发的全局，是中国边疆安全战略中的关键环节之一。因此，“西三角”在政治军事上的一个关键作用就是发挥维护新疆和西藏稳定的“桥头堡”作用。

纵观历史上“西三角”政治军事大势，可知其战略作用有三：一是中国西部边疆经略之战略前沿，二是中国内陆稳定之战略重心，三是东部国防之大后方。

首先，“西三角”以其优越的区位优势成为维护新疆、西藏稳定和西部发展的“桥头堡”。

新疆自古就是我国西部边疆的战略重地，古称“西域”，历史上匈奴、西羌、吐蕃、回纥、大食都曾角逐于此，近代的沙俄、英国无不觊觎。其东北与蒙古为邻，西北是中亚五国，西南又接阿富汗、巴基斯坦、印度诸国，边境线长达5200多千米。地域广阔，人口稀少，邻国众多，地处西北边陲，是我国西北重要的国防前哨。若新疆有失，敌可从河西走廊涌入内地，又可从青藏高原边缘循湟水谷地俯冲中原，害莫大焉。西藏雄踞我国西南边陲，其南部、西部与缅甸、印度、不丹、锡金、尼泊尔等国和克什米尔地区接壤，国境线长达3500多千米，战略地位十分重要，历来是我国的西南门户。①

正是由于两地战略地位之重要性，故中国历代都十分重视经略西北与西南地区。但由于新疆距中原过远，气候险恶，地处大漠之西；西藏又身处高原之上，高寒险峻，环境恶劣，更兼交通不便，道路崎岖，因此经营两地绝非易事。战时必需万里迢迢由内地调兵，道路所经，或冰碛千里，或黄沙万丈，或冬风如割，或夏风如焚，行军之艰难超乎想象。如果说新疆与西藏共同构成我国西部地区安全的“新月形地带”，那么“西三角”地区则是我国最靠近这一地带的战略重心区。因此，“西三角”地区就成为历代经略西北、西南边疆的战略前沿。汉唐定都关中，西北边疆经略大为成功。但“安史之乱”后，中国政治中心东移，关中不为首都，西北防务便大受影响。② 宋、明两代西北用兵不振，当与之关系甚深。而历代若想经略西藏，巴蜀便成为其战略跳板，成为“治藏之依托”。特别是川西（西康）地区，是进出西藏的必经之途，③故有“治藏必先安康”之说。而元、明、清、民国诸代莫不以巴蜀为经略西藏之战略基础，故“保川”方可“图藏”。④

①胡阿祥编著：《兵家必争之地——中国历史军事地理要览》，第8、23讲，河海大学出版社，1996年。

②史念海：《陕西省在我国的战略地位》，收入其所著《河山集》第四集（陕西师范大学出版社，1991年）。

③从川西（西康）之甘孜，经德格、江达、妥坝，越达马拉山口，过昌都可达拉萨，大致与今日之川藏公路相同。参见李孝聪《中国区域历史地理》（北京大学出版社，2004年，第109页）。对历史时期川藏路线之系统论述，还可参见蓝勇《四川古代交通路线史》第七章（西南师范大学出版社，1989年）。

④对川藏关系史的论述（特别是近代），可参见吴彦勤《清末民国时期川藏关系研究》（云南人民出版社，2007年）。

在当代，随着西部交通之快速发展，特别是川藏、滇藏、青藏、新藏等公路与陇海铁路、成昆铁路、青藏铁路的陆续修建，客观来讲，我们维护西部边疆稳定的条件大有改观。但是，西部的安全环境并不乐观，多种势力仍影响着西部边疆的稳定。在这种条件下，“西三角”地区的战略作用更加突出，其维护西部稳定的“桥头堡”地位更加明显。因此当下之计，只有加强西部军区的战略协作，通过“西三角”的区域联动作用发挥其区位优势，特别是成都—重庆—西安三座城市应整合国防资源，构建西部综合安全体系，有效沟通西北防务与西南防务，从而有效维护西部边疆的稳定与发展。

其次，“西三角”以其独特的地理位置成为中国东部国防的战略大后方。

从地理位置上看，“西三角”地区深居中国内陆腹心地带，虽距东部沿海有一定距离，但却是我国西部高原地区进入东部平原地区的枢纽。从中国大陆构造上看，以四川盆地—汉中盆地—关中盆地为核心的“西三角”地区是中国大陆腹地东西结合、南北交汇的中间地带，可谓是中国大地的地理中心。[①] 而从现阶段中国经济战略布局的角度看，我国的经济重心过分集中于东部沿海，经济带大致分布于沿海至内陆两百千米以内，高度集中于环西太平洋海岸线，整体呈现为扇贝型的地缘经济结构，特别是“长三角经济区”、“环渤海经济区”、“珠三角经济区”全部位于沿海地区，一旦一场

其次，“西三角”以其独特的地理位置成为中国东部国防的战略大后方。

①梁中效：《秦岭南北共建“西三角”，打造中国第四增长极》，《西安财经学院学报》，2008 年第 1 期。

不期而遇的战争爆发，东部沿海将受到极大破坏，数十年的经济建设成果就有可能毁于一旦。[①] 因此，从国家安全的角度看，“西三角”作为“后方基地”战略意义十分显著，不论战争形式怎样变化，“西三角”地区都始终是东部国防的大后方。一旦东部沿海出现大规模外敌入侵，“西三角”就会发挥其战略安全基地的作用，有效开展战略纵深。可以这样说，只要“西三角”还在，中国就有可供回旋的战略空间。另外，从“西三角”地区的国防工业基础看，由于其是20世纪六七十年代三线建设的核心区域，留有雄厚的国防产业链，国防工业潜力极大，拥有成为“大后方”的现实条件，特别是在重庆—西安—成都三大中心城市以及绵阳、汉中等地都集中了一大批优质的军工企业和国防科研单位，其国防工业总量、产业领域、科技含量诸方面都居全国之前列。[②] 因此，“西三角”不论从地理位置还是国防潜力来看，其“大后方”的战略意义都是十分明显的。

最后，“西三角”以难以比拟的区位优势成为中国平衡海陆两栖战略，解决中国自身战略问题的关键所在。

中国位于欧亚大陆和亚太地区的关键地带，在地缘政治上海陆兼备，处于大陆“心脏—边缘”之间的动态地带。[③] 因此，中国兼具陆权大国与海权大国的双重身份，但这也决定了中国战略选择的两难。作为陆海复合型国家，我们必须确保陆上和海上的双重安全。特别是从近代以来的世界历史看，如果一个国家面临两个方向的战略压力，便会使得有限的战略资源配置分散，无法集中力量展开战略竞争。可以说，欧洲陆海复合国家（如法、荷、葡、西等）在近代竞争中不敌英美等海洋国家的重要原因就源于这种地缘政治的不利因素。[④] 因此，中国有兼顾海洋海权和大陆陆权的必要。从这一意义上讲，“西三角”的区位优势使其成为中国平衡海陆两栖战略，解决自身战略问题的关键所在。

---

①中华网论坛：《浅谈中国未来地缘政治与战略布局》，2008年7月30日。

②梁中效：《秦岭南北共建“西三角”，打造中国第四增长极》，《西安财经学院学报》，2008年第1期。

③李义虎：《地缘政治学：二分论及其超越——兼论地缘整合中的中国选择》，北京大学出版社，2007年，第249页。

④韶永灵、时殷弘：《近代欧洲陆海国家的命运与当代中国的选择》，《世界经济与政治》，2000年第10期。

(三)经济相通:经济交通“西三角”

一个区域的经济发展是与其内外物质和信息能量的交流密切相关的,而其物质信息的流通则必须借助于通畅的交通,[①]特别是在古代社会,区域经济交通体系的嬗变又与政治中心、经济重心的引力作用息息相关,[②]所以历史时期“西三角”经济交通格局前后呈现明显的对比。先秦至五代之前,关中为政治经济中心,位置偏向西北,所以“西三角”内部经济交通多取用巴山诸谷道,特别是金牛道成为四川盆地与关中盆地之间相互联系的最重要的陆路通道,其对外交通则形成以西安为起点的“西北丝绸之路”和以成都为起点的“南方丝绸之路”。但宋代,特别是南宋以后,中国政治经济文化重心东移南迁,“西三角”的内部联系虽依旧采用川陕旧道,但由于长江水运成为“西三角”与政治经济核心区联系的首要途径,成为转运蜀布、马纲、粮草、海货的重要漕运通道,故其地位不仅超过内部交通之金牛诸道,还超过“西北丝绸之路”和“南方丝绸之路”。而重庆正是依靠这条东西向的“黄金水道”,成为“西三角”经济交通的首位城市。[③]

最后,“西三角”以难以比拟的区位优势成为中国平衡海陆两栖战略,解决中国自身战略问题的关键所在。

---

①黎小龙、蓝勇、赵毅:《交通贸易与西南开发》,西南师范大学出版社,1994 年,第 1 页。

②李孝聪:《中国区域历史地理》,北京大学出版社,2004 年,第 94 页。

③以上可参见蓝勇编著《中国历史地理学》第十三章(高等教育出版社,2002 年),收入其所著《四川古代交通路线史》(西南师范大学出版社,1989 年)、《南方丝绸之路》(重庆大学出版社,1992 年)。

在内外交通体系的双重维系下，历史时期“西三角”地区就结成“经济相通”的区域经济体系。以西安为首的关中经济区与成都、重庆为主的巴蜀经济区互相协作，彼此支撑，“秦蜀一体”，共同构成经济交通“西三角”。从1997年及至当代，三地之间经济往来更加紧密，经济合作更加频繁，形成“经济相通”的新局面，构成新的互相协作、互成整体、互为联系的经济交通“西三角”。

首先就“西三角”内部“经济相通”而言，其表现有三：交通、流通、融通，即交通互联、物流成网、金融相通。

“西三角”经济圈的发展，首先是要构建“西三角”交通圈。重庆、成都间的直线距离为270千米，重庆、西安间的直线距离为560千米，成都、西安间的直线距离为600千米，共同构成一个指向东北向的三角形。[①] 新中国成立后，“西三角”地区充分发挥沟通西北、西南两区的交通枢纽作用，特别是先后修成宝成铁路、成昆铁路、成渝铁路、陇海铁路、襄渝铁路等交通大动脉，有力地加强了重庆—西安—成都三地之间的相互联系。[②] 改革开放以后，“西三角”地区“交通互联”更加紧密。在铁路方面，西安至安康的西康铁路自2001年通车后，大大缩短了西安与重庆之间的距离；襄渝铁路二线自2008年通车后，重庆至西安只需8小时；另外沟通川渝两省市的成渝高速铁路自2010年3月动工后，预计2014年完成，时速可达250千米，成都与重庆之间的交通可缩短至1个小时以内。在高速公路方面，2007年建成西安至汉中的高速公路，汉中到四川广元的高速公路也大部分建成，西安至成都届时只

重庆朝天门

①张艳：《重庆在西部大开发中的比较优势》，《特区经济》，2010年第11期。
②参见陈航主编、张文尝副主编：《中国交通地理》第四章，科学出版社，2000年。

需8小时。在航空运输方面，成都双流机场、陕西咸阳机构、重庆江北国际机场之间的飞行距离皆在1小时之内。[①] 预计再用10年左右的时间，将会形成以重庆—成都—西安三个大城市为中心，以连接三地的公路、铁路、航空等运输路线为主干道（三条边）的中国西部最大的“综合交通运输西三角”，并形成“空中一小时，铁路两小时，公路四小时”的三地快速交通格局。形成以重庆、成都、西安为中心，以南充、达州、广元、万州、涪陵、汉中、安康、宝鸡等为重要节点，水陆空等多种形式有机结合的内部交通运输体系。[②] 这种综合运输系统在2020年顺利建成后，能力充分、衔接顺畅、运行高效、服务优质、安全环保、内外畅达，届时“西三角”的综合交通总体运行水平就可比肩于“长三角”、“珠三角”、“环渤海”等东部经济圈。

首先就“西三角”内部“经济相通”而言，其表现有三：交通、流通、融通，即交通互联、物流成网、金融相通。

“西三角”经济圈的发展，首先是要构建“西三角”交通圈。

重庆人民大礼堂

①梁中效：《秦岭南北共建“西三角”，打造中国第四增长极》，《西安财经学院学报》，2008年第1期。

②李林：《“西三角经济区”综合交通发展战略研究》，《西部论坛》，2010年第2期。

依托于内部日渐发达的交通运输网络，“西三角”地区的物流业发展十分迅速，“物流成网”已粗具规模。其中，重庆作为西部最大的物流中心，其物流业已经成为主导产业之一。特别是三峡工程完工后，航运条件得到了明显改善，初步建成以“一干两支”高等级航道为骨架，以主城、万州、涪陵“三枢纽”港区为中心，以永川、江津、奉节、合川、武隆五个重点港区为依托，以其他港区为基础，形成布局合理、功能明确、系统完善的港口体系，成为长江上游地区最大的集装箱集并港、最大的大宗散货中转港、汽车滚装运输主通道、长江三峡最大的旅客集散中心和港口物流园区的主要载体，形成上海国际航运中心向西延伸的重要一极。自 2005 年 12 月 11 日起，全球最大的物流地产开发商——美国普洛斯公司也与重庆经开区签署投资协议，拟投资 6000 万美元成立全资子公司，在经开区打造重庆首个外资物流园——普洛斯重庆物流园；①而美国最大的百货零售物流公司新泽西也宣布进军重庆物流市场，将与迈德房地产顾问(重庆)公司合作，投资 2 亿元建设新型物流仓储和货运配送系统；北美洲第八大物流企业——美国 KEZCO 集团和台湾长荣集团等外资台资企业亦陆续来到重庆，②这使得重庆整合“西三角”物流产业的基础更为雄厚。在其他两地，成都东编组站将被改组扩建成西部最大的集装箱结点，成都北编组站为亚洲

重庆解放碑商业中心

①马晓燕：《关于重庆建设西部现代物流中心的思考》，《重庆文理学院学报》，2009 年第 2 期。

②彭维德：《打造重庆长江上游物流中心，带动区域经济发展》，《港口经济》，2007 年第 2 期。

最大的编组站，成都国际集装箱中心站是全国18个集装箱中心站规划中最大的一个。西安也将通过新建集装箱中心站、扩建新丰镇编组站、新建西安北客站和改扩建西安站等项目，把西安枢纽建成全国六大铁路枢纽之一和全国18个集装箱中心站之一。① 西安港务区已形成以"B"型保税物流中心为核心、以国际物流区为支撑、以国内综合物流区和物流产业集群区为两翼的物流体系战略布局。"西三角"三大中心城市物流业的快速发展已经初步形成了西部物流共享平台，也为"西三角"物流业的进一步发展提供了坚实的基础。在此基础上，川陕渝物流圈已呼之欲出，通过交通走廊与运输网络的连接，整合区域物流实力，三地"物流成网"的整体水平将有质的飞跃。②

金融是经济活动的核心。"西三角"地区金融业也粗具规模，极具整合空间。"金融相通"不仅是现实需求，更是历史趋势。重庆直辖以后，金融服务业发展迅速，每年都以20%的速度增长。从银行机构来看，重庆是长江上游地区银行机构门类齐全和集聚效应明显的城市。截至2005年12月末，重庆市共有包含国有独资银行、股份制商业银行、外资银行、信托公司、邮政储汇局在内的金融机构26家，银行机构网点数达5 325个，从业人员40 964人。

依托于内部日渐发达的交通运输网络，"西三角"地区的物流业发展十分迅速，"物流成网"已粗具规模。

金融是经济活动的核心。"西三角"地区金融业也粗具规模，极具整合空间。"金融相通"不仅是现实需求，更是历史趋势。

---

①万天虎、艾智科：《对成都、重庆、西安构建西部物流中心的比较分析》，《现代商业》，2008年第27期。

②王荣琴：《陕川巴渝西三角城市群空间对外经济联系研究》，《西安财经学院学报》，2010年第3期。

从反映银行业机构集聚程度的相对指标——人均机构网点数和从业人员占总人口比例来看，2005 年重庆分别为 1.71%和 0.0016%，在长江上游地区处于最高水平。由此可见，重庆金融机构的产业集聚效应显著，有些还以重庆为中心，业务覆盖周边区域甚至辐射全国。如工商银行在重庆设立西南票据中心、中新大东方人寿保险公司将总部设在重庆，已形成业务辐射全国的经营格局。[①] 西安到目前已经形成以银行和保险为主、证券和其他金融机构为补充的完备的金融机构体系，四大国有银行、8 家股份制商业银行、17 家保险公司、53 家证券公司、4 家资产管理公司、3 家期货公司、2 家期货营业部和信托公司，以及“一行三局”监管架构形成了多层次金融体系。此外，西安还有三家产权交易机构（西部产权交易所、西安产权交易所和西安技术产权交易中心），多家会计师事务所、律师事务所、产权交易所等中介服务机构，金融实力在西北地区首屈一指。[②] 成都市金融业已在西部地区占据了重要地位。从机构体系看，成都是西部地区金融机构种类最齐全、数量最多的城市之一。人民银行、证监会、保监会都在成都设立了区域性的管理总部，[③] 其金融实力仅次于重庆。可以说，“西三角”三大区域性金融中心鼎足而立，金融整合潜力极大。以重庆、西安、成都为轴心，“西三角”地区金融交流日趋频繁，特别是重庆与四川两省市之间，“金融相通”程度颇高，例如 2005 年，重庆流向四川（主要是成都）的资金达到 31.61 亿元，占当年重庆外流资金的 62.08%。重庆金融机构投向外地资金主要是贴现，2005 年占60.27%，投向四川（成都）的资金中贴现就占了81.5%。[④] 但从另一方面看，大西北与大西南之间的金融合作仍比较薄弱，离“金融相通”一体化还有相当距离。所以三地需要有效构筑“西三角”金融合作平台，加强金融产业合作，通过“金融相通”整合区域金融实力，从而更好地促进“西三角”的“经济相通”。

“西三角”地区不仅交通互联、物流成网、金融相通，相互构成经济交通“西三角”，而且随着交通通信等基础设施的发展，三地之间人员、商品、资

---

①彭小兵、杨雯雯：《金融业集群发展研究——论重庆长江上游金融中心建设》，《重庆大学学报》，2007 年第 5 期。

②李成、杜志斌：《西安建立区域金融中心的 SWOT 分析》，《西安金融》，2007 年第 1 期。

③参见雷永健：《对成都建设西部金融中心的思考》，《西南金融》，2003 年第 12 期。

④彭小兵、杨雯雯：《金融业集群发展研究——论重庆长江上游金融中心建设》，《重庆大学学报》，2007 年第 5 期。

金、信息、技术等生产要素交流频繁，优势互补，前景广阔。在此基础上，“西三角”“经济相通”也就不仅是内部交通经济综合体系的构建，更是区域之间的协调发展与对外贸易的互动交流。

就“西三角”外部“经济相通”而言，其主要依托的对外交通有三：一是“亚欧大陆桥”；二是“南方丝绸之路”；三是长江“黄金水道”。以西安为起点，依托“亚欧大陆桥”，“西三角”往西北经陕、甘、新，可打通至西亚与俄罗斯的出境通道，辐射整个中国西北地区。以成都为起点，依托“南方丝绸之路”，“西三角”向南经黔、滇，可直达缅甸、印度；经黔、桂，可直达北部湾，从而连接广大东南亚、南亚地区，辐射整个中国西南地区。以重庆为起点，依托长江“黄金水道”，往东经长江中游可直达“长三角”，并连接中国最大海港城市上海，辐射中国中、东部地区。① 从市场整合与区域协作的角度看，这种“三位一体”的对外经济交通体系为“西三角”拓宽贸易渠道打下良好基础，也使得经济合作的前景十分广阔。随着区域一体化程度的提高，大西南的农产品和工业制成品可以进入大西北，还可通过亚欧大陆桥进入西北亚、中亚以及俄罗斯市场。同样，大西北的矿产资源、工业制成品和农产品也可顺利进入大西南市场，并可通过“南方丝绸之路”寻找更广阔的东南亚、南亚市场。② 另外，通过长江“黄金水

就“西三角”外部“经济相通”而言，其主要依托的对外交通有三：一是“亚欧大陆桥”；二是“南方丝绸之路”；三是长江“黄金水道”。

①参见李卓：《基于 SWOT 分析的西三角经济区发展研究》，《青海金融》，2010 年第 3 期。

②任晓蕙：《合作构筑“西三角”，打造我国新的增长极》，《理论导刊》，2009 年第 9 期。

道”，大西南和大西北的产品还可以“通江达海”，并通过上海港有效进军海外市场，从而参与整个环太平洋地区的经济协作。再从统筹内外市场与资源利用的角度看，“西三角”对外经济交通体系的建构对保障我国经济可持续发展与资源安全具有战略意义。在东南亚国家中，越南、老挝、缅甸等国的森林资源十分丰富，森林覆盖率分别达37%、40%和67%，还蕴藏着丰富的钨、锡、石膏等矿产资源和橡胶、石油等战略资源。中亚地区是世界上工业资源最富集的地区之一，石油、天然气、煤等能源资源储量十分巨大，铁矿石、有色金属和稀有金属的储量也非常可观。虽然中亚、东南亚资源丰富，但由于经济发展水平低，资源开发率低，而我国由于经济高速发展，资源短缺的问题将会十分突出。因此，通过亚欧大陆桥和“南方丝绸之路”，“西三角”可以积极开展与周边国家的资源合作。另外，还可以考虑建设中东油气资源和印度洋油气通道的建设，开辟距离西南、华南缺油地区最近的能源供给线，从而突破经济发展的资源“瓶颈”。[①] 不仅如此，通过长江“黄金水道”和“亚欧大陆桥”东段，“西三角”还可与中国中、东部地区相互协作，经济联系将更加紧密，再加上其整合中亚、东南亚、南亚的资源优势，可以为我国东部发达地区的发展提供保障。同时，“西三角”雄厚的国防科技优势、庞大的国防工业规模、内外互通的经济交通格局决定其还是中国东部国防的“经济大后方”。

综上所述，“经济互通”是“西三角”一体化进程的核心所在；而构建经济交通“西三角”，不仅会改变中国当前的经济版图，更会进一步影响未来中国战略发展的走向。只要加快实现区域内外资源共享，优势互补，“西三角”的总体经济实力就会更加引人瞩目，西部的明天也会更加美好。

(四)文化相融：社会文化“西三角”

一个区域的社会文化是该地区人地互动的产物。特定的地理资源环境、特定的人群以及特定人群对特定地理环境的适应与开发方式，形成了特定的区域社会文化形态。[②] 雄奇壮阔的黄土高原与奔腾不息的黄河孕育出

①以上可参见胡鞍刚主编《地区与发展：西部开发新战略》(中国计划出版社，2001年，第202～204页)。对中国能源安全与地域政治的进一步研究还可参考张文木《世界地缘政治中中国国家安全利益分析》(山东人民出版社，2004年)。该书认为印度洋地区将是未来中国地缘战略的重心所在。因此，从这一意义上讲，“西三角”在21世纪的战略作用将会更加凸显，其在未来中国对外经济合作整体架构中的地缘优势也会进一步彰显。

②李孝聪：《中国区域历史地理》，北京大学出版社，2004年，第136页。

古老深厚的秦陇文化，广阔严酷的黄土农耕环境造就秦陇质朴豪爽、雄健磊落的区域文化气质。在区域社会心理上，秦陇人自古具有强烈的西北地域文化观念，缺乏其他地域那种错综复杂的宗法血缘观念，突出表现为重实效、尊现实、尚功利的区域文化特征。作为典型的黄土农耕文化，秦陇文化由于起源早、根系大、脉络清、生命强、延续强等诸种因素，曾长期成为中国多元文化中的主体文化之一。[①] 与之相比，秦岭以南的巴蜀文化则表现出长江文明的特质，依托于肥沃的四川盆地以及贯穿其间的长江及其支流，秀丽的巴山蜀水则孕育出幽默率真、辛辣活泼的巴蜀文化气质。

秦陇与巴蜀迥异的地域环境造就各具特色的区域文化。如果说秦陇文化是北方麦作农业文化的渊薮，那么巴蜀文化则是南方稻作农业文化的起源地。[②] 但是，文化区并不是一个孤立的存在，而是一个开放的体系，尤其是邻近地区文化会相互浸染，彼此碰撞，互相融合。在历史时期，秦陇、巴蜀地域文化之间就相得益彰，彼此互融，共同构成了既各具特色又相互包容的社会文化"西三角"。因此，从某种程度上，"西三角"也就成为中国黄河文明与长江文明的交汇地带，北方麦作农业文化与南方稻作农业文化的融合之区。早在秦汉时期，巴蜀文化就与秦陇文化相互融合、彼此交流，

秦陇与巴蜀迥异的地域环境造就各具特色的区域文化。如果说秦陇文化是北方麦作农业文化的渊薮，那么巴蜀文化则是南方稻作农业文化的起源地。

在历史时期，秦陇、巴蜀地域文化之间就相得益彰，彼此互融，共同构成了既各具特色又相互包容的社会文化"西三角"。

①葛承雍:《中华文化通志·秦陇文化志》导言，上海人民出版社，1998 年。

②以上可参见童恩正《南方文明》(重庆出版社，1998 年)、袁庭栋《中华文化通志·巴蜀文化志》(上海人民出版社，1998 年)。

西安《“丝绸之路”起点》雕像

形成“雍梁一体”的文化格局。汉晋时期，巴蜀地区在文化上属于秦陇文化大区。隋唐五代时，秦陇文化通过移民深深地影响到巴蜀地区，故有“自古词人多入蜀”的盛况。宋以后巴蜀与关中的文化一体相对削弱，但明清“湖广填四川”时，陕西移民仍对巴蜀有很大影响，以至清代成都有“经商半是秦人集”的说法。值得一提的是，汉中地区由于向来是联系关中平原与四川盆地的重要通道，故在秦陇文化与巴蜀文化频繁往来作用下，还使得汉中明显带有秦蜀文化交互影响的痕迹，成为这两大地域文化的辐辏之区。①

不唯如此，“西三角”凭借其沟通大西南、大西北的地缘优势，还是华夏农业文化与游牧文化的衔接之所和两大“民族走廊”的交汇之地。② 从我国自然地理上讲，青藏高原东北向有几道山脉连续向东延伸，这就是青海的祁连山脉、宁夏的贺兰山脉、内蒙古的阴山山脉，直至辽宁、吉林境内的大兴安岭。而在高原的西南部，也有几道山脉向南延伸，这就是由四川西部通向云南西北部的横断山脉。这一北一南的两列山系及其邻近的高地，在地理上如同一双有力的臂膀，屏障着祖国的腹心地区——黄河中下游和长江中下游肥沃的平原和盆地。在中华文化版图中，这些山脉还构成一条东北至西南向的半月形文化传播带。③ 在这条地带以北以西便是草原游牧文化区，其

---

①可参阅蓝勇《西南历史文化地理》、张晓虹《陕西历史文化地理》、王会昌《中国文化地理》、周振鹤《中国历史文化区域研究》等著作。

②“民族走廊”概念是由费孝通先生提出的一个历史—民族区域概念，是指一定的民族或者族群长期沿着一定的自然环境如河流、山脉向外迁徙或者流动的路线。这两大走廊分别为河西走廊和藏彝走廊。参见李绍明《西南丝绸之路与民族走廊》一文（收入四川大学历史系编《中国西南的古代交通与文化》，四川大学出版社，1994 年）。

③童恩正：《试论我国从东北到西南的边地半月形文化传播带》，收入其所著《南方文明》（重庆出版社，1998 年）。

东其南则是传统农耕文化区。它既是历史上华戎集团的文明分野，同时也是农耕—游牧文化彼此交往、互渗的文化传播带。通过这条生态边缘界限，中国几千年来的民族关系便可以概括为华夏中心农耕文化与边缘族群游牧文化的碰撞与融合。而从地理位置和地缘关系来说，“西三角”正处于这条华夏“中心—边缘”文化传播带的中心之处，[①]也就成为中国游牧文化与农耕文化的缓冲地带以及华夏与其边缘族群的互动空间，更成为“多元一体”中国的“内部边疆”。[②] 特别是通过两条“民族走廊”，“西三角”沟通了游牧文化与农耕文化的相互交流与联系。在西北端，通过“河西走廊”，“西三角”的秦陇地区成为中原人走向西域、域外人进入华夏的跳板，成为阿尔泰语系诸民族与汉藏语系诸民族相互融合的边缘地带，也成为西北诸民族文化交汇之大本营；在西南端，通过“藏彝走廊”，[③]“西三角”的巴蜀地区不仅是高原藏彝文化与汉族文化的过渡地带，还是大西南诸民族文化的融合区域。

特别是通过两条“民族走廊”，“西三角”沟通了游牧文化与农耕文化的相互交流与联系。在西北端，通过“河西走廊”，“西三角”的秦陇地区成为中原人走向西域、域外人进入华夏的跳板，成为阿尔泰语系诸民族与汉藏语系诸民族相互融合的边缘地带，也成为西北诸民族文化交汇之大本营；在西南端，通过“藏彝走廊”，“西三角”的巴蜀地区不仅是高原藏彝文化与汉族文化的过渡地带，还是大西南诸民族文化的融合区域。

---

①有关华夏“中心—边缘”的生态族群边界，可参见(台)王明珂《华夏边缘：历史记忆与族群认同》(允晨文化实业股份有限公司，1997 年)。

②徐建新：《“族群地理”与“生态史学”——由“藏彝走廊”引出的综述与评说》，收入石硕主编《藏彝走廊：历史与文化》(四川人民出版社，2005 年，第 82～107 页)。

③“藏彝走廊”是指今川、滇、藏三省区毗邻地区由一系列南北走向的山系、河流组成的高山峡谷地区，历来是西北、西南民族迁徙交融的大通道，也是藏彝文化与汉族文化相互交通的大通道。参见石硕主编《藏彝走廊：历史与文化》一书(四川人民出版社，2005 年)。

正是源于这种“文化相融”的独特气质，“西三角”成为南方稻作文化与北方麦作文化的交接之处、长江文明与黄河文明的交汇之所，更成为华夏中心农耕文化与边缘游牧文化之互动空间与融合区域。也正是这种融合东西南北文化的独特之处，熔铸了“西三角”海纳百川、有容乃大的文化气度，也因此形成“西三角”南方与北方文化并存、农耕与游牧文化共融、传统与现代文化并立、汉族与少数民族文化共处的多元文化格局。传统文化的深厚积淀与民族文化的相对集中，更使得“西三角”成为当下中国最具特色、最具规模、最具内涵的传统民族文化“富集地区”，使其在民族文化的独特性、地方文化的多样性、传统文化的富集性、民间文化的丰富性等诸方面都堪称是中华民族的文化资源宝库。

然而，“西三角”虽是中国传统民族文化的富集地区，其社会文化发展的不平衡性却较为突出，城乡差距明显，呈现出城乡二元社会结构。

在“西三角”地区中，重庆市城乡差距问题十分突出，城乡发展不平衡，城乡收入差距仍然过于悬殊。从城乡收入状况看，自 1997 年直辖以来，重庆城镇人均可支配收入与农村居民人均可支配收入的比率一直都呈现上升趋势，从 1998 年的 3.02 倍上升到 2006 年的4.03倍。而按照全面小康的发展要求，城乡人均可支配收入比不得高于 2.5∶1，显然重庆城乡差距远远高于此标准。收入是消费的基础，收入的城乡差距直接表现为城乡的消费差距。1998 年以来，重庆市农村居民支出额占全市总产值的比率逐年下降，而城镇居民支出额占全市总产值的比率逐年上升。2006 年年末重庆城镇居民的支出额是农村居民支出额的 3.2 倍，而农村居民支出额仅为全市生产总值的 9.94%。在教育投入差距上，城乡差距特别明显，2003 年初中毕业生升入高中的比例，城区达到 97.7%，而农村只有 67.3%；2005 年重庆主城某区普通小学生人均预算内公用经费是 785 元，而库区某县仅为 23 元，不同区域间的差额比例达到 34∶1；2007 年重庆市初中和小学的危旧房面积为 559 平方千米，其中 93% 在农村。① 西安市从 2001 年至 2006 年，其城乡收入差距也在不断拉大，城市居民收入的增长速度与幅度远远大于农民。2001 年，城乡居民的绝对收入差距是 4252.59 元，城市居民人均收入是农村居民的 2.7 倍。

①有关重庆城乡差距状况数据及其分析，主要参考刘翠霞《重庆城乡差距状况实证分析》(《商业时代》，2009 年第 6 期)。

但是到了2006年绝对差距拉大为7900.05元，城市居民的人均收入是农村居民人均纯收入的3.07倍，[①]城乡经济社会二元结构的矛盾十分突出。虽然成都在经济高速发展的过程中，城乡居民的收入差距呈下降的趋势，但其城乡差距问题仍然严峻。1978年成都市城镇居民总收入占城乡居民总收入的42.72%，2008年则上升为75.73%。2008年农村居民总收入是1978年的37.89倍；而城镇居民总收入则是1978年的158.52倍。[②] 在这种城乡双层刚性二元经济结构的制约下，"西三角"的城乡关系表现出了不同于其他地区的特殊性，其城乡差距的平均水平远远高于东、中部地区，城乡二元社会经济结构矛盾十分突出，城乡差距不断扩大，城市对农村发展的带动能力减弱。这也使得"西三角"地区成为中国式城乡差距的典型地区，其本身亦体现出东西部地区经济社会发展的严重不平衡性。另外，由于"西三角"的农村有相当一部分集中于民族地区，故其城乡差距在一定程度上也表现为少数民族地区与汉族地区社会经济发展的不平衡。这种状况不仅存在于"西三角"民族地区，整个西部少数民族地区都是中国贫困程度最高的地区。以1998年统计数据为例，西藏、青海、

传统文化的深厚积淀与民族文化的相对集中，更使得"西三角"成为当下中国最具特色、最具规模、最具内涵的传统民族文化"富集地区"，使其在民族文化的独特性、地方文化的多样性、传统文化的富集性、民间文化的丰富性等诸方面都堪称是中华民族的文化资源宝库。

然而，"西三角"虽是中国传统民族文化的富集地区，其社会文化发展的不平衡性却较为突出，城乡差距明显，呈现出城乡二元社会结构。

①白瑾：《城乡经济社会发展不平衡的特点及其表现——以西安市城乡发展现状为例》，《西安文理学院学报》，2008年第2期。

②蒲明、冯瑛、陆建东：《城乡一体化进程对成都居民收入差距的影响》，《西南民族大学学报》，2010年第9期。

贵州、宁夏、云南、甘肃、新疆、重庆、内蒙古、四川的贫困发生率分别为19.0%、14.0%、12.9%、12.6%、12.2%、11.5%、8.9%、6.6%、6.4%和5.5%，大大高于全国4.6%的平均水平。贵州、云南、宁夏、内蒙古、青海、广西、新疆的贫困县比重，分别高达60%、59.35%、44.44%、36.90%、35.90%、33.73%和29.41%，远远高于全国27.27%的平均水平。可以说，以"西三角"为首的西部少数民族地区面临的最大挑战就是贫困，只有加快缩小区域之间、城乡之间、民族之间的社会经济文化差距，才能实现中国西部各民族经济社会的全面发展。①

一方面是中国传统民族文化的富集地区，另一方面又是中国式城乡差距的典型区域。这一"富"一"贫"成为"西三角"社会文化发展不平衡性的矛盾表征。以重庆民族地区为例，一些珍贵的民族文化资源或自然消亡或人为损毁，而未能得到应有的保护和利用。如武陵山的宗教建筑已无踪迹，石柱秦良玉陵园残损不堪，酉阳飞来峰土司衙门建筑保护范围被严重侵占等等。② 因此，如何实现"西三角"地区社会文化的平衡发展，特别是在少数民族聚居地区如何化解经济社会发展与传统文化、自然环境之间的矛盾，已成为制约社会文化"西三角"可持续发展的关键所在。而解决上述矛盾，寻求更合乎自然、合乎人性的社会文化发展方式，从而实现区域之间、城乡之间、民族之间的发展平衡，便成为中国社会经济文化协调发展的拐点。

从根本上讲，"西三角"地区要破解社会文化发展的不平衡问题，首要之途就是要确定适合自身的发展模式。相比于"长三角"、"珠三角"、"环渤海"等沿海经济区，"西三角"地区深处内陆腹地，故其无法依靠沿海之优势而确定外向型的社会经济发展模式。相比于上述地区通过优先对外开放与发展非公有制、乡镇经济，城乡差距不明显的先发优势，"西三角"地区由于历史原因造成的城乡二元社会结构决定其无法回避其广袤农村与民族地区的贫困问题。因此，"西三角"地区要想尽快摆脱这种社会发展困境，就必须首先走出一条艰苦而扎实的靠自身内生变量为主的"内源"式发展

①胡鞍钢主编:《地区与发展:西部开发新战略》，中国计划出版社，2001年，第276页。

②石胜福、俞荣根主编:《西部大开发与重庆民族地区发展》，重庆出版社，2000年，第284页。

道路。[1] 这种"内源"发展模式的含义就是要立足当地的生态与文化，倾听发展主体的声音，尊重地方文化的多样性与当地人的发展权；其本质则是"以人为本"的可持续发展观。因此，从这一意义上讲，"西三角"的"内源"发展模式就是要在充分体现区域自然生态特点，反映西部民族文化传统，尊重传统生活习俗的前提下，依托生物资源多样性以及民族文化多样性的本土化优势，构建具有区域特色、民族特色的经济社会文化协调发展模式。[2] 在"外源"上，从历史和现实的角度，"西三角"还要依托现代国家战略的需要，积极争取国家政策的支持，具体是发挥国家统筹城乡综合配套改革实验区（成渝经济区）、统筹科技资源改革示范基地（关中天水经济区）、重庆两江新区等的政策优势，加快区域统筹协调发展，更多地通过区域、城乡协调发展来促进自身社会经济文化事业的进步。[3] 通过统筹人与自然、人与社会、人与文化的相互关系，在确保自然、社会、文化永续性的基础上，达到更深层次的"文化相融"。而唯此自强不息之路、日新月异之路，方可最终走向"以人为本"的"社会文化西三角"，走向中国社会经济文化协调发展的拐点。

一方面是中国传统民族文化的富集地区，另一方面又是中国式城乡差距的典型区域。这一"富"一"贫"成为"西三角"社会文化发展不平衡性的矛盾表征。

因此，"西三角"地区要想尽快摆脱这种社会发展困境，就必须首先走出一条艰苦而扎实的靠自身内生变量为主的"内源"式发展道路。

---

①有关西部地区"内源"发展道路，可参见周大鸣、刘志扬、秦红增《寻求内源发展：中国西部的民族与文化》绪论（中山大学出版社，2006 年）。以下内容除注明外主要参考此书。

②胡鞍钢主编：《地区与发展：西部开发新战略》，中国计划出版社，2001 年，第 296 页。

③杨玲、田代贵：《西三角经济区研究》，《西部论坛》，2010 年第 1 期。

第二节　国家平衡发展战略下西部新一轮大开发的新构建

(一)从长江上游经济中心的建立到新欧亚大陆桥的桥头堡

从近60年我国区域经济发展战略来看,可以分成三个时期:(1)平衡发展时期。从20世纪50年代到20世纪70年代末,针对当时东西部经济发展不平衡的现实,采取不平衡的推进方式,向中西部地区倾斜,以期形成平衡的经济格局。结果是东部地区长期的经济积累没有有效发挥作用,而中西部地区又形成城乡二元结构。(2)不平衡发展时期。20世纪70年代末到20世纪90年代中叶,针对前期平衡发展战略之不足,国家以"梯度理论"为依据,优先发展东南沿海地区经济,并在资金投放、政策优惠等方面向东部倾斜,这使得东西部地区经济发展水平差距拉大。(3)平衡发展时期。由于东西部经济差距拉大带来诸多矛盾,同时东部地区的经济已经发展到了一定的程度,在2000年,国家提出了全面推进西部大开发的战略,加快西部开发也成为21世纪中央第一号重大决策,以期用不平衡的战略达到平衡发展的目的。① 可以这样说,如果上个世纪决策层与学界对中国地区发展战略和政策争论的焦点是如何解决中国区域差距问题,那么,现在争论的焦点则集中在西部大开发过程中如何实施新的发展战略,②特别是集中于国家平衡发展战略下西部新一轮开发的新构建。

就当前我国经济整体空间布局看,已经形成了两纵两横的"开"字形发展战略新格局。沿海经济带、长江经济带、陆桥经济带以及京九经济带的形成与发展,标志着我国区域经济发展进入了一个新的阶段。其中,以长江和亚欧大陆桥为主干道,构筑东西部地区经济联系的大通道,从而引导生产要素的区际流动和经济发展的区域传递,开创东西部地区"优势互补、互惠互利、长期合作、共同发展"的新局面,将是国家平衡发展战略下西部新一轮开发的战略抉择。③

---

①有关我国60年来经济发展三大阶段的划分,主要参照蓝勇编著《中国历史地理学》(高等教育出版社,2002年,第227~228页)。

②胡鞍钢主编:《地区与发展:西部开发新战略》总报告部分,中国计划出版社,2001年。

③高振光、高缅厚、张慎峰、王曙光、孟光、唐一溥:《西部大开发之路——新亚欧大陆桥发展战略》,经济科学出版社,2000年,第71页。

在长江经济带上，重庆是中国西部唯一的直辖市，拥有8.24万平方千米的土地面积和3200万人口，是长江上游地区的中心城市和我国西部最大的工商业重镇。[①] 在长江三峡工程、重庆直辖、西部大开发的背景下，重庆正日渐成为长江上游的经济中心。可以说，“早日把重庆建设成为长江上游的经济中心”，既是重庆市的战略目标，也是国家平衡发展战略下西部新一轮开发的重要组成部分。它必将对新一轮西部大开发与地区协调发展带来积极而深远的影响，并发挥不可替代的积极作用。[②]

重庆作为长江上游的经济中心具有明显的优势。首先，重庆拥有成为长江上游经济中心得天独厚的区位优势。重庆市位处东部发达地区与西部资源富集地区的结合地段，又是长江与嘉陵江的交汇之地，凭借长江这条“黄金水道”及其庞大的支流网，重庆向西可沟通川陕甘等西部省份，向东可连接长江中下游地区并可直通海外。作为长江的“龙尾”，重庆具有对长江经济带和西部经济区的双重聚散功能，在东西部地区的渗透和融合中发挥着承东启西、左右传递的枢纽作用。[③] 三峡水库蓄水

就当前我国经济整体空间布局看，已经形成了两纵两横的“开”字形发展战略新格局。沿海经济带、长江经济带、陆桥经济带以及京九经济带的形成与发展，标志着我国区域经济发展进入了一个新的阶段。

①对重庆在长江经济带中的战略作用，参见徐国弟等《21世纪长江经济带综合开发》第四章(中国计划出版社，1999年)。

②参见李善同主编：《西部大开发与地区协调发展》第十一章《把重庆建设成为长江上游地区的经济中心》，商务印书馆，2003年。

③参见罗晓梅、陈纯柱主编：《新重庆的崛起与中国中西部经济的发展》，重庆出版社，1999年，第67～89页。

位于重庆两江新区内的嘉悦大桥

进一步提升了重庆的区位优势，长江航道从 3000 千米增加到 6000 千米，万吨级船队可常年出入重庆，宜昌至重庆段船舶运输成本也将降低 35%～37%，①长江年运输能力因此提高五倍左右，相当于五条铁路的运力。如此优越的区位优势，加上重庆市基础设施功能完备，是中国西部唯一集水、陆、空运输方式为一体的交通枢纽，这就有利于重庆成为西部物资流、信息流、人才流中心。②

其次，重庆拥有成为长江上游经济中心的政策优势。自 1997 年成为直辖市后，重庆在西部地区率先实行市、县两级行政管理体制，其城市建设决策速度明显加快，政府办事效率大为提高，政策执行力度显著增强，办公成本得以减少，使得城市发展能够在更大程度上因地制宜，在更大限度上激发潜能。在 2000 年正式批准建设北部新区的基础上，2009 年初国务院又正式发布《关于推进重庆市统筹城乡改革和发展的若干意见》，从国家战略层面对重庆未来发展提出详细要求。2010 年 5 月 7 日，国家正式批准了重庆设立两江新区的规划。2010 年 6 月 18 日，正值重庆直辖市成立 13 周年之际，两江新区正式挂牌成立，这是继上海浦东新区和天津滨海新区之后的中国第三个副省级新区。重庆还拥有两路寸滩保税港区，自 2008 年成立后，作为目前我国保税物流层面最高、政策最优惠、功能最齐全、区位优势最明显的特殊监管区域，享受"国外货物入区保税、国内货物入区退税、区内自由贸易"等特殊优惠政策。此外，对鼓励类产业，重庆一律执行企业所得税率 15% 的政策，税率低于东、中部地区 10 个百分点。可以说重庆是西部优惠政策最集中的地方，这种优势对增强重

①徐旭忠、张心松：《关注"西三角"》，《中国西部》，2004 年第 4 期。

②李善同主编：《西部大开发与地区协调发展》，商务印书馆，2003 年，第 311 页。

庆在整个西部地区的经济辐射带动作用，加快建设长江上游的经济中心具有十分重要的意义。①

再次，重庆还拥有成为长江上游经济中心的产业基础。重庆市是中国西部地区近代工业出现最早、聚集最多、规模最大的中心城市，在抗日战争时期和新中国成立后的前30年间，一直是西部地区最重要的工业基地。改革开放以后，重庆已形成汽车摩托、装备制造、电子信息、化工、材料、能源六大支柱产业体系。在西部大开发中，作为老牌的重工业基地，重庆还具有吸收和发展高新技术产业的良好条件，近来，IT产业发展十分快。重庆在电子信息、生物工程、环保技术三大高新技术产业和用高技术改造传统产业方面都对西部地区产业起带动作用，而其雄厚的产业优势对重庆成为长江上游的经济中心具有明显的促进作用。② 近来，国家继成立上海浦东、天津滨海新区后成立了重庆两江新区。这是我国内陆唯一的国家级开发新区。两江新区的设立为重庆在引领西部地区发展中的重要性作了定位。

成都是长江上游经济区的另一座中心城市，是西南地区仅次于重庆的第二大区域经济中心。成都平原土壤肥沃、物产丰富，故自古

近来，国家继成立上海浦东、天津滨海新区后成立了重庆两江新区。这是我国内陆唯一的国家级开发新区。两江新区的设立为重庆在引领西部地区发展中的重要性作了定位。

---

①参见张艳：《重庆在西三角经济圈中的比较优势》，《特区经济》，2010年第11期；巫国义：《两江新区成立对重庆物流业影响探析》，《中国商贸》，2010年第19期。

②李善同主编：《西部大开发与地区协调发展》，商务印书馆，2003年，第313～314页。

成都春熙路繁华的商业街

号称“天府”。无论从行政级别，还是从城市规模、繁华程度来说，[1]成都毫无疑问都是西部地区最重要的中心城市之一。特别是近年来，成都发展日新月异，不仅是四川省的政治经济文化中心，还是西部地区外资企业、高新技术企业的最集中的区域之一。在特色产业领域，成都已经形成以电子信息和生物医药工程为龙头，以高新技术加工制造业为补充的特色产业体系。在金融物流领域，依托成都平原的区位优势，成都已经成为西南地区最重要的金融、物流中心之一。特别是成都市政府十分重视创造良好的城市软环境，通过完善城市配套设施，为成都城市经济可持续发展打下了良好基础。优惠的政策扶持，良好的城市环境，便捷的交通条件，不仅使得成都涌现出诸如地奥制药、国腾通讯等一大批技术创新能力强、成长性好的高新技术企业，也吸引了英国渣打银行、日本东京三菱银行等国际知名金融机构前来设立代表处。[2] 成都还是我国四大科教城市之一，全市科技人才有 44 万多人，每千名职工中有科技人员 253 名，每万人中拥有人才 614 人，远高于全国平均水平，是西南地区人才汇集之所。2003 年《中国城市发展报告》中，成都综合实力位列第九位，2004 年还当选为“CCTV 全国十大经济活力城市”。2009 年成都市 GDP 总量 4502 亿，为全国省会城市第 4 名，仅次于广州、杭州和武汉。特别是在 2010 年，国务院正式批准设立成都高新综合保税区，这对成都及四川全省的投资环境改善，促进产业结构调整和开放型经济发展，提高企业国际化运作承载能力起到十分重要的作用。[3] 此外，成都还是中国的“休闲娱乐之都”，不仅拥有广阔的消费群体，而且极具市场发展空间。作为西部地区的中心城市

①李孝聪：《中国区域历史地理》，北京大学出版社，2004 年，第 122 页。

②王涵、刘晓鹰：《“西三角”城市经济圈的开发建设研究》，《阴山学刊》，2006 年第 3 期。

③参见 baike. soso. com/v797157. htm.

之一，长江上游地区的区域中心之一，成都的优势地位十分明显。

川渝两地渊源深厚，相互合作十分频繁。四川每年在重庆投资百万元以上的经济项目超过100个，重庆在四川的投资额在全国各省（自治区、直辖市）中排名第二。[①] 成渝经济带聚集了西南地区经济发展的精华，是我国历史上长期以来形成的经济较发达地区，也是西部经济最发达、经济密度最高、科技力量最雄厚的区域，更是西部最高的城市密集区和全国少有的双核城市群，其城镇密度在全国和西部都达到了较高水平，发展潜力十分巨大。[②] 早在2004年1月，川渝政府就签署了《关于加强川渝经济社会领域合作，共谋长江上游经济区发展的框架协议》，从而拉开了构建成渝经济区的序幕。2007年3月，成渝经济区又明确写入《西部大开发"十一五"规划》。紧接着2007

成都的休闲农家乐

川渝两地渊源深厚，相互合作十分频繁。四川每年在重庆投资百万元以上的经济项目超过100个，重庆在四川的投资额在全国各省（自治区、直辖市）中排名第二。

①参见《在中国经济增长第四极中翘首西三角》，《重庆与世界》，2009年第10期。

②参见徐成宏：《成渝经济区的因由与面临的现实问题》，《改革》，2010年第3期。

年4月，川渝政府共同签署了《重庆市人民政府、四川省人民政府关于推进川渝合作共建成渝经济区的协议》。2010年12月成渝经济区规划最终获得国家发改委批准。成渝经济区被列为国家重点开发区域，其面积范围为20.28万平方千米，占四川、重庆两省市总面积的35.75%；人口9956.06万人，占四川、重庆两省市总人口的85.39%。[①] 以重庆、成都两个特大城市为首的成渝经济区不仅是长江上游经济区的核心区域和国家重要的先进装备制造业、现代服务业、高新技术产业和农产品基地，还是全国统筹城乡综合配套改革试验区和国家内陆开放示范区以及国家生态安全保障区，是国家未来着力培育的新的重要增长极，其发展关系到国家平衡发展战略下西部新一轮大开发的发展。[②] 从长远看，成渝经济区的建构必将形成渐进式的扩散效应，从而改变成渝地区城乡二元结构，实现整个长江上游经济区的资源优化配置，最终形成西部社会经济文化协调可持续发展的示范区，进而达到西部整体发展和中国中西部平衡发展的目的。

在陆桥经济带上，陕西地处我国东西结合部，既是东、中部地区的西部，又是西部地区的东部，具有承东启西、连接南北的优势。[③] 其省会西安历来是西北诸省区通往西南、中原以及华东地区的门户与交通咽喉，依托于亚欧大陆桥的枢纽优势，西安正成为这条"新丝绸之路"的桥头堡与西北经济发展的"龙头"。特别是在2009年6月，国务院正式批准《关中—天水经济区发展规划》，更使得西安为首的关陇地区成为带动西北经济发展的新引擎。[④]

西安高新技术产业开发区

①参见林凌主编、廖元和、刘世庆副主编：《共建繁荣：成渝经济区发展思路研究报告》，科学出版社，2005年，第8页。

②潘久艳：《构建成渝经济区的战略意义研究》，《怀化学院学报》，2010年第6期。

③李善同主编：《西部大开发与地区协调发展》，商务印书馆，2003年，第491页。

④任中：《新亚欧大陆桥又添新增长极》，《大陆桥视野》，2009年第8期。

亚欧大陆桥东起江苏连云港等沿海港口城市，西至荷兰鹿特丹、比利时安特卫普等欧洲口岸，全长约10 900千米，在中国境内4 313千米，经过江苏、安徽、河南、陕西、甘肃、新疆6省区，周边与山东、内蒙古等7省区相临，是横跨亚欧两大洲，连接太平洋和大西洋，实现海—陆—海统一运输的国际大通道，因其走向基本与"古丝绸之路"相合，又被称为"新丝绸之路"。目前，欧亚大陆桥（中国段）作为一条重要的经济带正在逐渐形成，[①]这是横贯我国北方东、中、西部最重要的一条经济带。与长江经济带要靠龙头上海和龙尾重庆的双重拉动不同，大陆桥经济带既无龙头又无龙尾，所以必须要靠心脏来推动。西安是亚欧大陆桥（中国段）最大的中心城市，关中又是沿桥经济带最发达的地段，加上西安作为陇海兰新经济促进会理事长城市、现代"丝绸之路"起点和欧亚经济论坛永久会址的优势，以关中为依托的西安最有条件最有能力也最有希望成为亚欧大陆桥经济带的桥头堡和心脏城市。[②] 随着《关中—天水经济区发展规划》颁布实施，西安市正在加紧实施西咸一体化，借以打造全国内陆型经济开发开放战略高地，建成以西安为中心的统筹科技资源改革示范基地，最终通过建设大西安，带动大关中，牵动大西北，促进区域协调发展。根据《规划》，关中—天水经济区还将打造成全国先进制造业基地、全国现代农业

以重庆、成都两个特大城市为首的成渝经济区不仅是长江上游经济区的核心区域和国家重要的先进装备制造业、现代服务业、高新技术产业和农产品基地，还是全国统筹城乡综合配套改革试验区和国家内陆开放示范区以及国家生态安全保障区，是国家未来着力培育的新的重要增长极，其发展关系到国家平衡发展战略下西部新一轮大开发的发展。

特别是在2009年6月，国务院正式批准《关中—天水经济区发展规划》，更使得西安为首的关陇地区成为带动西北经济发展的新引擎。

①参见刘贵生：《关于西安构建西部金融中心的研究报告》，《西部金融》，2007年第11期。

②张宝通、孙笃信：《西安在关中—天水经济区中的龙头带动作用》，《西安财经学院学报》，2008年第6期。

高科技产业基地和彰显华夏文明的历史文化基地，到2020年，关中—天水经济区的经济总量占西北地区比重将超过1/3，人均地区生产总值翻两番。在国家政策的支持下，西安还将建设陆港型的综合保税区作为陆桥区域经济发展的纽带。① 特别是在2010年10月，为建设大西安新的中心市区，西安市委、市政府正式迁往城北西安经济技术开发区，整个城市重心也随之北移，此举对把西安建成亚欧大陆桥经济带的金融中心、东西部之间的物流商贸中心、西部地区的科技教育中心、大西北的先进制造业中心、中国历史文化的旅游中心和内陆地区的交通通信中心具有重要的战略意义。优越的地理区位，深厚的历史渊源，加上优厚的政策支持，都促使陕西在国家平衡发展战略下西部新一轮开发中具有成为"第一阶梯"的战略优势，尤其是西安作为我国西北地区最大的商品流通中心与物资集散地，作为亚欧大陆桥的桥头堡与心脏，其具有的强大辐射力与吸引力必将促进东西部经济协调发展。②

从长江上游的经济中心到亚欧大陆桥的桥头堡的定位，从成渝经济区到关中—天水经济区的相继批准实施，这标志着国家平衡发展战略下西部新一轮整体开发达到一个新的高度。相似的自然和社会背景，同为新一轮西部大开发的核心区域，也标志着大西南与大西北两大区域的联系正日趋紧密。新一轮的西部大开发必须以西部核心区的发展为推进器，这也预示着以重庆—成都—西安为轴心的"西三角"一体化进程进入新的阶段。西部地区的跨越发展需要在更大范围内形成新的增长极，西南、西北一旦贯通，就会形成西部统一的大市场。同时，三地之间通过成渝、关中—天水两大经济区的串联，通过长江经济带与陆桥经济带的统合，就会形成稳健的"大三角"，最终实现产业互补、协调发展。可以这样说，"西三角"不仅是历史语境中的客观存在，更是当下中国现实国情的真实建构；不仅是西部自身发展的内在需求，更是中国区域整体协调发展的必然选择。

①参见西陆：《西安国际港务区：陆桥区域经济发展的纽带》，《大陆桥视野》，2009年第12期。

②高振光、高缅厚、张慎峰、王曙光、孟光、唐一溥：《西部大开发之路——新亚欧大陆桥发展战略》，经济科学出版社，2000年，第195页。

(二)中国第四增长极的建立与中国整体发展的需要

区域经济是以一定地域为范围,并与经济要素及其分布密切结合的区域发展实体。它是一个综合性的经济地理概念。目前,我国比较公认的经济区域实体主要有"长三角"、"珠三角"和"环渤海"三大经济区,但是以上三大区域经济体主要分布于我国东部沿海地区,因此,"西三角"经济圈的提出,意味着在国家平衡发展战略下缩小东西区域差异的新建构。① 就"西三角"经济圈的具体含义来说,是指由成渝经济区和关中—天水经济区联合而成的西部地区大经济实体。该区域由成渝经济区的所有市县、关中—天水经济区的所有市县、介于前者二区域之间的川北陕南的全部市县和渝东北地区部分市县三部分组成,包含大小城市 55 座,总面积 39.4 万平方千米,2008 年末总人口 1.47 亿,区域国内生产总值21 900亿元,占全国的 7.3%,整个西部的 38%。② 通过整合我国西部地区最具潜力和实力的三大中心城市,"西三角"经济圈突破了秦岭障碍,并且有力沟通了其两侧的成渝经济区和关中—天水经济区,使得大西南与大西北相互联

西安作为我国西北地区最大的商品流通中心与物资集散地,作为亚欧大陆桥的桥头堡与心脏,其具有的强大辐射力与吸引力必将促进东西部经济协调发展。

"西三角"不仅是历史语境中的客观存在,更是当下中国现实国情的真实建构;不仅是西部自身发展的内在需求,更是中国区域整体协调发展的必然选择。

"西三角"经济圈的提出,意味着在国家平衡发展战略下缩小东西区域差异的新建构。

---

①有关"西三角"经济圈概念发展轨迹,可参见吴晓蓉《"西三角"经济圈:一个文献综述》(《改革》,2010 年第 3 期)。

②邵锋:《西三角经济区研究——建设纵横交汇的反梯度发展区域》,中国人民大学出版社,2010 年,第 6 页。

手共同打造中国经济发展的第四增长极。① 因此，这一区域的经济发展不仅关乎西部地区自身社会经济整体发展水平的提升，关乎国家西部开发战略目标的顺利实现，更关乎中国整体区域社会经济的平衡发展。

自西部大开发战略实施以来，西部地区的社会经济发展和城乡社会面貌均发生了显著变化，经济总量增长迅速，居民收入得到提高，经济结构更加优化，国内外贸易发展快速，社会事业长足发展，基础设施条件有了根本改善。2009 年，西部地区十二省市地区生产总值66 973.48亿元，占全国18.3%，是 2005 年(34 085.72亿元)的近两倍，2000 年(16 654.62亿元)的四倍。② 西部地区自 1998 年～2008 年间 GDP 年均增长 11.42%，全社会固定资产投资在 1999 年～2008 年间年均增长 22%，进出口总额年均增长23.2%，工业增加值占生产总值的比重由 1998 年的 19.48%提高到 2008 年

成都地铁天府广场站口

①增长极理论由法国经济学家佩鲁首倡，该理论被认为是西方区域经济学中经济区域观念的基石，是不平衡发展论的依据之一。该理论认为：一个国家要实现平衡发展只是一种理想，在现实中是不可能的，经济增长通常是从一个或数个“增长中心”逐渐向其他部门或地区传导。因此，应选择特定的地理空间作为增长极，以带动经济发展。参见崔功豪、魏清泉、刘科伟编著《区域分析与区域规划》(第二版)(高等教育出版社，2006 年，第 298～308 页)。

②该数据整理于当年《中国统计年鉴》(中华人民共和国国家统计局编，中国统计出版社，2010 年)。

的38.68%，贡献率由25.7%提高到47.72%，人均生产总值也由1998年的4 122.6元提高到2007年的13 186.44元，净增2.2倍，西部地区相对于东部地区差距日益减小。① 但是，西部发展仍然面临不少的困难和问题。② 首先，西部地区整体经济实力还比较弱，与东部地区的绝对差距仍然较大。2009年，东部地区国内生产总值为196 674.4亿元，西部地区则是66 973.5亿元，二者相差两倍多；西部人均生产总值为18 286元，东部则为40 800元，是西部的两倍多。其次，西部地区城乡二元结构突出，城乡差异显著。根据国家统计局统计数字显示，2009年，我国西部地区城镇居民可支配收入与中部地区以及东北地区相差不大，与东部发达地区相差6 740元，然而，西部十二省市农村居民人均纯收入却远远低于其他地区，城乡差距为各区域之最。除此之外，尚有区域内部发展不平衡、产业结构仍需优化、经济结构仍需合理、对外贸易总量偏低等问题。③ 应该说造成西部发展受限的原因是多方面的，如果继续按照既定的西部大开发战略的全面启动模式，不仅速度慢，而且效果不

①以上数据参考姚慧琴、任宗哲主编《中国西部经济发展报告(2009)》，社会科学文献出版社，2009年，第23、25、29、30、32页。

②张志刚：《“西三角”增长极建设深化西部大开发》，《西部论坛》，2010年第3期。

③文中数据源自《中国统计年鉴(2010)》(中华人民共和国国家统计局编，中国统计出版社，2010年)。

明显。[①] 所以，在当前社会条件下的西部开发和建设上，我们有必要思考打破传统的均衡发展，并结合“长三角”、“珠三角”、“环渤海”经济区等成功案例，给西部经济和社会发展创造引擎，从而为西部开发提供一个强劲的“内生”推动力。“西三角”经济圈的提出则恰恰顺应了西部开发战略转型的需要，其快速发展的势头将使得其成为继“长三角”、“珠三角”和“环渤海”经济区之后的第四增长极，这对促进我国区域经济协调均衡发展有着十分积极的意义。

如若从当前现实加以考量，“西三角”经济圈已具备成为区域增长极的基本条件。[②]

首先，“西三角”经济圈经济总量可观，可形成规模经济效益。2008 年，“西三角”经济区 55 座城市，区域 GDP 总额21 900亿元，可以占到全国的 7% 左右、西部十二省市的近 40%，GDP 总量可观。仅重庆、成都、西安三市，2009 年 GDP 已分别达6 530.01亿元、4 502.60亿元、2 724.08亿元，占西部十二省市全年 GDP 的 21%。[③] 区域内可再生资源丰富，特色资源富集，水能、钒、钛、钡、汞等资源均在全国占重要地位。在早期开发中，这一地区经过三线建设和改革开放三十年的发展，已经初步形成了汽车、摩托车、化工、能源、材料、电子、纺织等产业体系，第三产业、现代农业也有较快发展。因此，“西三角”经济圈雄厚的经济实力使其能成为西部地区经济发展的主要动力和核心，其庞大经济总量所形成的规模效益是西部其他地区难以抗衡的。

其次，“西三角”经济圈内，各中心城市城市化发育较好，水平较高。“西三角经济圈”中心城市是重庆、成都、西安，这三座城市无论从经济发展、城市建设、城市化水平以及社会发展等方面均能代表西部大城市发展水平。2009 年，重庆、成都、西安三市城镇化率分别为 51.6%、64.9%、47.4%。[④]

---

①张琦：《推进西部大开发的新思路——“西三角”经济圈》，《开发研究》，2006 年第 1 期。

②增长极理论指出一区域成为增长极的条件：区域经济成长或成熟，具有持久创新与发展能力，有足够的规模经济效益，国家安全和社会稳定等其他因素。参见武友德、潘玉君、吴映梅、祁苑玲、陈颖编著《区域经济学导论》，中国社会科学出版社，2004 年。

③该组数据分别来源于三地 2010 年年鉴统计数字。

④该组数据分别来源于三地 2010 年年鉴统计数字。

从区位上来说，三大中心城市均处于本区域的核心位置——西安位于关中平原中部，处于关中—天水经济区核心地位，与西北地区经济联系密切；重庆、成都分别位于四川盆地、成渝经济区的东、西部，向东可通过长江与长江经济带相连，向南可辐射贵州、云南，与“泛珠三角”经济区和北部湾经济区接合，向西又与西藏地区相接。这一区位特点使得“西三角”经济圈经济辐射面积广泛，在西部地区优势突出。

再次，“西三角”经济圈产业关联性强，人才科技条件优越，可形成持久互动的区域经济态势。重庆、西安、成都三地及其各自辐射的城市群经济互补性强，产业互补、资源互通。重庆制造业基础较好，工业水平较高，是西南交通枢纽和贸易口岸；成都在科技、电子信息、商贸等方面优势明显；西安是西北最大的中心城市，在能源、机械、电子、纺织、航空航天、医药、化工等方面表现突出。[①] 特别是三地曾是我国三线军工企业的集中之地，有着历史与传统的经济联系和产业结构互补作用，其产业相似系数达到0.8，相比内陆其他地区具有相对合理性，[②]这为建成“西三角”经济圈新的产业

①崔晓蕊:《西三角经济区的区域优势及其发展思路探析》,《魅力中国》,2009年第21期。

②“产业相似系数”是衡量地区之间产业联系的一个重要指标，它表征了地区间产业结构的互补性与竞争性。有关“西三角”经济圈产业相似系数，可参见邵锋《“西三角”:打造中国经济发展新引擎》(《重庆行政》2008年第4期)。

如若从当前现实加以考量，“西三角”经济圈已具备成为区域增长极的基本条件。

首先，“西三角”经济圈经济总量可观，可形成规模经济效益。

其次，“西三角”经济圈内，各中心城市城市化发育较好，水平较高。

再次，“西三角”经济圈产业关联性强，人才科技条件优越，可形成持久互动的区域经济态势。重庆、西安、成都三地及其各自辐射的城市群经济互补性强，产业互补、资源互通。

链打下了良好的基础。区域内还云集了众多高等院校和国家科研机构，是西部地区高新技术产业力量最集中地区，其人才科技条件十分优越，经济发展具有较强的科技支撑。在经济功能方面，三地功能互补，重庆在经济总量和吸引外资方面强于成都，但成都在城市化水平等方面无疑优于重庆，西安的科技实力又高于重庆和成都，三地各自具备独特的优势，这种互补优势必将促使"西三角"经济圈综合实力的加强，也必将形成持久互动的区域经济格局。①

由此可见，作为中国经济发展的第四增长极，"西三角"的建构既可以改变长期以来西部地区缺乏具有辐射带动力的区域增长极这一不利因素，又可以进一步整合区域内外资源，从而改变西部地区在经济建设上各自为政的局面。从更深层次看，"西三角"经济圈的建构还是西部大开发战略的进一步深入和西部大开发思路与途径的进一步调整，特别是其着眼于在新一轮西部大开发中对重点区域进行重点推进，最终由点带线、以线带面进行深层突破，从而成为西部大开发战略向纵深推进的战略平台，②这对于提升西部话语权，加快西部大开发实施步伐，促进西部地区的早日崛起具有极为深远的意义。③

在国家大力实施平衡发展战略的背景下，"西三角"经济圈的积极意义不仅在于为西部新一轮大开发打造新的引擎和龙头，更在于其是国家经济布局调整、区域统筹发展战略实现的重要载体。面对我国区域经济发展差异不断扩大这一严峻现实问题，党和国家提出了区域经济协调发展的战略。建构"西三角"经济圈，有利于推动国家整体经济布局由东部沿海向内陆推进，促进东西部和谐发展，实现共同富裕，实现中国现代化"三步走"的战略目标。此外，"西三角"经济圈还是国家对外开放战略向纵深拓展的重要平台。当前，中国对外开放正进入一个"海陆并进、东西互动"的新格局，对外开放由沿海向内陆不断推进。按照党和国家统筹国内外两个大局的要求，

①张琦:《推进西部大开发的新思路——"西三角"经济圈》,《开发研究》,2006 年第 1 期。

②杨玲、田代贵:《西三角经济区研究》,《西部论坛》,2010 年第 1 期。

③杨丽丽:《构建"西三角经济圈"的意义及发展思路》,《当代经济》,2010 年第 2 期。

“西三角”经济圈将承担起我国对西亚、中亚、南亚、东南亚的对外开放任务，也将是我国实施“走出去”战略、拓展境外市场的重点区域。[①] 从这一意义上讲，“西三角”经济圈不仅是整个西部地区的经济高地，更是国家整体发展的内在需求，它的建构与存在有利于我国整体经济的协调发展，全面提升综合国力；有利于促进东西部地区和谐发展与贫困地区脱贫致富，实现共同富裕；有利于西部边疆稳定和民族团结，进而达到国家的长治久安。[②]

从更深层次看，“西三角”经济圈的建构还是西部大开发战略的进一步深入和西部大开发思路与途径的进一步调整，特别是其着眼于在新一轮西部大开发中对重点区域进行重点推进，最终由点带线、以线带面进行深层突破，从而成为西部大开发战略向纵深推进的战略平台。

在国家大力实施平衡发展战略的背景下，“西三角”经济圈的积极意义不仅在于为西部新一轮大开发打造新的引擎和龙头，更在于其是国家经济布局调整、区域统筹发展战略实现的重要载体。

①杨玲、田代贵：《西三角经济区研究》，《西部论坛》，2010 年第 1 期。

②黄森、蒲永健：《西三角经济圈的合理性分析——基于空间经济学基本原理》，《科技进步与对策》，2010 年第 7 期。

结 语

期待辉煌的轮回

从总体上看，由于前面谈到的历史发展轨迹、自然和区位的客观性问题，西部大开发及“西三角”经济圈的推进，首先应该是一种国家行为，这就需要国家在制度、政策上为这种推进提供强有力的特殊保证，像改革开放初对东南沿海地区一样采取特别的政策支持和资金扶持。因为市场经济条件下的“梯度发展”形成的反哺西部的实现是相当困难的，必须依靠国家行为来使这种反哺得以实现。特别是在人才培养、资源东调、城乡统筹等问题上应有更加有力的制度保障和政策扶持。西部大开发的模式是否要重复东部开发的模式？由于西部在区位、资源、文化背景上与东部有较大差异，所以，西部大开发一定要走一条适合自身特色的道路，特别是在产业的选择、自然资源的保护、文化遗产的传承等方面应有西部特殊的发展路径，这是现实的需要，也是历史的必然。当然，西部大开发及“西三角”的构建，自身也要解决诸多问题。例如如何打破三地行政壁垒，如何妥善解决三大核心城市战略趋同化，如何改变相对落后的基础设施建设等问题。“西三角”也终究会触及和面对重庆等三地如何进行战略协调，终究要面对“立足解决本地现实问题”的主流民意。特别是在现阶段，三地之间应建立互信机制，告别“以邻为壑”的地方意识，通过搁置争议，才能最终找到符合三地公众最大利益、符合三地“共创多赢”路径的方案。①

纵观历史长河，西部在历史上曾有辉煌的过去，由于自然和历史的原因，八百多年来，西部落后了。但是，面对全球化、现代化的进程，中国需要整体的发展，在现代科技、生产力背景下，西部也有这种发展的潜力和需要。“西三角”经济圈的构建正是这种发展的强有力的推进器。

从理论上讲，当生产技术、区位地缘、政策制度因素不存在差异的情况下，资源富集的地区在社会经济发展中更有发展的潜力。相信随着在生产技术、区位地缘、政策制度方面与东部地区差异缩小后，自然资源和文化资源更富集的中国西部地区应该有着比东部地区更大的发展优势。所以，我们期待着西部辉煌的轮回。

---

①参见《改革》杂志编辑部：《“西三角经济圈”的思维主轴》，《改革》2009 年第 3 期。

后记

《"西三角"历史发展溯源》一书是政府给我们的一个"命题作文"。其实，学术界已经分别对三个地区的历史发展作过大量的研究，但确实还没有人将三个地区共同发展的历史作过梳理。正是由于在之前学术界对三个地区的历史地理研究已经有大量积累，而我们研究所的师生也长期从事西部历史地理学的研究实践，特别是我们研究所的所训中本来就有"关怀现实"的理念，所以，虽然从2010年4月正式接受重庆市新闻出版局的任务开始，我们只有一年多的工作时间，但仍在大家的共同努力下，终于完成了这本30多万字的著作。

应该说本书的最大贡献是第一次从历史地理学角度梳理了三个地区的历史发展脉络，总结出了三个地区历史发展地位的升降轨迹和相互的发展关系，为未来"西三角"的现实建构提供了一个历史传承支撑，也为现实西部开发提供了一个历史资鉴蓝本。

这里要说明的是，由于历史资料的局限，特别是统计资料的局限，本书的"西三角"概念并不是一个严格的三个城市经济区概念，而是三个行政区的整体概念。在撰写过程中，我们力求充分尊重历史事实，克服单纯迎合现实的弊端，客观地为现实提供一个资鉴蓝本，充分地体现学术研究"经世致用"的优良传统。

本书写作时间相当紧张，能按时完成这个任务，有赖于重庆市新闻出版局和西南师范大学出版社的诸位领导、编辑们的支持，特别是杨恩芳局长亲自为本书作序，在此表示感谢！同时，前人分别对三个地区的历史文化作了大量的研究，为本书体系的创立奠定了史实和学理基础，在此得感谢各位前人的研究积累。

本书撰稿情况如下：蓝勇，导言、各章提要、结语；彭学斌，第一章第一节；陈蕊，第一章第二节(一)；张铭，第一章第二节(二)；郭会欣，第一章第二节(三)；冯桂明，第二章第一节；杨光华，第二章第二节(一)1～2；罗权，第二章第二节(一)3～5；马剑，第二章第二节(二)；李鹏，第二章第二节(三)；姜海涛，第三章第一节(一)；付玉强，第三章第一节(二)；袁从秀，第三章第一节(三)；陈俊梁，第三章第二节(一)1～3；王高飞，第三章第二节(一)4～6；陈一蓉，第三章第二节(二)1～3；舒莺，第三章第二节(二)4～6；曾小勇，第三章第二节(三)；蓝勇、李鹏，第四章。

蓝　勇

2011年7月于西南大学历史地理研究所

图书在版编目(CIP)数据

"西三角"历史发展溯源/蓝勇主编.—重庆:西南师范大学出版社,2011.8

ISBN 978-7-5621-5421-1

Ⅰ.①西… Ⅱ.①蓝… Ⅲ.①成都市—地方史②重庆市—地方史③西安市—地方史 Ⅳ.①K29

中国版本图书馆CIP数据核字(2011)第159047号

重庆市公益出版专项资金资助项目

"西三角"历史发展溯源

主　编:蓝　勇

策划组稿:重庆市新闻出版局
出 版 人:周安平
责任编辑:俞　丁　程　晋　蓝　菊
封面设计:王　煤
版式设计:梅木子
照　　排:文明清
出版发行:西南师范大学出版社
　　　　　重庆·北碚　邮编:400715
　　　　　网址:www.xscbs.com
印　　刷:重庆市金雅迪彩色印刷有限公司
开　　本:787 mm×1092 mm　1/16
印　　张:22.5
字　　数:370千字
版　　次:2011年9月第1版
印　　次:2011年9月第1次
书　　号:ISBN 978-7-5621-5421-1

定　　价:68.00元

鸣谢:衷心感谢蓝勇、王煤、朱圣钟、范梦、王昊、陈湘及尚未取得联系的摄影作者对本书的大力支持。

根据内容需要,本书选用了部分与重庆、成都、西安三地相关的摄影作品。本书所使用的摄影作品均有署名权和稿酬。但因客观原因,部分摄影作品的著作权人暂时无法确定并取得联系。我社已将该部分作品的著作权使用费留存于重庆市版权保护中心,由其代为支付。请著作权人知悉后与该中心尽快取得联系。地址:重庆市江北区杨河一村78号国际商会大厦10楼,邮编:400020,电话:(023)67708231。

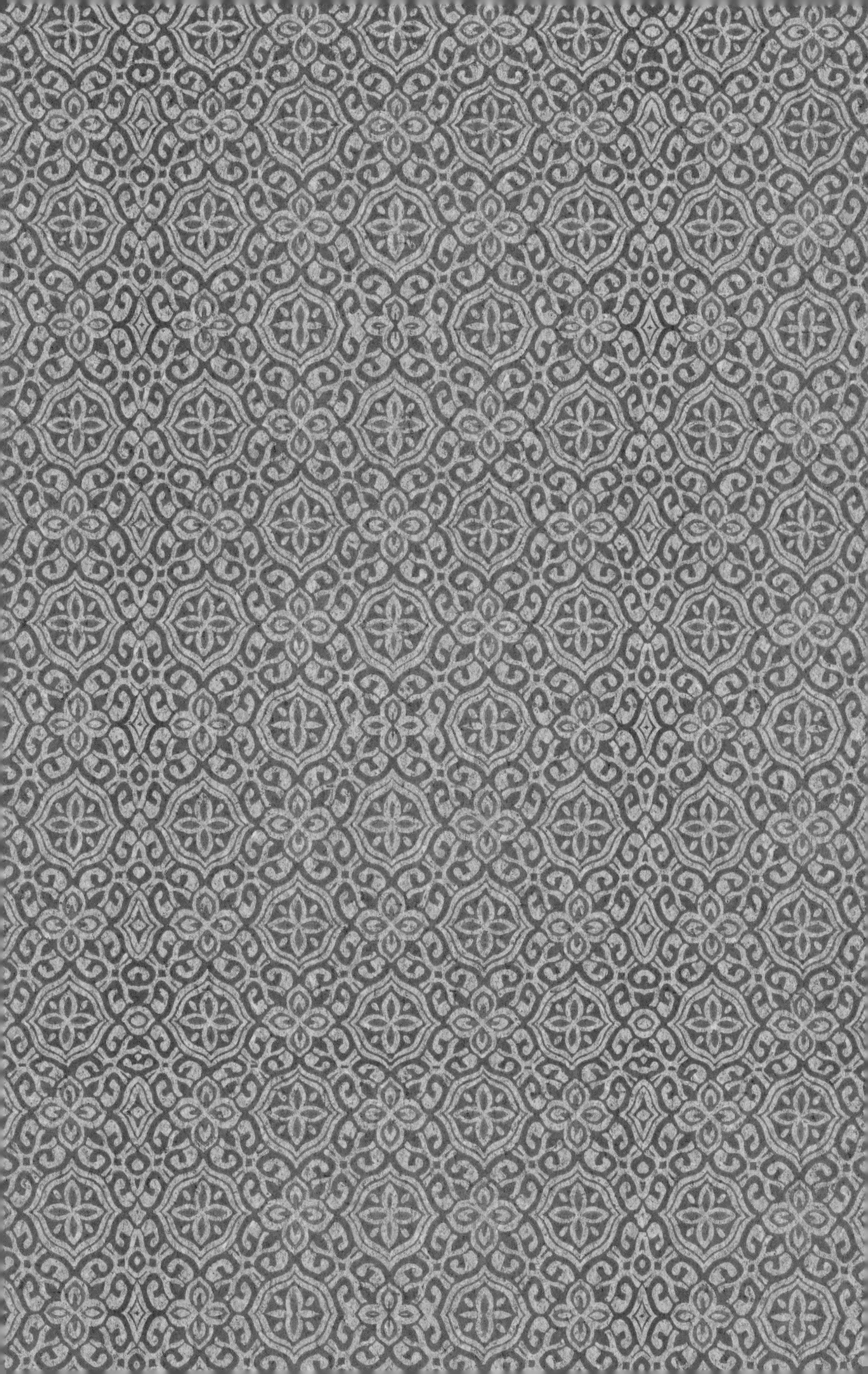